云网融合

算力时代的数字信息基础设施

李正茂
雷　波　孙震强
王桂荣　陈运清
——著——

中信出版集团 | 北京

图书在版编目（CIP）数据

云网融合：算力时代的数字信息基础设施 / 李正茂等著 . -- 北京：中信出版社，2022.4 （2022.7 重印）
ISBN 978-7-5217-4184-1

Ⅰ . ①云… Ⅱ . ①李… Ⅲ . ①信息产业－基础设施建设 Ⅳ . ① F490.3

中国版本图书馆 CIP 数据核字 (2022) 第 052904 号

云网融合——算力时代的数字信息基础设施
著者：　李正茂　雷波　孙震强　王桂荣　陈运清
出版发行：中信出版集团股份有限公司
（北京市朝阳区惠新东街甲 4 号富盛大厦 2 座　邮编　100029）
承印者：　北京盛通印刷股份有限公司

开本：787mm×1092mm 1/16　　印张：25　　字数：400 千字
版次：2022 年 4 月第 1 版　　印次：2022 年 7 月第 3 次印刷
书号：ISBN 978–7–5217–4184–1
定价：99.00 元

其他作者简介

雷波：中国电信股份有限公司研究院网络技术研究所副所长，正高级工程师，任中国通信标准化协会（CCSA）TC617边缘计算产业发展及标准推进委员会副主席，CCSA TC614网络5.0算力网络特别工作组副组长等职务，目前聚焦云网融合、算力网络、未来网络技术等方面的研究工作。

孙震强：中国电信股份有限公司研究院资深专家，博士，正高级工程师，中国电子学会和中国通信学会高级会员。中国电信集团科技委委员，北京邮电大学兼职教授，长期从事通信网络标准和前沿技术的研究，曾获2014年度政府特殊津贴、省部级科技奖励6项。

王桂荣：中国电信集团有限公司科技创新部总经理，高级工程师。中国通信标准化协会理事，中国电信集团科技委副主任。长期从事通信网络运营系统与业务系统研发相关技术工作，曾获省部级科技奖励7项。

陈运清：中国电信股份有限公司研究院副院长，正高级工程师，任中国通信学会信息通信网络委员会主任、中国电信科技委数据专业组副组长、CCSA TC614网络5.0联盟副主席等职务，长期从事电信运营宽带网络领域的研究，曾获2008年度政府特殊津贴。

编委会

目　录

推荐序一

算力网络是实现云网融合的重要技术路径

当今世界正经历百年未有之大变局，以数字技术为核心驱动力的新一轮科技革命和产业变革深刻影响着各行各业转型升级进程，加速推动全球工业经济向数字经济的演进。新型数字信息基础设施是支撑数字经济发展的重要资源，决定了数字经济发展的高度、广度和深度。习近平总书记指出：数字经济发展速度之快、辐射范围之广、影响程度之深前所未有，正在成为重组全球要素资源、重塑全球经济结构、改变全球竞争格局的关键力量；加快建设高速泛在、天地一体、云网融合、智能敏捷、绿色低碳、安全可控的智能化综合性数字信息基础设施。①

云网融合是新型数字信息基础设施的本质特征，打破了传统网和云的边界，给信息通信行业带来了一次影响深远的变革。当今，通信技术和信息技术的快速融合，推动着云和网从独立发展走向全面融合，给信息基础设施的技术架构、业务形态和运营模式带来深刻变革。云和网都将采用虚拟化、云化的部署方式，甚至基于统一的逻辑技术架构，在通用物理资源、基础能力平台和数字化应用等各个层面催生云网融合新架构、新技术、新业务。

中国电信一直践行云网融合的战略，坚持“网是基础、云为核心、网随云动、云网一体”的原则，一方面积极打造高速泛在、天地一体的

---

① 摘自中共中央总书记习近平主持中共中央政治局于 2021 年 10 月 18 日下午就推动我国数字经济健康发展进行第三十四次集体学习时的讲话。来源：新华网，http://www.news.cn/2021-10/19/c_1127973979.htm。——编者注

基础网络，一方面持续加强云的建设和部署，并且依照网络资源按云所需、网络调度随云而动、网络和云一体部署的三大原则，实现“云在哪里，网络部署在哪里”，让数字信息基础设施成为数字经济持续发展的坚实底座。

算力作为数字时代的一种核心资源，与数据、算法等共同构成了计算资源的三要素，是云网融合新型数字信息基础设施的重要组成部分。我国非常重视算力基础设施的建设，相继出台了一系列围绕算力基础设施的政策文件，并提出加快实施“东数西算”等工程。中国电信积极承担算力基础设施的建设，把算力网络视为实现云网融合的重要技术路径。我们在业界率先提出了算力网络的理念，并在国际电信联盟（The International Telecommunication Union，ITU）率先牵头制定了算力网络标准框架，未来还将进一步完善算力网络等技术，深化算力加连接的新型应用，基于算力网络打造绿色、安全、智能的算力连接，充分发挥云网融合基础设施的效力。

绿色算力是支撑可持续通信及信息化的基础。在国家“双碳”目标积极推进的大背景下，各行各业普遍关注如何在降低数据中心的电源使用效率的同时，合理分配计算资源、大规模提高算力效率。采用绿色算力、云边端智能计算、智慧化节能技术等建设绿色数据中心，可以助力企业实现自身“双碳”目标、践行绿色可持续发展。

安全算力即建立云网内生的安全体系和能力，以应对网络和信息安全挑战。随着云边端多级算力体系的逐渐形成，安全边界模糊化、网络暴露面增加、复杂隐蔽攻击快速传播、终端信任建立困难等问题日益突显。只有运用网络内生安全、云原生安全和数据安全等技术，构建一种“防御、检测、响应、预测”的自感知、自适应、自生长的内生安全体系，才能保障算力基础设施的全领域、全方位、全流程安全。

智能算力要实现云网运营的自动化和智能化，云网要主动适配上层应用。智能化技术已经发展成各行各业提高生产力的关键手段，层出不穷的新技术和多样化应用场景催生了海量非结构化数据，结合愈加复杂的算法模型，以 CPU（center processing unit，中央处理器）为核心的基础算力难以满足纷繁多样的计算任务，计算方式开始向搭载 GPU（graphics processing unit，图形处理器）、FPGA（field programmable gate array，现场可编程门阵列）等加速芯片的智能算力转型。具有高并发、高弹性、高精度的智能算力已成为人工智能应用的标配。

为了更好地厘清算力时代下的新型数字信息基础设施架构与云网融合关键技术，中国电信总经理李正茂先生亲率研究团队从不同层面进行了深入的解读，提出了独到的见解与观点，重点指出了“算力三定律”，详细分析了算力基础设施的演进趋势，对新型数字信息基础设施规划建设有很强的指导价值。本书的出版将有助于产业界各方抓住数字经济发展的战略机遇，加快建成智能化数字信息基础设施，加强与实体经济的深度融合，支撑千行百业数字化转型，为数字经济健康发展做出新的贡献。

柯瑞文
中国电信集团有限公司董事长
2022 年 2 月于北京

推荐序二

万物智联，算力为基

物联网概念自21世纪初提出以来，在全球范围内迅速得到认可，并成为新一轮科技革命与产业变革的关键驱动力。物联网产业被称为继计算机、互联网之后世界信息产业发展的第三次浪潮，深刻改变着传统产业形态和人们的生活方式，催生了大量新技术、新产品、新模式，引发了全球数字经济浪潮。当前全球经济新格局面临重塑，物联网作为新的经济增长点，其产业发展提升到前所未有的高度。伴随连接数、带宽的日益扩大，以及多元算力和AI（人工智能）技术的融合，物联网也被赋予新的内涵和发展范式，物联网产业发展将迎来爆发的战略机遇期，从传统制造到工业互联网，从普通住宅到智能家居，从监控安防到智慧城市，物联网推动智能化的触角延伸到各行各业，万物智联成为可预见的必然趋势。

然而，在价值链聚合成形的过程中，物联网也面临着诸多“逆风因素”，其中最具代表性的便是数据处理和安全防护。新摩尔定律指出，每18个月全球新增信息量是计算机有史以来全部信息量的总和。日渐增长的数据规模对处理效率提出更高要求，没有强大的算力，物联网在行业中的落地应用就会失去关键支撑。同时，行业属性是把双刃剑，一方面为物联网的蓬勃发展注入原动力，另一方面又需要技术本身具备安全屏障功能，避免因为安全问题引发业务系统瘫痪。以无人驾驶汽车为例，一旦车载系统被恶意入侵或出现故障，就可能造成严重的交通事故。因此，万物智联的边缘系统和网络在保障安全中扮演着至关重要的角色。边缘计算与物联网的结合备受瞩目，通过在靠近用户侧部署边缘计算节点，将原本上传到云端的计算卸载到本地闭环处理，不仅有利于减轻网络负荷，还能有效控制业务时延，降低遭受安全攻击的风险。

基于云边端多级架构的算力设施建设已开始从“计算机一元计算”与“‘人机’二元计算”向“‘人机物’三元计算”拓展，人、机、物将成为计算过程的执行主体和对象客体。如何整合泛在算力资源提供随取随用的网络化算力服务，如何强化信息技术赋能行业数字化转型，如何立足既有优势构建支撑物联网产业与生态双循环，如何在天地一体的6G网络中实现通感算融合，如何打造更高等级的算力算效生态，是业界普遍关注的热点和难点。中国电信的科研人员经过多年理论研究和实践积累，对这些问题进行了系统诠释。他们结合自己企业内的实践，参考产业链上各环节的研究成果，写成了这本《云网融合——算力时代的数字信息基础设施》专著，对物联网及相关产业创新发展具有重要的参考价值。

作为国内算力网络产业最早的实践者和倡导者之一，本书作者对算力资源与云网设施的结合有独到的见解，2021年7月在国际电信联盟电信标准化部门（ITU-T）第13研究组（SG13）报告人会议上，他们所在的研究团队推动ITU开启了Y.2500系列编号，已经形成了以中国电信牵头的算力网络框架与架构（Y.2501）为首个标准的算力网络系列标准。这本专著系统地描述了算力时代兴起的历史渊源、相关技术及其共性，以及应用和服务模式等内容，还从算力网络、人工智能、绿色算力、安全可信等维度展开全面讨论，相信读者通过此书能对算力时代云网融合的数字信息基础设施有更全面、更深入的认识，更好地把握当前技术发展的脉络与未来方向，更好地促进物联网在行业中应用的实践落地，迎接万物智联时代的到来。

尹浩
中国科学院院士
2022年2月于北京

推荐序三

时代演进中的算力基础设施化

在新基建、东数西算等国家政策的引导下，算力已经成为近几年信息领域的高频热门词语，如算力经济、算力网络，以及本书中反复提及的算力时代。这不禁会让读者心生疑惑，什么是算力时代？相比于我们更耳熟能详的信息时代、智能时代，算力时代又有什么不同？事实上，能够被冠以“时代”标签，如农业时代、工业时代、信息时代以及智能时代，都是因为其中的关键元素在整个社会充分实现了基础设施化。整个社会高度依赖和需求该元素，如当今社会人人都需要信息，同时对该元素的供给也是普适性的，如当今社会人人都能够较为容易地通过多种渠道获取信息。普适性的供给，满足了人人皆有的普适性的需求，让一个元素真正实现低成本、易获取，即实现了该元素的基础设施化。

工业时代的标志，是电力的基础设施化。电力从发电、输电、储电、用电等各个环节，全面实现了基础设施化。在发电环节，无论是火力、水力发电，还是风力、光伏发电等，均可通过统一规格和标准接入并供电，通过并网器并入主网；在输电环节，南北电网建设已经全面覆盖我国大中小城市和偏远地区，可以实现分级分片的电力资源的多级管理和统一调度，把电力资源输送到千家万户；在储电环节，有各种规格、各种容量的三元锂、磷酸铁电池等，可以实现对电力资源的存储和按需使用等；在用电环节，有覆盖生产生活方方面面的各类电器，按照国家统一的电压和电流标准生产，实现电力资源的即插即用、电表统一计费等。电力资源在各个环节上，均实现开放性、低成本、普适性的发电、输电、储电和用电，所以电力才能成为工业时代的一个标志。

相比信息时代，信息处理的各个环节，信息获取、传输、处理、显示等，目前只有两个环节实现了基础设施化：信息传输和信息显示。信息传输环节得益于通信网和互联网的高速发展，遍布全球的信息都可以轻松地互连互通，信息传输已经实现充分的基础设施化；信息显示环节，尽管在20世纪80年代，个人计算机便出现并快速发展，但计算机无法提供随时随地的信息显示，直到智能手机等移动端设备大爆发，才真正实现无论男女老少、无论何时何地，均可以轻松获取信息，实现了信息显示的基础设施化。因此，信息时代实现了信息传输和信息显示的基础设施化。

算力时代的目标，就是完成剩余的两个环节——信息获取和信息处理的基础设施化。信息获取的基础设施化，依赖物联网+泛在算力。传统物联网中传感器等设备，只是完成了简单的原始数据采集，从原始数据到真正有价值的信息，需要依赖无处不在的算力来完成数据的粗加工；信息处理环节，当前依赖集中式的云计算提供算力供给，但各云平台之间是孤立的，没有实现互连互通，云计算只是一个一个独立的算力站，只有将遍布全球的算力站都统一起来形成算力网，才能像电力一样，实现开放性、低成本和普适性的算力供应。因此，算力时代是在信息时代的基础上，对信息获取和信息处理两个环节进一步完成基础设施化。

而智能时代，将是算力时代之后人类社会面临的最高挑战。智能的本质是对数据的深度加工与精炼，依赖算力、算法将数据训练成模型，实现包括通用人工智能、可解释人工智能、类脑智能等在内的智能建模，最终形成以模型为代表的智能时代。因此也可以说，互联网是智能时代1.0，算力网是智能时代2.0，模型网是智能时代3.0。从信息的角度来看，电信网解决了数据联网，互联网解决了信息联网，算力网将解决云联网，模型网将解决算法联网，这样才能彻底完成信息的基础设施化。

因此，算力时代即算力的基础设施化时代，是信息时代之后信息处理的全面基础设施化，也是最终走向智能时代的必由之路。早在1961年美国约翰·麦卡锡（John McCarthy）教授便提出过算力应该像水、电资源一样随用随取的设想，即算力基础设施化。时至今日，这一设想依旧面临诸多核心技术挑战，尚未被攻克。在新基建、东数西算工程的驱动下，我国也正在全面推进算力基础设施化进程。

从世界范围来看，云网融合已经成为大势所趋，不同的是，美国是以亚马逊、谷歌等顶级云企业为代表推动“依云建网”，中国是以中国电信等网络运营商为代表推动“依网建云”，本书正是中国电信视角下的云网融合。本书的创作人员均来自具有丰富行业经验和宏观视野的中国电信一线专家，从对算力需求具有巨大驱动效应的新应用——元宇宙的发展，到算力基础设施的网络化、智能化、绿色化和可信化等新趋势，为读者深度剖析了以算力为核心的整个软硬件基础设施的演变历程，可以帮助读者更好地把握算力时代，以及未来智能时代的技术脉络和发展方向。

孙凝晖
中国工程院院士
2022 年 2 月于北京

计算力支撑社会智能化转型

计算力就是生产力，“算力”成为近几年的热词。以数字经济为代表的新经济，代表着发展前沿、发展方向、发展趋势和发展未来。新经济，意味着需要与之相适应、相配套的新型信息基础设施。全球数字经济的蓬勃发展、数实的深度相融对算力提出巨大需求，凸显出算力的重要性，也将成就本书所描述的算力时代。

服务器是计算力的发动机，浪潮集团作为中国服务器产业的创立者、引领者，参与和见证了我国计算产业的跨越式发展，看到算力在社会、经济、生活中发挥着越来越重要的作用。当前，由大算力、大模型支撑的人工智能技术渐趋成熟，加速了生产力的变革，推动了数字世界与物理世界的融合。无人物流、家庭机器人、虚拟手语主持人、虚拟会议、脑机接口等让数实融合在第三产业的应用水平不断升级；数字孪生城市、数字孪生工厂、数字孪生校园等让数实融合走向大千世界；蛋白质预测、新材料发现等体现了数实融合在科研领域的强大创新力。一场由算力带来的变革将极大地改变未来人类的生产和生活方式，算力将成为智慧时代社会经济发展的核心生产力。

计算力作为核心生产力，从宏观和微观层面，都对经济发展产生了重大的影响。各个国家或地区的 GDP 大小与服务器出货数量呈现出明显的正线性相关，服务器出货量已经可以作为衡量生产力发展水平的重要指标项。从全球来看，全球经济总量最大并表现出很强经济活力的美、中两国，也是全球服务器出货量最大的两个国家，远远超过其他国家的数量总和，数字经济的贡献占比明显高于其他国家；我国各省（直辖市、自治区）的情况与此类似。根据浪潮集团与国际数据公司（IDC）发布的《2021—2022全球计算力指数评估报告》，计算力与经济增长紧密相关，计算力指数平均每提高1个点，国家的数字经济和GDP将分别增长3.5‰和1.8‰。因此可以说，计算力是衡量经济社会发展水平的重要指标。

算力支撑人类社会的智能化转型，需要其驱动的人工智能算法作为关键媒介，作用于各行各业的应用中。近年来，全球人工智能算法领域的竞争异常激烈，企业巨头纷纷试练大模型，美国OpenAI组织在2020年6月发布的GPT-3深度学习模型参数高达1750亿，训练数据集570GB，是当时全球最大的AI大模型；2021年9月浪潮公司发布的“源1.0”参数升至2457亿，训练数据集规模是5000GB，是当时全球最大规模的中文AI大模型。算法模型呈现出参数多、训练数据量大、由单一模态到多模态的发展趋势。

以大算力、大模型为核心要素的智算要真正地服务于社会经济的各行各业，进入千家万户，依赖的正是算力供给模式的创新。大算力、大模型的落地均面临建设成本高、技术门槛高、运维复杂等多种挑战。因此，无论算力还是算法模型都应像电力、热力、水一样，由统一的社会基础设施进行供应。以算力基建化、算法基建化为建设目标的智算中心，正在加速推动着智慧时代的到来。

中国电信的专家们基于多年来的研究经验和对行业的深入理解写成此书，对算力的技术、服务以及未来趋势做了高屋建瓴的系统阐述，并着重介绍了算力的网络化、智能化、绿色和可信化技术，构筑了一座气势恢宏的算力大厦，相信会对从业人员、研究机构以及高校师生提供很有价值的帮助。

王恩东

中国工程院院士

2022年2月于北京

6G 通感算一体提升应用适应能力

以数字经济为代表的新经济，在当今代表着发展前沿、发展方向、发展趋势和发展未来。新经济，意味着需要与之相适应、相配套的新型信息基础设施。新型信息基础设施以“新连接、新算力、新算法”为主要特征，通过“简洁、敏捷、集约、开放、安全”的基础网络，将过去分散在各企业、研究机构的算力聚合起来，衍生出云计算、边缘计算、端计算、超算和智算等丰富的计算形态，并朝着“确定可信、智能泛在”的方向迈进。在工业时代，社会依靠集中供水、供电方便和丰富了千家万户的生活。在算力时代，社会也要把聚合起来的算力，高效流通和分配出去，促进千行百业的生产。

伴随算力的不断升级，科学界也发生了不小的震荡。2007 年，计算机科学家吉姆·格雷在演讲中提到科学研究的四个范式，即以描述自然现象为主的第一范式、针对关键变量进行演算的第二范式、通过计算机验证预判的第三范式，以及依靠计算机分析得到结论的第四范式。也有专家将第四范式称为基于大数据的科学研究，它的到来预示着我们习以为常的“结论先行－仿真验证”的研究方法被重新构建，高性能算力在科研中的重要性更加突出。本人长期致力于移动通信理论和技术的研究，深知在科研过程中，非结构化、高实时性的原始数据会给后期分析造成诸多不便，科研人员往往需要花费大量时间进行数据处理，才能获取准确、可靠、完备的实验数据，这种依靠人工进行样本筛选的方式严重影响了科学研究的效率。得益于科技的进步以及人工智能与超级计算机的结合，现有科研数据处理能力大幅提升，研究人员可以在几秒甚至几毫秒内提取海量数据的特征及相关性，大大降低人工成本，而且初始数据量越大，预处理优势就越发明显。算力进步引发的科研第四范式不仅使通信领域受益匪浅，而且在医学、天文、军事等方面的贡献也时常见诸报端。

2018 年 12 月，北京邮电大学和中国通信学会在北京主办了首届中国文化计算大会，这表明计算思维已经扩展到文化产业，会上移动媒体与文化计算北京市重点实验室提出了面向文化计算领域的 PatternNet 开放式技术架构，建立了数据、信息、基因、知识等文化要素之间的关联关系，是传统文化、现代灵感和科技手段的融合。

目前，算力已形成计算、存储、网络等多个服务维度，通过大数据、人工智能、区块链、物联网、5G 等一系列软硬件基础设施赋能传统产业的转型升级。算力网络已成为未来 6G 网络的潜在技术和关键能力，是实现 6G 智能内生、可信内生、绿色内生的必要条件。特别是元宇宙概念的提出，为人们展现了实现虚实平行空间下的随时随地、多元化、深度沉浸式体验的美好愿景，同时也带来了对算力的巨大需求。面对加速到来的算力时代，中国电信的科研工作者在多年研究和对行业深入理解的基础上，以算力为主线，结合网络化、智能化、绿色化、可信化技术，讲述了算力的前世今生，以及即将成为现实的未来愿景，相信这本书会为相关从业人员及高校师生提供很有价值的帮助。

张平
中国工程院院士
2022 年 2 月于北京

推荐序六

算力引发前沿技术教育体系的再思考

自20世纪60年代信息化时代开始，还从没有哪个时代像当下这样聚焦于算力的发展讨论，这主要得益于科技革命的进步，尤其是信息技术的进步，以及产业发展的需求。当下，从全球科技竞争角度来看，算力作为数字经济基础设施的核心，已成为大国进行科技角逐的主赛场，以新材料、生物制药、基因技术、金融科技、深海空天等的开发为代表的前沿科技和未来产业，都对算力设施提出了前所未有的需求和要求。另一方面，从经济增长的动力引擎视角来看，数字经济发展势头迅猛，不同领域、不同环节、不同层面产生的超大规模数据量，对算力的需求也达到了前所未有的高度和强度，数据作为数字经济世界的新生产要素，助推算力成为数字化时代名副其实的新型生产力。基于国内外发展形势和重大变局，中国顺势提出并加快部署“新基建”，其中以数据中心和智能计算中心为代表的算力设施成为信息基础设施的关键组成部分。最近，国家又提出“东数西算”工程，提出对数据中心等算力设施进行集中统筹规划和布局。算力越来越成为科技进步和经济社会发展的基石。从某种意义上来说，生产力发展的确进入了“算力时代”。在这种情况下，对以算力为核心的数字基础设施的研究和探讨具有非常重要的现实意义。

现在，算力已然成为一个新的风口，并且引发学术领域及产业相关方的热烈讨论。本人有幸见证信息通信领域又一历史时刻，何其幸哉！相比以往，目前围绕算力的讨论热度和深度都得到明显提升，除国家和多个部委密集发布重大政策外，以工信部、网信办等为首的行业监管方以及信通院、电信运营商、互联网公司等产业相关方也开始设立算力论坛并发布算力相关研究报告。从主流论坛来看，大家主要关切以下热点课题，如“不同算力节点之间如何高效协同”“人工智能如何加速算力发展”“如何应对算力面临的低碳与安全挑战”等。本人在算力领域也开展了一些初步研究，主要探讨“分布式形态下算力网络的可研究和落地方向”，为算力研究的发展与深入添砖加瓦。当前，算力在实践方面的高速发展使得其面临的问题和劣势加速暴露，不少专家学者及从业人员对算力的未来发展趋势及技术实现路径等仍充满疑虑和困惑。本书在大量实践和研究基础上对算力时代演变、算力应用、技术架构、算力趋势以及与云网融合的关系等进行了较为系统性的论述，相信对解决以上困惑具有重要作用。

作为一名长期从事通信管理研究的科研人员及教育工作者，我深刻理解掌握前沿技术对学校发展和人才培养的重要性。长期以来，我国以传授传统学科知识为主的教育体系已经不适应时代的变化和国家的要求，也远远跟不上市场和技术发展的速度。当前，我国正处于科技强国建设新阶段，对基础技术、前沿技术和战略高科技领域的研究和探索提出了前所未有的新要求。在这方面，高校作为基础研究和前沿技术研究的主体被国家寄予非常高的期望。从国际视角看，未来高校向研究型大学发展是大势所趋，高校只有掌握和研究基础技术和前沿技术才能担当起国家给予的重担，不断推出基础研究和前沿技术的成果，填补我国在这些领域的短板和空白，提升我国科技发展的整体水平。同时，高校作为培养高水平人才的重镇，必须在掌握基础技术和前沿技术的基础上，及时将相关的知识最大程度地传授给学生，向社会输送大批量产业发展急需的高精尖人才，尤其是5G/6G、人工智能、数据中心、大数据、区块链、量子计算等领域。在这种背景下，本书的出版正当时。作为一本专门聚焦前沿知识探索和研究类的图书，本书关于算力发展及其相关技术的作用、核心观点等都是较为前沿和新颖的，不仅可以为科研教育工作者的学术研究活动提供重要参考，而且可以作为学生获取前沿知识的学习资料。

吕廷杰
北京邮电大学教授
2022 年 2 月于北京

论算力时代的算力三定律

当今世界正经历百年未有之大变局，以数字技术为核心驱动力的新一轮科技革命和产业变革正深刻影响经济增长路径、生产力发展方向和各行各业转型升级进程，从而推动世界经济从工业经济引领向数字经济驱动加速演进。作为一名从业 30 余年的通信人，我有幸见证了我国通信事业从蹒跚起步到成熟壮大，也亲身经历了我国数字红利从培育到逐渐释放的演变。正如习近平总书记所指出的：数字经济正在成为重组全球要素资源、重塑全球经济结构、改变全球竞争格局的关键力量。[①] 尤其是在 2019 年暴发的新冠肺炎疫情的严重冲击下，工业时代历经百年形成的生产生活方式、经济体系、治理模式加速变革，各类数字化、线上化需求迅速增长，主要国家纷纷将数字经济作为应对经济下行的稳定器。数字经济在全球经济发展的逆境中实现快速增长，发展速度之快、辐射范围之广、影响程度之深前所未有。以 2020 年为例，全球数字经济占 GDP 比重达 43.7%，较 2019 年提升 2.5 个百分点，增速较同期 GDP 高 5.8 个百分点；我国数字经济增速高达 9.7%，是 GDP 名义增速的 3.2 倍。可见，数字经济正成为世界各国经济增长的强大引擎。

如今，数字经济进入新发展阶段，业务数字化、技术融合化和数据价值化等加速演进，开启数字经济引领高质量发展新征程。在此发展过

① 摘自中共中央总书记习近平主持中共中央政治局于 2021 年 10 月 18 日下午就推动我国数字经济健康发展进行第三十四次集体学习时的讲话。来源：新华网，http://www.news.cn/2021-10/19/c_1127973979.htm。——编者注

程中，算力作为数字时代核心资源的作用日益突出，以算力为核心的数字信息基础设施建设被提到前所未有的高度。国家相继出台一系列围绕算力基础设施的政策文件，并提出加快实施“新基建”“东数西算”等工程。加快以算力为核心的数字信息基础设施的发展已成为提升企业、区域乃至国家整体竞争力的重要保障。与此同时，全球智能化发展大势以及元宇宙产业化进程加速到来，以算力为核心的科技竞争成为当前大国竞争的战略焦点，把握算力发展的重大战略机遇期就是抢占发展的主动权和制高点，这也是当前国家走向科技自立自强的内在要求之一。在此背景下，人类社会从动力时代向算力时代加速演进成为大势所趋，国内外及产学研界对此也达成共识，围绕算力的研究和探讨已掀起新浪潮。

与此同时，在业务数字化、技术融合化、数据价值化的共同作用下，传统上相对独立的算力资源和网络设施正从独立走向融合。尤其是伴随着业务实时性和交互性需求的提升，传统中心化的云部署方式难以满足新兴业务所提出的高性能和低功耗、低成本要求，因此业界先后提出了多云协同、云边协同乃至云网边端协同等多种方案来不断提升云服务的实时性和可用性，从而突破传统云和网的物理边界，实现 IT（信息技术）与 CT（通信技术）、连接与算力深度融合，构筑统一的云网资源和服务能力，形成一体化供给、一体化运营、一体化服务的体系，为社会数字化转型奠定坚实、安全的基石。

因此，随着数字技术由消费领域向生产领域、由虚拟经济向实体经济延伸，以云为基础、以网为核心的云网融合数字信息基础设施，正在成为人工智能、工业互联网、大数据、区块链、物联网、元宇宙等新技术、新应用的承载基础。无处不在的通信网络已经打通了信息流动的任督二脉，在技术和行业的双重驱动下，未来的算力设施将通过三方面特点的呈现，变成像水、电一样随取随用的社会公共服务资源。

一是算力多样性态势日益凸显。作为新一轮技术革命的衍生品，数据资源正在以极低的边际成本加速涌现。这些数据资源既可以与新材料技术、先进制造技术相结合，也可以作为独立生产资料存在，从生产、管理、计算、交流等多方面赋能企业经营，成为新的关键生产要素。在此背景下，没有任何一种计算架构可以满足所有行业诉求，围绕数据分析处理的算力被赋予更加丰富的内涵，在基础通用算力之外，诞生了智能算力、超算算力以及前沿算力（如量子计算、光子计算）等专业化的算力设施。

二是算力布局呈现泛在化趋势，算力资源从集中的部署方式，正在往多级化的方向发展，尤其是以边缘计算、端计算为代表的算力形态的出现，与规模化算力形成互补之势，构建新型的云计算基础设施，成为各行各业转型升级的数字底座。同时，供需剪刀差、分布不均衡、使用效率低等问题亟待全社会算力集约化发展，算力网络化技术将整合不同归属、不同地域、不同架构的算力资源，打破数据孤岛，推动数字经济走向繁荣。

三是“智能敏捷、绿色安全”将作为算力发展新要求，即算力智能化、算力绿色化、算力可信化成为未来发展方向。伴随数字世界和物理世界的边界逐步消融，人工智能将从无人驾驶、工业互联网等上层应用向底层基础设施蔓延，智能敏捷、随愿自治将成为智能社会算力设施的重要标签。着眼当下，绿色安全与数字经济偕行发展，在坚定不移地推进“连接 + 算力”，朝着生态优先、绿色低碳目标演进的同时，云网融合的数字信息基础设施也将筑牢可靠可信的安全堤坝，为经济的逆势崛起保驾护航。

可以预见，在算力多样化、网络化、智能化、绿色化、安全化等发展趋势下，数字信息基础设施将进一步演变成为高速泛在、天地一体、云网融合、智能敏捷、绿色低碳、安全可控的智能化综合性数字信息基础设施，为数字经济健康发展提供坚实底座。整体上而言，我预计从现在开始到 2050 年，算力的发展正在并且将长期呈现三个趋势，可谓之为“算力三定律”。

算力第一定律（时代定律），算力就是生产力。生产力即社会生产力，也称“物质生产力”，是人类利用自然、改造自然的能力。纵观历史，不难得出这样的结论：技术的发展和人类对美好生活的需求共同推动生产力向前加速发展，而人类社会生产力的发展过程其实是从简单以人力为核心向以技术为核心的演进过程。因此从技术角度来看，人类生产力的发展历史可用“四力”来划分：原始经济以人力为主；农业经济以畜力为主；工业经济以动力（电力）为主；数字经济时代，算力即计算能力，成为当前最具活力和创新力的新型生产力。算力不仅改变了人类的生产方式、生活模式和科研范式，而且越来越成为科技进步和经济社会发展的底座，代表着人类智慧的发展水平。总之，算力已成为数字经济时代的核心生产力。

算力第二定律（增长定律），算力每 12 个月增长 1 倍。底层技术融合发展及加速成熟，尤其是 5G 以及物联网的大规模部署使得算力应用的范围大幅度扩展，基于人工智能算法的智能业务正在从互联网行业开始向交通、工业、金融、政务等传统行业加速渗透，应用场景也从通用场景进一步拓展到行业场景，特别是在数字经济、数字社会和数字政府领域中得到了广泛的应用。在此过程中，算力资源增长显著，尤其是智能算力增速迅猛，已经打破“每隔 18 个月芯片性能可提升 1 倍”的摩尔定律，而由英伟达首席执行官黄仁勋提出的“黄氏定律”则预测，GPU 将推动 AI 性能实现逐年翻倍；赛迪研究院也预测 2025 年 AI 算力将成为绝对的主流。此外，随着元宇宙的技术成熟与应用场景拓展，算力资源的需求将进一步增大，将推动算力规模呈现爆发式增长态势。因此，综合当前发展态势与未来趋势分析，预计算力每 12 个月增长 1 倍成为新的规律。

算力第三定律（经济定律），算力每投入 1 元，带动 3~4 元 GDP 增长。全球各国算力规模与经济发展水平呈现出显著的正相关关系，算力规模越大，经济发展水平越高。算力在驱动社会和产业发生深刻变革的同时，也将产生显著的经济价值。据中国信通院测算，2016—2020 年，我国算力规模平均每增长 1 个百分点，带动数字经济增长 0.4 个百分点、GDP 增长 0.2 个百分点。从投入产出看，2020 年我国算力产业规模达 2 万亿元，直接带动经济产出 1.7 万亿元，间接带动经济产出 6.3 万亿元，尤其是对制造、交通、零售、能源、农业等领域的经济产出带动作用较为明显。平均来看，算力每投入 1 元，将带动 3~4 元 GDP 增长，算力对经济产出的带动作用日益明显。

为了更好地厘清算力时代、算力应用、算力技术、算力趋势以及与云网融合的关系，中国电信相关团队从不同层面进行了深入的解读。因此在本书中，作者团队着重介绍算力如何改变世界（社会、生活、科研等），以及如何支撑新型社会体系的数字生活空间“元宇宙”，同时详细分析受多种数字技术融合发展及市场需求的推动，算力基础设施加速向算力网络化、算力智能化、算力绿色化和算力可信化发展的演变过程与关键技术。

希望本书的出版有助于产业界各方抓住数字经济发展的战略机遇，加快建成智能化数字信息基础设施，加强与实体经济的深度融合，支撑千行百业数字化转型，为数字经济健康发展做出新的更大贡献。

李正茂　博士
中国电信集团有限公司董事、总经理
2022 年 2 月于北京

前 言

21 世纪以来，在人工智能、大数据、云计算等为代表的新技术革命和产业革命的推动下，数字经济以数倍于 GDP 的增速飞速发展，业已成为先进国家经济构成的重要支柱与核心驱动力，其对社会经济的辐射范围之广、影响之深前所未有。就如中共中央总书记习近平就推动我国数字经济健康发展进行第三十四次集体学习时强调，发展数字经济是把握新一轮科技革命和产业变革新机遇的战略选择。①

随着数字经济从传统数字化、信息化向网络化、智能化加快演进升级，以云网融合为坚实支撑、以人工智能为核心驱动力的智能经济新阶段正在来临。云网融合通过为人工智能、大数据、区块链、物联网等多项创新技术的融合协同提供重要载体，来满足数字经济迅猛发展带来的大规模上云需求，成为我国建设综合性数字信息基础设施的核心特征。

其中，算力作为云网融合最重要的核心能力，作为人工智能三大构成要素中最通用、最本质、最核心的特征，其能力大小决定了数据和算法能够发挥效用的大小，因此算力成为数字经济的基础设施，谁拥有先进算力谁就能占领发展制高点并掌握发展主动权。算力的发展和探讨已成为当下的热潮，可以说“算力时代”已经到来。

多年来我国数字经济以两位数的增速飞速发展，已成为全球数字经济第二大国，这不仅得益于数字化技术进步和产业升级，而且得益于国家对以算力为引擎的数字经济发展的一系列政策推动。继 2015 年国家出台《关于积极推进“互联网 +”行动的指导意见》、2016 年和 2017 年相继出台《大数据产业发展规划（2016—2020 年）》和《新一代人工智能

① 摘自中共中央总书记习近平主持中共中央政治局于 2021 年 10 月 18 日下午就推动我国数字经济健康发展进行第三十四次集体学习时的讲话。来源：新华网，http://www.news.cn/2021-10/19/c_1127973979.htm。——编者注

发展规划》后，于 2018 年 12 月首次提出“新型基础设施”的建设要求。2020 年 4 月，又正式确认新型基础设施的含义，其中以数据中心和智能计算中心为主的算力基础设施成为信息基础设施的重要组成部分。2021 年 3 月，全国人大通过的《中华人民共和国国民经济和社会发展第十四个五年（2021—2025 年）规划和 2035 年远景目标纲要》提出，建设高速泛在、天地一体、集成互联、安全高效的信息基础设施；加快构建全国一体化大数据中心体系，强化算力统筹智能调度，建设若干国家枢纽节点和大数据中心集群。2021 年 5 月，国家发改委等联合发布《全国一体化大数据中心协同创新体系算力枢纽实施方案》，推动数据中心合理布局、供需平衡，构建数据中心、云计算、大数据一体化的新型算力网络，加快实施“东数西算”工程。2021 年 10 月，习近平总书记进一步强调，要加快建设高速泛在、天地一体、云网融合、智能敏捷、绿色低碳、安全可控的智能化综合性数字信息基础设施，打通经济社会发展的信息“大动脉”。[①] 由此可见，以算力为核心的数字信息基础设施已成为国家战略性布局的关键组成部分，对于进一步实现我国数字经济的发展发挥越来越重要的作用。

在百年未有之大变局背景下，以算力为核心的科技竞争正成为大国竞争的战略焦点。由美国领导的西方世界纷纷加快对算力基础设施的布局。美国于 2020 年 11 月发布《引领未来先进计算生态系统战略计划》，设想了一个围绕未来先进计算生态系统的举国方案，将先进计算生态系统作为国家战略性资产，以维持美国在计算领域的科技主导地位。欧盟于 2018 年提出“欧洲高性能计算共同计划”，以维持并提升欧洲在超算和量子计算领域的领先水平；2021 年 3 月又发布《2030 数字指南针：欧洲数字十年之路》，拟到 2030 年累计部署 1 万个边缘计算节点，为 75% 的欧盟企业提供云计算、大数据和人工智能服务。日本于 2019 年启动新

① 摘自中共中央总书记习近平主持中共中央政治局于 2021 年 10 月 18 日下午就推动我国数字经济健康发展进行第三十四次集体学习时的讲话。来源：新华网，http://www.news.cn/2021-10/19/c_1127973979.htm。——编者注

一代国产超级计算机计划，投入约1300亿日元打造全球速度最快的超级计算机，并在2020年蝉联全球超算500强榜单第一。

在国家战略引导和市场技术双驱动作用下，以中美科技巨头为主的产业端大多以云和AI为战略重点，持续加大对算力领域的建设布局。亚马逊、谷歌、微软等企业投巨资布局超大规模数据中心，其中亚马逊在全球范围内加速建设超大数据中心外，还推出多款面向数据中心的自研芯片，包括服务器处理器、交换机、人工智能芯片等。阿里云计算有限公司（以下简称“阿里云”）于2020年也正式投入超大规模数据中心，未来将陆续建立10座以上超级数据中心，并加快“倚天”“含光”等自研芯片的市场化。电信运营商在算力领域也跃跃欲试，以云网融合为发力点，密集布局云计算和边缘计算。设备商华为从架构突破做起，自研各类芯片、操作系统、数据库等，并加大对智能算力的探索。综合国内外实践来看，投资底层算力成为科技型企业长期不变的商业逻辑，也是其实现核心技术自主掌控的关键手段。

与此同时，算力相关研究也在产业界和学术界兴起。如信通院发布了《中国算力发展指数白皮书》（2021年），而众多咨询机构发布了有关算力发展评价等方面的报告，比如赛迪研究院发布《先进计算机产业发展白皮书》和浪潮信息联合国际数据公司（IDC）推出《2021—2022全球计算力指数评估报告》，知名院士、顶尖学者也针对算力的概念和发展关键点提出了一系列非常有见地的思考。相关研究人员也基于实践出版了相关著作，如《算力与经济：一本书读懂智能时代的万物互联与财富未来》《算力时代：模型战疫与中国海关可视化大数据建模实战》《边缘计算与算力网络》，探讨了以算力为核心的信息基础设施，以及其在垂直领域的应用价值。此外，国内三大电信运营商最近两年密集推出《云网融合2030技术白皮书》《算力网络架构与技术体系白皮书》《算力网络白皮书》等，主要围绕算力网络与云网融合的关系、算力的发展趋势、应用需求、网络架构和技术体系等方面进行探讨。总的来看，当前研究更偏重于从实用性的角度去探讨算力发展的方向和路径，尚未形成系统的理论与方法体系。

基于以上算力发展的重要性及算力研究现状，本书试图在总结实践经验和提高认识的基础上进一步阐述“算力三大定律”：第一定律（时代定律），算力就是生产力；第二定律（增长定律），全球算力规模约每 12 个月增长 1 倍；第三定律（经济定律），算力产业每投入 1 元，将平均带动 3~4 元 GDP 产出，并围绕以算力为核心的数字信息基础设施进行更加系统性的论述，包括生产力阶段演变、算力的广泛应用及以算力为核心的数字信息基础设施发展等宏观趋势，算力带来的社会、生活、科研范式以及元宇宙的演变。之后重点介绍了算力基础设施的分类与关键技术以及算力发展趋势，即算力网络化、算力智能化、算力绿色化和算力可信化的演变趋势。最后简要介绍了算力产业链各方的进展，以及中国电信云网融合战略。

本书不仅适合通信、信息领域相关从业人员阅读与参考，还适合通信、信息相关专业的高校师生和对数字经济感兴趣的社会各界人士阅读。

由于算力时代正在逐步到来，相关领域也处于积极的研究发展阶段，限于认知水平，书中相关的观点不一定非常准确，错误和遗漏也在所难免，欢迎读者不吝赐教。

云网融合

第一章
算力时代正在到来

从茹毛饮血的原始社会到万物智联的智能社会，伴随着技术的发展和人类对美好生活的需求，生产力得到了飞速发展。众所周知，生产力由劳动资料、劳动对象和劳动者组成，其中人是最活跃的生产力要素，技术是推动生产力变革的最关键要素。技术能够丰富生产资料的来源和利用方式，创造和改良生产工具使其对生产资料进行有效加工利用，提高劳动者发现生产资料价值和利用生产工具的技能。人类社会生产力的发展过程其实是从简单以人力为核心向以技术为核心的演进过程。具体来看，人类生产力发展历经人力、畜力、动力等时代演进，当前已进入算力时代，算力成为数字经济时代的核心生产力。

受底层技术加速成熟以及数智化需求激增的推动，尤其是量子计算快速突破以及元宇宙应用场景全面拓展，算力在数字经济、数字社会和数字政府领域得到了广泛渗透和应用，算力规模呈现出爆发式增长态势，算力每 12 个月增长 1 倍成为可能。算力在驱动社会和产业发生深刻变革的同时，也将产生显著的经济价值，预计算力每投入 1 元，将带动 3~4 元的 GDP 增长。算力基础设施架构由三层构成：底层为通感算基础设施层，中间为网络控制层，顶层为网络服务层。未来，以算力为核心的数字信息基础设施将呈现出四点趋势：算力多样性态势日益凸显，智能算力和前沿算力将成为主流，通信计算将走向云网一体，“绿色安全”将成为算力发展新要求。

生产力发展新阶段

从古至今，人类生产力的发展历史可以用“四力”来划分（如图 1–1 所示）。第一个是人力时代，主要靠人自身的劳动力来从事生产活动，生产力的高低完全受限于人自身的体力大小；第二个是畜力时代，人类学会利用牲畜来从事生产劳动，开始解放部分人力；第三个是动力时代，人类通过科技革命将蒸汽和电力等各类能源转化为动力来驱动机器，以机器代替人力实现了规模化生产，生产力得到重大突破；现在，人类生产力进入第四个时代——算力时代，以芯片和软件平台为主的计算能力改变了人类的生产方式、生活模式和科研范式，算力越来越成为科技进步和经济社会发展的底座，代表着人类智慧的发展水平。

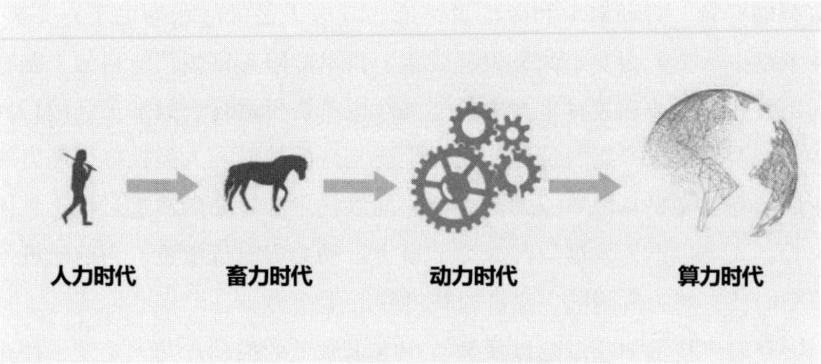

图 1–1　人类生产力发展的四个阶段

在人力时代，从远古的石器时代开始，生产力以人力为主，人类主要依靠自身的体力劳动以及一些辅助性的石器工具来从事生产活动。全社会的生产力主要取决于参与体力劳动的人口规模和个体体能，生产力提升主要依赖劳动者所使用的石器工具的改良升级。马克思曾说，石器不仅是人类劳动力（生产力）发展的测量器，而且是劳动借以进行的社会关系指示器。因此，劳动和石器的配合程度决定了人力时代生产力的高低。由于石器的演变过程缓慢，生产力整体处于相对稳定状态，社会发展前进速度较慢。生产力的作用对象主要为采集或狩猎，其价值主要体现在满足人类基本的生存需求。

在畜力时代，即以大规模耕种为代表的封建农业社会，生产力主要依靠畜力，人类开始驯化动物以获取更大能量的生产力。青铜器和铁器的出现加速了马车和牛耕的应用，标志着人类的生产劳动开始了牲畜动力的使用，而不再仅仅借助人力本身。在我国历史上，用牛拉犁这种技术长期作为农业生产力的代表持续上千年，直至工业革命的出现。欧洲经历了从手推磨到马拉磨，也就是逐步用畜力取代人力的过程。这一时期，生产资料如土地、原料等与人力时代相比没有发生本质的变革，但劳动工具却发生了替代性变化，除耕种和运输外畜力还代替人力用于战争，社会生产力从量上得到了较大的提升，但还未实现质的跃迁。

在动力时代，即19世纪中叶到20世纪中叶之间的工业社会，各类能源转化为动力驱动机器参与大规模生产，突破了人力和畜力的时间和体力极限，大幅提升了全社会的生产力。蒸汽机的创新和广泛应用直接推动了第一次工业革命（机械化），使生产力发展摆脱了工厂手工业阶段，进入机器大生产阶段，促进了工业经济蓬勃发展。汽油、柴油发动机的出现使得汽车、工程机械得以广泛普及，人类实现了全球范围内的大迁移。电力的出现使得世界由“蒸汽时代”进入“电气时代”，即第二次工业革命（电气化），电动机、发电机相继发明以及远距离输电技术的出现使得电气工业迅速发展起来，电力在生产和生活中得到广泛应用。同时，工业化大发展又进一步加速新生产资料的出现和采用，如石油和钢铁等。新生产力和生产资料共同推动社会发展实现质的飞跃。

在算力时代，即20世纪下半叶开始的信息社会，生产力主要体现为对数据等新生产资料的高效处理能力。电子计算机的横空出世和广泛运用为全球自动化、信息化和网络化发展提供了基础条件，加速了人类对新生产资料的挖掘能力，拓展了人类认识和探索未知领域的能力。生产资料从以石油、钢铁为核心逐渐转变为以数据为核心，并演变到分子、原子等微观领域。当下，算力不再是电子计算机时代信息技术领域的专有服务，而是渗透到各行各业及企业生产全过程，算力参与度和所占比重越来越高。算力不仅可以助力企业降低运营成本，而且能提供智能决策支持。算力真正实现了对人力和脑力的替代，成为人类能力的延伸和推动社会进步的变革性力量。正如美国学者尼古拉·尼葛洛庞帝（Nicholas Negroponte）在《数字化生存》一书中所言："计算，不再只是与计算机有关，它还决定了我们的生存。"算力不仅是数字经济时代的核心生产力，而且正日益成为改变人们生活方式的重要因素。总之，算力就是生产力，我们称之为算力第一定律，"算力时代"已真正到来。

应该澄清的是，算力不是工业化和数字化时代的特有产物，而是经历了较长时间的发展演变。实际上不同历史阶段都存在算力，只是在表现形态和对经济社会的影响力方面有较大区别。算力的演进大致分为四个阶段。第一阶段以结绳计算为代表，大概诞生于公元前3000年，作为最古老的记事和计算方式，古埃及人用绳结来记录土地面积和谷物收获的情况。这种传统计算方式至今仍被一些没有文字的遗存文明使用。由于只适用于简单事务的计算，结绳计算对生产力影响有限。第二个阶段以算盘的使用为代表，主要依靠手动计算方式记录各种社会活动，但需要借助口诀。算盘具有运算灵活、方便、快速、准确等特点，在各领域获得了广泛的应用。另外，作为几千年来中国古代劳动人民普遍使用的计算工具，算盘对促进社会生产力提升产生了较大的影响。第三个阶段以机械计算器为代表，使用齿轮等复杂机械装置来做加减法。虽然它的计算速度不如算盘，但却首次实现了自动计算，解放了人力，在某种程度上提高了劳动生产率。第四个阶段以台式机、平板电脑、智能手机等依托电子和集成电路的智能计算设备为代表，算力大小主要依赖设备内部芯片计算性能的高低，摩尔定律推动算力进入指数级增长轨道。通过多样化、高性能算力的计算处理，大规模复杂数据的价值得到深度挖掘，从而大幅提升智能决策水平和社会生产效率。整体来看，每个时代都有其特定的算力。手动和机械式计算只涉及简单的汇总，计算效率低下，对生产力的影响微乎其微。但基于电子和集成电路的数字化算力彻底改变了计算的物理逻辑，对国家和产业产生较大影响。因此本书所讨论的算力指数字化算力，即基于集成电路的算力。

算力的持续演进和广泛应用极大地促进了学者对算力内涵和评价体系的研究讨论，主要从狭义和广义两个层面展开。最初，理论学界将算力定义为“设备根据内部状态的改变，每秒可处理的信息数据量”，即设备处理数据的能力，算力实现的核心是中央处理器（CPU）、图形处理器（GPU）、现场可编程门阵列（FPGA）、专用集成电路（application specific integrated circuit，ASIC）等各类芯片。这种界定仅以处理速度为单一评价指标，内涵范围较窄。随后，以IDC为主的咨询公司开始从广义上界定算力，提出算力指标体系主要包含计算能力、计算效率、基础设施支持和应用水平四部分（如图1-2所示），其与信通院（中国信息通信研究院）提出的“算力规模、算力环境和算力应用”算力体系基本一致，其中，算力规模指基础算力、智能算力和超算算力，算力环境指网络环境（带宽、覆盖率等）和算力投入（IT支出规模），算力应用指消费应用和行业应用水平。另外，相关行业研究也对广义算力进行了具体的界定：一是计算速度，即芯片、服务器、计算机、超算系统等方面的能力；二是算法；三是大数据存储量；四是通信能力，包括5G基站数量、通信的速度、延滞、带宽、可靠性、能耗；五是云计算服务能力，包括数据处理中心服务器的数量。由此可见，算力的内涵界定也经历了从狭义到广义的发展，从起初的速度和规模逐步延伸到效率、基础设施和应用水平等产业链上下游。本书主要以狭义算力为核心，同时在体系架构方面体现广义算力的要求。

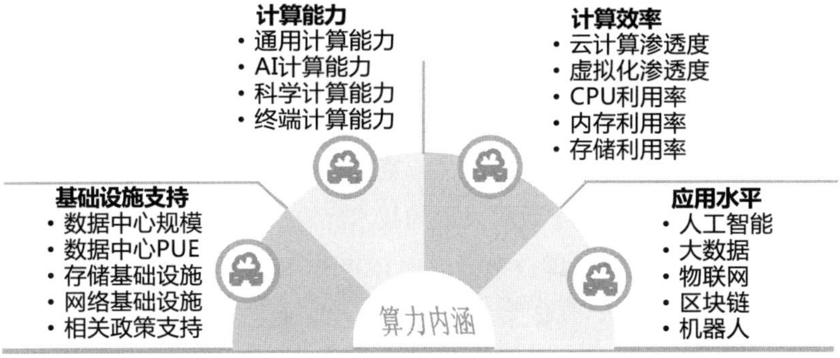

图1-2　IDC对算力内涵的界定（从广义上看）

来源：IDC，作者有所改动

算力的广泛应用

算力作为数字经济时代中最核心的生产力，在经济社会各个领域和层面都得到了广泛的应用，包括数字经济、数字社会和数字政府领域。算力的快速发展除受技术进步驱动外，还受益于全球化发展所带来的网络化需求的爆发，人们对便捷高效且充满多元化、个性化的美好生活的不断追求和对未知世界的不懈探索，以及智能化生产所能带来的效率提升，这是算力广泛应用的根本动力，从而推动算力应用场景日趋丰富（如图 1–3 所示）。

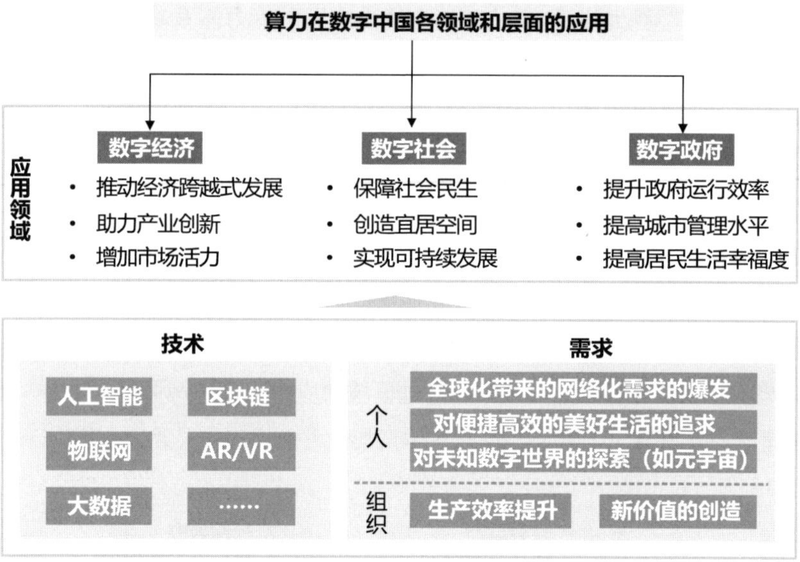

图 1-3　关键技术和场景需求使得算力应用多样化

从宏观层面来看，算力作为“新基建”的核心资源，将成为支撑数字经济、数字社会和数字政府发展的技术底座。首先，算力支撑数字经济向纵深发展，使得我国数字经济占 GDP 比重由 2015 年的 14.2% 提升至 2020 年的 38.6%。具体来看，算力加快工业、农业和服务业走向数字化、网络化、智能化，日益优化的高性能计算使得数据价值被充分挖掘并使用，从而推动大规模制造升级为大规模定制，农作物生产开始出现智能预测，以及服务领域千人千面的个性化需求日益凸显。其次，算力在数字社会的应用范围得到不断拓展，已涉足医疗、教育、科研、就业、社区服务等各方面。截至 2020 年年底，远程医疗协作网覆盖我国所有地级市 2.4 万余家医疗机构，电子社保卡累计签发 3.6 亿张，覆盖全部地市。加大算力基础设施建设、创建智慧型平安城市，成为数字时代提升居民幸福感及国家整体竞争力的关键。最后，随着数字政府建设加快推进，中央及地方持续投入政务数据中心并建造全国电子数据库，促使“掌上办”“一网通办”“异地可办”“跨省通办”加速普及，省级行政许可事项实现网上受理和“最多跑一次”的比例达到 82.13%，极大地推动了算力在政务领域的应用，在提升服务效能的同时最大化节省办事成本。

从中观层面来看，随着社会数字化转型的不断深入，越来越多的组织和个人加速上云（如图 1–4 所示），为算力的高效整合和快速发展奠定了基础。另外，消费者对以社交、娱乐、购物、健康管理等为代表的数字化服务内容和体验升级提出越来越高的要求，企业对以实现产品和服务的创新、创建新型的商业模式、为用户带来更好的体验为代表的目标展开持续追求，极大地推动了算力在行业领域的全方位渗透。但受行业数字化转型成熟度、云渗透率等关键因素的影响，不同行业的算力渗透和发展指数不一。整体来看，数字化转型越高的行业，算力指数也越高。从全球来看，互联网、制造和金融行业的算力水平排名前三（如图 1–5 所示），互联网行业因其电子商务、游戏、支付、社交等数字化业务以及作为 ICT（information and communications technology，信息与通信技术）基础设施的服务商是算力需求最大的行业，通过算力加持为用户提供实时、智能化、沉浸式的服务内容和体验以及企业上云服务。国内各行业算力应用水平与全球大体一致，互联网算力占整体算力份额近 50%，紧随其后的是政府、服务、电信、金融等数字化转型成熟度较高的传统行业（如图 1–6 所示）。未来，随着行业智能化水平的提高，算力将辐射到现代农业、智能家居、智慧电力等多个不同领域，应用于现代农业中的产品分拣、农作物监测，智能家居中的家庭安保，以及智慧电力中的电力巡检等场景。整体来看，算力将逐步深入更多的传统行业，并且从通用场景开始渗透到更多行业特定场景。

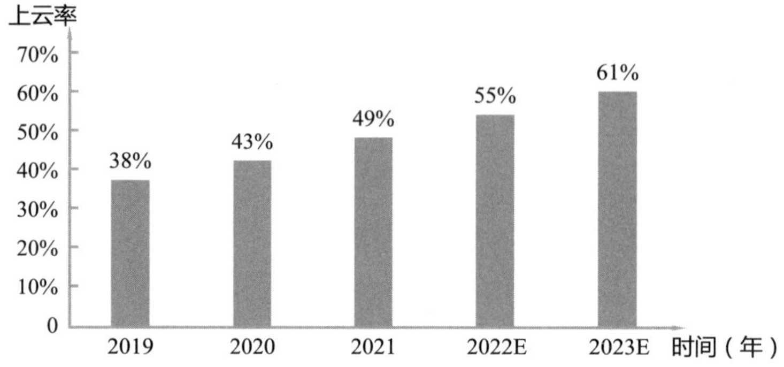

图 1-4　中国政府和大型企业上云率预测

来源：国务院发展研究中心

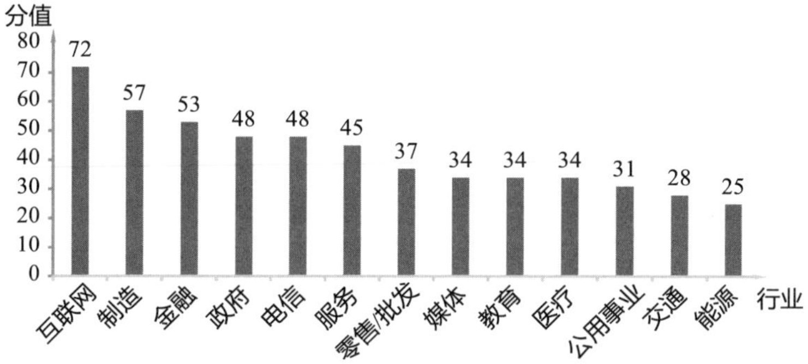

图 1-5　2020 年全球各行业算力水平排名

来源：IDC

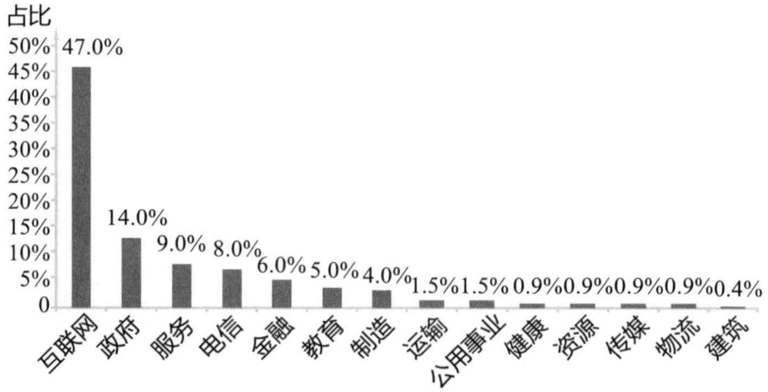

图 1-6　2020 年我国各行业算力应用分布

来源：信通院

当前，算力应用正日益由互联网行业向交通、工业、金融、政务等传统行业加速渗透，应用场景也从通用场景拓展到行业特定场景，算力发挥了前所未有的作用。5G 以及物联网的大规模部署使得算力的底层技术能力得到大幅加强，加上人工智能广泛应用使得智能算力大幅增长，以及量子计算快速突破可期，这将助推算力规模呈现爆发式增长态势。从算力资源的用途出发，业界将算力分为基础算力、智能算力和其他算力。信通院保守估计，未来 5 年全球算力规模将以超过 50% 的速度增长，其中智能算力增速将远超总算力，在算力增长中是核心拉动力，比重也将从 2020 年的 41% 提升到 2023 年的 70% 以上。赛迪研究院认为，2020 年我国通用算力规模为 77 EFLOPS（每秒浮点运算次数），AI 算力为 56.23 EFLOPS。预测到 2025 年，我国基础算力和 AI 算力总量将分别超过 300 EFLOPS 和 1800 EFLOPS。华为则发布了较为乐观的预测，未来 10 年人类将迎来 YB（数据存储体量，1 亿亿亿字节）时代，全球智能算力将增长 500 倍。罗兰贝格从应用侧预估，未来 10 年无人驾驶、智慧工厂、数字货币等热门应用对算力的需求将分别增长 390 倍、110 倍和 2000 倍。综合当前发展态势与未来趋势分析，全球算力预计将以每 12 个月翻 1 倍的速度增长，我们称之为算力第二定律。

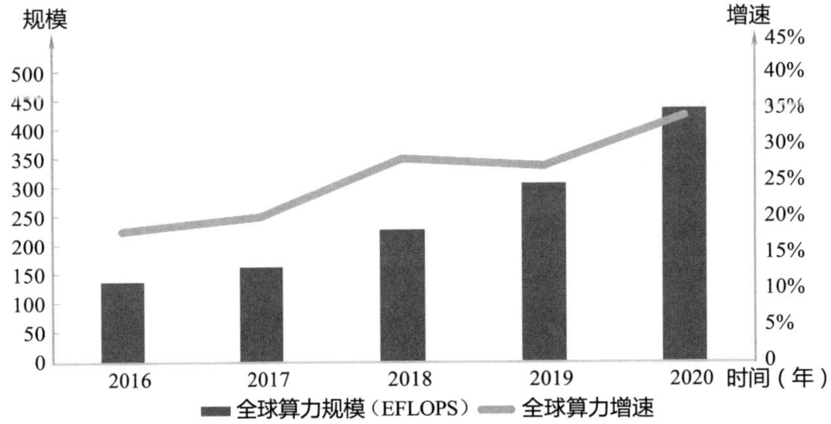

图 1-7　全球算力规模增长趋势

来源：信通院

算力的全方位渗透为各行各业带来了显著的成效和经济价值，日益成为推动数字经济、国民经济高质量发展的关键动力。相关研究表明，算力与经济增长紧密相关，算力指数平均每提高 1 个点，数字经济和 GDP 将分别增长 3.3‰ 和 1.8‰；算力指数越高，算力的提升对经济增长推动的倍增效应就越突出。另外，从统计数据分析可以得出，全球各国算力规模与经济发展水平呈现出显著的正相关关系，算力规模越大，经济发展水平越高（如图 1–8 所示）。研究表明，算力产业对其他产业能级的带动作用日益增强，尤其对电子元器件、计算机、材料、软件和信息技术服务等产业的直接带动作用较大。算力产业每投入 1 元，将平均带动 3~4 元 GDP 产出，我们称之为算力第三定律。在行业领域，算力投入对制造、交通、零售、能源、农业等领域的经济产出带动作用较为明显（如图 1–9 所示）。例如在将传统工厂改造为智能化工厂的场景下，算力上每投入 1 美元，可以带动 10 美元的相关产值提升。除了产生直接或间接的经济价值，算力在助力行业生产效率提升方面也取得显著成效，例如：在生物医药领域，算力提升使得基因测序时长从 13 年缩短到 1 天，新药研发鉴定周期从 5000 天缩短到 100 天；在天气预报领域，算力的发展把天气预报准确率从过去的 21.8% 提高到现在的 90%；在工业生产领域，整个生产流程在数字世界中重建，通过仿真模拟进行优化使得生产效率提高 30%。算力已成为当下提升数字经济活力和推动企业转型的关键指标。

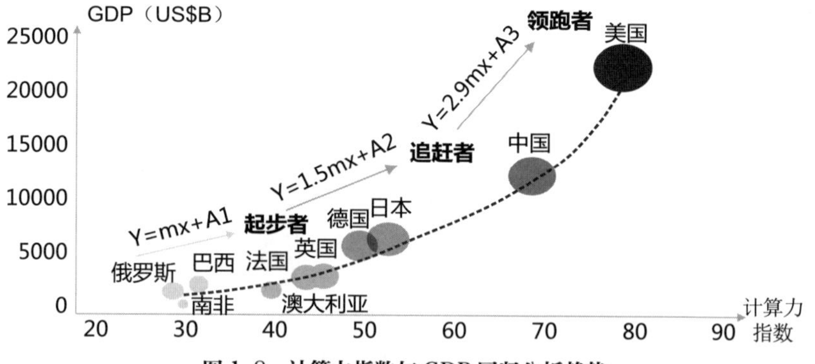

图 1–8　计算力指数与 GDP 回归分析趋势

来源：IDC

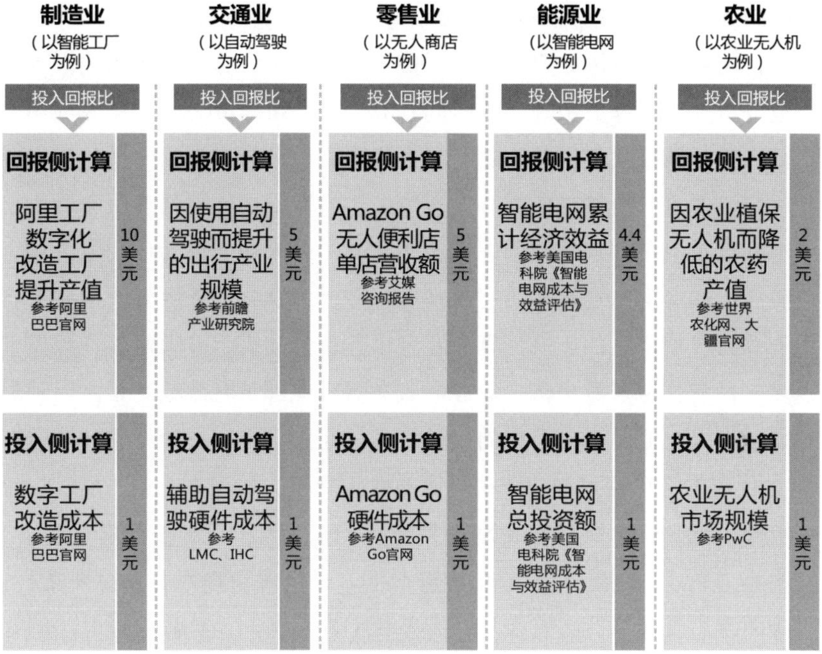

图 1-9 算力投入给行业带来的产值增加

来源：罗兰贝格，作者有所改动

总体来看，算力在多个行业领域和业务场景获得了越来越广泛的应用，但不同业务对算力的需求不同，主要表现为低时延、高移动性、大算力、潮汐性等多样化需求。典型的低时延场景如虚拟现实（VR）/增强现实（AR），此类场景用户参与度较高，时延需求主要来自人与人或人与设备之间的流畅交互，并成为影响用户体验的决定性因素；典型的高移动性场景如自动驾驶，在此类场景中，车辆要在复杂的交通环境中及时感受环境的变化并做出反应，需要不断切换算力服务节点位置，从而达到自动驾驶所需要的毫秒级时延；典型的大算力场景如武器研发、飞行模拟、气候模拟、生育模拟和基因测序等高精尖科学研究场景，其计算任务密集，要求的精确度极高；典型的潮汐性需求场景，如办公楼视频监控，随着时间的变化其在白天和夜间计算需求量会发生明显的波动。未来算力需要依托网络并结合智能、绿色、可信等前沿技术通过服务化的方式满足业务多样化的需求。

目前业界针对算力服务提出了四项指标要求：算力资源利用率、算力业务服务率、算力服务响应时间和算力服务可信度。算力资源利用率指算力资源被有效使用的比例，算力资源利用率越高表示闲置的算力资源越少。据 IDC 统计，各类算力资源，包括数据中心、物理服务器、个人电脑以及消费终端的利用率都低于 15%。未来如何将大量闲置的算力资源通过共享实现均衡使用将显得尤为重要。算力业务服务率指业务算力资源需求被满足的比例，算力业务服务率越高表示被满足的资源需求越多。目前算力资源丰富，业务的服务需求能够被有效地满足，但随着科技的发展，业务算力需求的增长将远远超过计算能力的增长，导致以 AI 为代表的计算密集型业务出现大量算力缺口，如何为业务匹配最优计算资源，减少资源浪费将成为一个研究方向。算力服务响应时间指用户发出算力请求到算力资源被响应的时间，是衡量用户体验的重要指标，影响因素主要包括算力管控及交易系统的响应时间，算源选择算法的好坏，能否根据用户需求推荐及预测出网络位置合适的资源池。算力服务可信度指业务数据信息不被泄露给非授权的用户、实体或过程，或供其利用的特性，是衡量算力服务可信特性的指标。算力服务可信度是基于算力资源利用率、算力资源有效率及算力服务响应时间，用来评价算力服务的指标。

数字信息基础设施

迈入新发展阶段，国家对加快绿色转型和安全发展做出新的要求和部署，从战略层面推动落实“双碳”目标，并提出“坚持统筹发展和安全，建设更高水平的平安中国”等。另外，5G 的规模化部署推动云大物智等加快发展，从而带动数字经济高速增长并推动数字生活纵深发展，越来越多的组织和个人开始对数字化和智能化服务提出新的、更高的要求。在此背景下，数字信息基础设施，尤其是其核心的算力设施的未来发展预计将会呈现出以下几点趋势。

算力多样性态势日益凸显

从技术形态上划分，现阶段算力主要包括基础算力、智能算力、超算算力和前沿算力。当前，数字化业务场景日益丰富，业务需求差异化越来越明显，不同的应用场景对算力的要求不同（如图 1-10 所示），以医、食、住、行四大日常数字化场景为例，其对算力的要求分别为更准确地模拟现实（AI 探索新药）、更纵深地感知（智慧农业）、超越现实的体验（智慧交互、虚拟世界和元宇宙）和更聪明的 AI（无人驾驶）。另外，随着图片、音视频、网页、位置等非结构化数据日益剧增，要求适配不同形态的算力，从而释放算力潜能，大幅提升算力的计算效率。因此，以多样化算力来满足场景和数据的计算需求就成为必然。

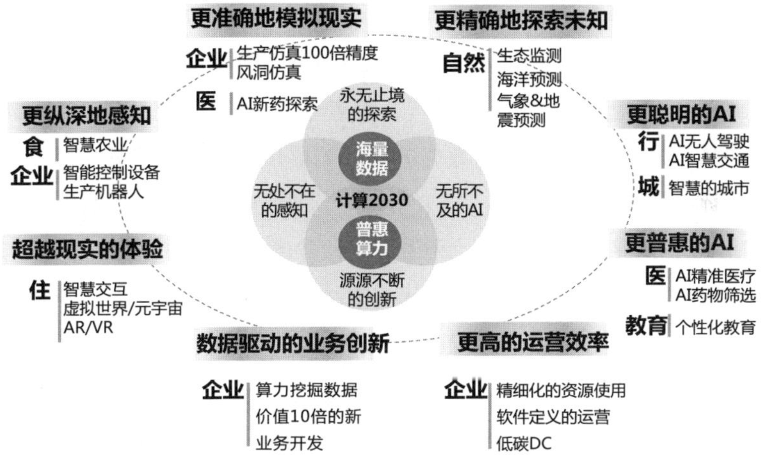

图 1-10　未来计算场景日益多元推动算力多样化

就具体算力形式展开来看，基础通用算力主要基于 CPU 芯片的服务器提供基础通用计算，多应用于处理数据密集和通信密集的事务性任务，如电商、游戏、线上办公等场景；智能算力主要是基于 GPU、FPGA、ASIC 等芯片的加速计算平台，提供人工智能训练和推理的计算能力，主要满足安防监控、自动驾驶、国防军事等实时响应、低时延或低功耗的业务场景；

超算算力主要基于超级计算机等高性能计算集群所提供的计算能力来进行科学工程计算，多为天气预报、运算化学、分子模型、天体物理模拟等高精尖科学领域提供极致算力的服务；前沿算力（如量子计算）突破了当前以电子作为基本载体的计算方式，兼具超高算力和超低能耗两大特性，可以有效地处理大量复杂的、涉及较多变量的数据集，从而加速解决复杂计算问题。量子计算除了在加速新药开发、加速破解加密算法、加速人工智能等方面发挥作用，还可在某些有特定难度的问题上取代超算算力。

从分布划分，算力主要分为云端算力、边缘算力和终端算力，以满足不同业务对算力的多样化需求，如大算力、低时延、高移动性等。具体来看，云端算力主要基于云平台集中式、可扩展的高性能计算能力来解决大规模计算和存储问题，因其较大的经济效益而被广泛应用。云端计算的大规模复杂数据集中式处理模式使得其主要聚焦非实时、长周期数据的大数据分析，在周期性维护和业务决策支撑等领域有较大优势，目前主要应用于全国性的大平台、大应用的服务场景，包括电商平台、订票平台、金融科技、数字政府等。随着5G和万物互联时代到来，越来越多的边缘设备产生的实时数据迫切地需要快速处理，但云端计算受制于实时性不够、带宽不足、能耗较大、不利于数据安全和隐私保护等问题，无法满足部分低时延、大带宽、低传输成本的场景，如智慧安防、自动驾驶、智慧工厂等，需借助边缘算力来处理。边缘算力由于在靠近数据生产者的地方和网络边缘处理大量临时数据，不再全部上传云端以及通过网络请求云计算中心的响应，极大地减轻了网络带宽和数据中心功耗的压力，减少了系统延迟且增强了服务响应能力，更适合聚焦实时、短周期的数据分析的业务场景，如公共安全中的实时数据处理、智能网联车和自动驾驶、虚拟现实、工业物联网、智能家居等，更好地支撑本地业务的实时智能化处理与执行。除了云端算力和边缘算力，以手机、电脑、可穿戴设备、智能家电等为主的电子终端也承载着大量应用软件产生的计算需求，但未来随着电子终端逐步向便捷化、一体化发展，终端设备产品承载的算力将大部分向云端和边缘进行复制，从而呈现云、边、端算力共存的态势。

智能算力和前沿算力将成为主流

随着数字经济的不断推进，各行各业的数字化转型不断深入，人们对智能化服务的意识和需求日益提升。智能化技术作为提高生产力的关键手段，得到了全社会的广泛应用。复杂的智能化技术和多样化场景的结合使得以图片、音视频、网页、位置等为主的非结构化数据呈现海量增长趋势，算法模型也日趋复杂，促使企业对海量数据处理、智能算法加速、高速训练推理等方面提出更高要求，但基础算力已难以满足人工智能应用中多样繁杂的计算需求，这使得计算方式开始转向以高并发、高弹性、高精度等为主的智能算力。智能算力通常搭载 GPU、FPGA、ASIC 等加速芯片，可以满足高吞吐量互连的需求，为已成为数字时代标配的人工智能应用场景，如自然语言处理、计算机视觉、机器学习等提供强大的算力支持。智能算力应用领域越来越广泛，从互联网行业的内容审核和推荐系统、制造业供应链预测分析、金融行业智能客服，到零售行业智能营销、产品推荐、对话式客服、客流分析等，这些都需要依托强大的智能算力来进行海量参数的模型训练。根据预测，AI 训练的计算复杂度每年猛增 10 倍，这将推动智能算力成为未来主流的计算形态（如图 1-11 所示），预计智能算力的占比将由 2020 年的 41% 提升至 2023 年的 70%。

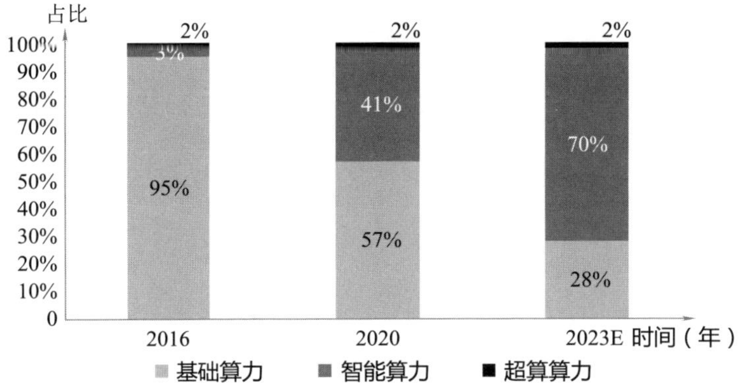

图 1-11　中国算力类型结构

来源：信通院

后摩尔时代，算力瓶颈和高功耗将成为制约算力快速增长的两大主要因素，这主要表现在：最近十年AI训练对算力的需求每3.43个月翻一番，这一增速明显快于摩尔定律，意味着当前基于冯·诺依曼结构的电子计算已无法满足智能时代对算力与功耗的要求。寻找新的计算架构和体系以解决算力发展困境具有现实迫切性和至关重要性。以量子计算和光子计算为代表的前沿计算在提高算力和降低能耗方面具有天然的优势，长期来看将在很大程度上替代现有算力，成为未来算力的主流形态。量子计算的量子叠加原理使其具有超快的并行计算能力，提供比传统计算机更快的算力支持来加快计算问题的求解速度，而且计算过程没有能耗。随着生物制药、化工、能源等研发密集型产业以及搜索、数字安全、机器学习等高科技领域的蓬勃发展，量子计算能够处理的问题越来越多，将获得越发广泛的应用。罗兰贝格预测，2045年左右量子计算将进入成熟阶段，量子计算的规模突破将推动整体算力实现指数增长。另外，量子计算与人工智能结合而成的量子智能，将带来运算与存储能力的大幅跃升，极大增强深度学习等人工智能技术的大数据处理能力，从而提升计算机智能分析与决策水平。高德纳咨询公司（Gartner Group）预测，到2023年，将有20%的企业或机构为量子计算相关项目制订预算计划（当前仅为1%）。还有一部分人探索以光子计算取代现有计算体系。光子计算因为其利用光学器件折射、干涉等特性进行运算，具有并行、高速、低功耗、低时延等特点，且不易受温度、电磁场和噪声变化的影响，传输过程当中也不容易失真，采用光子计算能够让算力提升3个数量级且功耗下降6个数量级，对于信号处理、人工智能等复杂特定任务更具优势。

通信计算走向云网一体

正如前面所述，算力分布包括云端算力、边缘算力和终端算力三个层面，在实际应用中，各种算力不是孤立发挥作用的，必须协同整合。首先，每一种算力都是根据一定的应用需求预测来确定算力资源部署的大小，在一定时间内是一个恒定值。但是，实际应用需求是千变万化的，且有高低峰值的区别，如办公楼宇的视频监控业务场景，白天高峰时期会出现算力资源紧张，不能支撑业务的计算需求，而夜间低峰时又会出现算力冗余和浪费。在这种情况下，各种算力之间只有相互协同合作和分担调配，才能解决算力及业务分布不均造成的算力资源缺乏问题以及单点高质量算力供给不足等问题，以满足业务对算力的潮汐需求，最终实现各种算力的动态均衡和整体效率最优。其次，许多跨地域的应用本身就需要三种算力同时发挥作用才能保证业务的正常运作，如在网联汽车应用中，行驶中的汽车不仅需要利用车载计算能力对车内外实时状况进行感知及判断后做出应急反应，同时也要利用边缘计算能力对周边的交通环境进行互动和分析处理，做出实时路径和合规的选择；另外，还要利用云端的计算能力做出整体路径的最优选择以及实现远程操控和数据备份处理。最后，随着数字化转型的不断深入，面对的应用将越来越复杂，部分应用的处理量和复杂度很可能会超过某一单点算力资源能力，必须同时调动多种算力资源进行并行计算，以提升规模化处理能力。

算力资源作为云资源的核心组成，其协同整合必须依赖网络连接。一方面，计算所需数据需要网络进行抓取和感知，计算结果需要网络传输来实现互通和整合分析；另一方面，算力网络的价值最终体现在整合算力和连接、保持用户的一致性上，同时提升资源的使用效率，网络就成为算力网络基础中的基础，成为构建新商业的推动力。只有在云网融合的基础上，才能满足个性化业务和场景对算力的智能调用以及一体化服务需求。具体来看，与多样化的算力适用于多样化的应用需求一样，网络也存在多样化性能，如时延、速率、可靠性和连接密度等，不同的应用需求要求不同的网络性能与之相适配，才能满足业务的正常运作，比如工业互联网对网络可靠性、车联网对网络低时延分别提出较高要求。因此，不同的应用需求需要不同的算力和网络与之相适配。由于应用对网络的需求通过算力对网络的需求来传导，所以算力资源的协同整合关键是算力与网络的协同整合。

在算力与网络的协同整合方面，或者更确切地说，云与网的整合通常包括协同、融合和一体化三个阶段。在协同阶段，相互独立的云资源和网络资源分别与业务进行适配，满足传输、计算和存储需求，实现云网基础层面的无缝对接，满足应用一站式服务的基本要求；在融合阶段，在云网物理层打通的基础上实现相互嵌入，发生“物理反应”，实现云网功能和操作上的统一；在一体化阶段，云和网将彻底打破界限融为一体，产生“化学反应”，客户将感知不到计算、存储和网络三大资源的隔离和差异，完全实现资源和能力的统一。

“绿色安全”将成为算力发展新要求

绿色发展作为经济可持续发展的底色已成为全球主要趋势，中国顺势提出“双碳”战略目标，加速推动绿色发展理念渗透全社会。绿色发展在新发展阶段的主要表现是通过数字化技术来实现降本增效，这对算力基础设施领域来说显得尤为紧迫和重要。随着以大型和超大型数据中心为代表的算力基础设施加快建设，电力资源消耗急剧增长，电力已成为算力成本中仅次于芯片的最核心成本。据统计，2020 年全球发电量中约有 5% 用于计算能力消耗，到 2030 年这一数字将可能提高到 15%~25%。因此，打造集约高效、绿色低碳的新型算力基础设施已经到了刻不容缓的地步。产业内外已意识到绿色低碳技术所带来的巨大价值，并开始深入探索和实践。阿里云采用浸没式液冷等先进热管理技术实现更加精细化、智能化的热管理；华为云探索模块化高温风墙温控系统及间接蒸发冷却系统等智能化节能技术；腾讯云在算力设施基础中心配备分布式光伏发电屋顶。除了专业的节能技术，企业还采用大数据分析、智能运维等数字化技术实现降本增效；还有部分企业开展氢能和燃气发电技术试点。清洁能源和可再生能源作为算力绿色发展的关键技术之一，未来将在行业中广泛实践。

当前，安全问题已上升到国家战略层面，面向重要战略机遇期，国家强调要“统筹发展和安全”“建设更高水平的平安中国”等。进入数字经济时代，关键信息基础设施日益成为经济社会运行的神经中枢，网络化、软件化、智能化等纵深发展使得人类对网络和数据的依赖性不断增强，网络攻击和数据泄露等数字安全问题频发，严重影响了国家安全、经济发展、企业利益和个人权益等。另外，在算力网络层面，算力资源日趋泛在化，数据分散到多方算力节点进行计算，无法保证每个节点的安全可靠，算力网络也面临网络攻击和数据隐私泄露等严重安全风险。与此同时，云边端协同的多级算力网络架构，也带来了安全边界模糊化、网络暴露面增加、复杂隐蔽攻击快速传播、终端信任建立困难等安全问题。因此，只有将安全性设计融入云网体系内部，构建一种“防御、检测、响应、预测”的自感知、自适应、自生长的内生安全体系，这种由“外挂”转向“内生”的网络安全体系才能从源头上保障算力基础设施全领域、全方位、全流程的安全。

受技术、需求和战略的共同驱动，未来以算力为核心的数字信息基础设施将逐步走向多样性算力、智能算力和前沿算力、云网一体及绿色安全，并将呈现高速泛在、天地一体、智能敏捷、绿色低碳、安全可控的主要特征。具体来看，以算力为核心的数字信息基础设施架构由三大层构成（如图 1–12 所示）：底层为算力网络基础资源层、中间层为控制层、顶层为服务层。此外，智能、可信、绿色三大特性与各层深度融合贯穿其中。基础资源层包括云、边、端等算力基础设施，同时也包含空天地一体、确定性承载网络、通感算一体化网络等网络基础设施，为上层多样化的算力服务提供全连接、全覆盖的算力资源支撑，该层需要实现算力资源中心的节能减排、网络的智能连接，同时提供对算力提供方的资质核验、可信度的评估以及对基础网络的安全保障；控制层包括算力路由、算力编排、算力管控等功能，实现对基础资源层资源的统一编排管理和调度，控制通感算数据流并向算力网络服务层提供全局资源视图，该层需要实现算力感知及网络资源的智能编排、资源的最优化配置以及安全服务链能力；服务层包括对用户需求的分析、算力交易等功能，根据控制层所提供的全局资源视图，为最终用户提供多种服务模式，该层需要实现用户需求的智能分析、基于区块链等安全技术的可信交易。基础资源层、控制层、服务层三大层面层层递进不断抽象，为最终用户提供多样化服务；绿色、智能、可信三大特性相互促进、相互赋能，实现良性内循环。

总之，以算力为核心的数字信息基础设施需要将分布式、多级的算力通过网络进行整合，并结合人工智能、安全、绿色等技术，赋能算力产业的多样化发展，使其像电、水等基础能源一样按需、按量灵活供给，满足业务大算力、低时延、高移动性、潮汐性算力需求，为新兴业务提供共享、绿色、智能、可信的算力服务。

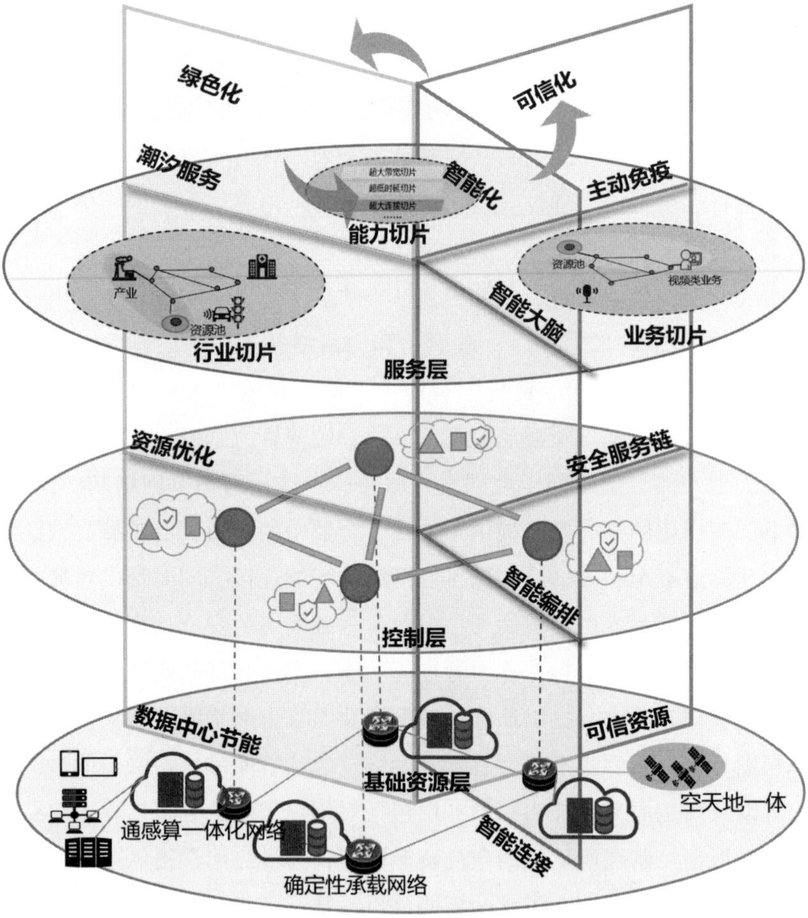

图 1-12　以算力为核心的数字信息基础设施

云网融合

第二章

算力改变世界

融合

为迎接数字时代，激活数据要素潜能，我国“十四五”规划中明确提出建设“数字中国”的愿景目标，并通过加快建设数字经济、数字社会、数字政府，实现生产方式、生活方式和治理方式的变革。不论在经济、社会领域，还是政府治理领域，数字化转型都与以算力为代表的信息基础设施有着密不可分的关系。

时代演进的本质是服务于人。1943 年，美国社会心理学家马斯洛提出著名的需求层次理论，将人的需求分为五个层次，并表示低级需求满足以后，高级需求会自然产生。《通信 4.0——重新发明通信网》一书认为，人类通信也是如此，层次化的通信需求催生了通信的不同发展阶段，并将其称为“新通信马斯洛需求模型”。

该模型将人类的通信需求分成 5 个等级：必要通信、普遍通信、信息消费、感官外延、解放自我。（如图 2–1 所示）其中，必要通信关注人与人之间的必要通信需求，受制于通信手段的匮乏，该阶段仅满足最紧急和必要的通信需求；普遍通信关注人与人之间的普遍通信需求，通信成本下降、通信工具的普及带来人与人的轻松互联；信息消费关注人与信息之间的通信需求，对信息的获取、消费及丰富的通信方式是该阶段的核心诉求；感官外延关注人与物、物与物之间的通信需求，以通信为载体，人类感官延伸至世界各个角落，人机互联是这个阶段的重点；解放自我关注由于连接升华而产生的知识，通信将变得智能，人类将解放自我。

对应新通信马斯洛需求的各层级，典型的通信系统可分为四个“泛在”：沟通泛在、信息泛在、感官泛在和智能泛在。（如图 2–1 所示）通信和互联网经过多年发展，基本满足沟通泛在和部分信息泛在要求，更高的泛在化则需要云计算、大数据和物联网等关键信息技术的加持。

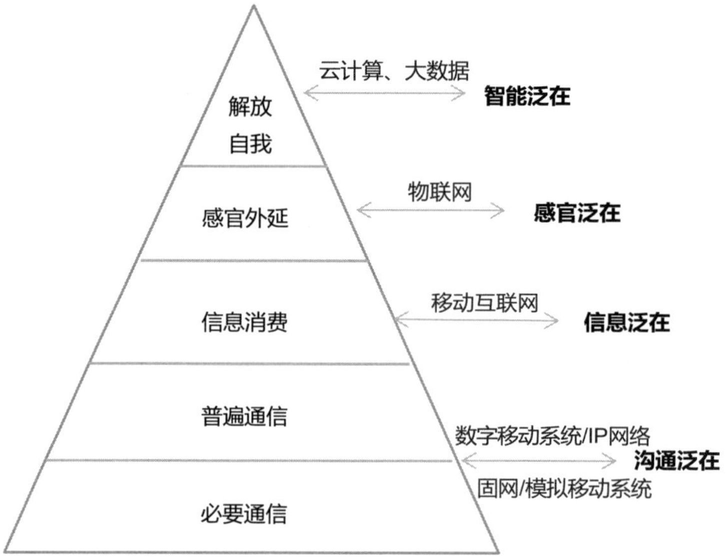

图 2–1　新通信马斯洛需求及通信系统四大阶段

人类历史上的每一次重大变革，都伴随着象限级的技术突破。批量种植技术的发明，使人类进入农业时代；蒸汽机和热武器的发明，使人类进入工业和大航海时代；计算机、互联网的发明，使人类进入信息时代。信息时代和算力密不可分，由计算、存储、时延三要素表征的算力设施正推动人类通信水平向更高层级迈进，推动社会、生活、科研范式发生前所未有的巨变。

算力改变社会

2020 年春天，突如其来的新冠疫情在全球范围内暴发，迫使我们加速拥抱数字化进程。

提到数字，自然离不开算力，它执行数据的计算、存储、传输和交互。从早已普及的平板电脑、智能手机、个人电脑等电子产品，到医疗保障、气象预测、工业制造、城市治理等领域，都以算力作为底层运转逻辑。多元化的应用场景，叠加不断更新的处理、存储、网络能力，已经推动算力完成由“旧”到“新”的蜕变，即由单一的计算功能到融合云、网、边、端，并且超脱工具属性和位置属性的一种泛在能力。算力正日渐成为人类能力的延伸，在各行各业的数字化转型升级中扮演至关重要的角色。

本节我们将选取和人们生活息息相关的医疗、城市、天气、工业领域，聚焦算力主线，管窥新时代背景下发生在社会不同切面的蝶变效应。

智慧医疗

传统医疗的困局

我国医疗体制改革的节奏从中华人民共和国成立延续至今。1949 年到 1978 年属于第一阶段，在计划经济的指导下，该阶段重点发展农村医疗卫生制度，建立了乡村卫生站、乡镇卫生院和县医院三层级卫生服务体系，城镇则依靠医疗服务机构提供基本的医疗保障。城乡并行发展的局面奠定了我国现代医疗设施的基础。1979 年到 2003 年属于第二阶段，这个阶段医疗服务水平大幅提升，人们的平均预期寿命也从 1981 年的 67.9 岁提高到 2003 年的 71.8 岁，但由于医疗成本的急剧膨胀，许多患者不愿意到医院治病，许多家庭也因为医疗费用被拖入贫困。2003 年至今属于第三阶段，伴随着 2003 年和谐社会思潮的兴起，关于医改的讨论引起人们的广泛关注。从 2003 年新型农村合作医疗制度的引入，到 2009 年《关于深化医药卫生体制改革的意见》的发布，再到 2016 年《“健康中国 2030”规划纲要》的“三步走”计划，医疗技术和政策的相互作用，推动着我国医疗卫生领域从建立不断走向完善。

目前，我国已经形成了公共卫生服务体系、医疗服务体系、医疗保障体系、药品供应保障体系四驾马车并驾齐驱的医疗卫生体系，覆盖了疾病预防、诊断治疗、健康教育、医疗保险、药品管理等方方面面。根据国家统计局公布的数据，截至2020年，我国医疗卫生机构总数超过100万，其中最多的是基层医疗卫生机构，方便居民就近看病，数量达到97万，占比94.8%。

经过70余年的发展，我国医疗卫生领域发展呈现稳健上升的态势，但依然面临着医疗资源配置失衡、用户体验差、数据孤岛现象严重等问题。

在资源分布方面，我国存在小医院资源浪费、大医院看病扎堆等现象。人口与医疗资源分布不匹配，70%的人口分布在欠发达的县、镇、乡，而80%的医疗资源分布在大、中城市，且沿海经济发达城市医疗资源丰富，西部地区相对贫乏。这些导致人们不愿在基层卫生机构看病，通常愿意选择到大城市的医院就诊。

在用户体验方面，传统医院挂号缴费窗口人满为患，看病难、看病贵、医患关系紧张的问题也长期存在。这些现象的产生和我国医疗服务供给不足息息相关。2020年，我国执业医生为340.17万人，每万人拥有执业医生24人，而这个数字在美国是26人，欧洲国家多在30人以上。

数据孤岛是医疗信息化演进的瓶颈。卫健委在《电子病历系统功能应用水平分级评价方法及标准》中，将医疗机构的电子病历系统应用水平从0到8级分为9个等级，评级越高，对应的医疗、公共卫生、健康监测等信息整合程度就越高。根据"2020中华医院信息网络大会"发布的信息，2019年全国三级医院电子病历的平均评级是3.11级，受疫情影响，2020年这一数据预计为3.7~3.8级，也就是还没有实现医院内部门间的数据共享。

智慧医疗的破局探索

2009年年初，IBM提出智慧医疗的概念，意指通过打造健康档案区域医疗信息平台，利用最先进的物联网技术，实现患者与医务人员、医疗机构、医疗设备之间的互动，逐步实现信息化。

智慧医疗的概念一经提出，就引发广泛关注，业界纷纷尝试推进智慧医疗从构想走向落地。经过十几年的发展，智慧医疗范畴已经拓展到病患服务、医院管理、临床诊疗、区域协同、家庭健康等多个领域，并沉淀了丰富的实践经验。我们选取疾病诊断、急救、公共卫生事件应急（以下简称公卫应急）三个常见的医疗应用，以剖析信息化是如何构建的。

在疾病诊断方面，传统的诊断需要患者到医院现场排队挂号、缴费、等待叫号、就诊，流程复杂且等候时间过长。远程诊断的出现改变了传统的问诊方式，病人无须前往现场，只需要通过无线网络将电子病历、影像资料上传到医疗云，就可以获取医生的专业意见。以远程会诊为例，基于5G 网络，云服务、高清视频硬件解码技术，实现医学影像数据的高速同步传输与共享，配合大屏、个人计算机（PC）及手机等各应用终端，能够支持专家在线开展一对一、一对多、多对多等形式的会诊，提高医生和患者的交互体验感，提升诊断准确率和指导效率，促进优质医疗资源下沉。远程会诊系统则利用部署在上下级医院的会诊工作站，通过软硬件设备和网络网关设备，充分融合 5G 定制网、移动互联网等技术，构建远程会诊高清视讯平台，实现多样化的远程医疗业务应用。（如图 2–2 所示）

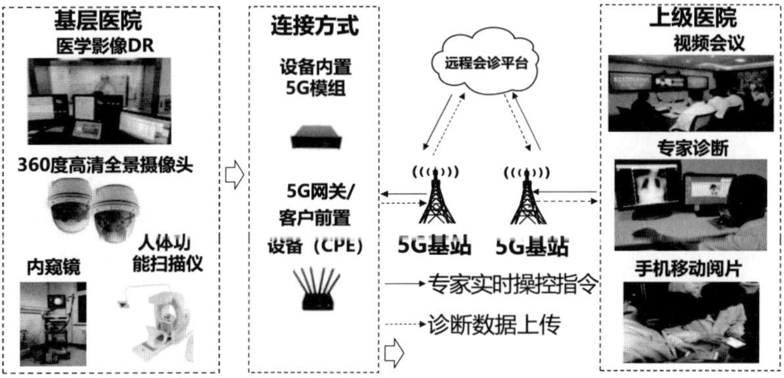

图 2-2　远程会诊示意图

急诊救治方面往往面临病情紧急、时间紧迫、条件有限等问题，目前我国的急救知识普及程度和医疗急救体系均不能满足患者的要求和预期。随着信息科技的迅猛发展，急救方面也大力开展信息化建设。在患者从呼救到送往医院的途中，医护人员一边对其实施紧急抢救，一边与院内医生共享急救过程信息，获取专家远程指导，打破时间和空间限制。急救车里可配备超高清视频系统和 AR 眼镜采集现场情况，经由承载一定算力的网关设备传输到院内，便于医院提前准备救治资源。除现场救治外，生命体征数据、CT 影像数据等都需要通过网关传输到数据中心，方便院内医生及时诊断。

2003 年非典事件暴露了我国公卫应急系统的薄弱，此次新冠病毒袭来，我国高度重视信息化手段的运用，提出通过加强各省数据互通性，推动风险人员排查和流调工作更精准、快速。为此，我国启动了“疫情防控管理平台”建设工作，于 2021 年年底前分两批完成。该平台采用“1+3+N”总体架构，即 1 个国家级疫情防控数据共享枢纽以及整合工信、公安、卫健“三公”信息系统，为各省平台提供数据赋能和业务系统支撑。

不仅在这三个应用场景中，智慧医疗的各个方面都和数据有千丝万缕的联系，而数据的处理离不开算力。可穿戴设备采集的人体健康指标、医学影像资料、电子处方信息等形成结构复杂的数据源，经过部署在边缘计算网关或云中心的智能算法加工，形成具有一定医学指导意义的结果反馈给医疗活动的决策者和参与者，从而优化医疗资源配置，加强不同机构间的信息流通。

智慧医疗发展前景

云计算、大数据和 5G 等技术的不断成熟，促使运用信息化手段提升医疗服务水平成为推动健康中国战略的重要途径。目前，我国已拥有仅次于美国和日本的全球第三大智慧医疗市场，2020 年我国产业规模就已突破千亿元大关。

未来，智慧医疗势必会擘画更广阔的图景。智能化医疗器械及终端设备将催生更多样的应用场景，为行业发展带来更多机遇；基础医疗设施数字化促进医疗云快速发展，医院上云、医疗应用上云成为新趋势；人与人、人与物、物与物之间的交互将产生海量数据，采集、传输、存储、计算和分析需要强大算力的支撑，云边端多级算力体系将成为智慧医疗持续突破的重要动力。

智慧城市

城市化的挑战

经历了农业革命、工业革命和信息革命的洗礼，世界范围内已经形成了以小城市、大城市、国际大都市、城市群为主的城市形态，居住在城市环境下的人口数量也急剧增加。时至今日，全球城市人口已超过 40 亿，而我国城市人口数量也超过了 8 亿，占我国人口总数的 57% 以上。城市化可以增加就业岗位、改善产业结构、提高社会生产效率，但同时也给人们带来诸多不便。

2019 年 8 月，北京交通发展研究院发布《北京市通勤出行特征与典型区域分析》报告，数据显示，北京工作日日均约 610 万人选择乘坐公共交通出行，六环以内平均通勤时长为 56 分钟，平均通勤距离为 12.4 公里。通勤时间长只是城市化带来的众多问题的一个缩影，除此之外，还有能源不足、治安管理、环境污染、交通拥堵等问题长期困扰各国政府，人们称之为“城市病”。城市病是所有国家在推进城市化进程中都会面临的问题，不但给生活在城市的人们造成不便和烦恼，也严重阻碍着社会经济的发展。

智慧城市的破局探索

为了提高城市化质量，缓解大城市病，社会各界纷纷献计献策，受到广泛认可的是 2010 年由 IBM 提出的智慧城市方案。时任 IBM 首席执行官的彭明盛对智慧城市的解读是，能充分运用信息和通信技术手段感测、分析、整合城市运行核心系统的各项关键信息，从而对于包括民生、环保、公共安全、城市服务、工商业活动在内的各种需求做出智能的响应，为人类创造更美好的城市生活。

在智慧城市发展的初期，平安城市因与人们的切身利益息息相关而备受关注。平安城市的建设着眼于社会的方方面面，如消防、出行、安防、自然灾害预警等，影响着广大民众的日常生活。例如安全出行，随着共享经济的兴起，网约车、顺风车成为人们便捷出行的首选。但在居民享受经济和便捷出行的同时，公共安全事件不断发生。在过去的几年里，相关媒体关于各种骚扰、刑事案件的报道很多。受安全事件的影响，各相关公司不得不下线相关业务并进行整改。为了保障司机和乘客安全，乘客上车时网约车就自动开启录音功能，但这仅仅减少了语言骚扰，对出行双方产生了一些震慑效果。如果想进一步提升出行的安全性，还需要依靠视频技术，并通过人工智能分析当前司机和乘客是否处于安全状态，从而及时向相关方发送危险警报。然而视频技术的使用必将导致大量的带宽需求，按照优步 2017 年的使用情况（45787 次 / 分钟），假设将每次驾乘的视频发送到云端（每次 20 分钟），每天云端将新增 9.23PB 的视频数据。这无疑将会使网络产生严重的拥堵，而按照现在云计算的存储容量，将这些数据全部存储到云计算中心也是非常具有挑战性的。

城市的安防监控也是平安城市中非常重要的部分，它可以实时监测城市各个角落，以确认是否发生交通事故、大型集会上是否发生踩踏事故、是否出现正在追缉的可疑人物等。为了实现对城市的安防监控，需要在城市中部署大量传感器，安装固定 IP 摄像头，以及配置具有高清摄像头的无人机。通过对这些设备实时监控到的数据进行分析获得关键信息，再将重要信息反馈到控制中心。但实际上，大部分前端设备都只具备单纯的感知和摄像功能，不具备前置计算能力，需要将数据传输到数据中心进行处理。目前，一个每秒 25 帧的 4K 视频监控一般要求带宽达到 25Mbit/s，而且不能有收敛。若多个摄像头同时应用，则需高带宽网络支持。一个城市所有摄像头每天产生的数据如果都传输到云端，会给网络带来非常大的压力。结合边缘计算和云计算，可以将视频分析与处理服务部署在距感知设备较近的边缘计算平台中。通过 IP 摄像头、无人机、传感器等设备采集的数据和图像信息经过基站传输到边缘计算平台进行本地分析预处理，减少对核心网及骨干网带宽资源的占用，同时也将传送范围缩小至端到端。AI 训练服务则被部署在云数据中心，依靠云计算强大的计算能力来对数据进行训练，得到更准确的训练模型。

经过十几年的统筹规划，目前我国智慧城市已经基本完成初级阶段建设，步入快速增长期。国家政策的不断出台，也吸引了大量社会资本加速投入。不论是市场规模还是增长速度，都展现出不容小觑的势头。

根据 IDC 的数据，2020 年中国智慧城市市场占全球的比例为 21.5%，仅次于美国与西欧。2020 年，中国智慧城市市场支出规模达到 262.37 亿美元，预计 2023 年将达到 389.23 亿美元。

智慧城市发展前景

我国已经成为全球智慧城市技术产业创新发展的重要力量，截至 2019 年年底，所有副省级以上城市、95% 以上地级市、50% 以上县级市均提出建设智慧城市。数字化是智慧城市最核心的标签，未来，智慧城市将呈现以下三个趋势。首先是范围的延伸。随着我国新型城镇化战略的推进、乡村振兴战略深入实施，智慧城市的建设范畴也逐步拓展，从先期的以大、中城市为主，逐步开始向县域、乡村下沉，从而将智慧应用由城市推广到全社会。其次是“新城建”将成为重要推手。2020 年住建部印发《关于加快推进新型城市基础设施建设的指导意见》，提出对城市基础设施进行数字化、网络化、智能化建设和更新改造。最后是数据的融通。更多个人和组织将通过信息与通信技术（ICT）有效获取信息，按照意愿去参加感兴趣的社会活动，而不受数字壁垒的困扰。

可以预见，高品质传输网络、支持灵活取用的算力资源将成为智慧城市未来发展的刚需。承载着各类价值的数据将在无障碍的城市信息网络中融合贯通，创造更大的社会价值。

天气预报

天气预报的发展

最初的天气预报是一门“玄学”，纯粹依靠人们的生活经验。一些流传至今的谚语就能反映出早期人们对于天气的关注，比如“朝霞不出门，晚霞行千里”“满天乱云飞，雨雪下不停”。《三国演义》里“草船借箭”的故事也是天气在军事中的应用。

天气图的诞生标志着现代天气预报拉开帷幕。同时，电报的出现让各气象站的观测资料可以迅速传递和集中，使绘制实时天气预报成为可能。天气图更擅长预报短期天气，面临中长期的天气预报，这种方式也无济于事。而随后数值天气预报的出现解决了这一问题。

数值天气预报是指根据大气实际情况，在一定的初值和边值条件下，通过大型计算机做数值计算，求解描写天气演变过程的流体力学和热力学的方程组，预测未来一定时段的大气运动状态和天气现象的方法。

天气方程组的求解并不是一件容易的事。英国数学家里查逊在《利用数值方法做天气预报》一书里，写到了他的计算过程。里查逊在 1916 年到 1918 年间第一次尝试进行数值预报，其间他组织了大量人力借助手摇计算机耗时 12 个月才完成。由此他得出，如果一个人昼夜不停地计算，需要花费 6.4 万天；即便让 6.4 万人并行运算，也需要一整天才能估测出未来 24 小时的天气情况。

数值预报需要处理大量观测数据，必须依靠算力极高的设备才能完成。电子计算机的诞生完美解决了这个问题，并且随着算力水平的提升，数值预报时效平均每 10 年增加 1 天。至今，数值预报已成为主流预报模式。

天气预报与超算

在数值天气预报过程中，对算力依赖程度最高的环节是观测数据预处理及数值模型计算。

伴随气象观测需求和观测设备的升级，当前的观测范围从地面扩展到几千米的高空，观测要素也从温度、湿度、风速、气压等向更复杂的物理量扩展，同时，由于城市化的演进、工业的转型，大气中一氧化碳、二氧化氮、二氧化硫等气体浓度也被纳入监测范围。气象观测产生的数据越来越庞杂。例如，美国联邦机构为天气预报所做的模拟，每天需要来自不同气象站的数据量就多达 100TB。

获取观测数据后，气象部门就开始进行数值计算。数值计算基于天气方程组，经过计算机处理后，模拟出未来的天气分布。在计算过程中，为了实现精细化预报，往往将区域分成一个个边长 5 千米、3 千米甚至是 1 千米的网格，每个网格里的天气会有所差异。精细化不仅体现在空间上，还体现在天气更新频次上。从前的天气预报只会出现一种天气，现在可以实现逐小时甚至逐分钟的更新，人们可以随时随地知道自己所在的区域是什么样的天气。数值方程的求解、天气预报的精细化都需要依靠超算的支撑。

出于对算力的强烈需求，全球主要气象机构高性能计算机升级换代的新闻经常见诸报端。2020 年年初，英国就宣布将在未来 10 年内耗资 12 亿英镑打造天气预报专用超级计算机，加快天气预报的速度；同年，美国国家海洋和大气管理局决定采购两台拥有 12PFLOPS（每秒千万亿次浮点计算）峰值算力的高性能计算机，专门用于气象分析预报。

2018 年，我国国产气象高性能计算机“派–曙光”问世，它的峰值算力达到每秒 8189.5 万亿次，内存总容量达到 690432GB，在线存储物理容量为 23088TB，全系统可用度超过 99%，操作系统为 Linux，配套基础软件、并行语言及集成开发环境。在系统架构上，它有两套子系统互相备份，计算资源相对独立，共享存储资源。如此一来，即便其中一套出现故障，另一套也会提供同样的支持，保障气象业务的可靠性。

算力的提升，带来了模式运行效率的大大提升，但作为预测学科，天气预报很难做到 100% 准确，只能通过不断提升算力和技术水平缩小差距，无限接近真实情况，人工智能便是众多潜在技术之一。

天气预报与人工智能

随着生活水平的提高，人们对天气预报的时空精度提出更高的要求，气象行业的数据量呈现大规模增长的趋势，如何在气象预报中引入人工智能、如何运用人工智能技术提高预报精度成为全球热议的话题。

有研究表明，依靠人工智能的天气预报模式，可以显著提高对台风、雷暴和飓风等灾难性事件的预测水平。日本的研究小组基于 20 年以来的实验数据绘制了 105 万张低气压云图，再经过人工智能的深度卷积神经网络处理，得到全球云系统分辨率模型，通过这个模型可以提前一周识别出夏季西北太平洋热带低气压的发生。在我国，也有一些关于利用人工智能实现分钟级、街道级的天气预报应用。

不过，人工智能在气象领域的应用才刚刚起步，随着技术的成熟和算力的提升，未来必将产生更多应用场景和更多气象服务产品，给行业带来更多新机会，为人们的生产和生活提供更有价值的信息。

工业制造

工业革命与智能制造

1765 年，珍妮纺纱机的出现揭开了工业革命的序幕，正式开启了机械化代替手工劳作的新时代，大约 20 年后瓦特发明的圆周式蒸汽机在工厂投入使用，推动了机器的普及和发展，工厂成为工业化生产的重要组织形式；到了 19 世纪，电力的发明标志着第二次工业革命的到来，传统工业行业裂变出航空、汽车、石油、电器等新兴市场，工业面貌焕然一新；进入 20 世纪后，以第一台电子计算机的问世为开端，第三次工业革命悄然到来，智能手机、无人机、芯片纷纷登台亮相，人类信息化水平大大提升。

纵观历史上三次工业革命，无一不是伴随着生产技术的迭代演进。在某一狭小领域的发明创新，可能会带来全行业、全社会、全人类的深刻变革。2013 年，德国在汉诺威工业博览会上提出“工业 4.0”计划，这被视为第四次工业革命的标志性事件。

第四次工业革命是以人工智能、大数据、云计算、物联网为代表的数字技术驱动的生产方式的变革，从而实现工厂之间、工厂与用户之间的智能化连接，使生产方式从标准化转向网络化、信息化、定制化。

说到第四次工业革命，就不得不提智能制造，智能制造是制造业价值链的信息化和创新，是工业技术和信息化的深度融合，包括产品开发、应用装备、生产产线的智能化。围绕智能制造，衍生出了智能工厂、智能管理、智能决策、智慧物流等新兴领域。而网络和算力的广泛应用，是实现智能制造的关键保障。

智能制造的应用

在工业制造领域，工厂可以通过安装温度、湿度等感应设备来对生产环境进行监测，一旦出现异常就会发出告警，并对环境进行调节。在生产环节中，工业智能制造可以通过摄像头对设备状态、生产线状态、产品状态、质量追溯、生产调度、物料等全生产过程进行实时监控，以及时发现每个环节发生的故障，并记录、存储用于后续的分析改进。随着人工智能的发展，智能机器人会更多地应用在生产制造中。西门子中央研究院在慕尼黑展示过双臂机器人的一部分，其借助人工智能的高度自动化技术，无须编程即可自主分工协作，用于产品制造，而传统的机器人无法理解这种计算机辅助设计和制造（CAD/CAM）模型。从某种意义上讲，这就好像机器人能理解不同的语言，从而不必对其运动和工艺进行编程。对于这种机器人的引入，员工只需要在监管层面上对其进行指导，重复而精细的工作可以由智能机器人自动完成，减少人工误差，减少员工的工作量。

在工业智能制造场景中，常见的环境监测、视频监测数据是企业重要的数据信息，涉及资产安全，因此对数据的隐私安全有很高的要求；并且智能机器人的一些精密的自动化操作需要误差在很小的范围内，对时延也有很高的要求。因此，在这些场景中引入边缘计算，将有助于降低报警、控制业务的时延，提高处理效率，同时有助于保证数据安全和隐私，将数据放置在边缘节点处理，降低重要数据暴露在互联网上的风险。

工厂内的数据可以在边缘侧处理，而对于视觉质检、预测性维护等基于机器学习的场景，需要大量算力进行模型训练，可结合计算资源丰富的云，也可以由远端的云计算节点进行处理，云平台根据需要可以访问边缘节点。随着人工智能的发展，各种联网设备越来越多，摄像头、传感器、智能机器人等将在工业制造中大量使用，算力在工业智能制造中将会有更广泛的应用空间。

工业制造发展趋势

从机械化、自动化，再到数字化，我国工业制造已经具备比较完整的产业链和基础设施，在全球制造业中占据重要地位。有数据显示，我国智能制造业投资从 2014 年到 2018 年热度持续上升，且 2017—2019 年投资金额均超 300 亿元。

蓬勃发展的市场势必带来更多新机会、新模式。疫情防控期间，众多科技企业迅速崛起，展示出自己强大的智造力。面对企业复工受阻、居民出行受限、医疗物资短缺等情况，一些智能制造企业研发出送餐机器人、自动测温机器人、智能医用服务机器人等工业产品，在疫情当下助力社会有序运转。

随着中国制造到中国智造进程的加快，承载着生产价值的海量数据作为数字化进程中的衍生品，正源源不断地流向散落在各地的计算节点。公有的、私有的数据都能以不同加密等级、不同资源配置进行部署。人人都是数据创造者，人人都是数据消费者，其背后是强大的 AI 算法、存储设施、计算单元、网络连接，它们几乎可以 24 小时提供在线服务。还有区块链等技术加持，制造业的数据处理系统正在变得越来越智能。

算力改变生活

走入寻常百姓家的智能家居

智能家居融入人们生活

很多科幻电影都植入了智能家居的元素。在电影《人工智能》里，机器人不仅可以帮助人类做家务，还被赋予丰富的情感，帮助人类疗愈失去亲人的痛苦；在《钢铁侠》中，只要有电脑的地方就可以和“贾维斯”无缝对接，小到冲咖啡、检查身体，大到拯救世界，它随时化身上得了厅堂、下得了厨房的超级管家。

伴随科技的飞速发展，过去只能在电影里出现的智能家居也开始融入人们的日常生活。人们在购买、装修房子时，除了关注户型、面积、采光这些传统指标，生活上的安全性、便利性、舒适性也同样是重点考虑的因素。

智能家居包括智能门禁、智能安防、智能灯光、智能电器、可视对讲等系统。智能门禁帮助人们观察来访者，忘带钥匙也能输入密码远程开锁；智能安防通过摄像头和告警装置保障家庭和家人的安全；智能灯光根据光线变化和不同生活场景自动调节亮度；智能电器帮助人们摆脱繁重的家务劳动，提高生活品质。智能家居在展现科技魅力的同时，也为人们带来极大的便利，因此智能家居设备越来越多地融入人们的生活。2012 年全球只有不到 500 万家庭拥有智能家居系统，但预计到 2024 年，拥有智能家居设备家庭的数量将会达到 7900 万。智能家居系统将扮演越来越重要的角色。

智能家居的技术基因

智能家居是物联网在家居领域的延伸，有着天然的技术基因。和许多物联网应用类似，部分场景对时延要求较高，例如，煤气泄漏如果发现不及时，将给生命财产带来不可逆的损失，只有在第一时间触发告警，才能起到保障安全的作用。

近年来，智能家居以开放的姿态融入许多新技术，五花八门的应用层出不穷，不断提升人们的家居体验。

应用最广泛的技术就是大数据。在智能家居领域，数据的来源十分广泛，有传感器、摄像头的采集信息，有用户的日常使用习惯，还有各类智能终端的运行情况。智能家居的数据不论是积累速度还是规模都十分可观。如何挖掘大数据背后的价值，成为智能家居领域竞争的制高点。在大数据的辅助下，企业一方面可以及时获取产品投放市场后的运行情况，指导售后部门远程维保，另一方面还能精准建立用户画像，针对不同群体提供定制化、个性化的产品，在拓宽市场规模的同时，提高二次销售的可能性。

传感器是支撑智能家居系统的神经末梢，对信息的传递、控制命令的执行都起着重要作用。温度传感器根据室内温度情况自动调节温度，甚至可以控制空调的开启和关闭，适用于学校、商场、办公楼等场所；光照传感器会随着外界的亮度自动调节灯光，从而让灯光始终保持一个合适的亮度，还能节约用电；烟雾传感器不仅监测烟雾浓度，还内置了蜂鸣器，一旦发生火灾等紧急情况，能立即发出强烈的报警声，减少对人、财、物的损害。传感器在智能家居系统中负责监测并为控制系统提供数据，提升了智能家居的自动化监控水平。

边缘计算和智能家居是一个硬币的两面，边缘计算为智能家居提供属地化的算力基础，而智能家居则是边缘计算的一个杀手级应用。例如家庭网关就是智能家居边缘计算的载体。家庭网关安装有数据处理应用，室内智能音箱、智能手机、门禁系统、各类传感器采集的数据上传到网关进行处理，保证私密数据不外泄。同时，对于需要传送到外界的信息，如健康体征、物业服务等，则可以上传到云计算平台进行远程处理，兼顾数据安全性和流通性。

除此之外，人工智能、语音识别等新技术也不断涌入，与智能家居技术形成合力，不断推动智能家居产品朝着分类多元化、应用普及化、操作智能化的方向发展。但是，仍有两大难题横亘在智能家居行业面前：一是缺乏统一的通信标准，目前厂商各自联盟，数据无法在不同品牌的产品中自由流通；二是提供终端侧算力的芯片供应大量依靠国外厂商，国内研发力量相对薄弱。但是，业界对智能家居前景普遍看好，各类玩家纷纷抢滩市场。国外有谷歌、苹果、亚马逊、微软，国内有华为、小米、魅族等科技公司入局，智能家居的困境也必将迎刃而解。

近年来，随着“万物互联”态势的逐渐成形，人们对沉浸式、场景式体验有了更深入的追求，简单的拼接组装已经成为过去式，构建在无所不能的计算资源、无处不在的无线网络上的物物互联、人机互联甚至是 AI 互联才是智能家居的新赛道。

不能错过的购物狂欢

2009 年以前，“双 11”还是略带谐谑意味的“光棍节”，年轻人通过聚餐、唱歌、看电影的方式来庆祝自由。2009 年以后，我国电商企业迅速崛起，自带流量的“双 11”成为各类品牌争相竞争的契机。经过十余年的演变，发生在“双 11”的交易额已经从最初的 5200 万元，攀升到千亿元量级，人们的购物方式也从“扫街式”购物发展到今天的 App 一键下单。

和线下购物相比，线上购物尽管有着价格低、品类丰富的优点，但消费者无法实际体验，经常会出现“买家秀”和“卖家秀”大相径庭的尴尬局面。虚拟现实技术的应用就弥补了这个不足。AR 能将真实世界和虚拟世界无缝融合，用户只需要点击屏幕，就能以较高的逼真度获取商品的大小、形状和质感，避免因为尺码不合适、有色差、实物与描述不符带来的退换问题。还有不少彩妆品牌推出 AR 试妆，用户只需要选择喜欢的口红款式，就能体验试妆效果，还可以切换色号、肤色，省去在柜台间逐个试用的麻烦。

作为目前国内最强的购物潮，“双 11”也是各种新技术“秀肌肉”的练兵场。例如国内电商企业于 2016 年推出的 AI 设计师，是架构在超级计算机上的海报设计系统，经过对大量品牌设计风格的学习，可以在一秒内完成上千份设计，而如果换作人类设计师，假设一张海报耗时 20 分钟，1000 张也需要花费近两个星期的时间。计算机系统的优势在于海量数据的处理分析，经过数据训练后得出计算模型，就可以源源不断输入新的数据代替人类的重复劳动。

如何处理高并发请求同样是电商面临的技术挑战之一。为了不错过优惠活动，很多人都会选择提前把心仪的物品放进购物车，等到促销活动开始，立刻点进去下单支付。这样的做法带来的直接结果是，每年“双 11”零点时刻，就会出现短时流量洪峰，且随着参与人数越来越多，订单量也在不断刷新过往纪录，例如 2020 年“双 11”的订单峰值就达到 58.3 万笔 / 秒。当消费者旺盛的购买力转化成一串串数字后，就会对后端负责业务处理的服务器造成巨大压力。在早年的“双 11”活动中，经常会出现卡顿、页面加载失败，甚至多次支付的现象。2006 年亚马逊推出云计算服务，虚拟化算力资源的模式迅速在全球获得认可，国内电商也纷纷基于此架构研发专有的云计算平台，并将“双 11”相关的核心系统迁移到云端，为用户提供“如丝般顺滑”的服务体验。

近年来，在电商行业和信息技术的强势助推下，我们得以不出家门也能享受高科技带来的便利。由云计算、人工智能、虚拟现实等技术汇成的信息高速公路，将各个角落的消费者和商家连在一起。除了 AR 试妆、分钟级购物体验、四通八达的物流网络，不断提升的算力和技术水平会给我们带来更多精彩。

算力改变科研

科研范式的演变

“范式”是由美国科学家托马斯·库恩在其著作《科学革命的结构》中提出的概念，他认为，科学进步不是知识的简单积累，而是范式革命，人们看待世界的视角在发生根本的转变。

科学研究在不同的时代有不同的范式，打破旧有的范式框架，就是范式革命。2007 年 1 月 11 日，微软科学家、图灵奖得主吉姆·格雷（Jim Gray）在加州召开的一次会议上，发表了“科学的方法”主旨演讲，他将科学研究的发展阶段归类为四个范式，分别是实验归纳、模型推演、仿真模拟和数据密集型科学发现。

实验归纳，也就是第一范式，受限于实验条件的不足，仅以记录和描述自然现象为主，从钻木取火到文艺复兴，开启了现代科学的大门。该阶段最具代表性的人物是伽利略，他倡导理论要和实验相结合，开创了以实验为基础、具有严密逻辑理论体系的近代科学。

模型推演，即第二范式，在先前研究模式基础上，排除冗余复杂的干扰因素，仅留下关键变量作为研究对象，最后通过演算进行归纳总结。该阶段的代表人物是牛顿和麦克斯韦，前者通过“牛顿三大定律”成功解释了经典力学，后者为电磁学发展奠定了基础，无线通信得以产生。

仿真模拟，即第三范式，伴随着计算机的发明而出现。到了第二范式后期，大量科学研究需要进行远超现实的复杂计算，当时的软硬件设施无法做到。直到 20 世纪中期，冯·诺依曼提出了现代电子计算机架构，人们才进入了以“计算”为中心的全新时代，通过编程实现各种各样复杂的算法，并输入计算单元运行，解决大量需要计算机算力才能支撑的问题，比如核试验、天气预报等。计算机仿真也大规模取代传统实验，逐渐成为科学研究的常规手段。2013 年，诺贝尔化学奖就授予了利用计算机模拟开发出多尺度复杂化学系统模型的科学家，诺贝尔化学奖评委会声明，现在，对化学家来说，计算机是同试管一样重要的工具，计算机对真实生命的模拟已为化学领域大部分研究成果的取得立下了汗马功劳。

数据密集型科学发现，即第四范式，是伴随数据爆炸性增长、人工智能等新兴技术广泛普及的趋势诞生的。面临史无前例的数据处理任务，简单的模拟仿真显然无法满足科研人员的要求，计算机被赋予更多数据分析、理论总结的功能，完成以前需要人脑才能承担的工作。

科研范式的今生

互联网时代，云计算、物联网、人工智能等新兴技术在推动社会进步的同时，也催生了日益增长的海量数据，科研人员不得不面临来自各个领域异构数据的难题。以人脑分析为主的科研模式显然不再适用新阶段的要求，因此，计算机在科研中渐渐由幕后走到台前。

2009 年，微软研究院发布《第四范式：数据密集型科学发现》一书，标志着数据密集型科研范式，即第四范式的正式确立，也标志着未来的科研流程将建立在数据基础之上。

同样需要计算机参与科研过程，第四范式和第三范式有什么区别呢？最明显的差异是，第三范式是理论先行，也就是先提出可能的结论，再通过算法、数据、仿真来佐证假设的合理性；而第四范式强调数据先行，基于已有的大量数据，再通过高性能计算机复杂的计算过程，得到以前未知的结论，是完全基于数据的科研模式。如果说第三范式里人脑是主角，那么第四范式中电脑和数据就占了主要地位。

第四范式颠覆千百年来人们的思维惯例。人脑更喜欢分析事物的因果联系，由某种现象联想到背后的原因，却对数据背后的相关性并不敏感；而电脑无法理解因果关系，却在相关性处理上更胜一筹。维克托・迈尔 – 舍恩伯格在《大数据时代》一书中提到，大数据时代最大的转变，就是放弃对因果关系的渴求，取而代之关注相关关系。

第四范式在许多领域催生了一系列革命性成果。

中微子是大自然中广泛分布的一种基本粒子，能穿过人体、墙壁、山川湖泊、恒星，难以捕捉探测，被称为幽灵粒子。然而，科学家从预言中微子的存在到发现它，就用了20多年的时间。常规物理实验和宇宙探测手段都无法对中微子进行观测研究。得益于超算的建立，2015年，我国科学家运用天河二号超算系统，完成了30万亿粒子数的宇宙中微子和暗物质数值模拟，揭示了宇宙137亿年的漫长演化过程，帮助人类打开探索宇宙射线起源的大门。

2020年2月，麻省理工学院在顶尖学术期刊《细胞》刊登了一篇突破性的研究成果，宣称利用人工智能技术发现了一种新型抗生素，这种抗生素可能是目前最强大的抗生素之一；谷歌旗下DeepMind团队开发的AlphaFold系统，可以基于大量基因组数据来预测蛋白质三维结构，为生物医药的研发提供重要依据；2019年发布的黑洞图像，由超级计算机历时两年的数据校准分析后得以和公众见面，成功印证了爱因斯坦的广义相对论。

我们看到，科学研究第四范式，借助计算机性能日渐完善的发展趋势，掀起了一场科学方法与信息技术交汇融合的革命。科学工作者可以很方便地从自然到社会、从微观到宏观获得海量观察和实验数据，当这些数据可自由流动、可智能处理、可整合关联，当对数据的分析处理手段像水、电一样随取随用、按需供给的时候，知识的发现和传播就变得更加频繁且富有意义。

如今，算力已经具备了计算速度、算法、大数据存储、通信能力、云计算服务能力等多个衡量指标，形成人工智能、大数据、卫星网、光纤网、物联网、云平台等一系列数字化软硬件基础设施。对于高校、科研院所，甚至全社会，抓住数据密集型科研范式发展的契机，超越时间空间限制，积极扩大应用范围，实现我国科研实力从追赶到全面领跑，也是可以预见的未来趋势。

云网

第三章

算力与元宇宙

融合

互联网的下半场是元宇宙的主场，在线游戏、社交互联网、云计算、智能穿戴等产业链将迎来空前繁荣的发展。作为元宇宙最重要的基础设施，算力在建设和运行元宇宙过程中扮演着至关重要的角色。本章将围绕算力这一主题，首先介绍元宇宙的定义特征，对元宇宙和数字孪生的异同之处进行重点分析；然后，从七个技术能力角度阐述构建元宇宙的要素，包括物联网技术、显示交互技术、三维建模技术、人工智能技术、实时渲染技术、区块链技术、网络和运算技术；最后介绍建设和运行元宇宙都需要大量算力，国内外众多企业基于已有优势切入元宇宙赛道，构建在算力之上的数字世界将逐渐成为现实。

可触达的平行宇宙

2021 年 10 月，脸书首席执行官扎克伯格在 Facebook Connect 大会上宣布将公司更名为 Meta，该名字取自元宇宙的英文单词 Metaverse，他称从现在起将以元宇宙为优先，而不是 Facebook。消息一出，舆论哗然，各界纷纷热议元宇宙到底是什么。

元宇宙是什么

从 Metaverse 的字面意义看，Metaverse = Meta + verse。其中，Meta 对

应的是元宇宙的“元”，这个英文前缀的本意是“超越”“变化”；verse 则取自 universe，表示“宇宙”“物理世界”。Metaverse 可以理解为超越宇宙的宇宙，是现实世界之上的宇宙。元宇宙的具体定义众说纷纭，比较有代表性的一个定义是：通过虚拟增强的物理现实，呈现收敛性和物理持久性特征的、基于未来互联网的、具有连接感知和共享特征的 3D 虚拟空间。由此可见，新语境下的元宇宙在内涵、范围、场景等各方面已经远远超越了 1992 年科幻小说《雪崩》里所描述的独立于现实世界的数字空间。虽然业界还没有对元宇宙的定义形成共识，但不可否认的一点是，元宇宙是一个集合了多种跨学科技术领域的复杂系统。

在元宇宙之前，还有一个火爆了几年的技术名词——数字孪生。它是一种利用多种跨学科技术实现数字空间对物理空间的高度模拟、仿真、监控、推演、调节等一系列操作的系统。因此，元宇宙横空出世之后，有人说元宇宙就是数字孪生换了个名字而已，市场上也有不少曾经从事数字孪生业务的公司悄悄地换上了元宇宙的大旗。然而，从目前的技术发展来看，元宇宙与数字孪生这两种技术领域虽有一定的相关性，但并不能完全画等号。

数字孪生系统构建的目的是在虚拟空间内建立物理实体的动态孪生体，并借由传感器将物理实体的运行状态及物理空间的环境数据实时映射到孪生体及数字空间中。它主要用于在数字世界中使用物理世界的数据进行方案推演，并利用推演结果来辅助、指导人们在物理世界中的社会活动。它最初源自工业仿真技术，现也多应用于各行业的产业数字化设施建设。(如图 3-1 所示)

图 3-1　物理世界、数字孪生及元宇宙的关系

同样涉及AI、区块链、XR（扩展现实）等技术，数字孪生侧重于虚实两个世界的数据实时同步，以及数字世界对物理世界的辅助指导作用。元宇宙虽需要一定程度的数字孪生来构建细节极致丰富的拟真环境，但给用户提供的体验更多、更丰富、更具创造性，也更超越现实。可以说，数字孪生是元宇宙的世界蓝图，元宇宙是数字孪生的发展方向。

目前在产业界，绝大多数的元宇宙赛道参与者都通过游戏和社交领域切入元宇宙的开发，尤其是游戏赛道的竞争越发激烈。因此，有一种说法认为元宇宙就是加上了超级VR设备的大型多人在线游戏，是一种会让人玩物丧志的新型“成瘾”品。然而，这种看法是很片面的。游戏作为人们通过对现实的模拟加上天马行空的想象而构建的虚拟世界，在开放性、创造性、沉浸感方面与元宇宙颇为相似，但由于其在系统型人工智能、网络、云计算及区块链等底层技术上相对薄弱，导致其与元宇宙的成熟形态还存在较大差距。

元宇宙的特征

那么一个相对成熟的元宇宙应该是什么样的呢？尽管元宇宙作为开放发展的世界，人们对其看法见仁见智，但满足预期的可触达元宇宙应该具备以下几个特征。

全沉浸性

在用户层面，元宇宙最显著的特征就是全沉浸性。在电影《头号玩家》中，人们沉迷在人造的虚拟世界“绿洲”中，现实世界的人通过一系列可穿戴设备进入数字世界，并获得真实的互动体验：通过触觉椅，可以体验飞行坠落时的失重感；接入全身触感的高科技连体衣，可以让玩家感受身体受到攻击时的痛感；甚至在数字世界中，当男主角握住虚拟女友的手掌时，能感受到她手心的温度。

如今，通过XR设备和一些专门的硬件外设，人们可以将自身的语音、手势、身体姿态等信息输入计算机，并且能接收到计算机输出的视觉、听觉、触觉等多方位的信息，从而在数字世界中获得新奇的“世外桃源”式的体验。而在未来，当通感互联网实现人类视觉、听觉、嗅觉、味觉、触觉、姿态甚至情感信息的传递时，进入元宇宙的人们将开启全感官沉浸式体验的新时代。

唯一性

唯一性是指数据在元宇宙中的“身份”是唯一的。这个数据可能是用户的“数字人化身”，也可能是用户创造出的数字创作内容或元宇宙中的其他物体。类似现实世界中的“身份证”，不仅数字人化身有唯一的数字身份，元宇宙中的其他数字事物也可以有。

类似于天体宇宙，元宇宙这个系统中并非只能存在唯一一个“数字世界”，不同领域、不同产业会天然化生出许多各异的“数字世界”。从宇宙的角度说，这些“数字世界”就是元宇宙中的“星球”，它们共同构成了元宇宙这一复杂系统。

对用户来说，一个人可以在许多个“星球”上拥有多个不同的数字人化身，但这些数字人对应的是唯一的数字身份，此数字身份映射该用户的物理人身。

用户创造或购买的数字物品也对应唯一的数字身份。同样一件数字画作，你买下的同他买下的虽然看着一样，但它们对应的数字身份却是可以明确区分开的。非同质化代币（non-fungible token，NFT）技术令元宇宙中的资产具备专有性的特点，使数字资产凭证化，让用户可以携带自己的数字资产在不同的“星球”间穿梭，而不必担心其丢失或被窃。

持续运行

元宇宙是数字空间中的超宇宙，在物理世界中，一个人存在与否以及他的行为并不会影响时间的单调递增。在元宇宙中也具有同样的特性，一个用户是否离开了元宇宙，或者他的任何相关行为都不会影响元宇宙中的时间流逝。这与普通游戏有着极大不同，普通游戏在用户下线后，会将用户的游戏时间“冻结”到用户下一次登录。用户不在线的时候，游戏中的世界就停止运转，哪怕是大型多人在线游戏，当用户离线数量达到一定程度时，也会发生游戏停服甚至公司倒闭、游戏停止运行的情况。

而成熟的元宇宙是与物理世界持续并行且自主发展的，不论是否有用户在线，元宇宙中的事物、规则一直运转，它可以 7×24 小时地影响着物理世界，物理世界也可以持续不断地为元宇宙提供资源。这一特性对数据存储的持久性和系统运行规模都提出了很高要求。

用户创造性

除了元宇宙中的既定规则可以产生事物，元宇宙中的用户也可以利用自己的创新能力产出自制事物，这将极大释放用户的创造力，使元宇宙的内容更加多元化。

随着互联网的发展提升，人和人、人和数字世界间的交互也在升级。以往人们在数字世界中的行动总是需要按照既定规则，例如玩家需要完成游戏世界中的角色任务，VR 体验只能看到、玩到开发者提供的那一小部分内容，等等。而如今，元宇宙赛道中的许多头部互联网应用都提倡用户创造性平台，即 UGC（user generated content）平台。其主要特点在于用户既是内容的浏览者，也是内容的创造者，通过分享自己的创造吸引目标人群，甚至赚取流量收益。

元宇宙是一个开放的系统，人们可以将它视作现实世界的补充，在其中通过创造数字内容表达自己的想法，形成独特的数据，同样也能以此获得收益，这就是元宇宙的用户创造性。

社会性

元宇宙中存在大量社交场景，但元宇宙并不仅仅是一个沉浸式的社交平台。一个相对成熟的元宇宙与普通社交平台的最大区别在于，它具备相对完整的社会体系与经济体系，用户在元宇宙中具备社会属性。元宇宙中的社会规则来自多个方面，但使之区别于其他数字技术虚拟产品的最重要的规则，便是元宇宙中构建的经济规则。通过区块链技术的支持，可以实现元宇宙身份唯一化、数据资产化以及经济数字化。在经济方面，数字货币是元宇宙中价值转移的载体，这意味着人们可以在元宇宙中合法地购买与贩售其名下的数字资产，实现数字资产的自由流动，构成元宇宙自有的经济体系，甚至可以连通实体经济，实现虚实经济的双重循环。在社会方面，拥有了唯一身份后，人们能够开展的社会活动远远超出单纯的社交范围，人们会在数字空间中逐渐建立自己的社会关系，整个数字世界渐渐演化出相对固定的运行规则，进而形成真正的数字社会。这些即是元宇宙的社会性特征所在。

元宇宙与实体经济

和从无到有逐步演化的实体经济不同的是，元宇宙的经济系统有现实世界的实体经济作为前提和比照，实体经济会成为元宇宙中价值确定、货币确立、生产要素划分、价值交换及经济治理等各方面的重要影响因素。在现实世界中，实体经济的逻辑起点是“稀缺”。元宇宙中的稀缺性则是人们为了丰富虚拟世界中的社会体验，而做出的一种人为设定，它必须存在。诸如数字水印、数字版权管理（digital rights management，DRM）、NFT 等构建数字世界稀缺性的技术，使得在数字世界中实现个体差异化成为可能，也令元宇宙如同实体经济一般衍生出后续一系列经济概念，例如数字物体的价值、元宇宙的流通货币、数据资产的交易等。

如今，元宇宙中的数字资产常常通过实体经济的购买或拍卖等行为实现初次配置，这使得元宇宙中的物品价值与现实世界中的实体经济价值形成了一定的比值，让元宇宙中的价值交换有了人们所熟悉的参照。这样的虚实经济挂钩令元宇宙能够助力实体经济发展。元宇宙是互联网演化的新阶段，互联网的每一次变革，都会改变人与信息、人与人、人与商品甚至人与世界的关系，元宇宙的出现将颠覆人们获取信息的方式，扩展人们社交的范围及形式，升级现有实体及虚拟商务业态，并大大改变人们对世界的认知。元宇宙也是数字经济发展的下一形态，它能够丰富数字资产、完善数字市场构建，并创造出新的市场要素，如算力、数字劳动等。在元宇宙建设及运行初期，它将作为新型生产工具存在，推动各行业的产业数字化转型发展。虚实相融却相互平行的成熟型元宇宙将成为人类生存的第二空间，其中许多社会活动将不再受到时空的限制。这种特性会重塑实体产业的运行模式和经营形态。人们探索体验世界的方式发生转变，也将刺激各行业升级产业生态链、加快数字化转型、积极建设产业信息基础设施，并形成基于元宇宙的产业新形态。

当然，与实体经济融合挂钩对元宇宙这个“数字社会”来说，也有一定的弊端。当元宇宙内部的通证——元宇宙中的“货币”——与实体经济的资产直接挂钩时，元宇宙就面临了人为制造“虚拟世界通货膨胀”的风险。例如，元宇宙中的 DeFi 产品解决了跨“星球”价值交换时不同通证的兑换问题，但由于数字通证与实体资产挂钩，因此会有不法分子利用不同通证与实体资产的不同价值比值，使用 DeFi 产品进行数字资产的通证间兑换，实现实体资产的大量套现，这使得元宇宙面临很高的金融风险，潜在影响极大。同理，通过对数字经济的操作反向影响实体经济的运行，也是元宇宙运行过程中可能会产生的问题。虽然元宇宙的去中心化发展模式可以在一定程度上解决数字资产垄断的问题，但其中涉及的平台监管、数据审查、安全隐私、伦理道德规范等一系列治理问题也必须提上日程。

支撑元宇宙的技术

如今，能够支撑数字孪生或大型游戏的技术，已足够支撑元宇宙的雏形出现。沉浸式的开放游戏可以看作元宇宙的初级形态，元宇宙的未来变得更加真实，但想要达到人们的预期、构建一个比较成熟的元宇宙，目前的技术还不够。*Roblox*、《我的世界》的火爆只是一种现象和结果，从社会长期发展来看，元宇宙是下一代数字社会，是当前互联网的进阶版本。既然依托于数字化建立，必然与数字化技术密不可分。

元宇宙吸纳了信息革命（5G/6G）、互联网革命（Web3.0）、人工智能革命，以及 VR、AR、MR，特别是包含游戏引擎在内的 VR 技术革命的成果，向人类展现出构建与传统物理世界平行的全息数字世界的可能性；引发了信息科学、量子科学、数学和生命科学的互动，改变了科学范式；推动了传统的哲学、社会学，甚至人文科学体系的突破；融合了区块链技术以及 NFT 等数字金融成果，丰富了数字经济转型模式。

因此，元宇宙的支撑技术可以说是集数字技术之大成，如果将元宇宙比作人类，那么物联网技术、显示交互技术、三维建模技术、实时渲染技术是外在的表现技术，人工智能技术、区块链技术以及网络和运算技术则是在内部支撑元宇宙动起来的内在技术，尤其是网络技术和运算技术可以说是支撑元宇宙的内在骨骼。（如图 3–2 所示）

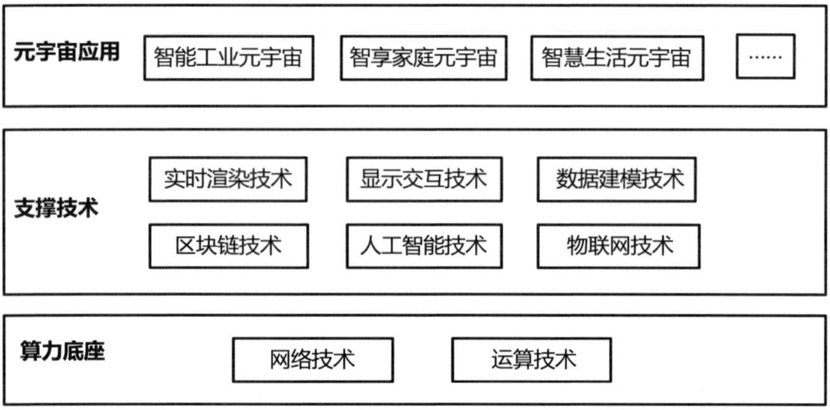

图 3-2　元宇宙的技术结构

物联网技术

物联网技术是元宇宙的对外感知器官，包括终端和连接技术。它将物理世界中万事万物的信息投射到元宇宙中，让我们以新的方式理解、操纵和模拟现实世界。它既承担了物理世界数字化过程中的数据采集和处理功能，也提供了虚实链接的保障。只有真正实现了万物互联，元宇宙才是成熟而完整的，万物互联是虚实共生的基础。然而，万物互联涉及的数据量极大。假设连接数字世界单个设备的数据传输速率为10Mbit/s，设备密集度为100个/人，传输要求速率约为1Gbit/s。因此，要达到万物互联、虚实共生，需要更强大的网络承载力。

显示交互技术

显示交互技术是沟通物理世界与数字世界的桥。从早期的鼠标、键盘和文字到现在的XR设备和体感套装，交互技术不断演变，用户在数字世界中的沉浸感也相应提升。XR是AR、VR、MR等一类视觉交互技术的统称。其中，被钱学森先生译为“灵境”的VR技术通过专用的设备接管人类的各种感官并据此实现数字世界中的信息输入、输出，可以为用户提供完全置身于数字世界的高强度沉浸式体验；AR技术通过手机、眼镜等外置屏幕在用户的物理视野中叠加一层辅助理解物理世界的虚拟信息；MR技术则比VR和AR技术更进一步，在保留用户的物理世界视野的同时，通过空间定位、动画建模等技术，将可互动的虚拟内容投射在用户视野近前的光场屏幕上，使虚拟内容不仅仅是叠层在物理视野中，而是“嵌合”于物理世界中。由于MR技术具备较强的互动性，虽然使用户损失了一小部分沉浸感，但也让其获得了较高的真实感和参与感，是目前虚实结合最好的一种视觉显示技术。

当前，数字世界中的交互主要集中在人与机器、人与人之间，但随着AI、XR、网络及计算等技术的成熟，元宇宙中将会逐渐出现物理世界与数字世界、物理人与数字人、物理人与数字世界等各种类型的智能交互。当触觉、嗅觉、空间定位等多种感官传感器投入应用时，元宇宙中的交互将从常见的音视频体验加体感交互，升级为多感官甚至全感官沉浸式交互。未来，智能交互技术甚至有望在情感交互和脑机交互等全新方向上取得突破性进展，人们的交互方式也进化成多维立体感知交互，然而，想要达到“通过脑电波与数字世界自由交互”的终极形态还有很长的路要走。

三维建模技术

回看数字时代历史，互联网中的信息载体不断升维，从一维的文字信息，到二维的语音、图像，再到如今的3D数据内容。三维技术的纵深感加上技术模拟出的物理特性，是数字世界“模仿”物理世界的基础，也是用户感到真实的前提。元宇宙中的数字世界信息载体不会止步于三维的形式，也许最终会是多维数据共存的状态，但在未来的很长一段时间之内，必然会以三维数据为主，而三维数据源于三维数据建模技术。

三维数据建模技术通常有三种方法，使用三维软件建模、使用仪器测量建模及利用算法通过二维图像或视频建模。人工智能技术的发展促进了三维数据建模行业的技术更新，也扩大了算法建模的应用范围。如今，三维数据建模流程的各个环节都有人工智能技术的引入，模型动画行业使用AI、自然语言处理（natural language process，NLP）等技术辅助数字角色建模及动画；文保行业使用AI技术在数字空间复现文物古迹的多维数据模型。三维数据建模技术作为搭建元宇宙的素材来源，其智能化和高效率的发展趋势将会大幅促进元宇宙的建设并加快其发展速度。

人工智能技术

元宇宙将驱动数据指数级增长，围绕数据的搜索、加工、分析、挖掘，对大数据、边缘计算等技术的综合应用提出迫切需求，人工智能技术因此而渗透到元宇宙的各个层面、各个应用、各个场景。人工智能技术是元宇宙自主生成与进化的技术支撑。在内容生成方面，依托人工智能技术的数据重建算法能让基于物理世界的元宇宙构建更加迅捷地实现，数据生成型的人工智能技术则能极大助力元宇宙的内容生产，智能生成不重复的海量内容，实现元宇宙的自发有机生长。在内容展示方面，人工智能驱动的虚拟数字人甚至智能型数字世界将元宇宙的内容有组织地呈现给用户。为了在元宇宙中实现最大限度的自由，人工智能技术需要从传统的决策树和状态机向更高级的深度学习、强化学习发展，从而营造随机生成、从不重复的元宇宙体验，摆脱人工脚本的限制，允许玩家自由探索、创造。

实时渲染技术

渲染是电脑制图的最后一步，是运用软件将三维模型生成图像数据的过程，包括对几何、视点、纹理、照明和阴影等的处理。为了满足用户在元宇宙中的强互动、强沉浸的体验需求，元宇宙需要具备高效且逼真的实时渲染能力以呈现丰富的数字内容。实时渲染技术是呈现元宇宙内容的技术基础，元宇宙中不论是用户使用的数字人化身，还是如今各大平台推出的超写实数字人“Metahuman”，又或者是构成数字世界的花草树木，都需要做到高保真、高精度及高灵活度。高度拟真的数字化身可以淡化由物理距离、虚实隔阂所造成的社交障碍，个性化的数字化身给予用户更强的虚拟身份代入感；具备极强真实感的高清环境元素则可令用户于不知不觉间体会身临其境的沉浸感。逼真的渲染不仅需要强大的技术，更需要巨大的计算量。要做到在逼真的数字世界中并发接入千万级甚至亿级的用户，元宇宙需要更高的数据处理速率、更低时延的实时渲染表现力。例如 3D 电影《阿凡达》的成片渲染，就使用 40000 颗 CPU、104TB 内存和 10G 网络带宽，渲染了 1 个多月。

区块链技术

作为真实世界的多维映射，元宇宙有其独立的运行逻辑，典型代表就是其中的经济系统。参与者身在其中，可以自由买卖物品和处理自己的数字资产。传统虚拟货币的集中式架构限制了数字资产的跨平台流转与交易，区块链分布式的特点可以屏蔽平台差异性，为玩家提供一致多元化的经济环境，令虚拟资产可以在数字世界高效流转，从而实现元宇宙经济系统稳定、高效、透明、确定性运转。区块链参与构建元宇宙运行逻辑与价值生态，是打通虚拟世界与现实经济体系的桥梁，如果没有区块链，元宇宙可能永远都只是一种游戏形态。

区块链技术能解决平台的去中心化价值传输与协作问题，解决中心化平台的垄断问题。区块链的出现保证了用户的虚拟身份和虚拟资产不被任何单一机构掌控，同时也能激发用户的参与热情，令元宇宙领域迈入人人都是创作者的时代，催生海量的内容创新。而基于分布式的数字身份，使得元宇宙中各种应用的作用仅是提供服务，无法实施社交、生理、身份等数据的垄断。区块链技术的介入，能够赋予这个世界稳定的运营逻辑和价值体系，让元宇宙真正升维。

网络技术和运算技术

正如4G、5G的发展成就了繁荣的移动互联网时代，要构造元宇宙生态，大幅度升级现有的云网底层基础设施是关键，而网络技术和运算技术正是承载元宇宙的云网底层基础设施的技术核心，是支撑其他几大技术、使元宇宙能够运转的基础。元宇宙要通过数字技术与现实世界无缝切换，需要传输庞大的数据量。以VR设备为例，使用时要消除纱窗效应，图像至少应达到16K分辨率，且需满足120Hz以上的刷新频率。这意味着每秒至少会产生15GB的数据量。现网实测的5G云VR业务模型时延达到了70ms，如果想让人们在使用XR时不产生眩晕感，沉浸式XR的端到端时延必须低于MTP（motion to photons，从输入动作到屏幕更新显示）要求，即小于20ms，这需要网络技术的进一步发展。此外，元宇宙需要支持的交互用户规模将达到亿级。目前大型在线游戏均使用客户端软件，并以游戏运营商服务器和用户计算机为处理终端的运行模式，对计算机终端的性能要求较高，这形成了用户使用门槛，进而限制了用户触达。同时，终端服务器承载能力有限，难以支撑极大规模用户同时在线。

只有无处不在的网络连接、低延时大带宽的通信质量，才能让人们在现实和虚拟的世界之间穿梭自如。通信网络的发展成熟，能够以超低时延帮助用户获得媲美本地主机的渲染质量；边缘计算为支撑虚拟世界的庞大内容体系和计算要求，实现虚拟世界的流畅运转提供了方案。5G基站、AIoT（AI internet of things，人工智能物联网）大规模建设，大规模 IDC 数据中心的落成以及“东数西算”的推进，在网络数据传输和算力方面为元宇宙基础设施建设提供了土壤。如何进一步释放资源潜力，实现技术与资源的灵活调配、高效协同，是元宇宙基础设施要解决的关键问题。

元宇宙运转需要大量算力

元宇宙并非一个大型多人在线网络游戏，游戏也不等价于元宇宙，但两者的相同点在于都需要能够承载大量数字活动的虚拟世界。其中的海量感知设备信息接入、大量用户身份及活动的认证、虚拟内容的生成与进化、更加真实的建模和交互，都离不开基础设施底座的支撑。而业界对元宇宙基础设施的范畴众说纷纭。

有观点认为，元宇宙的基础设施可分为五层，自下而上依次是物理层、软件层、数据层、规则层和应用层。物理层侧重硬件；软件层侧重广泛应用的软件；数据层进一步抽象，是重要的资产和新型生产要素；规则层则强调包括数字经济在内的运行秩序。这四个层级逐层抽象，相辅相成，是元宇宙基础设施重要的组成部分。也有观点认为，5G、芯片、云计算等技术的快速发展，为元宇宙高带宽、高算力的需求打下了基础，而 AI 是最重要的基础设施，对元宇宙的最终形态和融合起了决定性作用。

可见，无论哪派观点，都离不开通信网络和算力的底层支持。随着5G 深入渗透到我们的日常生活和各行各业，网络传输速度和服务质量也将进一步提升，更多元宇宙的构想将逐渐落地。

建设元宇宙需要的算力

对元宇宙来说，海量的多模态多维度数据是构建一个个数字世界的基础。在元宇宙建设初期，这些数据通常来源于对现实世界的采样、模拟。当建立起仿真的数字世界之后，再在仿真的基础上进行创造发展，从而构建出元宇宙中生生不息的各种世界。这其中涉及数字世界构建的两个方面：数据重建和数据生成。

数据重建通常是指物理实体或空间的数字化建模，常用的方法有很多，有耗时、费力、效率低但相对低价的传统人工手动建模，也有高价、费力、有技术门槛但效率较高的扫描式建模。如今，在元宇宙这个以用户创造内容为特点的开放平台中，如何让数据重建这种“高端技术”变得普通用户也可以熟练使用呢？答案是依靠日益崛起的人工智能。

使用人工智能技术中具有代表性的深度学习方法，计算机能够从多张图像甚至单张图像中，重建出精度较高的三维模型。无须高端的专业数据采集设备，也无须强大的三维建模技术知识背景，基于深度学习的数据重建算法，能够让普通用户仅仅通过手机摄像头这样的常见采集设备，将现实世界中的物体数字化，但强大的深度学习算法需要有强大的算力做支撑。由于涉及大量的图形计算、图像处理及传输，数据重建技术对图形渲染方面的算力需求很高，但若将渲染任务全部置于终端，则会给终端侧的能力和功耗带来极大的挑战。因此元宇宙中的重建技术必然需要将数据处理能力云化，利用云端算力进行渲染，这对网络的速率、时延提出了更高的要求。

元宇宙建设过程中的数据生成是指人工智能算法经过对特定内容的学习，建立特定的运算规则，形成对该类特定内容的认知，而后自主创造出符合这一认知的数字内容。例如，果蔬植物生成算法通过大量的数据学习，建立了对“果实可食用的植物”的认知，之后它根据自己的“想象”生成一棵挂满草莓状果实的、长得像椰子树的植物。

类似这样能够“批量”生成的植物就是构成元宇宙的“元”，也是元宇宙超越现实宇宙的关键。超越意味着元宇宙需要具备创造的能力，数据生成算法正是人工智能中的“达·芬奇”。在元宇宙中，人们不会满足于仅仅体验物理世界中已存在的、模拟仿真的事物，而是更希望去发掘一些从未见过或体验过的事物，数据生成很好地满足了这一点。当面临有缺损的物理实体时，数据生成技术也可以通过已经学到的范式对缺损的数据进行填补。例如可以在元宇宙中对已消失的古代建筑进行数字化复现。

数据生成虽然可以快速丰富元宇宙的内容，更好地支持 UGC 生态发展，增强元宇宙的延展性，但同时也带来了巨大的算力要求。谷歌在 2018 年发布了一个轰动一时的生成对抗网络模型——BigGAN，它一度被冠名为史上最佳 GAN（generative adversarial networks，生成式对抗网络）。人们根本无法分辨出由 BigGAN 模型生成的图片到底是真实的照片还是计算机的艺术创作。人们纷纷称赞这个算法的强大，但在接受媒体采访时，算法的一作者表示模型成功的关键不在于算法的改进，而是算力的进步。据称，训练 BigGAN 模型生成一个 512×512 像素的图像需要用到 512 块谷歌张量处理器（tensor processing unit，TPU），并且训练时间要持续 24~48 小时。这是什么概念？如果单纯从训练模型时所耗费的电量来算，像这样训练一次，每块 TPU 将耗费 2450~4915 度电，大约是一个普通美国家庭 3 个月的总用电量。这说明数据生成技术所需要的算力远远超出了普通的深度学习模型。

运行元宇宙需要的算力

元宇宙建设好之后，还面临着持续运转的挑战。全沉浸式的体验感绝佳，但通常需要专业设备支撑。以现在常见的 XR 设备为例，全沉浸式 XR 是未来交互的终极形态，但由于涉及非常丰富且逼真的体验，首先需要网络提供更高的数据传输速度、更低的时延和更可靠的网络性能。此外，与数据重建技术相同的是，元宇宙的数字内容要呈现在用户面前，也涉及大量的图形渲染需求。当前 XR 产业界普遍认为，人类要在视觉上达到沉浸式体验，应用图像的分辨率应至少为 16K。这种情况下，元宇宙在呈现端的传输速率会达到 Gbps 量级，而传输时延却需要小于 20ms。

除了网络方面的需求，元宇宙中海量分布式用户在线方式及亿级用户并发的运行特点，也对边缘算力提出了更高要求。云、边、端等多级算力部署，一方面可降低元宇宙对终端设备性能的要求，使其具备更高的普及潜力，另一方面对于边端节点的建设，能够缩短用户侧到服务侧的传输距离从而降低交互时延。

被称为“元宇宙”第一股的 Roblox 也意识到了云网基础设施对游戏业务扩张的重要性。在 2017 年前后，Roblox 就开始剥离第三方云服务，自行开发建设 Roblox 云。Roblox 云由遍布全球重要城市的数据中心、边缘节点和少量三方服务共同组成。所有数据中心与边缘节点都通过独立骨干网相连。根据 Roblox 官网发布的数据，截至 2020 年，其云服务每秒响应需求数上升至 1200 万个。

作为元宇宙底层支撑结构的区块链看似并不需要多少算力，但当区块链作为保障元宇宙信息安全、身份认证、数据交换等重要应用可靠性的基础设施底座时，它同样对网络的边、端算力提出要求。

区块链是一种按时间顺序将不断产生的信息区块以顺序相连方式组合而成的可追溯的链式数据结构，同时也是一种以密码学方式保证数据不可篡改、不可伪造的分布式账本。区块链的特性使其适用于数字资产、内容生产、游戏平台、共享经济、社交平台等应用。基于技术自身的特性，区块链天然适配元宇宙设计的关键应用场景。它是连接虚拟空间与现实世界的桥梁，承载着治理元宇宙的重要作用。区块链通过交易、存证、非同质化通证等技术，让单纯的“虚拟世界”变成了多维度相互连通的“元宇宙”。

一方面，保证区块链构建的去中心化分布式集群系统离不开共识算法的协调整合。在区块链网络中不同节点相互之间通过共识算法以达成分布式协同和去中心化，而共识算法无论是对通信还是计算都产生了极大的需求。例如比特币等系统所用到的工作量证明算法，利用大量重复的哈希计算来增加网络攻击者进行攻击所需付出的经济成本，以此来保护比特币系统整体的安全性与一致性。在解决节点之间通信的不可靠、延迟和阻塞等一致性问题的过程中需要消耗大量的算力。截至目前，比特币系统全网算力达到 156.63EH/s（H/s，每秒哈希次数）。

另一方面，为使区块链可编程化以丰富更多的应用场景，需要在区块链上建立区块链虚拟机，以完成区块链智能合约的部署和调用。区块链虚拟机是建立在区块链上的一个代码环境，本身并不存储在区块链内，而是和区块链一样同时存储于各个节点计算机上。每个参与区块链网络的校验节点都会运行虚拟机，并将其作为区块有效性校验协议的一部分。每个节点都会对合约的部署和调用进行相同计算，并存储相同的数据，以确保将最权威且最真实的结果记录在区块链内。这一过程同样需要网络提供大量的算力作为支撑，当前，以以太坊为代表的具有虚拟机功能的区块链全网算力达到 800.26TH/s。

随着元宇宙的发展，区块链网络需要持续扩展，从而需要不断地加入新的节点以维持网络的运行与维护。网络的可扩展和节点数量的增多使得共识算法需要更多的算力进行支撑。与此同时，在未来，元宇宙会逐渐成为人们工作和生活的方式，融入诸多应用场景。用户以及用户使用频率的增加，更加增强了网络对计算和存储的算力需求。

在通信网络和算力的共同提升下，元宇宙的技术门槛将不断降低，将会大幅提升元宇宙的可触达性。在国家政策和市场需求的强大感召下，近几年我国公、私有云热度持续攀升，为元宇宙技术发展提供了技术土壤。腾讯、字节跳动、华为以及电信运营商，也纷纷从各自领域切入元宇宙赛道。也许我们还看不清元宇宙到底能给我们带来什么，但可以肯定的是，在经历任何新兴产业都会经历的萌芽、成长、泡沫、成熟阶段后，运行在泛在、智能、敏捷、融合的算力架构之上的数字世界，会给我们的思想、行为打上数字标签，然后换种方式得以永生。

云网融合

第四章 算力基础设施

算力设施是承载算力的载体，构建了计算体系最重要的基础支撑底座。本章探讨的算力基础设施主要指云计算、边缘计算、端计算相关软硬件算力设施，以及诸如量子计算等前沿算力设施。当前数字化技术如物联网、云计算、大数据、人工智能等加速创新，数字化应用层出不穷，带动信息数据加速增长，算法的复杂度、性能也不断提高，这些都对算力设施提出了更高要求。尤其是在各行各业数字化转型的大背景下，信息数据正在迎来爆发式增长。根据 IDC 的数据，2019 年全球数据总量为 44.9ZB，2024 年全球数据总量将增长到 142.6ZB，数据采集、数据存储与管理、数据传输与处理等对算力资源的需求将极大增加。算力的发展也为算法、数据和通信提供了有力支撑，驱动技术革新、产业应用创新及数字化经济不断突破，对经济社会的发展发挥了关键性作用。

从狭义来看，算力基础设施是通过处理数据，实现特定结果输出能力的设备与系统，核心为 CPU、GPU、FPGA、ASIC 等计算芯片，搭载各类软件服务，并由计算机、服务器、计算集群、智能终端等承载。算力的常用计量单位是 FLOPS（每秒执行的浮点运算次数）。1 EFLOPS 约为 5 台天河 2A 超级计算机或 25 万台主流双路服务器或 200 万台主流笔记本的算力输出。2020 年全球算力总规模达到了 429EFLOPS，其中我国的算力为 135EFLOPS。从广义来看，算力基础设施是数字经济时代的新型生产力，也是支撑数字经济的坚实基础，已成为数字经济时代核心竞争力的体现。

本章主要探讨云计算、边缘计算、端计算的发展概况，以及前沿算力中量子计算的发展与展望，并对算力基础的硬件设施、软件设施进行探讨。电子计算机发明以来，随着科技的进步和社会的发展，人类从20世纪六七十年代的信息化社会，逐步迈进如今的数字化社会，并持续向未来的智能化社会演进。未来社会提高算力基础设施的算效水平、能效水平尤为重要，算力基础设施正在向着智能化、绿色化、高密度等方向发展。另外，推进多级算力、异构算力与信息通信网络的深度融合，促进算力资源全面覆盖，满足算力资源高效连接、按需分配、灵活调度，也是未来算力发展的重要方向。

计算基础软硬件

漫长的人类进化过程中，“计算”作为人类认知世界的一种方式，不断推动着科学技术的发展和人类社会的进步，计算离不开最重要的两个要素：硬件和软件。计算硬件是“计算”的承载体，指的是具备计算能力的设备，在我们的日常生活中随处可见。从电子计算机、服务器、智能手机、车载系统、智能机器人、基站、通信网元等较完备的计算系统，到芯片、内存、磁盘、信令单元等有计算能力的器件，都属于计算硬件。计算软件是用户与计算硬件之间的接口。计算软件与计算硬件是计算系统相互依存、不可分割的两部分。硬件是软件赖以工作的基础，软件是硬件发挥作用的唯一途径，硬件必须配以完备的软件系统才能发挥其各项功能。如果将硬件比作人体的血肉、骨骼，软件就是人体的大脑、神经和意识。随着新兴技术的进步，计算软件所提供的算力占比将越来越大。

基础计算硬件

计算工具的发展

电子计算机无疑是20世纪最伟大的发明之一，将持续推动人类生产活动和社会活动的发展。在现代电子计算机发明以前，人类的计算工具经历了手工计算时代、机械计算时代，未来还将不断向性能更好、更智能、更好地服务人类的方向发展。

1. 手工计算时代：从远古到 17 世纪

人类的大脑天生就能从事“把抽象变成数字”的思维活动，由此有了计算的需求。最初的计算主要是进行计数，远古时代的中国就有“结绳计数”“以石计数”的记载。我们的祖先于春秋时期创造出一种独特的计算工具——算筹，被认为是世界上最古老的计算工具，这种工具在我国古代大概使用了 2000 年。由于算筹使用起来不方便而且计算速度慢，我们的祖先创造出了更先进的计算工具——算盘。我国的算盘后来流传至海外，被广泛使用。

2. 机械计算时代：17 世纪到 20 世纪 30 年代

随着时代的发展，传统的手工计算方式不再能满足人们对于计算的需要，机械计算发展起来。1610 年前后，苏格兰数学家纳皮尔（Napier）发明了“对数”，极大地推动了计算工具的发展。紧随其后，对数计算尺、圆算尺被发明出来。计算尺的出现，开了模拟计算的先河。而计算尺还不能被称为计算器，因为它无法记录计算法则，也无法设定计算的步骤。

1642 年，公认的世界上第一台机械式计算器——帕斯卡加法器出现，由法国数学家布莱斯·帕斯卡（Blaise Pascal）制造。它的出现标志着计算工具由手工向机械技术的正式演进，也证明了机械装置可以代替人脑思考和记忆。工业革命时代，机械计算器得到了进一步发展。19 世纪，英国数学家查尔斯·巴贝奇（Charles Babbage）最早提出了使用寄存器存储数据的计算机设计思想，并制造了第一台差分机。

3. 电子计算机时代：20 世纪 40 年代至今

20 世纪 40 年代中期，随着各行各业的快速发展，尤其是导弹、原子能等领域的科学研究发展，迫切需要能进行快速计算的设备来满足计算需要，电子计算机应运而生。

1946 年，学术界普遍认为的“第一台计算机”——埃尼阿克（ENIAC，electronic numerical integrator and calculator，电子数字积分计算机）在美国宾夕法尼亚大学问世。ENIAC 的问世具有划时代的意义，表明电子计算机时代的到来。此时的 ENIAC 还不是存储程序式的计算机，编程是通过手工接插线的方式进行的。1952 年，计算技术的先驱冯·诺依曼主导制造完成 EDVAC（electronic discrete variable automatic computer，电子离散变量自动计算机），这是世界上第一台存储程序式计算机，是现代所有计算机的原型和范本。“冯·诺依曼结构”的核心思想是存储程序和顺序执行，同时定义了计算机硬件由运算器、控制器、存储器、输入设备和输出设备五大部分组成，计算机的数制采用二进制。

ENIAC 和 EDVAC 的诞生，标志着计算机的计算能力以及科学技术发展进入了一个崭新的时代，即电子计算机时代。随着时代的发展，逐渐出现了晶体管计算机、中小规模集成电路计算机、超大规模集成电路计算机、人工智能计算机以及超算计算机。

电子计算机的发展

人类进入电子计算时代以来，电子计算机以惊人的速度迅猛发展，并经历了几代的演变。整体趋势是性能进一步提高，价格进一步下降，产品走向通用化、系列化和标准化。按使用的电子元件，可以对计算机进行以下划分。

1. 第一代电子计算机：电子管计算机（1946—1958 年）

第一代电子计算机在硬件方面，逻辑元件采用的是真空电子管，采用汞延迟线、阴极射线管做主存储器，外存储器使用磁带、纸带、卡片等。软件程序采用机器语言、汇编语言。这一时期的典型计算机为 ENIAC 和 EDVAC，应用领域以军事研究和科学计算为主。

2. 第二代电子计算机：晶体管计算机（1958—1964 年）

第二代电子计算机主存储器采用磁芯存储器，而外存储器主要使用磁盘和磁鼓，软件程序设计采用符号指令或者机器指令，并出现了操作系统和算法语言。这一时期的典型计算机为IBM公司制造的IBM 7090，应用领域以数据处理和事务处理为主。

3. 第三代电子计算机：中小规模集成电路计算机（1964—1970年）

第三代计算机逻辑元件采用由许多半导体晶体管、电阻器、电容器等器件组成的中小规模集成电路。主存储器采用半导体存储器，以代替磁芯，磁盘做外存储器。在软件方面，出现了分时操作系统以及结构化、规模化程序设计方法。这一时期的典型计算机为IBM公司研制的IBM-360系列。这一时期的计算机开始进入文字处理和图形、图像处理等应用领域，并开始普及。

4. 第四代电子计算机：大规模和超大规模集成电路计算机（1970年至今）

第四代计算机的逻辑元件采用大规模和超大规模集成电路。存储器采用集成度更高的半导体，外存储器变成通用的磁盘、只读光盘等。在软件方面，出现了数据库管理系统、网络管理系统和面向对象语言等。这时的计算机运算速度能达到每秒上千万次到上亿次。计算机设备逐步走向个人与家庭，并开始渗透到社会的各行各业。微处理器以及由微处理器和大规模、超大规模集成电路组装成的微型计算机开始发展。1971年，世界上第一台微处理器Intel 4004诞生。1975年，MITS（微型仪器与自动测量系统公司）制造了微型电脑的开山鼻祖“Altair 8800”，开创了微型计算机的新时代。

智研咨询发布的《2021—2027年中国计算机行业市场专项调研及投资战略咨询报告》显示，近年来，中国电子计算机产量保持稳定，2011—2020年，中国电子计算机产量基本保持在3.5亿~4亿台，2020年中国电子计算机产量为4.05亿台，比上年增加4862.6万台。根据国家统计局的数据：2020年中国微型计算机设备产量为37800.4万台，同比增长10.6%；2021上半年中国微型计算机设备产量为21991.9万台，同比增长43.9%。

5. 第五代电子计算机：人工智能计算机（1981年至今）

近年来，电子计算机朝着越来越智能、越来越接近人脑“思考”

的方向发展，人们希望计算机具有逻辑思维能力，能够帮助人们进行推理、判断、决策以及学习新知识，由此出现了第五代计算机。第五代计算机是把信息采集、存储、处理、通信同人工智能结合在一起的智能计算机系统。人工智能技术为第五代计算机的发展提供了肥沃的土壤。1981 年 10 月，日本首先向世界宣布开始投入第五代计算机的研制，并投入 1000 亿日元进行为期 10 年的开发计划。此后各国开始投入智能计算机的研制。我国也在人工智能计算机研发领域持续发力。

6. 超级计算机

电子信息技术的发展，催生了能进行密集计算、海量数据处理和存储的高性能计算机，这种产品被称为“超级计算机”，又称“巨型机”。超级计算机使用数千甚至更多大规模、超大规模集成电路组成的逻辑芯片处理器，运算速度可达每秒 1 亿甚至几十亿次。1964 年，控制数据公司（Control Data Corporation）研制了第一台超级计算机“CDC 6600”。国防科技大学于 1983 年研制成功每秒运算 1 亿次的“银河 – Ⅰ”巨型机，又于 1992 年研制成功每秒运算 10 亿次的“银河 – Ⅱ”巨型计算机。2009 年，国防科技大学发布“天河一号”，其峰值性能达每秒 1.206 千万亿次。我国成为继美国之后第二个能独立研制千万亿次超级计算机的国家。尤其 2016 年“神威 · 太湖之光”的出现，更是标志我国进入超算世界领先行列。

目前 P 级（每秒计算千万亿次）超级计算机已经成为全球超级计算机 500 强的准入门槛，在 2021 年最新一期全球超级计算机 500 强排行榜中，蝉联首位、理论峰值性能达 537212 TFLOPS 的日本“富岳”计算机，开启了 E 级计算（每秒计算百亿亿次）时代的大门（如表 4–1 所示）。我国自主研制的“国之重器”——“神威 · 太湖之光”排名第四，具有 10649600 核心数，峰值计算达 125435.9 TFLOPS，选用国产申威众核处理器。另外，全球超级计算机 500 强中，中国以 186 台上榜，蝉联世界第一，毫不客气地说，中国仍是世界第一超算大国。如今，中、日、美在超级计算机领域形成“三足鼎立”的局面。

表 4-1　2021 年全球超级计算机排名

排名	所属国家	超级计算机	核心数	测试性能 TFLOP/s	峰值性能 TFLOP/s
1	日本	富岳（Fugaku）	7630848	442010.0	537212.0
2	美国	顶点（Summit）	2414592	148600.0	200794.9
3	美国	山脊（Sierra）	1572480	94640.0	125712.0
4	中国	神威·太湖之光（Sunway TaihuLight）	10649600	93014.6	125435.9
5	美国	Perlmutter	706304	64590.0	89794.5
6	美国	月之女神（Selene）	555520	63460.0	79215.0
7	中国	天河二号	4981760	61444.5	100678.7
8	德国	JUWELS Booster Module	449280	44120.0	70980.0
9	意大利	HPC5	669760	35450.0	51720.8
10	美国	Frontera	448448	23516.4	38745.9

超级计算机极高效可靠的计算、安全的数据保护以及易于维护的优点，使其近年来被各行各业的前端研究所青睐，在天气预报、生命科学、基因分析、核工业、军事、航空航天等高科技领域都已有广泛应用。如在科研和工程领域，使用普通计算机有限的 CPU/GPU 等计算芯片执行计算任务要花费很长时间，甚至无法完成计算任务，这时就可依靠超算强大的处理能力完成任务。时至今日，超算早已扩展至互联网、物联网、人工智能等领域，超算技术也渗透到人们日常生活的方方面面。世界上多数国家均积极部署了超级计算机发展规划。超级计算水平已经成为各国科技竞争力和综合国力的重要标志之一，是世界高技术领域的战略制高点。

计算机界的"摩尔定律"指出，每经过 18 个月左右，计算机的性能就会比之前提高 1 倍，而未来的计算设备的发展将很可能打破摩尔定律。未来计算机的处理速度将会越来越快，处理能力越来越强，同时计算机正向着非冯·诺依曼结构发展，典型的类型有：分子计算机、光子计算机、量子计算机、纳米计算机、生物计算机（DNA 计算机）等。其中，量子计算机作为未来计算机发展的重要方向，备受瞩目。

典型计算芯片

计算芯片是所有计算设备的物理基础，是计算机执行计算任务的大本营。本节重点介绍延续了传统的冯·诺依曼计算架构的通用芯片 CPU、GPU，也对其他非通用架构的芯片 FPGA、ASIC 进行介绍，并对新型芯片 DPU（data processing unit，数据处理器）进行探讨。

1. CPU——计算机的“心脏”

CPU——中央处理器被认为是计算机的心脏，在计算机硬件中占据举足轻重的地位。1971 年第一款 CPU Intel 4004 诞生，此后 CPU 以迅猛之势不断更新换代，CPU 的发展也被认为是计算机系统更新换代的重要标志之一。

（1）CPU 的发展历程

伴随着电子计算机的快速发展，CPU 也经历了几个阶段的更新变革，集成度、运算速度不断提高，指令结构不断完善。第一阶段是 4 位和 8 位低档微处理器时代，典型代表是 Intel 4004 和 Intel 8008。第二阶段为 8 位中高档微处理器时代，典型产品为 Intel 8080。第三阶段是 16 位微处理器时代，典型产品有 Intel 8086。第四阶段，CPU 迎来了 32 位的时代，Intel 生产的 80386 芯片为典型代表。第五阶段以奔腾（Pentium）系列微处理器的推出为标志。第六阶段是酷睿（Core）系列开启的微处理器时代。

（2）CPU 的基本结构

典型的冯·诺依曼式计算机基本组成为运算器、控制器、存储器、输入设备和输出设备（如图 4–1 所示）。其中，运算器和控制器是 CPU 的核心部件，负责整台计算机所需的所有数据处理工作，如操作控制、算术运算、指令运算、数据寻址等，再加上寄存器组、总线等部件共同构成了 CPU。CPU 的基本结构如图 4–2 所示。

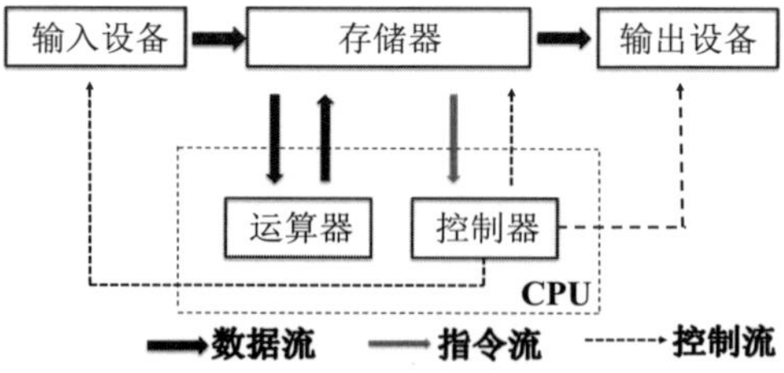

图 4–1 计算机基本组成

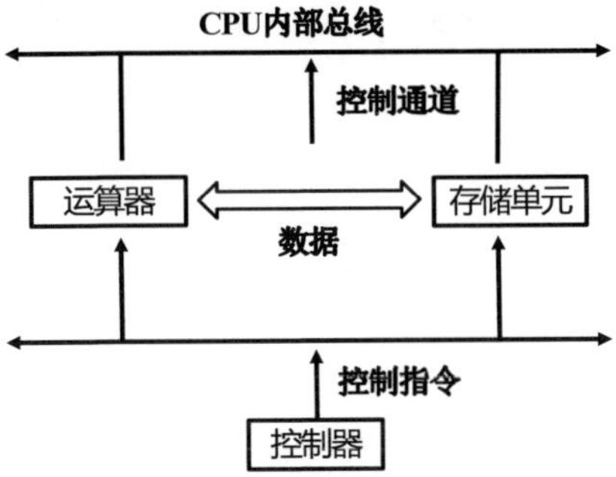

图 4-2 CPU 基本结构模型

控制器是整个 CPU 的指挥中心，对协调整个计算机系统有序工作起到关键作用，不仅要保证程序正确执行，还要能够处理异常事件。控制器向运算器和存储单元发送控制指令，指导其正确执行操作。运算器是 CPU 的执行中心，是数据加工处理的部件，负责进行算术运算和逻辑运算。CPU 使用另一个重要的单元——存储单元，暂存 CPU 中的数据和指令，主要包含片内缓存和寄存器组。

（3）CPU 的分类

CPU 可以按照指令集和架构进行分类。

按指令集分，计算机处理器通常可分为复杂指令集计算机（complex instruction set computer，CISC）和精简指令集计算机（reduced instruction set computer，RISC）。

早期的 CPU 全部是 CISC 架构，指令和指令中的操作顺序串行执行，设计策略是使用较少的机器语言完成计算任务。随着越来越多的复杂指令加入指令集，其指令系统也越来越庞大。在 CISC 中，约有 20% 的指令会被反复使用，承担着程序代码 80% 的工作。这样既浪费了 CPU 的核心面积，又增大了 CPU 的功耗，降低了计算效率，RISC 由此产生。RISC 的设计思路是对指令的数目和寻址方式做精简，使其更容易实现，指令并行执行的程度更好，编译器的效率也更高。相比 CISC，RISC 功耗更低，运算速度更快，但也有弊端，其价格往往更高，并且通用性较差。

RISC 和 CISC 各有优势，而且界限越来越不明显。经过多年的发展，

CISC 和 RISC 都在各自的领域打开了一片广阔的天地，并且在互相吸取对方的优点、相互渗透中发展进步。如今，RISC 更专注于低功耗高性能需求的设备、小体积设备以及移动设备领域，CISC 更专注于个人电脑、通用设备和民用市场。RISC 的典型代表有 ARM、MIPS、PowerPC、AVR、PIC 等，而 CISC 的代表则是我们耳熟能详的 X86、C51。现在的 CPU 有的也采用 CISC 的外围，内部加入 RISC 的特性，如超长指令集 CPU。

按架构分类，目前最常见的处理器架构有 X86 和 ARM。

X86 架构是典型的 CISC 架构，用来泛指一系列基于 Intel 8086 且向后兼容的中央处理器计算机语言指令集架构，标识一套通用的计算机语言指令集合。1978 年，英特尔发布了 16 位微处理器 Intel 8086，由此开创了 X86 架构的新时代。

ARM 架构，即高级精简指令集机器（Advanced RISC Machine）架构，是 RISC 处理器架构。1985 年，Acorn 公司（1990 年改组为 ARM 公司）设计了自己的第一代 32 位处理器，并做出了一台 RISC 计算机，简称 ARM（Acorn RISC Machine）。

（4）CPU 的发展趋势

当前个人电脑一般都采用 X86 架构，其单线程的任务处理能力较强，性价比较高。X86 体系厂商以英特尔和 AMD（美国超微半导体公司）为主，被美国垄断。手机、平板电脑等便携式移动设备，以及高端服务器、工作站等对系统节能性和系统运行效率要求较高，通常采用使用精简指令集的 ARM 架构。

在服务器领域，以英特尔和 AMD 为主要厂商的 X86 架构 CPU 占据绝对优势，市场份额超 96%。我国 CPU 芯片研制起步晚，全球市场份额不足 1%，在处理器架构融合、浮点运算能力、超多核总线、封装工艺等 CPU 核心技术上和国外厂商差距明显。我国的飞腾、龙芯等自主研制的 CPU 在稳步占领更多市场。在手机领域，我国 CPU 自给率几乎为 0，完全靠进口 ARM 的 CPU 核来制造。

目前，CPU 迎来了蓬勃发展的黄金时期，从目前的发展来看，无论是 CISC 还是 RISC，无论是 X86 还是 ARM，都要在巩固自身性能和架构优势之外，积极吸取其他产品的特色，取长补短。未来，CPU 将朝着性能越来越好、功耗越来越小、体积越来越小的方向发展，只有在这个大方向上不断寻求自主创新的新出路，才能在处理器市场上掌握话语权。我国未来研制完全知识产权的 CPU，需要在三个方面努力：基于自主 IP 核、基于自主指令系统以及基于自主的材料和设备。通过市场引导带动技术进步，稳扎稳打，建立我国自主的生态体系，才能在全球市场中参与竞争。

2. GPU——显卡的“心脏”

计算机图形处理器（GPU）是一种专门进行图像和图形相关运算的微处理器，具有超高的计算性能，且成本相对低廉。近年来，GPU 芯片逐渐被使用并且开始在各领域“大显身手”，个人电脑、游戏机、工作站、移动设备等都少不了 GPU 的身影，GPU 正以超越摩尔定律的速度发展。

（1）GPU 的发展历程

早期计算机的图形处理通过 CPU 完成，但由于 CPU 在处理图像这种密集的计算任务上能力较弱，而且越来越复杂的数据处理和图形处理任务使得 CPU 应接不暇，为了让用户看到更高质量的画面，设计一个独立的图形处理核心成为必然。1999 年，英伟达发布了 Geforce256（NV10），被认为是业界首款 GPU。此后各大公司的产品不断推出，如微软的 DirectX 10、英伟达的 CUDA 等。同时，GPU 在智能手机等移动设备端的应用越来越普及。

随着技术的演进，使用 GPU 的算力进行通用计算的产品，即通用图形处理器 GPGPU 开始普及。GPU 正成为通用计算机和超级计算机的主要处理器，因此也有人说 GPU 是第一代通用数据并行处理器。值得注意的是，GPU 不能单独工作，需要 CPU 控制操作。与 CPU 的“顺序执行”工作方式不同，GPU 可以“并行执行”。

（2）GPU 的发展趋势

如今国际上拥有移动 GPU 设计能力的企业为数不少，如英伟达、ARM、高通公司等，国内公司与国外行业龙头企业有所差距，但近年来发展迅猛。如长沙景嘉微电子，是国产 GPU 的主要参与者，其自主创新开发的 GPU 已经投入商用。芯原微电子、航锦科技、上海兆芯、凌久电子、天数智芯、摩尔线程等企业也在持续突破创新。在 GPGPU 方面，英伟达垄断市场，其通用加速卡为唯一商用产品。国内厂商多瞄准中小型边缘 AI 加速卡等市场。

近些年，随着游戏、影视、AR/VR 等业务的发展，以及 AI 等技术的革新，计算市场的 GPU 需求也在不断增长。满足智能设备和高端娱乐设备的GPU也在陆续面世。而GPU的时代井喷式发展，也进一步带动了游戏、视频、图形处理等行业的发展。进一步提升 GPU 的性能，满足越来越高的图形处理需求，并给用户带来更为友好的体验，是国内外 GPU 的重点发展方向。

3. ASIC——为定制而生

专用集成电路（ASIC），指的是按照特定的用户要求以及特定的电子系统的需要而设计和制造的集成电路。与 CPU 和 GPU 这种通用的集成电路不同，ASIC 是集成电路与特定业务结合的产物，往往比通用集成电路的体积更小、性能更强、功耗更低、成本更低。

根据定制程度的不同，ASIC 可分为全定制、半定制芯片。全定制 ASIC 芯片通常由不同功能的逻辑单元、模拟电路、存储单元等组成，不同的逻辑单元由掩膜板相连。全定制 ASIC 芯片是目前定制程度最高的芯片之一，通常应用于较高级的应用程序，芯片在运行速率、能耗方面尤其突出。全定制芯片设计成本较高，制作周期较长。半定制芯片的逻辑单元部分大都取自标准逻辑单元库，一部分根据需求进行自定义设计。相对于全定制 ASIC 芯片，半定制芯片开发成本较低，开发周期短，并且灵活度较高，同时有效降低了芯片开发的风险。随着集成电路和制作工艺的发展，半定制芯片开始被设计出来并慢慢取代全定制芯片。

当前主流的 ASIC 芯片有如下几种：类脑芯片，具有感知能力、学习能力和信息处理能力的芯片；TPU，一种专用加速器芯片，主要用于深度学习、AI 运算；NPU（neural network processing unit，嵌入式神经网络处理器），采用“数据驱动、并行计算”的架构，擅长处理海量多媒体数据。

ASIC 芯片的设计要求较高的软硬件设计环境和设计水平，而且设计方式具有高投入、高风险和不可修改等特性，且 ASIC 的设计、生产和部署都需要较长的周期，在需要快速迭代的生产环境中，FPGA 成为一种首选的过渡方案。但在 AI 设备、虚拟货币挖矿机、军事国防设备等专用的智能终端上，ASIC 有着其他芯片无法比拟的巨大优势，未来在边缘计算、AR/VR、智能家居等领域将会被大量使用并普及。我国在 ASIC 芯片领域积极拓展市场，争取实现“弯道超车”。

4. FPGA——“万能芯片”

现场可编程门阵列（FPGA）是一种可编程使用的信号处理器件，用户可通过改变配置信息对其功能进行定义，以满足设计需求。FPGA 作为 ASIC 领域中的一种半定制电路而出现。FPGA 概念由沃尔斯特伦（Wahlstrom）在 1967 年提出，使用 SRAM 的技术设计多个可编程的模块，并且模块间使用可编程开关连接，以此增加灵活性。1985 年，第一片使用 SRAM 技术的 FPGA 芯片 XC2064 由 Xilinx 公司发明，由此开创了 FPGA 的新时代。

主流的 FPGA 技术有以下三种。第一种是反熔丝型 FPGA，该技术具有上电可以直接使用，下电后配置不会丢失的优点，使用方便、安全性高，而且由于不需要重复编程以及额外的存储器，成本较低；但是，无法重复编程的限制也造成了这种器件不利于产品升级更新。第二种是 Flash 型 FPGA，使用 Flash 技术制成，可重复编程，同时使用 Flash 结构做存储，可使配置断电不丢失，配置功能友好且安全性较高；但 Flash 存储的擦写次数有限，难以满足越来越密集的计算需求；由于 Flash 型器件需要特殊的半导体工艺，其价格也较为高昂。第三种是 SRAM 型 FPGA，这是当前最主流的 FPGA 技术，使用 CMOS（complementary metal oxide semiconductor，互补金属氧化物半导体）技术加工，规模和集成密度远远高于反熔丝型和 Flash 型 FPGA；这种器件的主要缺点在于断电数据会丢失，而且上电后配置信息从外部的存储器重新写入造成一定的传输时延和安全漏洞。目前来说，SRAM 型 FPGA 结合 Flash 存储是一种比较优化的解决方案。

与 ASIC 相比，FPGA 可编程灵活性更高、开发周期更短，而且并行计算的效率高。理论上来说，FPGA 提供的门电路的规模如果足够大，就可以通过编程实现任意 ASIC，所以 FPGA 也被称为“万能芯片”。其产品的弊端主要在于成本较 ASIC 高，未来随着产品设计定型和批量生产，产品成本会显著降低，FPGA 还将继续朝着高速、高容量、高集成度、低功耗、低成本的方向发展。

近年来，FPGA 在异构计算领域因其优异的可定制性和可重配置特点吸引了工业界和学术界的广泛关注。2025 年以后，随着边缘计算技术及云计算技术在智慧交通、超算中心全面铺开，FPGA 在自动驾驶、数据中心等领域的市场规模增长速度将超越通信、消费电子市场。当前 FPGA 绝大部分市场被英特尔、Xilinx 等巨头占据，国内厂商起步晚，技术差距大，仅占 4% 的市场份额，但研发力度在逐步增强。

5. DPU——数据处理芯片

随着芯片业制造工艺的不断精进，以及数字化技术如 AI 的发展，芯片行业不断推陈出新。DPU 作为新型芯片的一种，近几年研究火热，更被业界认为将会是继 CPU 和 GPU 之后最重要的算力芯片。

DPU 是以数据处理为核心的专用数据处理单元，是对传统计算资源的网络、安全和存储的卸载平台。传统数据中心以 CPU 为主要数据处理单元，通常庞大的基础架构的运行已占据相当一部分 CPU 核，给数据处理任务带来非常大的挑战。在通信领域，伴随着 5G、云网融合时代的到来，以及虚拟交换等技术的引入，基于服务器的网络数据平面的复杂性急剧增加。大量数据中心计算资源被分配用于处理系统频繁的数据搬运工作，导致网络接口带宽急剧增加，CPU 资源负载过大。

为了提高 host CPU（主机中央处理器）的处理性能，将 host CPU 的网络功能如 IP 分片、TCP 分段、重组、checksum 校验等，转移到网卡硬件上成为一种解决方法，Smart NIC（智能网卡）由此而来。Smart NIC 可以被看作 DPU 的前身，包含基于多个 CPU 内核的 ASIC 和基于 FPGA 的智能网卡等类型。2019 年，美国一家初创公司 Fungible 推出产品 F1 DPU，第一次提出了 DPU 的概念。2020 年 10 月，英伟达将基于 Mellanox 方案的 Smart NIC 命名为 DPU，重新定义了 DPU 的概念。2020 年，英伟达公司发布的 DPU 产品战略中将其定位为继 CPU 和 GPU 之后数据中心的“第三颗主力芯片”，掀起了一波行业热潮。DPU 产品的研发也成为全球半导体领域的焦点。

当前业界 DPU 的实现技术方案主要分为两种——FPGA 和 ASIC/SoC（system of chip，系统级芯片），而后一种更为主流。国外主流厂商有 Fungible、Mellanox（2020 年 4 月被英伟达收购）、英伟达、英特尔等，国内有中科驭数、芯启源、星云智联、大禹智芯等。从全球 DPU 产业格局来看，目前各个厂家都存在自己的定义以及实现方式，产品较为分散。尽管国际巨头占据技术与市场优势，但国内多家企业也在探索技术突破和商业化落地的道路上持续努力，国内外的代际之差并非难以逾越。

DPU 的引入将使计算任务以数据为中心转移，“数据在哪儿计算就在哪儿”，有效提升了数据中心系统的计算效率，缩短了通信时延。2021 年 10 月，在中国计算机学会第二届集成电路设计与自动化学术会议上，中国科学院计算技术研究所主编的行业内首部 DPU 白皮书《专用数据处理器（DPU）技术白皮书》发布。

6. 芯片的发展

总体来看，我国芯片产业发展薄弱，技术“卡脖子”问题突出。2017—2020 年，我国芯片进口量远超出口量，腾讯网统计数据显示，2021 年 1—5 月，我国芯片进口规模达 1.04 万亿元，对外依赖性较强。在服务器领域，以英特尔和 AMD 为主要厂商的 X86 架构 CPU 芯片占据绝对优势。自 2002 年 8 月 10 日我国首枚拥有自主知识产权的通用高性能微处理芯片“龙芯一号”诞生以来，我国芯片领域持续进行自主研发。其中，服务器领域芯片主要有 X86 架构、ARM 架构、Alpha 架构、MIPS 架构、Power 架构这几个方向，并涌现出一些基于上述架构的优秀产品：基于 MIPS 的龙芯、基于 X86 的兆芯、基于 ARM 的天津飞腾、基于 ARM 的华为鲲鹏 920，以及基于 Alpha 架构的成都申威等。基于 RISC 原则的开源指令集架构 RISC-V 也获得国内众多科技企业的关注。

制约我国芯片发展的主要环节为设计和制造。在芯片设计中，芯片仿真设计软件使得芯片设计与集成电路生产难度大幅降低，但美国垄断了芯片仿真设计软件的核心技术，以 Cadence 和 Synopsys 公司为代表。在芯片制造环节，制造工艺落后是我国芯片产业落后的主要原因之一。比如 7nm 芯片制程技术的核心制造设备只有日本、荷兰等少数几个国家可以生产，我国基本还停留在 22nm 和 16nm 制造阶段。表现较为突出的是台积电（全称为台湾积体电路制造股份有限公司），它 2020 年已可生产 5nm 工艺芯片，并预计 2024 年生产可商用 2nm 工艺芯片。整体来看，我国在芯片制造领域需尽快寻求突破。

随着芯片制造工艺的持续精进，以及新型科学技术的有效支撑，芯片将朝着功耗越来越低、算力越来越强的方向发展。未来谁能跟上芯片革新的大潮流，谁就有科技领域的话语权。此外，多种异构芯片集成提供超强性能的算力以及多种异构芯片协同使用也成为未来芯片的一大发展趋势。

基础计算软件

用户通过应用软件来操作计算设备，应用软件安装在系统软件之上，而系统软件位于硬件之上。（如图 4–3 所示）本节将从编程语言、操作系统、系统软件和应用软件、虚拟化技术几个方面对计算软件进行探讨。

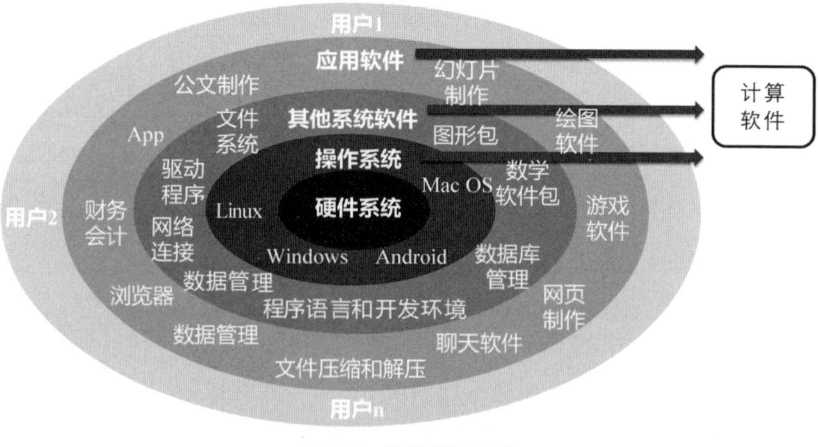

图 4-3　计算软件体系

编程语言

编程语言指的是计算设备所能理解和执行的语言，是人类和计算设备进行沟通交流的手段。伴随着计算设备、互联网、IT 技术的发展，编程语言也在飞速发展，从 20 世纪 50 年代出现的机器语言发展到现在广为使用的高级语言，其发展大体经历了三个阶段：机器语言、汇编语言和高级语言。

第一代编程语言是机器语言（低级语言）。

20 世纪 40 年代，第一代计算机语言——机器语言——随着电子计算机时代的到来而到来。这种被称作“天书”的语言，表示计算机能直接识别和执行的一种机器指令的集合，是站在计算机的角度，表示计算机能“听懂”与“理解”的语言，简单来说就是二进制 0/1 代码，属于低级语言。

机器语言能够被计算机直接识别，不需要经过编译过程，执行速度很快，程序灵活性强，内存占用小。机器语言也存在很多局限性：使用复杂，需要编程人员熟记所用的全部代码和含义，并自己处理指令的存储与输入输出；编程的程序都是二进制代码，直观性差，难于理解和学习，且容易出错；编写程序所花费的时间非常多；程序完全依赖于计算机系统，通用性较差。

总体来说，机器语言直接操作硬件，具有执行效率高的优点，但在实际应用中存在很大的局限性，到今天已经很少使用了。

第二代编程语言是汇编语言（低级语言）。

20 世纪 50 年代，汇编语言横空出世。汇编语言用比较容易识别与记忆的助记符代替由 0 和 1 组成的指令代码，也称为“符号语言”，是一种面向机器的程序设计语言。汇编语言比机器语言更易于读写、调试和修改，大大缩短了开发周期而且保留了机器语言的灵活性。由于直接对硬件操作，汇编语言具有执行速度快、占用内存空间少等优点，且汇编语言程序所生成的可执行文件较小，运行速度快，汇编语言开始被大量应用于计算机中。

汇编语言也存在许多不足：每段字符代表一个动作，程序较长，易出错；调试时程序的运行出了问题很难被发现；对使用者专业要求较高；

功能有限，在编写较为复杂的程序时，工作繁重而且费时；开发效率很低，周期长且单调。另外，汇编语言通用性较差，通常是为特定的计算机或系列计算机专门设计的，不同的处理器有不同的汇编语言语法和编译器。这些都限制了汇编语言的发展。

总体来说，和机器语言一样，汇编语言也是一种面向机器的低级语言，处于整个计算机语言层次结构的底层，应用范围受限。但其运行速度快、占用内存小，兼具可阅读性好和执行效率高的优点，在今天的编程语言市场中仍有不可替代的地位。现在的汇编语言通常被用在底层，一些驱动程序、嵌入式操作系统、实时运行程序都需要汇编语言。

第三代编程语言是高级语言。

由于低级语言过分依赖机器硬件、可移植性差、代码冗长，再加上对程序员的技术要求较高，程序员除了要了解编程，还要熟悉计算机的硬件结构和工作原理，因此编程语言的发展大大受限。低级编程语言与人们对越来越普及的计算机使用需求形成巨大的矛盾。于是，一种更接近人类语言的编程语言——高级语言出现了。

1954 年，世界上第一门高级语言 Fortran 语言诞生。此后 ALGOL、BASIC、Pascal、C 语言、C++ 等高级语言陆续出现。C 语言被认为是现代程序设计语言的起点，是一种面向过程的程序设计语言，可读性和移植性好，执行效率高，可编写系统软件。C++ 既可以进行 C 语言那种面向过程的程序设计，又可以进行面向对象的程序设计开发，主要特点是支持封装、继承和重用、多态。总体来说，C 语言和 C++ 语言仍是系统开发和嵌入式开发的主要语言，操作系统、系统软件（驱动等）、各类游戏基本都是使用 C 语言和 C++ 语言开发的。Java 语言由于具有简单易用、安全、平台独立、多线程等特点，至今仍是最受欢迎的面向对象语言。C# 是微软公司发布的一种面向对象的编程语言，由 C 语言和 C++ 语言衍生而来。Python 是一种高级脚本语言，简单易学、可扩展性好、可移植性高。2021 年 10 月，语言流行指数的编译器 Tiobe 将 Python 加冕为最受欢迎的编程语言。此外，PHP、JavaScript 近年来也较为流行。

高级语言进一步简化了编程语言，增加了程序可阅读性，易学易懂。

程序员在结构化的程序设计环境与工具中，按有关的规范进行编写，就可以完成程序。更重要的一点是，高级编程语言对硬件的依赖程度大大降低甚至脱离了硬件，使得程序便于移植、兼容性好，提高了程序利用率。第一个高级语言 Fortran 出现后，高级语言的发展突飞猛进，如今全球已有 2500 种以上的高级语言。

计算机编程语言将向着越来越方便人们使用的方向发展，更好地为我们的科研、社会生活等领域服务。未来的语言，应当具有如下特点：更接近人类语言，更易学；机器能“听懂”，且执行效率更高；有各种各样的类库，程序员可以直接调用，省去了重复开发的工作；更加注重安全性，在编译时进行代码检测，有危险的指令不进行编译。

操作系统

操作系统（operating system，OS）是随着电子计算机的发展而出现的系统软件，位于系统软件的底层，是配置在计算硬件上的第一层软件，为计算设备使用者提供了人机交互的平台。作为最基本和最重要的系统软件，操作系统管理计算系统的硬件与软件资源，合理地组织计算系统的工作流程。历经几十年的发展，操作系统已成为计算软件的绝对核心和“灵魂”。

1. 典型的操作系统类型

计算系统发展至今，诞生了多种功能类型的操作系统：批处理系统、分时系统、实时系统、网络操作系统、分布式操作系统、嵌入式操作系统等。

电子计算机诞生之初，还未出现操作系统，人们只能采用手工方式操作计算机。手工操作方式的系统资源利用率非常低。随着人机矛盾加大，人们开始寻找摆脱手工操作的方式，批处理系统诞生。早期的批处理系统进行的是单道批处理，CPU 利用率低。多道批处理系统可以在计算机内存中同时存放几道相互独立的程序，它们在管理程序的控制下相互穿插运行，共享计算机系统资源，极大地提高了 CPU、内存和输入 / 输出（input/output，I/O）的利用率。现在所讲的批处理系统主要指的是多道批处理系统，通常被用在进行科学计算的大中型计算机上。多道批处理系统的缺点也是非常明显的。由于作业要排队依次处理，平均周转时间较长，而且用户与作业之间没有交互性，用户不能干预作业的运行导致发现错误无法干预和修改。

随着时代的发展，分时操作系统出现，其主要特征为：允许多个用户同时使用一台计算机，不同用户相互独立、互不干扰；以“时间片”为单位，轮流为各用户处理任务，分配合适的资源；用户可以根据系统响应结果，通过终端向其提出进一步请求，具有“交互性”；系统可以在较短时间内对用户的命令做出响应。多用户分时操作系统是当今计算系统中使用非常普遍的一类系统。分时操作系统的缺点是无法满足实时信息处理和控制的需求，尤其不能对紧急作业优先处理，实时操作系统由此产生。实时操作系统最主要的设计思想是“时间驱动”，任何时间系统都要及时做出响应，而且能够优先响应紧急作业，VxWorks 为其中一个典型代表。“快响应”与“高可靠”为实时操作系统的两大特征。

随着网络与通信技术的发展，网络操作系统和分布式操作系统出现。网络操作系统通过网络连接多台计算机，实现相互之间的通信，并提供网络资源共享（如文件共享）等网络服务。Windows NT 就是一种典型的网络操作系统。分布式操作系统在网络操作系统之上，将任务分配给网络中若干地位相同的计算机，使其并行、分布式协同完成工作。而嵌入式操作系统是以应用为中心的专用计算系统，负责嵌入式系统的全部软硬件资源的分配、任务调度、控制、协调工作，在工业控制、交通管理、智能手机等领域应用广泛。

2. 主流操作系统

目前，主流的操作系统有 Unix、Mac OS、iOS、Windows、Linux、Android 等。下面将对 Windows、Linux 和 Android 系统进行简要介绍。

（1）Windows 系统

1985 年，微软联合创始人比尔·盖茨在 MS-DOS 的基础上引入图形用户界面，开发出了 Windows 1.0，由此开创了 Windows “王国”。随着个人计算机的普及，相比复杂难用的 DOS 命令，用户更青睐 Windows 这样的图形化操作界面。此后微软陆续推出了 Windows 2000、Windows XP、

Windows 7、Windows 8、Windows 10 等优秀产品。

此外，在服务器领域，微软先后推出了多个版本的操作系统。最早的产品为 Windows NT Server，这是一个支持多处理器的系统，面向分布式图形化操作平台，可运行于 X86、Digital、Alpha、Power PC 等处理器架构。而后推出的 Windows Server 2003、Windows Server 2008 等功能越来越完善和强大。

总体来说，Windows 系统虽是闭源系统，但有着直观、稳定、人机交互友好的特点。图形化用户界面和开发环境让使用者易学、易用；图形设备接口为使用者提供了丰富的图形操作函数；多任务特性允许用户同时运行多个应用程序；窗口可重叠，用户可以随时切换不同窗口的程序，并可以在不同程序之间进行数据交换与通信。

（2）Linux 系统

20 世纪 80 年代中后期，操作系统随着可视化界面的到来开始普及。然而，可视化操作系统为了方便用户使用，封闭了内部复杂的功能设计，这对一些研究学者来说是非常不方便的。由此，基于开源的 Linux 系统诞生了。Linux 是一种可免费使用和传播的类 Unix 操作系统，它的诞生晚于 Unix 和 Windows。与 Minix 的微内核理念不同，Linux 采用的是与 Unix 相似的宏内核架构。1991 年，林纳斯·托瓦兹（Linus Torvalds）写出了第一个 Linux 内核——Linux 0.01，这是 Linux 时代开始的标志。1994 年，Linux 内核正式版 Version 1.0 面世。

如今 Linux 已发展成为一个非常强大、稳定的操作系统。Linux 的显著特性有：完全免费和开源；"一切皆文件"，且支持多种文件系统；支持多用户、多任务、多线程和多 CPU；符合 POSIX（可移植操作系统接口）相关标准；界面友好；通用性强，支持多种平台；网络功能强大；等等。Linux 的知名产品有 Debian、Ubuntu、Red Hat、CentOS、Fedora、Kali Linux、openSUSE 等。

相比国外，我国 Linux 的开发起步稍晚。目前，我国很多科研单位在加大力度开发中文版本的 Linux 系统，已基本实现了汉化。Linux 由于其免费、稳定、功能强大的特点，在服务器领域广受青睐。另外，Linux

成本低、内核小、运行稳定、网络功能强大，并且可以按需进行软件裁剪，近年来在嵌入式领域（如机顶盒、智能手机、网络设备）发展较好。而在个人桌面领域，Linux 市场占比小，随着 Ubuntu 等图形化系统的完善，相信其应用会越来越广泛。

（3）Android 系统

Android 系统是由美国谷歌公司和开放手持设备联盟共同开发的基于 Linux 内核的开源操作系统，主要适用于移动终端设备，如智能手机、平板电脑等。

Android 系统有其特有的优势：首先，与 Symbian、iOS、Windows Phone 不同，Android 走开源路线，因而吸引了大量的开发人员、制造商等共同改进，促进系统的良性发展；其次，Android 应用使用 Java 语言开发（部分使用 C/C++），易于学习、跨平台移植性好，且应用较易发布和更新，吸引更多开发者参与；应用获取方便，谷歌发布了谷歌商店（Google Play），国内也有许多应用下载渠道；整体用户体验良好；等等。自 2008 年以来，Android 逐渐成为最受用户欢迎的移动终端操作系统之一，至今已占据移动操作系统的绝对主导地位。国产智能手机市场占有率较高的小米、OPPO、vivo 等品牌的设备操作系统都是基于 Android 系统深度开发定制的。

3. 操作系统的应用领域

操作系统的应用领域众多，主要分为三类：个人桌面领域、服务器领域以及嵌入式领域。而嵌入式领域包含移动设备、网络设备、防火墙、车辆导航、信息家电、机器人等。这里主要对操作系统在个人桌面、服务器、移动终端上的应用进行探讨。

（1）个人桌面的操作系统

在个人桌面操作系统领域，微软 Windows 占据绝对的统治地位。截至 2021 年 10 月，全球市场中 Windows 占比 75.18%，Mac OS 占比 15.89%，两者以 91.07% 的市场占有率几乎垄断整个桌面操作市场；在国内的桌面操作系统领域，91.88% 的市场份额由 Windows 和 Mac OS 占据，其中 Windows 占比 87.66%，Mac OS 排名第二，占比 7.09%。

个人桌面领域是 Linux 最薄弱的地方。传统 Linux 由于其与用户交互性不够友好、操作复杂，而且界面单调、应用软件较少，一直被 Windows 压制。近年来，随着 Ubuntu、Fedora 等优秀图形桌面的发展，以及各大硬件厂商的支持，其在个人电脑领域的市场占有率逐渐提高，在 2021 年 10 月的统计中，Linux 在全球桌面操作系统领域占比已达 2.15%。

（2）服务器操作系统

Linux 在服务器领域的应用是其非常重要的分支，因其稳定、高效、免费的特性广受欢迎，近年来 Linux 服务器发展迅猛，尤其在一些高端领域应用广泛。中国信通院《中国算力发展指数白皮书》指出，2021 年 Linux 在服务器市场占据主导地位，市场份额达 70%，其中主流的为 CentOS、Ubuntu。我国基于 Linux 开发的统信、麒麟操作系统正在快速起步阶段并逐步在电信、金融等行业有所应用。

Windows Server 内核稳定，并且具有优秀的向后兼容特征。由于它具有商业闭源的特点，在系统的统一性上，是相对松散的 Linux 无法比拟的。Windows Server 在服务器领域也占据一定的市场。2021 年 11 月，在全球服务器领域，Windows Server 占比约为 2.01%。

（3）移动操作系统

在移动操作系统领域，谷歌公司的 Android 和苹果公司的 iOS 占据主导地位。在全球智能手机操作系统领域，Android 占据大部分市场。截至 2021 年 10 月，Android 和 iOS 以 99.3% 的市场占比，几乎垄断了整个市场，其中 Android 以 71.09% 的占比引领整个市场，iOS 占比为 28.21%。国内智能手机系统市场情况类似，Android 的市场占有率达 80.36%，iOS 的市场占有率为 18.99%，占据第二位。在平板电脑市场，iOS 表现突出。国际市场中，iOS 以 55.03% 的占比排名第一，Android 以 44.88% 的占比紧随其后。而在国内市场，iOS 表现更为突出，达到 79.72% 的市场占比，Android 以 20.21% 的占比排名第二。

整体来看，国外几家商业巨头在全球市场和国内市场都占据绝对优势。随着我国自主研发能力的突破，以及鸿蒙、银河麒麟等操作系统的崛起，我国自主研发的操作系统也将抢占一席之地。

系统软件

系统软件是为其他应用软件服务的软件，与硬件有很强的交互性，能够对共享资源进行管理和调度，并且可以解决并发操作中存在的协调性问题。为了方便用户反复使用,外部接口往往复杂多样。除操作系统外，主要的系统软件有：语言处理程序（编译器、解释程序）、驱动程序、数据库管理系统、文件系统、网络连接等。下面将对驱动程序和数据库管理系统进行简要介绍。

1. 驱动程序

驱动程序在计算系统中占据非常重要的地位，是计算系统与硬件系统之间的桥梁，提供了硬件到操作系统进行访问的接口。操作系统安装完毕后，首要便是安装驱动程序来保证硬件正常工作。例如，用户想要播放音乐时需要设备已安装声卡驱动程序，驱动程序接收到系统指令后需将指令“翻译”成声卡设备能够理解和执行的电子信号，从而使声卡完成音乐的播放。在可视化窗口尚未出现时就有了驱动程序。早期的DOS 系统中最重要的是 DOS 和 BIOS 驱动，通过配置 congfig.sys 文件，将驱动程序加载到操作系统内核之中。但这种驱动安装的方式非常烦琐，后来程序员在应用程序中嵌套相关的驱动程序，使得应用程序的驱动安装更加便捷。在计算系统设计早期，CPU、内存、主板、显示器等设备就能直接被操作系统和 BIOS 支持，所以这些硬件不需要额外安装驱动程序就能工作，而显卡、声卡、网卡等需要配合驱动程序才能完成正常工作。

设备驱动程序通常会占到 70% 以上的操作系统内核源码，而且驱动程序的更新维护往往会牵涉超过 35% 的源码修改，因此保持设备驱动程序与操作系统内核不断变化的其余部分的一致性是操作系统内核开发的一项难题。

2. 数据库管理系统

20 世纪 60 年代，计算机广泛应用于数据管理，多用户、多应用数据共享需求强烈，能够统一管理和共享数据的专门软件系统——数据库管理系统（database management system，DBMS）应运而生。DBMS 管理的数据共享性高、冗余度低，与应用程序具备很好的独立性，同时保证数据的完整性、安全性。

1961 年出现的网状数据库管理系统集成数据存储（integrated data store，IDS），是世界上第一个 DBMS。此后层次型 DBMS 出现，最典型的是 IBM 公司开发的信息管理系统（information management system，IMS）。网状 DBMS 和层次型 DBMS 较好地解决了数据的共享问题，但是其数据模型难于理解而且灵活性差。20 世纪 70 年代初，IBM 工程师科德（Codd）发表了著名的论文《大型共享数据库的数据关系模型》（A Relational Model of Data for Large Shared Data Banks），开启了数据管理技术的新纪元——关系数据库时代，关系数据库管理系统（relational database management system，RDBMS）的设计理念由此诞生。结构化查询语言（structured query language，SQL）成为所有关系型数据库的标准语言。典型的 RDBMS 有：Oracle（甲骨文）、Sybase（Sybase）、DB2（IBM）、SQL Server（微软）、Informix（IBM）、MySQL（瑞典 MySQL AB）等。

随着信息技术和特定应用的发展，关系型数据库管理系统在数据表达方式上呈现不足，无法处理如 XML（extensible markup language，可扩展标记语言）数据、各类非结构化数据等，面向对象的数据库系统、面向多媒体数据进行管理的系统、XML 系统等数据库管理系统开始产生。未来，针对特定领域、特定应用的 DBMS 将持续发展。目前，关系型 DBMS 仍占据绝对的统治地位。

总体来说，老牌商业数据库厂商甲骨文、微软和 IBM 占据中国市场 60% 以上的份额。我国商业数据库发展迅速，但总体份额较少，仅占不到 10%。国内数据库内核核心开发人员不足，关键技术亟待突破。当前，国内厂商在该领域快速发展，2019 年，华为推出分布式数据库 GauSSDB，蚂蚁集团数据库平台 OceanBase 也在 GitHub 开源，赢得广泛关注。据高德纳咨询公司统计，2019 年腾讯云数据库增速达 123%，而同期甲骨文的增速只有 66%。

互联网时代信息数据持续爆炸式增长，大数据时代已经到来，数据库管理系统将发挥越来越重要的作用。未来，提高数据库管理系统的可靠性、安全性，设计更多元化的数据库管理系统满足不同的业务需要将是主要的发展方向。

数据中心

数字化时代下的数据已成为最重要的生产资料，充斥和影响着我们的生活，数据服务成为各行各业最为关注的热点。在未来，谁掌握了数据谁就掌握了主导权。只有对海量数据有效理解、运用，才能使之发挥最大的能量，这都离不开一个极为关键的计算设施——“数据中心”（date center，DC）。关于数据中心，维基百科给出的定义是：“一整套复杂的设施，它不仅仅包括计算机系统和其他与之配套的设备（例如通信和存储系统），还包含冗余的数据通信连接、环境控制设备、监控设备以及各种安全装置。”谷歌在其发布的《数据中心是一台计算机》（*The Datacenter as a Computer*）一书中，将数据中心解释为“多功能的建筑物，能容纳多个服务器以及通信设备”。谷立静等人将数据中心描述为：“一个聚集了大量服务器、存储设备、网络设备等 IT 设备的场所，是实现数据信息的集中处理、存储、传输、交换、管理等业务的服务平台。”

尽管社会各界对数据中心的定义不完全相同，但基本形成了一个统一认识：数据中心绝不仅仅是一些设备的集合，而应该是包含计算、存储、通信能力以及环境、安全等配套能力，可以通过内部的设备传递、处理、展示数据信息，最终服务于客户的数据服务系统。在如今这个“互联网 +”时代，数据中心起着“数据服务底座”的作用，支撑和引领各产业的发展，数据中心已经和网络通信、交通系统一样，成为现代社会基础设施的一部分。现阶段集约化规模化的算力主要包括基础算力、智能算力、超算算力三大类。

数据中心的发展

1. 数据中心的发展历程

数据中心的发展经历了不同的阶段。第一阶段的数据中心主要由电信企业提供，为通信设备、网络线路等基础电信资源组成的物理数据中心，服务于行业大客户、大型企业等。20 世纪 90 年代，服务器 / 客户端的服务模式伴随着互联网技术的出现开始普及，服务器开始被单独放置和专门维护，数据中心的功能与服务更加多元化。第二阶段，互联网数据中心（internet data center，IDC）迅速发展，互联网内容提供商（ICP）、各领域企业、媒体和网站都在使用 IDC 提供的大规模、高质量、安全可靠的专业化服务，IDC 成为企业 IT 基础设施的核心。第三阶段是云数据中心、智能计算中心、超级计算中心等新型数据中心发展阶段。

从数据中心的整体结构来看，数据中心主要包含了物理硬件、软件和服务。近几年数据中心投资规模不断扩大，投资的方向也从一开始以投资物理硬件设备为主，转向越来越多地对软件和服务进行投资。从物理层次上看，数据中心主要由 IT 设备（服务器、存储设备和网络设备）、配电系统和空调系统构成。

2. 数据中心的发展现状

当前正是数据中心行业在全球蓬勃发展的关键时期，各国都在加大对数据中心基础设施的布局建设。美国 2020 年 11 月发布《引领未来先进计算生态系统：战略计划》，提出要构建国家级算力体系的目标。为了推动数据中心的发展，我国已陆续出台了多项政策：

2020 年 4 月，国家发改委首次明确了“新基建”的相关范围，提出建设以数据中心、智能计算中心为代表的算力基础设施。这是“算力基础设施”这一概念首次在国家层面提出。

2020 年 5 月，第十三届全国人民代表大会第三次会议开幕，“新型基础设施建设”正式被写入 2020 年政府工作报告。

2020 年 12 月，国家发改委、中央网信办、工信部、国家能源局四部门向社会发布《关于加快构建全国一体化大数据中心协同创新体系的指导意见》，明确提出“布局大数据中心国家枢纽节点，形成全国算力枢纽体系”的具体要求。

2021 年 5 月，国家发改委、中央网信办、工信部、国家能源局四部门联合印发《全国一体化大数据中心协同创新体系算力枢纽实施方案》。

2021 年 7 月，工信部印发《新型数据中心发展三年行动计划（2021—

2023 年）》，明确提出“用 3 年时间，基本形成布局合理、技术先进、绿色低碳、算力规模与数字经济增长相适应的新型数据中心发展格局”的总体目标。

2021 年 8 月，工信部在关于政协十三届全国委员会第四次会议提案答复函中表示，目前，我国在用数据中心标准机架总规模超过 400 万架，总算力约为 90 EFLOPS。围绕国家重大区域发展战略，已逐步形成京津冀、长三角、粤港澳大湾区、成渝等核心区域协调发展，内蒙古、贵州、湖南等地协同补充的发展格局。我国数据中心算力规模已基本可满足各地区、各行业数据资源存储和算力需求，支撑我国经济社会数字化转型升级。

据 Synergy Research Group 的研究报告，截至 2019 年年底，全球大型数据中心已突破 500 个，而在数据中心国际市场中，美国以 40% 的份额位居第一，中国以 10% 的份额排名第二。世界银行数据显示，2018 年中等收入国家拥有安全的互联网服务器 925 个，全球平均为 6137 个，美国达 65786 个，而我国只有 447 个，可见我国在搭建数据平台方面还有很大的进步空间。“十三五”期间，我国算力规模整体保持高增长态势，数据中心机架数、通用服务器数量、AI 服务器数量、超级计算机数量均保持快速增长，单台算力设备的性能也在不断提升。2020 年我国算力规模为 135EFLOPS，占全球的 31%，增速高达 55%。

3. 数据中心的发展趋势

随着云计算、AI、5G、大数据、边缘计算等技术的发展，新兴业务层出不穷，这些都对数据中心的硬件、软件和服务提出了更高的要求，传统数据中心也在向新型数据中心演进。工信部在《新型数据中心发展三年行动计划（2021—2023 年）》的名词解释中将新型数据中心定义为：以支撑经济社会数字转型、智能升级、融合创新为导向，以 5G、工业互联网、云计算、人工智能等应用需求为牵引，汇聚多元数据资源、运用绿色低碳技术、具备安全可靠能力、提供高效算力服务、赋能千行百业应用，与网络、云计算融合发展的新型基础设施。可见，新型数据中心应满足高算力、高能效、高安全等要求。

新型数据中心包含云计算数据中心、边缘数据中心、绿色数据中心、智能计算中心、超级计算中心等。在云计算席卷全球的今天，传统的数据中心在加速向云数据中心转变，云数据中心已成为算力资源的主流供应者；随着边缘计算的发展，部署在网络边缘、更靠近用户侧的边缘数据中心开始发展；在数据中心能力日益增强、规模越来越庞大的同时，能耗问题也日益严重，只有降低能耗才能使数据中心良性、科学、可持续发展，"绿色数据中心"也成为数据中心发展的重要方向；智能计算中心和超级计算中心是新型数据中心的重要模式，这一点将在本书后续章节重点探讨。

在业务需求不断升级、科学技术不断进步以及政府部门的大力扶持下，数据中心的发展已迎来前所未有的大好时代，数据中心将会成为与人力资源、自然资源一样重要的战略资源。数据中心能力将成为推动社会数字化发展进一步向前，推动社会产业变革，乃至重构全球竞争格局的关键力量。

基础数据中心——基础算力，数据服务底座

基础算力主要指基于 CPU 的服务器所提供的计算能力，基础数据中心以 CPU 芯片服务器为主，提供混合精度的基础通用算力。当前的基础数据中心以传统 IDC 数据中心和云数据中心为主，并向新型数据中心如边缘数据中心扩展。

服务器仍为基础数据中心的主要构成。根据 IDC 的数据，2020 年，我国服务器出货量约为 350 万台，市场规模达 216.49 亿美元，浪潮、华为、新华三、戴尔和联想作为国产服务器的代表稳居国内服务器市场份额前五，占据我国 74% 的市场份额。以英特尔和 AMD 为主要厂商的 X86 架构在 CPU 服务器芯片市场占据绝对优势，占比超过 96% 的市场份额。我国的飞腾、海光、华为鲲鹏等芯片性能已能达到行业中高端水平，并将持续发力。操作系统方面，Linux 在服务器市场占据主导地位，市场份额达 70%。我国基于 Linux 开发的统信、麒麟操作系统，已逐步在电信、金融、医疗等行业有所应用。

2020 年，我国基础算力在疫情防控中发挥了重要作用，有效支撑了相关的数字平台、算法、应用的使用，其中的"通信行程卡"截至 2021

年 8 月累计服务超 120 亿次，成为各地疫情防控不可缺少的手段。近 5 年，我国基础算力市场快速增长，已从 2015 年的 23 EFLOPS 增长到 2020 年的 77 EFLOPS。而 2020 年全球的基础算力规模为 313 EFLOPS，美国以 43% 的市场份额占据绝对优势，中国以 26% 的份额紧随其后，排名全球第二。赛迪研究院预测，到 2025 年，我国基础算力规模将超过 300 EFLOPS。IDC 发布的《中国公有云服务市场（2020 年第四季度）跟踪》报告显示，2020 年第四季度中国 IaaS（infrastructure as a service，基础设施即服务）市场规模为 34.9 亿美元，阿里云占据市场份额第一的位置，华为与腾讯并列第二，中国电信和亚马逊云服务（AWS）紧随其后。

目前我国的总体算力供需格局失衡。根据科智咨询的统计数据，我国 31 个省（区、市）有各类数据中心部署，主要集中在北京、上海、广州和深圳等一线城市及周边，截至 2020 年底，北京及周边、上海及周边、广州和深圳及周边 IDC 资源占比分别为 23.3%、16.4%、13.7%，而中西部分布较少，占比不足三成。然而东部地区算力应用需求大，算力资源使用异常紧张，西部地区算力资源相对宽裕。通过“东数西算”工程构建布局合理的算力数据中心，是未来我国数据中心发展的重要方向。另外，数据中心的业务与数据必然会持续膨胀，如何使用新技术节能减排，建立绿色数据中心，也成了未来数据中心的重要研究课题。伴随着智能手机、智能汽车等端级算力的不断增强，对边缘侧算力的需求也会越来越大，云边等多级数据中心协同融合也是未来的发展趋势。

随着 AI、物联网等技术的发展，整体算力需求结构也在发生变革。基础算力比重在不断降低，已由 2016 年的 95% 下降到 2020 年的 57%，预计未来会持续降低，而智能算力与超算算力比重将会不断攀升。

智能计算中心——人工智能时代的算力基石

智能算力主要是基于 GPU、FPGA、ASIC 或其他加速器支撑的高并行、高密集计算能力的异构算力，目前用于深度学习的半精度浮点数（16 位）计算是智能计算的主流。工信部在《新型数据中心发展三年行动计划（2021—2023 年）》的名词解释中，将智能计算中心定义为基于 GPU、

FPGA 等芯片构建智能计算服务器集群，提供智能算力的基础设施，主要应用于多模态数据挖掘、智能化业务高性能计算、海量数据分布式存储调度、人工智能模型开发、模型训练和推理服务等场景。

随着人工智能技术的不断发展，AI 领域如人脸识别、机器翻译等加速渗透到我们的日常生活，助力工业视觉、智慧医疗、AI 抗疫等应用，国民经济正加速向数字化和智能化转型。根据 OpenAI 的统计数据，2012—2018 年，人工智能对算力的需求已增长 30 万倍。然而，人工智能进行模型训练、海量数据处理等所需大规模算力已逐渐超过多数企业的能力范围，因此与人们日益增长的应用需求构成了较大矛盾。目前，“暴力计算”仍是人工智能解决一些应用问题最有效的手段。未来，统一建设高性能、大规模的智能计算中心，并面向公众以服务形式提供算力，将成为解决该问题的重要途径。

2020 年的统计显示，我国人工智能服务器中的绝大部分芯片市场份额由英伟达的 GPU 占据。与此同时，国内也涌现了一些优秀的 GPU 自研企业，如天数智芯、摩尔线程、沐曦等。天数智芯 2021 年发布的 7nm 制程芯片 BI 能够提供 147 TFLOPS 的半精度浮点计算，有望为高清视频处理等领域提供高性能服务。此外，ASIC、FPGA 等芯片也被逐渐投入市场，以满足各种差异化的 AI 应用需求。2021 年 7 月，燧原科技推出的 ASIC 芯片“云燧 T20”可提供 160 TFLOPS 的单精度算力。

据 IDC 统计，我国 2019 年 AI 服务器出货量同比增长 46.7%，IDC 与浪潮联合发布的《2020—2021 中国人工智能计算力发展评估报告》指出，2020 年我国人工智能服务器占全球服务器市场的 16% 左右，占全球人工智能服务器市场的 1/3。整体来看，我国的智能算力比重近年在不断提升，已由 2016 年的 3% 提高到 2020 年的 41%，预计到 2023 年占比将达到 70%。根据赛迪研究院的预测，到 2025 年，我国 AI 算力总量将达到 1800 EFLOPS。就全球市场来看，2020 年全球的智能算力规模约为 107 EFLOPS，而我国的智能算力规模达到 56 EFLOPS，全球占比 52%，处于绝对领先地位。

目前国内外都在加紧对智能计算中心的规划布局。2020 年 4 月，国家发改委首次将智能计算中心纳入算力基础设施范畴，并提出在全国布局10个左右的区域级数据中心集群和智能计算中心。2019年起，深圳、珠海横琴等地开始布局人工智能计算中心。截至目前，我国已建成人工智能计算中心5个，分别位于深圳（1000 PFLOPS）、珠海（1.15 EFLOPS）、武汉（100 PFLOPS）、南京（800 PFLOPS）和西安（300 PFLOPS）。在建和计划建设的有6个，分布在上海、成都、大连、许昌和沈阳等地，由华为、寒武纪、浪潮、腾讯等牵头企业联合政府合作实施。智能计算中心所产生的大规模生产算力将为智慧医疗、智慧城市、智慧交通等领域落地提供算法、算力和数据服务，有望成为支撑和引领数字经济、智慧社会发展的关键新型基础设施之一。

超级计算中心——当代科技的“最强大脑”

超算算力主要指由超级计算机等计算集群所提供的高性能计算能力。超级计算中心是指包含多个超级计算机设备，具有超级数据存储、处理能力，能够提供超级计算服务的综合产业化基地。芯片方面，超算芯片以高主频CPU为主，可达到双精度性能优化，处理80位到120位高精度的计算，同时兼顾低精度计算。

超级计算机具备极大的数据存储能力和超级快的数据处理速度，可进行一些普通计算机无法完成的工作。在应用科学领域，可模拟海洋气候、大气变化，预测海啸、地震以及预报天气；在生产领域，可进行地下采煤、石油勘探等数据处理；在生物信息学领域，可使用超级计算机进行人类基因组测序；在医学制药领域，可通过模拟试验将新药的研发周期大大缩短。

目前中国的超算水平在全球处于领先地位，在计算性能方面和规模方面都占据绝对优势。2020年全球的超算算力规模约为9 EFLOPS，而我国的智能算力规模达到2 EFLOPS，在超算规模与性能上紧随美国、日本的步伐。在2021年的世界超级计算机500强排名中，我国自主研制的“神威·太湖之光”以125435.9 TFLOPS峰值性能排名世界第四，我国的超算数量以近40%的占比排名第一。我国超算制造商的市场份额在世界上遥遥领先，联想、浪潮、曙光成为超算市场的主要制造商，累计份额达 56%。

当前，我国在高性能超级计算机系统核心软硬件方面努力实现自主研发。主要 E 级超算系统神威、天河和曙光，分别由江南计算技术研究所、国防科技大学和中科曙光主导研制。神威选用国产申威众核处理器，天河集成飞腾 ARM1 架构 FT-2000 和 128 核 DSP 芯片，曙光采用海光 X86 处理器和自研 DCU 加速器的异构架构。操作系统方面，大多数超级计算机基于 Linux 系统研制和开发。

近些年，世界各国纷纷进行超算中心布局。2019 年，日本投入 1300 亿日元打造新一代超级计算机；2020 年 9 月，欧盟宣布将投资 80 亿欧元，以支持超算和量子计算机的研制。国内超算中心发展形势一片向好，早在 2009 年 5 月，我国科技部就批准成立国家超级计算天津中心，随后又批准成立了深圳、济南、长沙、广州、无锡国家级超算中心，国家超级计算郑州中心和昆山中心近两年也获得批复。截至 2020 年，我国拥有国家级超级计算中心共 8 所。随着“天河一号”“神威蓝光”“曙光星云”“天河二号”“神威·太湖之光”等一批超级计算机在这些国家级超算中心完成部署和应用，中国的超级计算技术也开创了产业化跨越式发展新历程。此外，各科研单位、各企业等也在为建设高水平超算中心贡献力量，目前超算中心已支持了国家众多项目研究。

除此之外，超级计算机的应用发展水平也象征着各个国家高性能计算的软实力。近年来，我国除了寻求在硬件设施上打破欧美的垄断局面，也在不断加强对高性能计算应用的重视，“造好机器的同时也要用好机器”已不再是一句简单的口号。2016 年，中国科学院软件研究所研究员杨超等人基于“神威·太湖之光”进行“千万核可扩展全球大气动力学全隐式模拟”，一举获得国际高性能计算应用领域最高奖戈登贝尔奖（ACM Gordon Bell Prize），实现了中国在高性能计算应用此奖项上零的突破。2021 年 11 月 4 日，我国在天河新一代超级计算机上完成的“基于自由能微扰 - 绝对结合自由能方法的大规模新冠药物虚拟筛选”工作成功入围 2021 年度的戈登贝尔新冠特别奖。

超算算力已成为新一代信息技术的超级核心生产力，是衡量国家科技水平的重要标志，以及综合支撑国家安全、科技、经济发展的重要信息手段，如学科应用领域科学研究成果的取得与高性能计算的联系已经越来越紧密。另外，超级计算也将持续支撑现代社会生活的各项应用，促进人们的日常生活向更高效、更便捷的方向发展。未来，超算将迈入 E 级计算时代并向 10E 级进军，随着云计算技术的持续突破，云超算将成为超算的重要研究方向。

云计算

互联网时代，对海量数据进行存储和处理需要强大的算力支撑，云计算已成为一种被普遍认可的计算方式与算力服务。云计算面向不同服务提供不同的算力模型，用户可以像使用水、电一样，通过网络使用云计算资源并按需付费。

云计算的来源与定义

最初的计算模式为单机模式，处理能力与处理效率低下，不能满足越来越庞大的数据处理需求，云计算由此产生。云计算的思想可以追溯到 20 世纪 60 年代，美国科学家约翰·麦卡锡（John McCarthy）提出“计算机迟早有一天会变成一种公用基础设施”。2006 年，谷歌在搜索引擎会议上首次提出云计算（cloud computing）的概念。2007 年，IBM 和谷歌在云计算领域宣布合作，云计算迅速成为学术界、工业产业界的关注热点。此后十余年，云计算领域在技术演进、商业模式等方面快速发展，至今热度不减。

业界对于云计算的定义有很多，高德纳将其定义为：一种计算方式，能通过网络技术将可扩展的和弹性的 IT 能力作为服务交付给外部用户。维基百科的定义是：云计算是通过网络提供动态的、易扩展的、虚拟化的计算资源的一种计算方式，用户不需要了解“云”中基础设施的细节，不必具有相应的专业知识，也无须进行直接控制。虽然众说纷纭，但是一个比较统一的认识是，云计算以虚拟化、通信网络、分布式计算等技术为基础，以按需分配、资源共享、灵活调整、网络接入为主要特点，能够提供资源、平台、软件等服务。

云计算通常有以下特点：

第一，资源池化。使用虚拟化技术，将底层计算、存储、网络等硬件资源虚拟化，满足资源可池化、可共享，为用户按需分配，提高资源利用率。

第二，灵活部署、可扩展。资源动态"伸缩"，用户可根据业务需求的变化灵活获取相应的资源与服务，而且随着用户规模的增长，云计算架构能够快速扩展服务。

第三，高可靠性。引入数据冗余、多副本容错、计算节点备份等机制，单点硬件故障、单点数据丢失等情况不会影响上层应用，保证服务的高可靠性。

第四，高性价比。用户无须负担云资源软硬件（如设备、数据中心等）建设、运维管理成本，而且云资源可像水、电一样为用户按需服务，按使用多少来计费。

第五，运维简化。云计算运维的地域属性、设备属性弱化，运维正向集中化、集约化及自动化闭环方向发展。

云计算关键技术

虚拟化技术

虚拟化技术是云计算中最关键、最核心的技术。虚拟化技术是一种资源管理和优化技术，将计算系统内各种实体资源如 CPU、内存、网络、存储等进行抽象，消除原本物理资源壁垒，通过软件的方法重新划分 IT 资源，实现资源使用者对资源的共享、灵活调度。虚拟化技术可以实现用户对资源的集中管理，方便运维，节约硬件成本与电力等能源消耗，同时提高资源利用率。按应用领域来分，虚拟化技术大体可分为计算虚拟化、存储虚拟化、网络虚拟化、桌面虚拟化、应用虚拟化等。

计算虚拟化是虚拟化技术的主流方向，指对服务器、个人计算机主机等计算设备进行虚拟化，以服务器虚拟化为主，通常包含三方面的内容：CPU 虚拟化、内存虚拟化和 I/O 虚拟化。

计算虚拟化的核心是大名鼎鼎的 hypervisor，这是一种运行在底层物理服务器与虚拟机操作系统之间的中间软件层，可允许多个操作系统和应用程序共享硬件，也叫作虚拟机监视器（virtual machine monitor，VMM）。如将一台物理机进行虚拟化，原物理机操作系统为 host OS，虚拟化出的虚拟机操作系统为 guest OS。

1. 按架构分类

计算虚拟化技术有三种典型实现架构：裸金属型架构、宿主型 / 托管型 / 主机型架构和操作系统 / 容器型架构。（如图 4-4 所示）

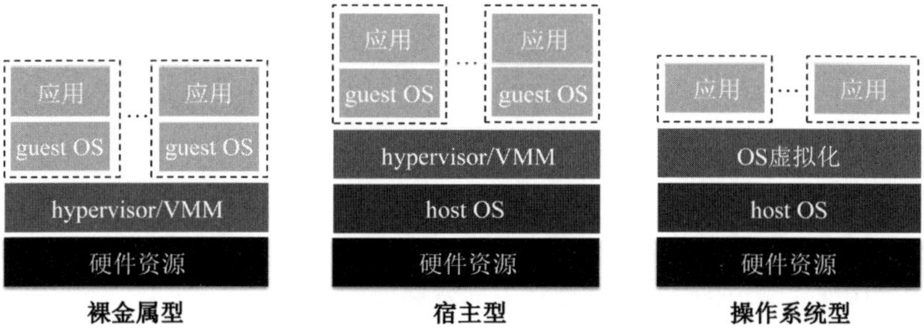

图 4-4　计算虚拟化三种典型的实现架构

裸金属型架构中，虚拟化层和虚拟机直接安装和运行在硬件设备上，创建硬件全仿真实例。虚拟机管理和调用底层硬件资源不需要经过操作系统，也可以将 hypervisor 看成一个很薄的轻量级操作系统。此架构中 VMM 向下对 CPU、内存等硬件资源进行管理，向上提供虚拟机操作系统。VMM 不需要通过操作系统就可以对硬件直接访问，因此效率很高，可以支持多种操作系统和多种应用共享硬件资源。其缺点是虚拟层内核的开发难度较大，尤其是设备驱动的开发较为繁重。裸金属型虚拟化产品有 KVM、Xen、VMware ESX Server、Hyper-V 等。裸金属型架构是当前主流的虚拟化架构。

裸金属产品 KVM，指的是基于内核的虚拟机，它是 Linux 的开源内核模块。通过使用虚拟化技术，该内核模块使Linux变成了一个hypervisor。KVM最初由Quramnet开发，2008年该公司被Red Hat收购。KVM已成为业界的主流VMM之一，在电信场景中主要使用KVM。

宿主型架构中，VMM和虚拟机运行在宿主操作系统host OS之上，由host OS统一管理硬件资源，创建的是硬件全仿真实例。虚拟机安装和运行应用程序依赖host OS的支持，host OS通过进程管理虚拟机，并为VMM提供调用硬件资源的服务。宿主型虚拟化的优点是实现简单，无须单独开发驱动程序，而且可靠性高，进程崩溃不会影响系统内核。但VMM对硬件进行访问需经过host OS的处理和限制，运行开销和性能损耗较大，系统效率低。宿主型虚拟化产品有VMware Workstation、Windows Virtual PC 2004等。

操作系统/容器型架构是一种较轻量级的虚拟化技术，将host OS内核虚拟化。虚拟机运行于host OS之上，创建独立的虚拟化实例，向底层托管操作系统。此架构没有单独的hypervisor层，host OS负责创建和模拟应用程序的虚拟化实例（容器），为之分配单独的硬件资源。操作系统虚拟化层可增加容器引擎（如Docker），上层应用无须与guest OS绑定。操作系统型架构的优点是易于实现，而且虚拟机共享内核，管理开销非常低，资源占用少，性能最好。缺点是资源隔离性较差，并且所有的虚拟机需要运行在与host OS相同的操作系统下，系统灵活性不足。采用此种架构的有Xen、SUN Logical Domain等。

2. 按实现方式分类

计算虚拟化技术一般分为两类：全虚拟化和半（类）虚拟化。全虚拟化指的是对物理资源的完整模拟，无须修改guest OS就能够实现，适用于大多数系统。VMM将CPU、内存等物理资源抽象成虚拟资源，交由guest OS使用，guest OS“认为”自己就是host OS。VMM在guest OS和硬件之间协调，当guest OS触发特权操作时，VMM捕获这种操作并进行处理，调用硬件资源。全虚拟化方式实现较简单，可以支持不同的操作系统，部署灵活，兼容性好。但是CPU需要在内核态和用户态之间不断切换，而且hypervisor工作负荷大，增加了整体性能开销。全虚拟化方式的知名产品有 KVM、VMware ESXi、VMware Workstation 等。

半虚拟化只模仿了部分底层硬件，修改 guest OS 内核，替换不能虚拟化的指令。guest OS 集成了虚拟化能力，在 VMM 管理下直接访问硬件资源。虚拟机通过某种方式（如超级调用）与 hypervisor 进行通信协作。这种方式降低了 VMM 引入引起的性能缺失，无须重新编译或者捕获特权指令，系统性能非常高，几乎接近物理服务器。这种方式的缺点是 guest OS 需要事先修改，部署的便利性与灵活性不够，可移植性差。半虚拟化最经典的产品是 Xen、微软的 Hyper-V。

为了增加虚拟化的性能，硬件辅助虚拟化技术发展起来，主要通过在物理硬件如 CPU、内存等之中增加虚拟化功能来实现。硬件辅助虚拟化，既解决了全虚拟化中的性能开销大的问题，又避免了半虚拟化中修改 guest OS 内核带来的复杂性与兼容性差的问题。现在市面上的全虚拟化和半虚拟化产品基本都支持硬件辅助虚拟化。

虚拟化技术可以提升资源利用率，降低能源投入，方便对资源统一运维与管理，提升计算系统的可靠性。在云计算技术的加持下，虚拟化技术正在发挥越来越显著的作用，在医疗、教育、政府、企业等各行各业都有广泛应用。未来，如何进一步提升虚拟化技术的性能，同时提升虚拟化平台的安全性，将是虚拟化技术研究的主要关注点。

云原生技术

云原生技术是云计算未来的重要发展方向，主要基于容器、微服务、DevOps 三大技术实现。云原生应用程序设计之初，就考虑到构建并部署应用于云环境，因此会充分利用云平台的弹性和分布式等优势。2018 年，云原生计算基金会（CNCF）对于云原生的定义为：云原生技术有利于各组织在私有云、公有云和混合云等新型动态环境中，构建和运行可弹性扩展的应用，代表技术包括容器、微服务、服务网格、不可变基础设施和声明式 API。

DevOps 将开发和运维整合，以使构建、测试、发布软件变得更快捷、频繁和可靠。DevOps 可以在软件编码、集成、测试、发布、部署和运维的全生命周期中实现自动化，缩短软件开发周期，提高迭代效率，同时利用云平台设施实现弹性伸缩、动态调度、优化资源利用率。目前，常用的 DevOps 工具有 Terraform、Ansible、Packer、Docker 和 Kubernetes 等。

微服务是一种软件架构风格，专注于单一责任与功能的小型功能区块，利用模块化的方式组合出复杂的大型应用程序，各功能区块使用与语言无关的 API（application programming interface，应用程序接口）集相互通信。微服务为云原生提供松耦合的应用开发框架，使应用具有独立的迭代和部署能力。

容器化是微服务的最佳载体。容器为应用程序提供了隔离的运行空间，每个容器都包含一个独享的完整用户环境空间，一个容器内的变动不会影响其他容器的运行环境。容器可以为云原生提供一致性的应用环境，目前常用的工具有 Docker、Kubernetes 等。

云原生技术有利于各组织在公有云、私有云和混合云等新型动态环境中构建和运行可弹性扩展的应用。容器、微服务、DevOps 等技术使得云原生能够构建容错性好、易于管理和便于观察的松耦合系统。结合可靠的自动化手段，云原生技术可以实现系统频繁且可预测的重大变更。

其他典型云计算技术

1. 分布式存储技术

海量数据存储能力是云计算的重要特征之一，分布式存储保证了云计算服务的高可靠性、高可用性和高经济性。分布式文件系统是分布式存储最主要的实现机制，用户可将数据存储在多个远程服务器上，并且通过容错机制、冗余机制等保证数据的可靠性。用户可以像访问本地文件系统一样访问远程服务器上的文件系统。典型的分布式存储系统有谷歌公司设计的可伸缩的 Google File System（GFS）和 Hadoop 团队开发的开源分布式文件系统 HDFS。数据量的急剧增长对分布式存储提出了更多需求，如高吞吐、高速传输、高容量、高分布式、高可靠性。

2. 数据管理技术

云计算服务不仅要保证数据的高效访问和存储，还需要能够对数据进行高效处理、分析，从海量数据中检索出特定有用的数据以供用户使用，这就需要高效的数据处理技术。谷歌开发的分布式系统 Big Table 和 Hadoop 团队开发的 HBase 数据管理模块是较为典型的数据管理技术。

3. 并行编程技术

云计算使用并行编程技术对大规模数据集并发运算和并行多任务进行调度处理，满足资源、服务的高效使用。在并行编程模式中，复杂的多任务处理和资源管理调度对用户来说是透明的，大大提升了用户体验。谷歌开发的 MapReduce 是当前主流的并行编程技术之一，它将一个任务分成多个子任务运行，通过映射（map）和归约（reduce）两步实现数据集并行处理。

云计算服务

云计算按照服务划分，普遍认可的分类为 IaaS、PaaS 和 SaaS 三层，如图 4-5 所示。

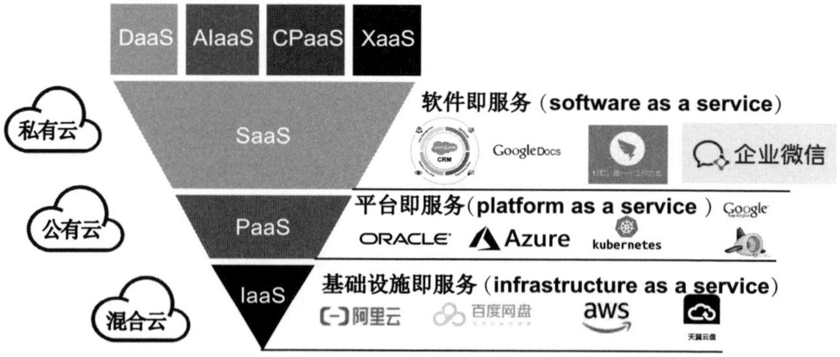

图 4-5　云计算服务模式

IaaS 即基础设施即服务，在云计算服务层次上位于最底层，为用户提供计算资源（CPU、内存等）、存储资源、网络资源等硬件设施服务，以及通过虚拟化技术将硬件资源聚合成的虚拟资源池的计算、存储等资源服务。OpenStack 是最常见的云基础资源管理平台。典型的 IaaS 服务有阿里云、百度云盘、天翼云、亚马逊弹性计算云 EC2 和简单存储服务 S3。

PaaS 即平台即服务，位于 IaaS 的上层。用户可根据平台提供的开发语言、库、IT 组件（如 SDK、操作系统和 API）、服务、其他工具等，构建所需的配置、应用环境和应用平台。用户使用平台层的运行和开发环境，无须关心底层设施（服务器、网络、存储、操作系统等），从而高效快速、低成本开发所需业务应用。具有代表性的 PaaS 有 Kubernetes、Microsoft Azure 和 Google App Engine。

SaaS 即软件即服务，位于 PaaS 的上层，通过互联网为用户提供软件应用服务。云服务商将 SaaS 软件部署在服务器上，用户无须参与软件的安装、维护、更新等，只需按实际需求和实际使用情况付费。SaaS 为使用者降低了购买、维护基础设施、开发平台及应用的成本。典型的 SaaS 有客户关系管理软件（Salesforce CRM）、Google Docs、钉钉、企业微信、企业 ERP 等。

随着应用需求的日益增多，以及云计算、AI、大数据等技术的发展，DaaS（data as a service）、AIaaS（AI as a service）、CPaaS（computing power as a service）等 XaaS 新型服务不断涌现。DaaS 是由数据沉淀、抽象、聚合而形成的新的服务形式，将海量分散数据转化为有价值的信息数据，为不同用户按需提供公共信息数据服务。AIaaS 旨在为用户提供成本更低廉的基于 AI 技术的解决方案服务。CPaaS 是算力即服务的新型服务模式，通过网络将多方算力资源高效连接、灵活调度，像电力一样将算力为用户按需供给，让用户随用随取。

云计算服务按部署来分，可分为私有云、公有云和混合云。公有云成本低廉、容量大、易扩展，成为普通个人用户的首选，但公有云的安全性、性能提供等方面是其发展的主要制约因素。对数据安全性要求高的大型企业往往倾向于选择私有云方案。兼顾私有云安全性高和公有云成本低廉等优势的混合云近年来发展迅速。

云计算的发展现状与趋势

云计算的发展现状

世界主要国家已经意识到云计算对于经济发展的重要作用，纷纷加大了对云计算产业的发展力度。美国早在2011年就颁布了《联邦政府云战略》，提出力争到2020年云计算占比达30%。德国“云计算行动计划”指出，力争到2021年云计算大幅推动经济增长。日本、德国等国家也在抓紧云计算产业布局。在国内，早在2015年，国务院就在印发的《关于促进云计算创新发展培育信息产业新业态的意见》中明确指出，云计算是当今科研领域的重点研发内容。随着政府、企事业等单位数字化、智能化转型的演进，上云趋势将加速发展，预计到2023年，中国政府和大型企业上云率将超过60%。

云计算市场已成为全球经济发展的重要支撑，近几年一直保持稳定增长，我国的云计算市场更是飞速增长。根据高德纳的数据统计，2020年全球云计算市场规模（以IaaS、PaaS和SaaS为代表）达2083亿美元。其中，中国云计算整体市场规模为2091亿元，较2019年增长56.6%，其中公有云市场规模为1277亿元，私有云市场规模为814亿元。公有云市场中，IaaS、PaaS迎来突破式增长，IaaS市场规模为895亿元，较2019年增长97.8%，随着企业基础设施的加大投入，预计市场需求依然旺盛；PaaS市场规模突破100亿元，增速为145.3%，随着中间件、数据库等服务的成熟，PaaS市场预计仍会保持高速增长；公有云SaaS市场规模达到278亿元，增速为43.1%，疫情期间人们对线上业务的需求增加将会持续刺激SaaS市场的突破。国内厂商份额方面，中国信息通信研究院调查显示，在2020年公有云IaaS市场中，阿里云、天翼云、腾讯云、华为云、移动云占据前五名；公有云PaaS方面，阿里云、腾讯云、百度云、华为云位于市场前列。

云计算的发展趋势

从产业链分，云计算可分为上游核心硬件（CPU、闪存、内存等）、中游IT基础设备（服务器、存储设备、网络设备等）以及下游云生态

（基础平台、云原生应用等）。

上游核心硬件方面，芯片是重中之重，国内企业在计算、存储芯片等领域正持续进行自主研发，但在自主研发能力上与发达国家比差距明显。我国服务器芯片基于 X86、ARM、MIPS 等架构，涌现出兆芯（X86）、天津飞腾（ARM）、华为鲲鹏（ARM）、成都申威（Alpha）等芯片，RISC-V 也是国内很多公司的关注点。中游 IT 基础设备方面，全球基于 X86 架构芯片的服务器占大部分市场，而我国应用较多的有使用华为鲲鹏（ARM）芯片的泰山服务器、使用天津飞腾（ARM）芯片的服务器、使用成都申威（Alpha）芯片的服务器等。我国在服务器和存储设备等领域正加大自主研发力度，除核心芯片外，其他服务器零部件国产化率已经超过 60%。下游云生态方面，国内服务商在自主研发方面不断努力，云基础平台有华为鲲鹏云服务、阿里飞天平台等；在数据库领域，Oracle 增速迅猛，国内企业也在高速发展，典型的有腾讯云数据库、华为数据库 GaussDB。

未来云计算产业在应用、架构、技术等方面将发生变革。应用方面，我国互联网和信息服务业云原生应用占比有所下降，而金融、政务、电信等垂直行业应用加速发展。架构方面，随着企业上云的发展，云网融合需求增强，2020 年超过半数的企业希望本地数据中心与云资源池进行互联。随着边缘侧业务场景的丰富，边缘计算市场发展迅速，同时，云计算、边缘计算与网络之间实现融合，提供更优化的算力服务也成为一个重要的发展方向。技术方面，云计算安全能力亟待提升。企业上云不断增多，安全需求不断提高，而当前云安全形势依然严峻，传统的安全架构无法满足需求。改造或者升级现有的安全架构迫在眉睫，以信任机制为突破的安全体系开始在国内外兴起。另外，云原生技术在提升资源利用率、交付效率、简化运维方面表现突出，云原生技术进一步发展，云原生架构规模化显著提升。

云计算技术已经融入并影响我们的日常工作和生活，在远程医疗、互联网银行和电子商务等领域中发挥了重要作用，现在已经涌现出各种云服务如存储云、教育云、医疗云、金融云等。在新冠肺炎疫情期间，云计算为全球经济、供应链以及远程工作的员工提供了支持。显然，云计算技术已成为数字经济的重要赋能技术。同时，云计算作为数字经济时代的基础设施被赋予更多的使命，深度融合的新型信息技术正在为云计算市场注入新活力，以云计算为核心，融合 AI、大数据、5G 等技术，将成为推动我国数字经济创新发展的重要引擎。

边缘计算

边缘计算的来源与定义

在万物互联的背景下，传统云计算集中式处理模型展现出诸多不足。第一，实时性不足：云计算模型下，用户应用数据需要上传到云中心进行处理，再将处理结果返回给应用，这种数据处理方式增加了系统延迟。随着数据量的增加，网络传输负载将进一步加剧，从而影响数据处理速度，对于时延敏感性业务非常不利。第二，带宽不足：物理网边缘设备的广泛接入，使得边缘侧数据量持续增长，所有数据实时上传至云计算中心将给网络带宽造成极大压力。第三，能耗开销大：2016 年，我国数据中心消耗的电量超过 1200 亿千瓦时，超过了同年三峡大坝全年的总发电量，近年耗电量持续增加。随着用户应用数据的增加，能耗问题将持续突出，限制云计算的发展。第四，难以保证用户数据安全：用户各种数据，包含隐私数据，都会通过应用上传至云端进行保存、处理，为用户带来隐私泄露的风险。边缘计算的出现，较好地解决了云计算的以上不足。数据在靠近用户侧的边缘设备进行处理，增强了系统响应能力，有效保障时延敏感性业务的处理。同时数据无须上传至云端处理，降低了网络带宽的压力，减少了云计算中心的能耗。同时，用户数据在边缘侧存储与处理，极大降低了用户隐私数据泄露的风险。

边缘计算的由来最早可追溯至 1998 年阿卡迈（Akamai）公司提出的内容分发网络（content delivery network，CDN）。在 2013 年，美国太平洋西北国家实验室的瑞安·拉莫思（Ryan Lamothe）在其内部报告中首次提出“edge computing”（边缘计算）这一名词。整体来说，边缘计算的发展可分为三个阶段：2015年以前，技术储备期；2015—2017年，快速增长期；2018年以后，稳健发展期。尤其是近几年，边缘计算发展迅速，2020年高德纳将其评为2020年十大战略技术趋势之一。

由于边缘计算仍处于发展阶段，业界对其的定义有很多种。

2014年9月，欧洲电信标准化协会（ETSI）发布的《移动边缘计算介绍性技术白皮书》（Mobile Edge Computing-Introductory Technical White Paper）中对边缘计算的介绍为：移动边缘计算（MEC）希望将计算能力从移动网络的网络数据中心一直移动到无线接入网络（radio wireless network，RAN）边缘。

2015年9月，ETSI发布的《移动边缘计算：一项通向5G的关键技术》（Mobile Edge Computing：A Key Technology Towards 5G）中指出：移动边缘计算在距离用户移动终端最近的无线接入网内提供信息技术服务环境以及云计算能力，旨在进一步减少延迟/时延，提高网络运营效率，提高业务分发/传送能力，优化/改善终端用户体验。

2016年3月，ETSI发布了MEC框架，如图4-6所示。

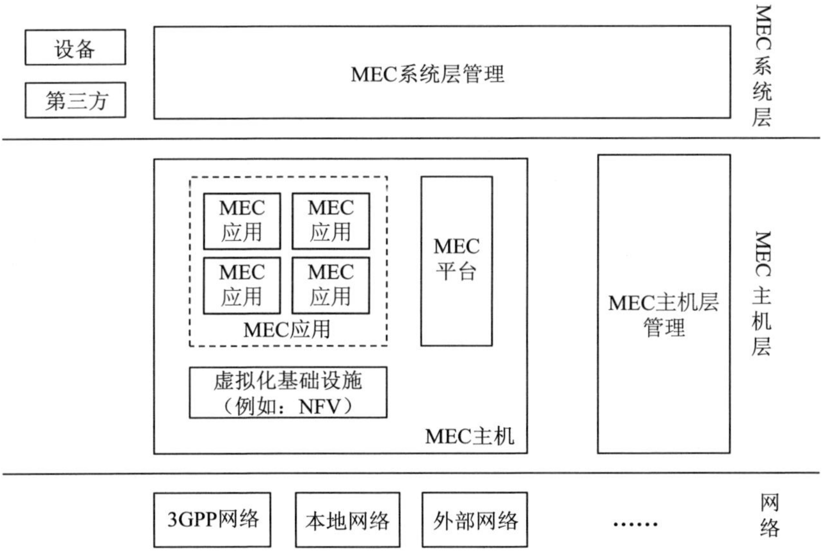

图4-6　ETSI MEC框架

2016 年 11 月，边缘计算产业联盟（Edge Computing Consortium，ECC）发布了《边缘计算产业联盟白皮书》，将边缘计算定义为：边缘计算是在靠近物或数据源头的网络边缘侧，融合网络、计算、存储、应用核心能力的分布式开放平台，就近提供边缘智能服务，满足行业数字化在敏捷连接、实时业务、数据优化、应用智能、安全与隐私保护等方面的关键需求。

2017 年 3 月，ETSI 将移动边缘计算行业规范工作组正式更名为多接入边缘计算 MEC，将边缘计算从电信蜂窝网络进一步延伸至其他无线接入网络（如 Wi-Fi）。

2020 年 2 月，国际标准化组织（ISO）和国际电工委员会（IEC）发布的技术报告（ISO/IEC TR 23188：2020）中提到：边缘计算是一种将主要处理和数据存储放在网络的边缘节点的分布式计算形式。

由此可见，虽然各方对于边缘计算的定义不完全一致，但都认可边缘计算是在更靠近用户终端的网络边缘进行的服务与技术。

边缘计算的技术现状

2020 年 12 月，边缘计算产业联盟联合产业组织、生态伙伴共同发布了《边缘计算与云计算协同白皮书 2.0》，认为边缘计算主要有三种落地形态：云边缘、边缘云和边缘网关。这三种形态的划分获得业界广泛认可。

云边缘是云计算服务在边缘侧的延伸，从逻辑上看，仍然属于云计算服务的一部分。云边缘形态的业务能力主要依靠云计算中心的数据处理、服务提供能力，或者说与云计算中心的能力紧密相关。典型的云边缘方案有：阿里云 Link Edge、华为云智能边缘平台 IEF、亚马逊云服务的边缘计算平台 Greengrass。

边缘云是在网络边缘侧构造的，可以理解为在边缘侧云上进行的计算能力。与云边缘不同，边缘云形态下的数据处理、服务提供等业务能力主要依靠边缘云，而云计算中心更多提供对边缘云的管理控制和调度。CDN、华为云智能边缘云 IEC、多接入边缘计算 MEC 等都属于边缘云的解决方案。

边缘网关形态的边缘计算，是以云化能力重构传统嵌入式网关系统。这种方案一般在云侧部署控制器，来进行边缘节点的业务编排、资源调度等工作，在边缘节点侧进行边缘计算，由边缘侧提供接口和协议转换、通信连接等能力。边缘网关形态的解决方案有 SD-WAN、新一代家庭网关和新一代工业网关等。

从整体架构来分，本书将边缘计算大体分为三层：基础设施层、平台层和应用层，其主要参与者有网络运营商、云服务提供商和应用提供商，如图 4-7 所示。

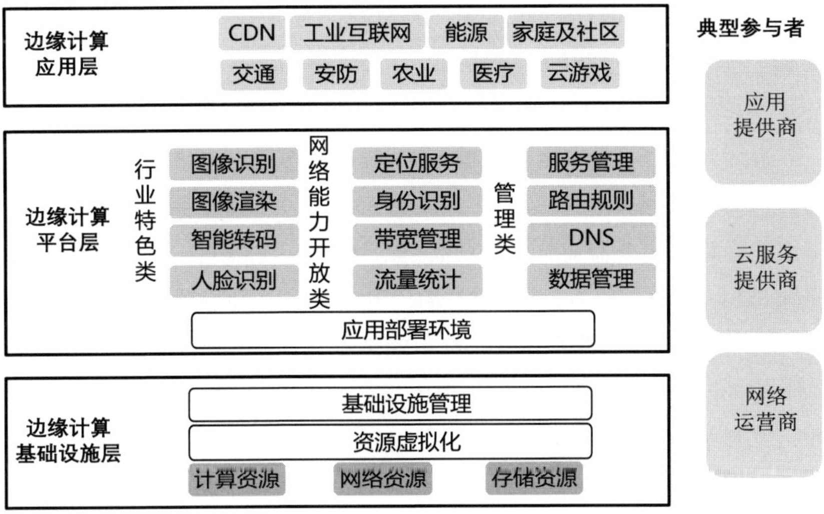

图 4-7 边缘计算的架构体系

基础设施层主要包含边缘计算体系所需的物理资源和虚拟资源，主要有计算资源（服务器等）、存储资源和网络资源，并具有本地的资源管理能力，如设备管理、网络连接等。主要参与者有云服务提供商和网络运营商。云服务商依托大量集中服务器资源和数据中心设施，提供 IaaS 服务。网络运营商依托广泛的网络资源，提供各类网络连接服务，包括有线网络、无线网络等。基础设施层为平台层提供底层基础设施资源。

平台层位于基础设施层之上，抽象化底层资源并为上层应用提供部署所需的软硬件环境。平台层可以提供的服务有：行业特色类服务，如人脸识别、图像渲染等；网络能力开放类服务，如定位服务、身份识别等；管理类服务，如路由规则、数据管理、DNS 等。平台层的典型参与者为云服务提供商，提供 PaaS 服务供用户使用。

应用层位于平台层之上，为用户提供边缘应用服务，涉及的行业种类多样，主要有：分发网络、能源、农业、医疗、交通、云游戏等。应用层的参与者有各行各业的应用提供商及云服务提供商，关注高度可用、低成本、便捷地为用户提供 SaaS 服务。

边缘计算的发展现状与趋势

边缘计算产业发展迅速，潜力巨大。IDC 发布的《中国半年度边缘计算服务器市场（2020 年上半年）跟踪报告》显示，2020 年上半年，中国边缘计算服务器的整体市场规模已达 11.13 亿美元；美国通信产业研究机构（CIR）预测，到 2025 年，边缘计算基础设施领域收入将达 179 亿美元。目前各生态伙伴都在积极推进边缘计算产业发展。2020 年 8 月，中国信息通信研究院联合中国移动、中国联通、华为、腾讯等企业，发布了业界首个边缘计算平台 EdgeGallery；2020 年 10 月，腾讯首个 5G 边缘计算中心对外开放。同时，与边缘计算相关的标准化工作正在全球积极开展。2014 年 12 月，ETSI 成立 MEC 行业规范工作组，首先开始了边缘计算标准化工作的研究；2016 年 4 月，3GPP（第三代合作伙伴计划）将 MEC 列为 5G 架构关键技术之一；中国通信标准化协会也为边缘计算标准化工作设立了相关项目。

国家政策也对边缘计算产业给予了有力的支持。2017 年 6 月，工信部发布《工业和信息化部办公厅关于全面推进移动物联网（NB-IoT）建设发展的通知》，加速推进建设低功耗、宽领域的物联网基础设施；2020 年，物联网、5G 等新型基础设施建设被纳入政府工作报告。物联网等技术与相关设施的发展，为边缘计算的发展提供了有效支撑与驱动力。

目前来看，边缘计算的发展趋势有如下几方面内容：

第一，边缘计算的未来发展离不开云与边缘算力资源的协同发展。因为传统云计算与边缘计算并不是相互对立的，边缘计算无法完全替代云计算，两者更多属于互补关系，在完成不同应用场景或者应用场景的不同任务方面各有侧重，云边协同将发挥各自优势，最大化应用价值，同时构造更广泛的算力设施。

第二，边缘计算的安全性问题值得关注。如何增加边缘计算分布式架构的安全性，提升边缘计算节点间、边缘与云之间、边缘与终端间的数据传输安全，以及如何有效地进行敏感信息隐私保护都是重要的探讨方向。

第三，网络与云边端多级算力深度融合也是未来的一大发展趋势。因为边缘计算离不开网络的支撑来满足其低时延特性。

第四，满足数字化业务智能需求的边缘智能服务也是一个重点研究方向。

边缘计算的概念被正式提出虽然只有短短几年，但在技术、行业生态、标准化等各方面均已取得飞速进展。如今，边缘计算在智能交通、智能家居、AR/VR 等方面都有了广泛研究及初步应用。未来，随着应用需求的增长，以及人工智能、物联网、5G 的发展，边缘计算必将迎来更为广阔的发展空间。

端计算

端指的是靠近用户的一端或者用户终端，端算力泛指各种用户终端设备所携带的计算能力。随着数字化技术的发展及网络通信功能的日益强大，终端设备在我们的日常生活中越来越常见。典型的端计算设备如图 4-8 所示，从最常用的个人电脑、智能手机，到智能家居、智能可穿戴设备以及各种物联网终端设备，终端设备的身影随处可见。未来 10 年，物联网连接设备的数量预计将增长 3 倍，从 2019 年的约 110 亿台增长到 2030 年的约 300 亿台，端算力规模将极大增加。

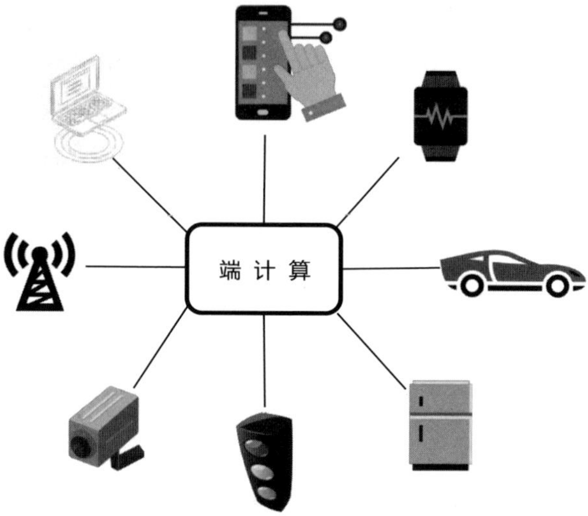

图 4-8　典型的端计算设备示例

端计算的来源

传统的云计算使用的是端侧采集数据、云端处理消费，再反馈给端侧的模式。而伴随着数字化转型浪潮、万物互联时代的到来，5G、大数据、人工智能等信息技术快速发展，云计算已经无法满足特定场景对低延迟的高要求。而且，云计算服务严重依赖网络质量，在网络出现故障、用网高峰期、网络拥塞及带宽紧张等情况下，云计算的质量和效率都会受到影响。另外，云计算不仅需要承载大规模数据处理，还要存放过多额外数据，这使得云计算服务器负荷加重，不符合多级算力的理念。另一方面，出于用户安全考虑，将用户的敏感数据放入云计算服务器中处理并不绝对可靠。随后，基于路由器、交换机、基站等计算节点的边缘计算应运而生，具备了低延时、低成本、数据安全、数据丰富等特点。但是，随着数据密集型应用的不断增加、用户终端执行计算能力越来越强，端计算也有了处理数据的能力和必要性。云计算和用户终端对于海量数据的管理同样值得关注。

端计算就是为了解决云计算和边缘计算无法满足特定场景下的低延

时要求和隐私安全要求等不足而发展起来的，将部分计算从云端移到设备端，从而减少云端计算负载和网络传输负载。随着互联网和移动互联网的快速发展，端计算已渗透各个领域，如电视、空调、照明灯等智能家居设备，电子商务的处理流程也都依赖端计算，物联网的迅猛发展也得益于端计算与传感器的结合。

端计算的技术现状

云计算中的终端设备通常只参与数据的输入与输出，导致一些计算能力较强的终端设备算力资源和能力并没有得到充分利用，在一定程度上造成了终端算力资源的浪费。终端设备能够对采集到的数据进行实时处理、本地优化控制、故障自动处理、负荷识别和建模等操作，在和网络进行连接后，可以把加工汇集后的高价值数据与云端进行交互，云端进行全网的安全和风险分析，以及进行大数据和人工智能的模式识别、节能和策略改进等操作。同时，遇到网络覆盖不到的情况，可以先在边缘侧、端侧进行数据处理，在有网络时再将数据上传到云端，云端进行数据存储和分析。随着端计算体系的成熟以及基础设施的完善，端计算的技术不断发展，端计算的计算能力也逐步提高。

2018 年，阿里云推出了移动设备第一代端计算工程系统 DAI，基于 TensorFlow 模型推理能力，将计算、决策前置到移动终端，获取原始数据，实时在端侧进行数据分析与决策。端到端响应耗时为百毫秒级别。同时它将过滤后的数据传输上云，与云端形成协同效应，减少服务端的带宽、运算成本。

由于终端设备具有多样性，主要体现在硬件平台、操作系统、通信协议和应用场景方面，设计可以支持多种终端智能应用统一的体系结构十分具有挑战性。对此中国科学院的研究人员提出了基于现代 Web 系统的体系结构解决终端设备多样性的方案，使数据生产端到处理端之间的所有设备的计算能力能够得到充分利用。在边缘计算的基础上进行相关概念延展和聚焦，出现了以物端设备为主的分布式计算系统和物理环境，称为“物端计算系统”。

目前，端计算存在的主要技术问题是资源受限，这是物端设备的一个显著特征。由于每个设备的功能较为单一，而且大量部署在各种复杂环境中又要求其具有很低的功耗水平，限制了终端设备的计算、存储和通信能力。终端计算系统虽然市场规模巨大，但是仍未形成高效的、统一的体系结构来支撑人工智能应用的大量部署，高能效 Web、终端智能和终端调试技术等需要进一步完善，以支持端计算的应用。

端计算的发展现状与趋势

端计算的发展现状

经调研，目前存在两种类型的端计算架构：一是以浏览器为核心的弱端或瘦端计算；二是“云－端计算”或胖端计算。谷歌提出的瘦端计算表示，最理想的端计算设备是一个纯粹的浏览器瘦客户机，甚至可以“更瘦”。终端只具备最基础的硬件设施和轻量级的操作系统，其余功能都必须通过云端实现，终端本身通常只具备基础的显示或者初级的计算存储功能。当计算机的计算能力不受本地硬件的限制时，移动终端可以拥有更小尺寸、更轻量的机身。与谷歌试图将所有计算和应用搬到“云”里不同，微软提出“云－端计算”的平衡理念:“云”和终端都将承担一部分计算和应用，因此也称为“胖端计算”。微软提出“云－端计算”的基础是，“云计算”时代由摩尔定律及 WINTEL 架构所决定的平衡正在被打破，一个由硬件、带宽、内容构成的新平衡正在形成：终端性能、带宽的发展永远也赶不上内容的增长速度，三者总是维持一个动态的最佳平衡。

无论是瘦端还是胖端，无论是 PC 还是智能手机等设备，它们的形式应该由应用来决定。由于互联网化带来的计算革命，PC 的功能和定义将发生很大改变，PC 将走向 PC+，个人计算能力也将被运用到手机、电视、汽车、传感器等领域。计算的架构将从过去集中于 PC 或服务器的某一“端”走向“云＋端”，即 Cloud+Client（“C+C”）。端计算可以减缓云计算在网络延时、数据丰富、隐私安全和算力成本等方面的不足。整体来看，云计算与端计算协同互补的胖端计算发展趋势越来越明显。

端计算的发展趋势

随着5G、物联网、AI技术的发展，一方面，VR/AR、云游戏等新型业务不断涌现，信息数据爆炸式增长，对算力提出巨大需求。另一方面，新型业务往往要求数据处理更靠近用户侧和端侧，以实现更好的用户体验。在传统的云–端计算模式下，数据在终端形成并积累，被传送到云端进行数据处理，再返回终端指导业务。这一系列动作将对网络带宽产生超高压力，不仅存在延迟，还需要面临弱网卡顿、连接成功率低等诸多问题，无法保障用户体验。同时，这种模式对回传网络、业务中心造成巨大传输压力，也会让企业面临巨额的带宽成本。这意味着传统集中式的数据存储、处理模式将面临难解的瓶颈和压力。

在新型数字化应用场景中，云–边–端多级算力协同融合的架构将会发挥重要的作用，如图4–9所示。云–边–端融合架构可根据业务的特点和需求，使用云端强大的算力和以海量存储为支持，同时可将部分时延敏感型业务部署到边缘侧或终端。例如，工业智能机器人需要对机械臂远程实施精准控制，因此可将时延敏感型业务如机械臂操作部署在边缘或者端计算节点，时延不敏感业务，如大数据分析处理、方案验证等由云端资源池完成，云边端算力协同完成任务。

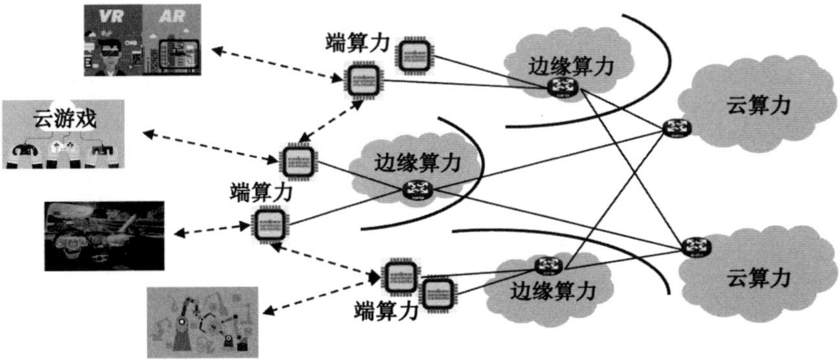

图4–9　云–边–端算力融合场景

总体来看，云－边－端融合有四方面的好处：

第一，缓解由于数据量暴涨给传输和云端处理带来的压力，满足应用对端侧快响应、低时延的要求。

第二，边、端设备能够在本地收集和处理部分数据，而不再将数据传输到云端处理，敏感信息不需要经由网络传输，数据安全得到保障。

第三，将云、边、端侧算力结合，为数字化应用场景提供更广泛的算力基础设施。

第四，云、边、端多级分布式算力依靠通信网络无缝协同，为应用提供更便捷的算力调度方式，算力网络化成为必然。算力网络化将改变算力供需结构，提高算力利用率，满足多级算力协同调度需求，为用户按需匹配所需算力资源。

量子计算

“量子力学之父”马克斯·普朗克（Max Planck）提出了能量子的概念，量子物理世界的序幕就此展开。而同在20世纪，电子计算机的诞生对世界同样产生了巨大影响。两个学科的交叉结合诞生了一个新学科——量子计算。量子计算是一种遵循量子力学规律，通过调控量子信息单元进行计算的新型计算模式。

经典计算面临“瓶颈”

传统上，计算机算力的增加依靠计算机芯片集成度的提高，即通过减小晶体管的尺寸，使相同面积的晶圆上能够堆叠更多的晶体管，以此增加逻辑门的密度和数量，进而提升算力。然而，随着互联网时代的到来，以及人工智能、大数据技术的发展，经典计算机的计算能力越来越无法满足海量的数据处理需求。目前，制约经典计算机发展的原因主要有两个：能耗问题和芯片高集成化的极限。

1. 能耗问题

IBM的罗尔夫·兰道尔（Rolf-Landauer）于1961年提出的信息和能

量方案指出，每删除 1 比特信息就需要消耗一定的能量，这就是著名的兰道尔原理。由于消耗的能量会转化为热量，因此散热就成为制约芯片集成化程度的一个重要问题。在计算过程中避免信息擦除，采用可逆计算，是解决热量耗散问题的主要方案。

2. 芯片高集成化极限

目前微处理芯片的密度日趋极限化，晶体管密度越来越大、体积越来越小，甚至已经接近物理所允许的极限。而当晶体管只由少数原子组成时，经典物理学规律不再适用，摩尔定律失效，量子效应将导致晶体管无法工作。

因此，量子计算机的概念由此产生。量子计算机最早是在 1981 年由诺贝尔物理学奖得主理查德·费曼（Richard Feynman，1918—1988）提出的。量子计算机的计算过程是可逆的，计算的中间过程几乎没有耗散，只在计算的最后进行测量，能量的耗散形式不同于经典计算。并且，量子计算需要操作的步骤和需要的资源都比经典计算少，因此热耗散比经典计算小很多。

目前，量子计算被认为可能是下一代信息革命的关键技术，可通过特定算法产生超越传统计算机的算力，解决重大经济社会问题。因此，研制量子计算机成为世界科技前沿的重大挑战。

量子计算突破传统极限

经典计算使用经典比特，即二进制的 0 和 1 作为存储和运算的基本单元，每个计算单元（比特）总是处于 0 或 1 的确定状态。而量子计算的计算单元称为量子比特，它不仅有两个完全正交的状态 0 和 1，还有 0 和 1 同时存在的叠加状态，这是因为量子体系的状态有叠加特性，能够实现计算基矢状态的叠加。

由于量子的叠加特性，量子比特可同时存在两种能态，使得量子计算机的存储量相比电子计算机大大增加。同时由于量子计算能够进行并行计算，量子体系所能同时表示的状态数量随着量子比特数的增加而指数级增长。量子计算机的“超并行”运算方式和超强运算能力，在处理具有多解集的非线性问题方面具有传统计算所无法比拟的优势。

量子计算机作为量子计算最直接的应用，它的核心任务是量子比特的规模化相干操作。量子计算机是直接以量子态进行信息处理的新型计算机，量子态具有叠加性，量子计算机具有并行性，对一个由 n 个量子比特组成的量子计算机的一次操作就是对其所包括的所有 2^n 个量子态的操作，由此可以完成经典计算机无法完成的任务。目前量子计算机在大数分解和无序数据库搜索问题上已经显示出超越经典计算机的能力。

量子计算机的技术路线与进展

从 2016 年开始，以 IBM 为代表的大型跨国公司进入量子计算机领域，此后，量子计算机的研发进入快速发展的新阶段。当前，超导量子计算体系发展迅速，已经达到百量子比特的规模，率先实现超越经典计算的量子霸权。此外，超导量子、离子阱量子体系、光量子计算体系、半导体量子点量子计算体系、冷原子等也具有发展潜力。

超导量子基于超导量子电路，利用超导约瑟夫森结的量子特性，具有非常高的可扩展能力和设计加工自由度，同时操控也非常方便。超导量子的比特调控速度可以在相干时间内实现几千个单比特门。超导量子计算机方案是目前国际上进展最快的方案，现有实现包括谷歌的 Sycamore（悬铃木）、IBM 的具有 127 个量子比特的“鹰”（计划 2 年后推出超过 1000 个量子比特的计算机）、中国科学技术大学的“祖冲之”号等原型机，该技术路线在未来较易实现规模化。

离子阱量子比特基于离子（带电的原子）实现，通过在超高真空环境中使用电磁场将离子囚禁在阱里而形成量子比特。离子阱技术路线的优势在于相干性好，在所有量子计算候选系统中，其相干时间几乎最长，最高可达 10 分钟。此外，它还有可纠缠量子比特数目多、逻辑门保真度高等优点。

光量子是除超导量子和离子阱外研究进展较快的技术路线。我国的光量子计算研究处于国际领先水平，中国科学技术大学分别于 2020 年和 2021 年成功研制出“九章”及“九章 2.0”。

半导体量子点计算机结合了当前的半导体工业技术，由于半导体量子比特体积较小，与超导技术和光量子技术等相比，更容易实现芯片化，因此在未来可以快速实现产业化。但是，当前半导体量子比特的数量较少，且相干性较弱，制约了该技术的进一步发展。

冷原子技术路线在进行量子模拟方面具有明显优势。法国 PASQA 研究团队于 2011 年开始了由中性原子阵列制成的可编程量子模拟器的建造。

除上述五种量子计算系统，还有一些其他系统，如基于金刚石氮空位的 NV 色心、液体核磁共振系统以及拓扑量子计算等，目前各系统的区别在于相对权衡了不同的方面，绝对优劣并不明显。

2019 年 9 月 15 日，新兴量子技术国际会议上形成了《量子信息和量子技术白皮书》（合肥宣言），国际专家在宣言中对量子计算的三个发展阶段达成了共识。

2010—2020 年：研制量子计算原型机实现量子计算的优越性，如 2020 年我国研制出“九章”量子计算原型机。

2020—2030 年：研制 NISQ（嘈杂中型量子）专用量子计算机以解决特定的计算困难问题。

2030—2050 年：研制通用量子计算机以面向广泛的商业化应用场景。

量子计算的展望

目前的量子计算机只是实现了“量子优越性”，距离实现通用的量子计算机还有很长的距离。虽然短期内无法实现，专用的小型量子模拟器却是现阶段可以实现的。理论研究证明，针对一些任务，量子计算能比经典算法更快速、更有效地完成任务。目前物理学界普遍的共识是，量子计算机不可能完全取代经典计算机，但在某些有特定难度的问题上将会取代经典计算机。

量子计算机的操作系统已经初步建立，进入发展阶段。量子应用算法开始进入快速和大规模研发阶段。世界各国均把量子计算机的研发作为国家战略，量子计算机的研发将会大大加速。国内外各大研究机构和大型公司，都投入了大量资源到量子计算机的基础研究中。

美国很早就重点关注了量子信息领域，在 2021 年 3 月底发布的基础设施计划中，将 1800 亿美元的研发费用投入人工智能、量子计算等新兴领域。麻省理工学院、耶鲁大学、谷歌、IBM、微软等院校和企业也开始了量子计算机的研究。量子学的发源地欧洲近年也在量子计算领域大力投入研发资源。我国“十四五”规划明确提出，聚焦量子信息等领域组建国家研发实验室，研制量子计算原型机与量子模拟机。当前国家级量子实验室也已启动建设，承担实施“科技创新 2030——量子通信与量子计算机重大项目”。近年来，中国在量子计算领域不断探索，如中国科学技术大学、浙江大学、阿里巴巴等的科研机构也开始投入量子计算领域。

显然，量子计算最近取得了快速的发展，在特定领域将超过传统算力，成为算力设施的未来发展方向之一。量子计算已经成为全球新一轮科技竞争和产业发展变革的前沿阵地。发展量子计算及量子计算机，对于国家科技发展、社会经济发展以及国家安全规划都具有非常深远的战略意义。

云网

第五章
算力网络化

融合

2021 年 5 月，国家发展改革委、中央网信办、工业和信息化部、国家能源局联合印发了《全国一体化大数据中心协同创新体系算力枢纽实施方案》，提出布局全国算力网络国家枢纽节点，启动实施“东数西算”工程，构建国家算力网络体系。

构建算力网络体系，需要泛在的计算和网络基础设施、坚实的网络技术、全局的资源视图、可信的算力交易、灵活的编排调度。前面的章节已经论述了算力如何推动社会发展并为未来的生活带来怎样的改变，同时详细介绍了基础算力资源的组成部分，本章将会介绍算力网络体系架构，特别是支持算力网络化的网络技术、控制层技术与编排技术。

算力网络体系架构

算力网络化需求

由于算力资源节点的多样性（集中的大型云计算节点、分散的边缘计算节点，以及无处不在的端计算节点等）、资源归属的多样性（云服务商的资源池、电信运营商的资源池、区域性供应商的资源池、行业用户自身的资源池等），以及业务需求的多样性（成本优先、时延优先、安全优先等），算力网络化面临一系列的挑战。

算力空闲与算力短缺并存

总体来说，算力与业务的发展均呈现正向增长，彼此呼应、欣欣向荣。然而在实际应用中也存在算力资源浪费与算力资源短缺并存的现象，根据 IDC 的一项统计，各类算力资源，包括数据中心、物理服务器、个人电脑以及消费终端的利用率普遍低于 15%，造成这种现象的一部分原因在于算力资源与算力业务的分布不均，如“东数西算”表明，超大型数据中心多位于贵州、内蒙古、甘肃、宁夏等算力需求较低的西部地区，而在“北上广”等新兴业务迅速发展的东部城市，由于其高昂的土地价格，算力增速渐渐落后于算力需求的增长。

资源的分布不均衡以及供需关系的不对等，导致了宝贵的算力资源被浪费，造成市面上算力价格高昂、高质量算力紧张等现状。因此，我们亟待寻找新的解决方案和技术体系来实现算力资源共享，同时，打通算力资源之间、算力资源与算力需求者之间的通道成为算力时代发展的新诉求。

日益增长的算力需求，需要多级算力协同

以云、边、端为主的泛在多样化算力载体的单点计算性能日趋强大，但其孤岛的形态决定了它功能单一、位置固定、计算能力有限，无法满足业务多样化的需求，限制新兴产业的发展，因此需要通过多级资源节点协同来满足业务多样性需求。以人工智能产业为例，AI 算法在各个行业的大规模应用需要大量的算力资源。在云计算时代，倾向于建立一个集中的算力资源池来解决这个问题。但是在一些新兴场景中，集中式的方案并不能满足要求，而是需要根据业务特点、价格、网络情况选择合适的算力节点，甚至需要多节点的协同。

如图 5-1 所示，一个基于人脸识别的门禁系统解释了为什么多级节点之间需要进行协同。在这种情况下，人工智能训练部分需要部署在集中的算力资源中，例如云计算中心，离线进行算法训练等复杂的计算过程。而在推理阶段，例如识别人脸开门时，对时延有一定要求，此时如果图像或视频信息仍然发送到云计算中心进行处理，等待时间过长，会降低用户的使用感受。因此完全中心化的算力资源池，不能满足所有需

求，需要综合使用多级算力资源，比如将图像训练的能力部署在云端，而人脸识别能力部署在边缘端，即将终端采集的图像实时传送到云计算中心进行模型训练，将更新后的模型推送给边缘端进行人脸识别，从而在保证识别准确度的同时保证用户体验。

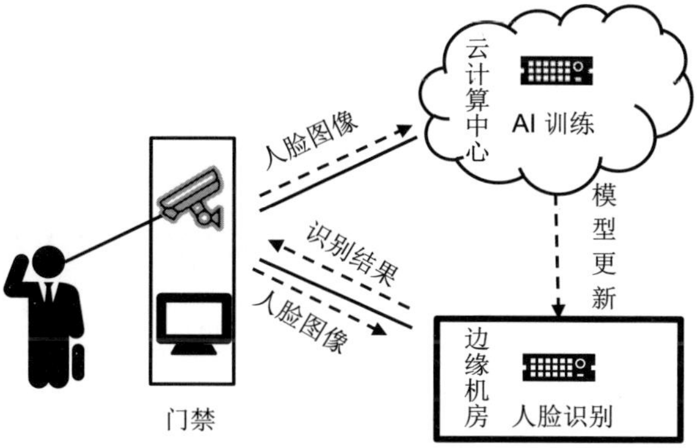

图 5-1　基于人脸识别的门禁系统

因此，获取全网算力资源的信息以及屏蔽异构算力资源的差异化，让用户从全局视角了解整网资源，减轻用户使用算力资源的难度，提供统一的算力服务，即算力网络化，成为未来发展的趋势。

算力网络化目标

由于算力资源分布在网络的各个位置上，且归属于不同运营方，将算力资源信息与网络资源信息有机结合起来，将算力连接成网状化的供给模式，成为算力网络化的方向。

因此以 ITU-T Y.2501 为代表，业界提出了算力网络的理念，即通过网络分发算力节点的计算、存储、算法等资源信息，并结合网络信息和用户需求，提供最佳的计算、存储、网络等资源的分发、关联、交易与调配，从而实现各类资源最优化配置使用的新型网络技术。

算力网络所需要达成的目标可以用一个数学模型来描述。

第一步，网络控制层（集中或分布）通过相关协议获得资源信息，其模型为 $\Phi=\{C,\ T,\ X,\ Я\}$，其中：计算能力为 C，包括计算资源类型、现有资源数量；存储能力为 T，包括存储资源类型、资源数量；算法能力为 X，包括算法种类、算法复杂度；路由为 $Я$。

第二步，网络控制层获得用户信息，包括用户位置信息 Γ 和用户资源需求信息，其中用户资源需求信息包括性能指标和能力需求。

性能指标为 $P_i=\{\gamma_i,\ \zeta_i,\ \eta_i,\ \alpha_i\cdots\}$，其中：$\gamma_i$ 为计算性能指标，具体包括核数、主频等；ζ_i 为存储性能指标，具体包括内存容量、外存容量等；η_i 为网络性能指标，具体包括时延、带宽、抖动、误码率等各项指标；α_i 为算法性能指标，如时间复杂度、空间复杂度等。

能力需求为 $F_i=\{f_i^{\gamma},\ f_i^{\zeta},\ f_i^{\eta},\ f_i^{\alpha}\cdots\}$，其中：$f_i^{\gamma}$ 表示计算能力，如 CPU 能力、GPU 能力；f_i^{ζ} 表示存储能力，如块存储、对象存储；f_i^{η} 表示网络能力；f_i^{α} 表示算法能力，如图形算法、语音算法。

综上，用户信息模型表示为：

$$S_i=\left\{\Gamma,\ \begin{Bmatrix}P_i\\F_i\end{Bmatrix}\right\}=\left\{\Gamma,\ \begin{Bmatrix}\gamma_i & \zeta_i & \eta_i & \alpha_i & \cdots\\ f_i^{\gamma} & f_i^{\zeta} & f_i^{\eta} & f_i^{\alpha} & \cdots\\ \vdots & \vdots & \vdots & \vdots & \ddots\end{Bmatrix}\right\}$$

第三步，通过对资源信息以及用户信息的计算，算力网络能够找到满足用户需求的资源池，并生成资源池列表 L。

资源列表中每一资源项 l_i 的参数包括计算能力 C_i、存储能力 T_i、算法能力 X_i、用户到资源池时延 $Đ_i$，以及资源报价 $\ddot{E}_i$。

而计算查找函数可以通过函数 $Þ$ 实现：

$$L=\begin{Bmatrix}\vdots\\ l_i\\ \vdots\end{Bmatrix}=\begin{Bmatrix} & & \vdots & & \\ \{C_i, & T_i, & X_i, & Đ_i, & \ddot{E}_i\}\\ & & \vdots & & \end{Bmatrix}\triangleq Þ\left(\Phi,\ S_i\right)$$

$$=Þ\left(\{C,\ T,\ X,\ Я\},\ \left\{\Gamma,\ \begin{Bmatrix}\gamma_i & \zeta_i & \eta_i & \alpha_i & \cdots\\ f_i^{\gamma} & f_i^{\zeta} & f_i^{\eta} & f_i^{\alpha} & \cdots\\ \vdots & \vdots & \vdots & \vdots & \ddots\end{Bmatrix}\right\}\right)$$

最后，用户将得到一个视图（也可以是一个可路由的表项），在这个视图中，用户将清晰地获得以网络空间距离为标识的各类算力资源信息，如图 5–2 所示。基于此视图，用户可以自主或者以智能的方式选择最佳的资源节点。

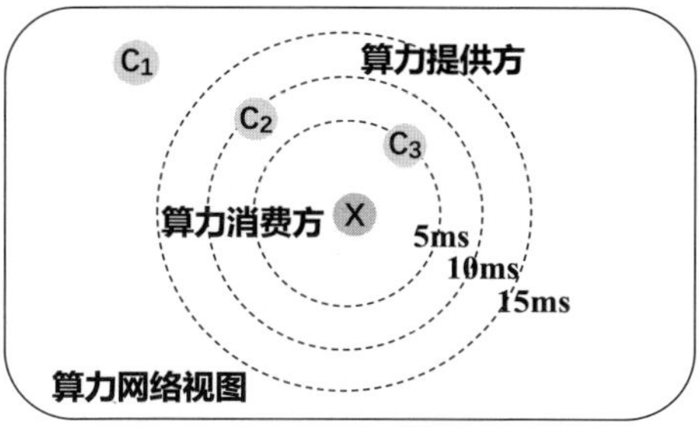

图 5–2　算力网络视图

算力网络体系

2021 年 9 月，ITU 发布由中国电信牵头的国际标准 Y.2501，即算力网络框架与架构标准（Computing Power Network-Framework and Architecture），这是首个算力网络国际标准。同时，由于算力网络标准工作的积极开展，ITU 建议开启 Y.2500 系列编号，以 Y.2501 算力网络框架与架构为首个标准，形成算力网络系列标准，与中国通信标准化协会算力网络系列标准相呼应。

ITU–T Y.2501 定义了算力网络功能架构，将算力网络架构分为四个层次，分别是算力网络资源层、算力网络控制层、算力网络服务层以及算力网络编排管理层。（如图 5–3 所示）

算力网络资源层是算力资源所在的位置。这包括在资源节点（云计算节点，边缘计算节点，各类具有计算能力的通信、感知终端和各类分布式计算终端等）中使用的资源，例如计算资源（服务器等）、网络资源（交换机、路由器等）、存储资源（存储设备）以及在服务器上运行的已部署服务资源。在算力网络资源层中，多维资源的感知可以依靠资源主动上报或者网络侧主动探测的方式实现，未来资源的感知还可以依靠通感网络实现；而针对异构的算力资源，还应在算力网络资源层实现算力的统一度量；对于不同位置的算力资源，需要通过网络建立可靠有效的连接，使算力成网，从而为上层服务提供基础，并且算力到算力、算力到业务之间的连接需要有确定性的保障。

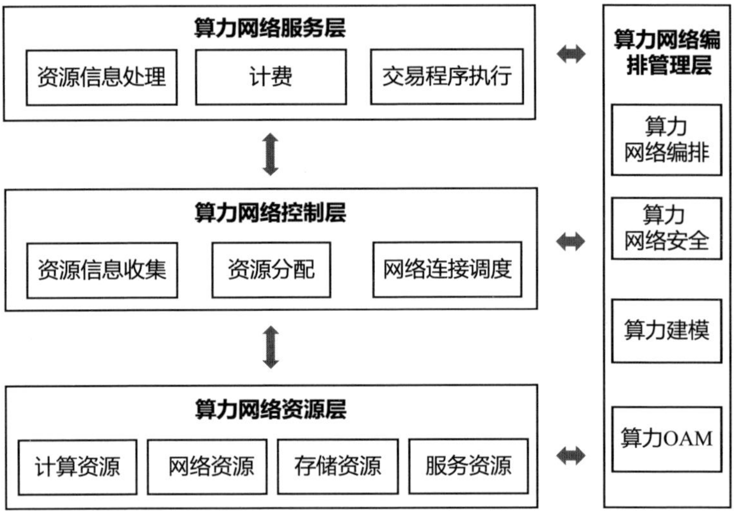

图 5-3　ITU-T Y.2501 定义的算力网络功能架构

算力网络控制层是算力网络体系架构的关键，它将算力网络资源层信息通过算力路由的方式进行收集，并将其发送到算力网络服务层以进行进一步处理。算力路由则分为集中式的方案和分布式的方案，集中式的方案利用软件定义网络（software defined network，SDN）/ 网络功能虚拟化（network function virtualization，NFV）技术，资源池将信息直接发送给控制器进行处理，分布式的方案指利用 IP 协议的扩展字段携带算网信息，使其在网络中发送，从而获取全局信息。未来在算力网络控制层也可结合通感技术感知各节点算力占用情况及节点动态位置，同时将感知信息作为先验信息，利用监督学习技术，对未来算力占用情况及网络拓扑动态变化进行有效预测，并将当下感知及预测结果发送至算力网络服务层和算力网络编排管理层进行处理。

算力网络服务层是沟通算力网络与用户服务的桥梁。算力网络服务层南向与算力网络控制层进行连接，从控制层接收到整网资源信息，北向与算力业务进行连接，获取业务的需求和实时状态，并根据业务的需求动态生成以用户为中心的算力网络资源视图，图 5–2 显示了以用户为中心的算力资源优先级，图中的 C3 表示该资源距离算力消费者的时延为 5ms。用户可以根据资源视图选择最佳算力资源。选择的结果将被发送到算力网络控制层占用资源并建立网络连接。在算力网络服务层，用户需求的感知以及最佳资源的选择可以通过用户主动上报的方式，也可以结合人工智能技术对业务需求的变化进行动态预测，并根据场景模型为用户匹配最佳算力资源。

算力网络编排管理层具有算力网络的编排、安全、建模、OAM（operation administration and maintenance，运营维护管理）功能。算力网络编排模块负责算力网络资源和服务的编排和管理；算力网络安全模块负责应用与安全相关管理，以减轻算力网络环境中的安全威胁；算力建模模块可以根据服务类型进行算力建模；算力 OAM 模块实现了算力网络的操作、管理和维护。

目前在 Y.2501 架构的基础上，系列标准正在积极推进。如在算力网络资源层，ITU-T Y.ASA-CPN 标准研究算力网络认证调度架构，ITU-T Q.BNG-INC 标准研究算力网络边界网关的信令要求，CCSA 算力网络标识解析技术要求探讨如何对算力信息进行标识；在算力网络控制层，CCSA 算力网络控制器技术要求针对集中式的方案制定控制器标准，算力网络路由协议要求针对分布式的方案研究如何扩展 IP 协议从而实现全网信息的收集；在算力网络服务层，ITU-T Q.CPN-TP-SA、CCSA 算力网络交易平台技术要求设计算力网络交易平台整体架构及信令架构从而支持算力消费者与算力供应方之间的交易；在算力网络编排管理层，ITU-T Y.NGNe-O-CPN-reqts 标准研究支持算力网络的 NGNe 编排增强要求和框架。

算力网络服务模式

算力网络的最终目标是为不同类型的用户提供综合算力服务。消费者可以通过算力网络找到合适的算力资源（基础资源）或服务资源。根据算力网络用途，我们将算力网络用户分为两类：算力网络消费者和算力网络提供者。目前算力网络的服务模式有四种。

直接模式

直接模式如图 5–4 所示。在这个模式中，算力网络消费者是个人用户，算力网络提供者是基础资源提供者。个人用户通过算力网络寻找合适的计算资源节点，算力网络智能构建个人用户与资源节点之间的网络连接。个人用户最终将使用基础资源。

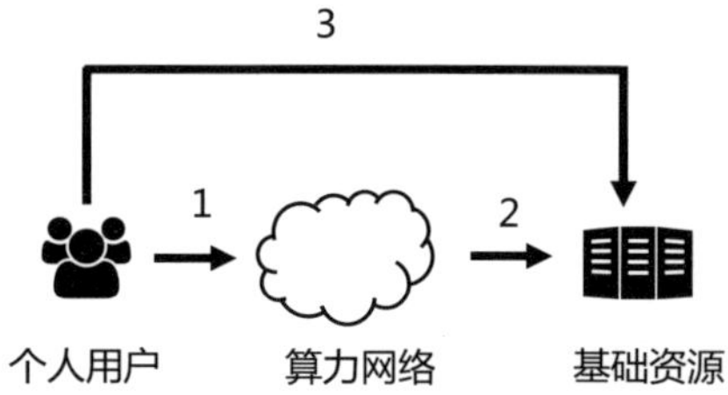

图 5–4 直接模式

用户驱动模式

用户驱动模式如图 5–5 所示。在这个模式中，算力网络消费者是个人用户，算力网络提供者是基础资源提供者。服务平台将最终使用资源。个人用户通过算力网络找到合适的计算资源节点，通知服务平台将服务部署在该节点上，然后该服务将被用户使用。

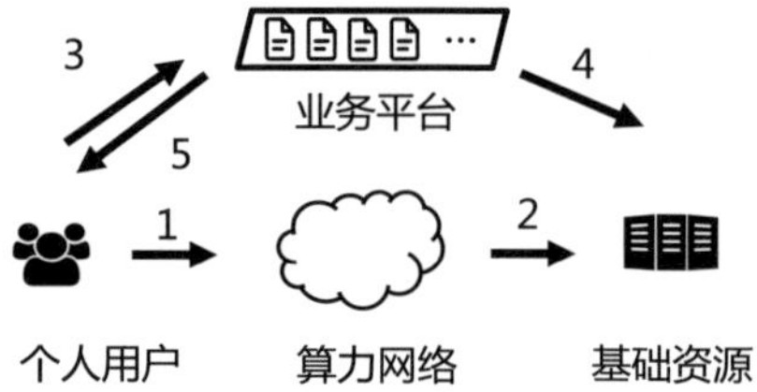

图 5–5 用户驱动模式

间接模式

间接模式如图 5–6 所示。在该模式中，算力网络消费者是服务平台，算力网络提供者是基础资源提供者。服务平台可以根据其服务计划和 / 或业务预测，找到一个合适的节点，能够覆盖一定的区域，并使用算力网络部署服务能力。个人用户在服务平台使用服务。由于个人用户不直接使用算力网络，因此称这种模式为间接模式。

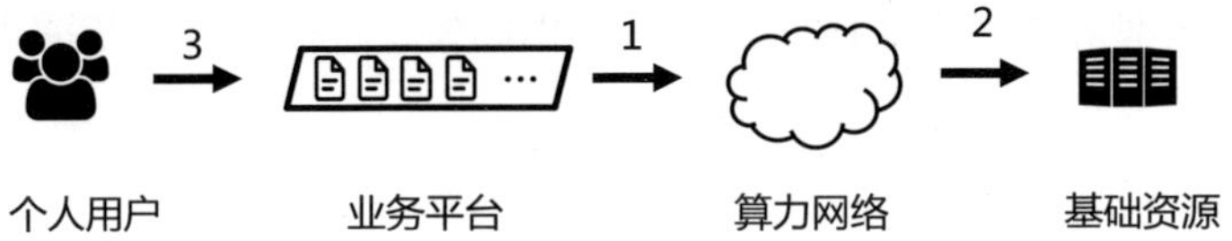

图 5-6　间接模式

平台模式

平台模式如图 5-7 所示。在这个模式中，算力网络消费者是个人用户，算力提供者是服务平台，个人用户可以通过算力网络找到服务。业务平台已经在基础资源中部署了自己的业务（业务平台可以通过算力网络或其他方式找到基础资源），并通过算力网络中的基础资源节点发布服务信息。然后，个人用户可以通过算力网络找到服务。

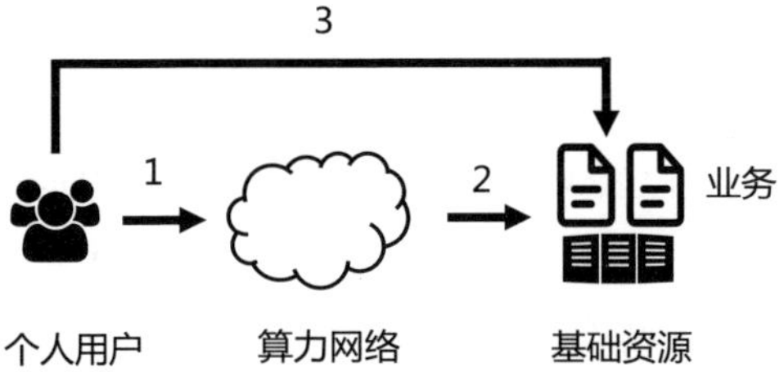

图 5-7　平台模式

算力网络化会随着时代的进步被赋予新的内涵，在 6G 时代，算力网络还需依托 6G 时代空、天、地无处不在的连接，沟通三维空间的算力资源，不仅要构建一张平面算力网，还要构建一张立体算力网，为海量业务与泛在资源提供紧密连接，保障业务数据的确定性传输以及算力资源池之间的高效协同，实现算力资源利用率的最大化。

算力网络面临的挑战

算力网络为了实现云网资源的融合供给，需要逐步解决度量、感知、路由、交易、编排等多方面的技术难题。值得指出的是，并不是这些难题都解决后才能提供云网一体化服务，这是一个逐步演进、提升的过程。

算力度量问题

算力资源并不像电力那样，能够用“度 / 千瓦时”这样的单位简单地进行量化，尤其考虑到 CPU 、GPU、FPGA、ASIC 等不同芯片的类型，更是难以进行统一的衡量。因此需要一种共识，在标准规范的基础上，量化异构算力资源以及多样化业务需求，建立统一的描述语言，给算力资源赋予可度量、可计费的标准单位。

目前，业界研究机构、产业联盟、标准组织等已经认识到这个问题，纷纷从不同角度展开研究工作，但尚未形成统一的结论。在现有应用案例中，还是以虚机、容器之类的粗粒度单元衡量方式为主。

算力感知问题

算力感知，也可以认为是对所有类型的资源信息的感知，甚至包括对用户需求的感知。但这里存在两种思路，一种是由资源所有方主动提供资源信息，并通过网络或者云管、资源管理等集中系统告知用户，另外一种则是由网络或者集中系统主动去探知资源信息。目前两种技术路线都处在不断发展的过程中。针对用户需求的感知，初期可以采用用户意图驱动的方式主动提供资源需求信息，后期随着人工智能算法的成熟，可以使用流量预测模型结合 AI 深度神经算法的方式，从资源需求、资源消耗等方面进行预测，实现资源预配，加快资源部署速度，提升资源整体利用率。

算力路由问题

算力路由将网络资源信息与算力资源信息有机地进行整合，以用户为中心来提供算力资源视图，让用户能够清楚明白地了解各类算力资源的分布情况与报价情况，从而确定最优的资源组合，这成为算网融合服务的关键技术发展方向。

与传统的网络路由方式一致，算力路由也可采用分布式、集中式以及混合式方案。分布式方案通过扩展 IP 协议，在协议中增加资源信息和业务需求信息来实现信息泛洪与资源路由；集中式方案利用SDN（software defined network，软件定义网络）控制器等集中管控单元来收集网络信息与算力信息，再统一呈现给用户；混合式方案结合上述两种方式的特点，利用分布式协议来分发资源信息，再利用集中管控单元来进行统一处理。

算力交易问题

随着智能业务的发展，我们对算力资源的使用出现了高频、短时的新特点，比如，人工智能算法中训练部分需要在短时间内完成大数据样本下的模型训练，但在训练完成后，推理部分只需用相对少量的算力资源。因此，传统的按月、按天租赁资源的方式已经不能满足要求，需要结合高频、短时的特点来设计新的资源交易体系，将交易周期压缩到小时甚至分钟级别。

此外，受限于边缘计算的建设特点，边缘计算市场会存在很多的供给方，如何在多方参与下实现高频交易，成为一个新的研究点。从目前的研究来看，采用基于区块链技术的分布式账本体系能够满足此类要求，但具体实现还有待进一步研究与论证。

算力编排问题

在支持高频、多方、异构的资源交易下，需要根据交易内容快速提供资源，如快速分配算力资源、建立网络连接，又能够在使用完成后快速释放资源，并更新资源信息。

算力网络的关键技术

本节将从算力网络面临的算力度量、算力路由、算力交易三个重点问题来介绍算力网络所涉及的关键技术，而算力感知与算力编排目前以意图网络为主，因此在下一节中单独介绍。

算力度量

现代管理学之父彼得·德鲁克曾说:“如果你不能衡量它，你就不能管理它。”这句话非常适用于算力网络，算力网络的终极目标是实现对算力资源的高效管理与使用，如果我们不能实现对算力资源的度量，就无法进行整网算力资源的信息收集、分配与交易。换言之，算力度量是算力网络运转的第一步。

在介绍算力度量之前，我们要先明确什么是算力和算力资源，之后才能有效分析其特点以及算力度量的方法及现状。算力也称计算力或者计算能力。这个名词的最早来源已经不可考，但现在网上的相关资料大多与区块链相关联，究其根源，是因为区块链技术采用哈希算法，谁算得快谁就能获得更多的收益，即在相同时间内挖出更多的“币”。因此人们习惯性地以“算力”这一名词来指代计算的快慢，比如算力大就意味着单位时间内算得更快些。在本书中，我们将算力定义为：算力是设备根据内部状态的改变，每秒可处理的信息数据量。而算力资源则是承载算力的载体，在本书中我们将算力资源定义为：算力的载体如 CPU、GPU 等，可以通过抽象封装等方式被共享、交易、使用。因此算力度量的本质是对算力资源所承载的计算能力进行量化。

算力度量最理想的目标是能够像电力一样拥有统一的计量单位。但事实上，由于算力自身复杂的属性，其很难像电力一样拥有统一的度量单位。目前根据应用场景的不同，可以将算力分为逻辑运算能力、并行计算能力和神经网络计算能力。

逻辑运算能力的代表芯片是 CPU，此类计算能力通常用于处理前后计算步骤具有逻辑关系的计算，通常指串行计算能力。例如，武器装备运动控制、个人电脑使用等，可以用 TOPS（tera operations per second，每秒可进行亿万次操作）来衡量其运算能力。运用并行计算能力的代表芯片是 GPU，此类计算能力适合前后计算步骤相互独立的场景，例如图形的处理等，可以用每秒浮点运算次数来衡量其运算能力，如 TFLOPS、MFLOPS（megaFLOPS）、GFLOPS（gigaFLOPS）等。而随着人工智能的发展又出现了以张量处理单元、神经网络处理器为代表的神经网络计算能力芯片。该类芯片经过专门的深度机器学习训练，具有更高效能（每瓦计算能力）。目前常用的度量单位也是 FLOPS。

针对不同场景，不同的芯片能够发挥出的能力截然不同，这就像冬奥会赛场上的花滑冠军和短道速滑冠军，如果他们交换比赛项目，比赛结果并不一定十分理想。因此不考虑场景的差异性以及芯片的作用，采用同一个单位来评价不同芯片的能力显然不够全面，这也是算力度量的难点所在。而除了算力具有不同的分类，算力资源依据构建的规模和位置，也分为云计算、边缘计算和端计算，不同的算力资源规模也直接影响算力的单价，对算力整体价值的评判也产生了一定的影响。

由于算力本身的复杂性，算力度量成为算力网络中一个亟待突破的技术难点，目前该技术正处于不断探索的阶段。虽然算力度量是算力网络运行的第一步，但没有统一的算力单位并不会给算力网络技术的发展和研究带来决定性的阻力，针对算力及算力资源的特点，本书给出三种可以实现算力度量的方案。

其一，根据不同场景对不同的算力进行度量。例如在人工智能场景，神经网络计算能力 > 逻辑计算能力 > 并行计算能力。对于不同的服务器，根据其所含芯片的类型及数量，计算其算力大小。这种方法比较公平，可以评价每种算力资源在不同场景中所能发挥的计算能力的大小，但是这种方法比较复杂，因为涉及的场景比较多，所以一种算力资源会对应不同的算力值，会增加后续算力路由、算力交易的复杂程度。

其二，按照建造成本为不同的计算能力定义固定比例的系数，例如 a× 神经计算能力 =b× 逻辑计算能力 =c× 并行计算能力，通过该系数计算每种算力资源所对应的计算能力。该种方法可以使每种算力资源对应唯一的算力大小，可以为后续的算力路由和算力交易提供统一的算力信息，但是该方法不够公平，具有场景偏向性，会造成在某种场景下算力大的算力资源其实际运行效率低于算力小的算力资源。

其三，选取特定的计量单位，如内核数、虚机数、容器数等。该方案相对于第二种方案更加简单，但是粒度也更加大。因此，在该方案下，一个算力资源的算力大小和它在实际使用时发挥出的性能匹配度会降低。

以上每种方案都具有各自的优势与不足，可以根据算力网络的研究方向与研究进度采取不同的度量方案。相信随着算力度量技术研究的深入，还会有更多更加完善的算力度量方案，更好地支撑算力网络技术的落地部署。

算力路由

算力路由技术希望通过扩展传统 IP 协议的方法实现对整网算力资源信息的收集，从而形成全局的资源视图。对应传统网络路由的实现方式，算力路由也有多种方案，比如集中式、分布式以及混合式等。

以分布式方案为例，算力网络技术中的分布式方案对应网络控制面采用的分布式路由协议，即通过在路由协议，如 BGP（border gateway protocol，边界网关协议）、OSPF（open shortest path first，开放式最短路径优先）等，增加相应的算力资源信息分发能力来实现。比如通过 BGP 协议扩展属性可以传递算力资源的资源 / 服务 ID、资源 / 服务 Locator（如 IP 地址，服务暴露端口列表等）、资源 / 服务的度量值（如容量、性能等）。

分布式方案可以分为两个阶段——信息分发阶段与资源选择阶段。

信息分发阶段的步骤有三步。

第一步：资源信息标识。资源池将可用的资源信息（可用算力、服务等）标识出来，发送给算力网络网关。

第二步：资源信息分发。算力网络网关将资源池发送过来的资源通过 BGP 路由协议在网络中分发。

第三步：构建资源路由表。算力网络网关将收到的资源信息形成资源路由表，并通过 Telemetry 等协议得到节点间的路由、时延等信息。（如图 5–8 所示）

资源选择阶段的步骤有三步。

第一步：资源视图构建。用户发起申请，而由算力网络网关将资源信息发送给交易平台，形成以用户为中心的资源视图。

第二步：资源选择交易。用户根据业务需求，在交易平台上选择合适的资源，完成交易流程。

第三步：资源分配占用。算力网络网关告知资源池分配相应计算、存储资源，并建立网络连接。（如图 5–9 所示）

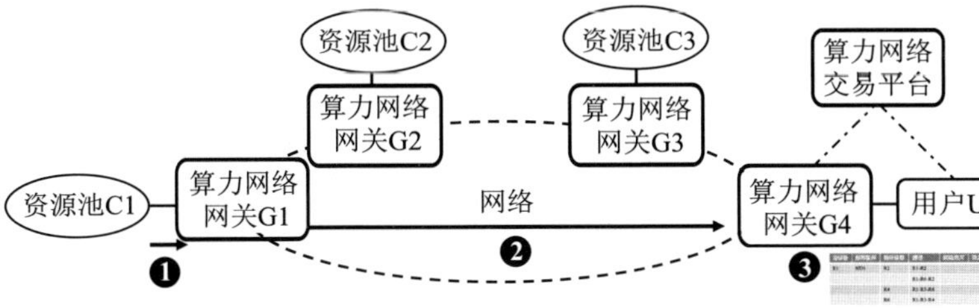

图 5-8　分布式算力网络方案的信息分发阶段

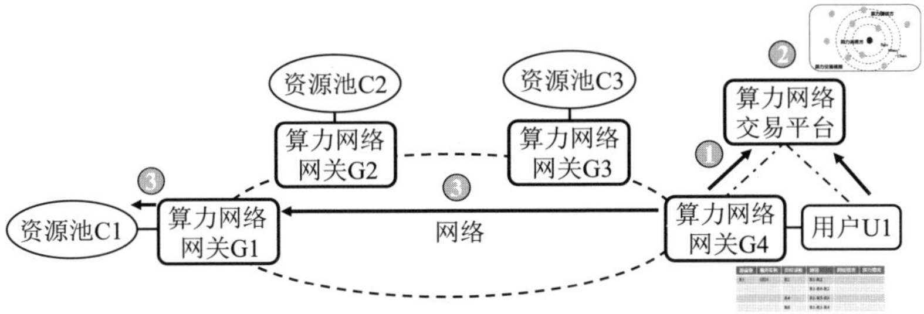

图 5-9　分布式算力网络方案的资源选择阶段

此方案扩展了传统的 IP 路由协议，将资源选择（对应转发路径计算）分散到每个节点来运行，从而避免构建集中式的管控系统，具有很好的扩展性。但该方法实现起来相对复杂，并需要对现有的网络设备进行升级。

算力交易

算力交易是沟通算力网络消费者和算力资源提供者的桥梁，是提供算力资源一体化服务的前提。中国电信在业内首次提出了高频异构的算力网络交易技术，形成以用户场景智能分析、用户需求动态建模、资源视图按需生成，算力服务一体化供给的算力网络交易体系，研发并验证了首套算力网络交易管控系统。该系统具有以下功能：

第一，算力网络交易平台需要将算力网络消费者、算力网络提供者以及算力网络控制面板结合，以实现消费者提出的资源或业务需求，交易平台制定分配策略，算力网络控制面则根据分配策略，建立算力网络消费者与算力网络提供者之间连接的一体化服务。

第二，不同能力的算力网络消费者的资源与业务需求的分析能力不尽相同。算力网络交易平台还应具备对用户业务需求进行人工智能分析的能力，以提供更加智能的服务，满足不同用户对算力网络交易平台的使用需求。

第三，算力网络交易平台还应提供可供应用开发者上传第三方应用的应用商店，实现从资源到应用的全生态服务。

根据上述功能需求，算力网络交易体系与各方参与者之间的关系如图 5-10 所示。

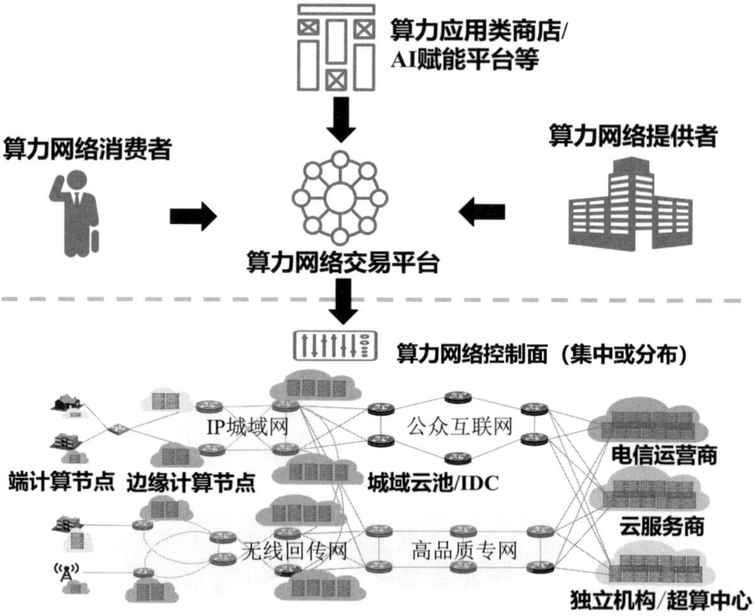

图 5-10　算力网络交易体系架构

在算力网络交易体系架构中：

算力网络消费者是算力网络交易平台的主要使用者，因此算力网络交易平台需要提供消费者账户管理功能，并使算力网络消费者在该平台中选择合适的资源，然后购买。

作为资源供应方，算力网络提供者需要在算力网络交易平台中进行资源注册，对资源的使用情况进行实时监测。

作为底层资源和算力网络交易平台之间的枢纽，算力网络控制面需要与算力网络交易平台联动，将所有采集到的资源信息上报给算力网络交易平台，并根据交易平台形成的调度策略，对底层资源进行调度，构建网络连接。

为满足算力网络消费者的智能分析需求以及使用诉求，算力网络交易平台还应连接 AI 赋能平台，对用户的需求进行智能分析，并根据用户的意图为其匹配最佳资源。

意图网络：算力感知与算力编排

意图网络的提出要早于算力网络概念的提出，但两者在思想方式与行为模式上的相近性，让研究人员发现可以利用意图网络相关技术来介绍算力网络中遇到的算力感知与算力编排难题。因此本小节将着重介绍意图网络的理念，以及如何解决算力感知与算力编排。

意图网络的产生与发展

2015 年，意图网络（intent based networking，IBN）由开放网络基金会（Open Networking Foundation，ONF）提出。

IBN 的重要事件时间点如图 5-11 所示。2016 年，一些来自硅谷的创业公司推出了最早的 IBN 产品，并获得了超过 1000 万美元的启动资金。高德纳在 2017 年年初发布了一份报告，定义了基于意图的网络系统，并预测 IBN 将是网络领域的下一件大事。同样，在 2017 年年中，在线社区的主要参与者已经推出了基于意图的产品和用例。目前，意图网络在学术研究、现有标准、现有开源开发和应用方面有了长足的发展。

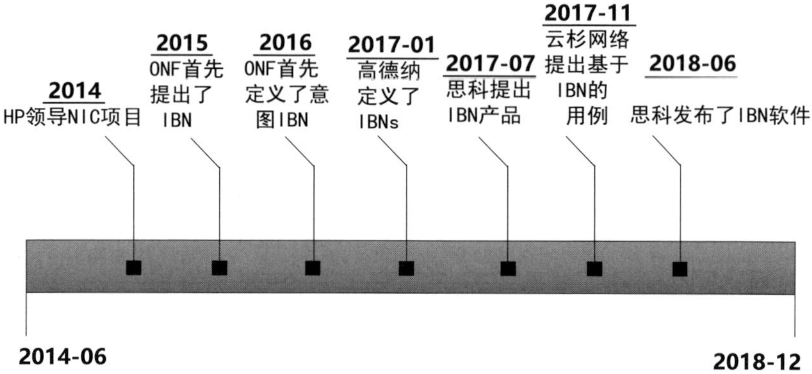

图 5-11 IBN 的重要事件时间节点

在学术界，作为一种很有前途的跨网络管理任务自动化范式，意图网络吸引了众多研究者进行相关研究。意图网络正在逐步发展和产生基本架构和关键技术，并基于意图网络设计和实现了研究案例。在现有标准方面，意图网络相关的标准化也在如火如荼地进行着。

如表 5-1 所示，国际电联在 476-WP3 中为网络演进提出了基于意图的网络场景和要求，并提供了关于基于意图的网络演进的自动场景和要求的规范。在基于意图的网络管理和网络分片编排中，国际电联提出了 750-WP1 来指导基于意图的网络分片部署和管理。IETF（国际互联网工程任务组）在网络管理研究组（NMRC）的相关草案中提出了 IBN、意图分类、服务保证、意图互联、VN/TE 性能监测遥测 YANG 模型和缩放意图自治的概念、概述和定义。对于“切片”意图的传输，IETF 提出草案 draft-contreras-nmrg-transport-slice-intent-03 来探索意图技术在请求“传输切片”中的使用。3GPP 提出的 TR 28.812 和 TS 28.312，主要包括技术规范组服务和系统、管理与编配、意图驱动的移动网络管理服务等方面。在 IG1253 中，TMF（电信管理论坛）提出了一个基于意图的自主网络操作实现框架。在 IG1253 中，TMF 定义了意图对象的生命周期和管理 IG1253 框架的接口。IG1234 引入了一种通过客户意图实时决策的方法。在 IG1161 中，TMF 提供了基于意图的资源管理和服务编排方法与案例。ETSI 提出的 ENI-0013 讨论了各种设计选项，包括一组新的独立的和嵌套的功能块，用于使用体验式网络化智能系统架构。ETSI 的 ZSM-005 的提出让所有的操作过程和任务都由零接触网络和服务管理自动执行。

表 5-1　意图网络的相关标准

组织	标准
CCSA	◆ 2015B58 面向 SDN 的智能型通信网络架构的意图网络技术架构研究 ◆行业标准：基于 SDN/NFV 智能通信网络的随愿网络总体技术架构及技术要求、意愿管理模块架构及功能要求、意愿层技术要求、意愿引擎接口技术要求
ITU-T	◆ 476-WP3 Scenarios and Requirements of Intent-Based Network for Network Evolution ◆ Intent-based network management and orchestration for network slicing in IMT-2020 networks and beyond
ETS1	◆ ENI-0013 Experiential Networked Intelligence (ENI); Intent Aware Network Autonomicity ◆ ZSM-005 Zero-touch network and Service Management (ZSM); Means of Automation
3GPP SA5	◆ TR 28.812 Telecommunication management; Study on scenarios for Intent driven management services for mobile networks ◆ TS 28.312 Management and orchestration; Intent driven management services for mobile networks
TMF	◆ IG1161 Hybrid Intent Management Platform Flyer; Hybrid Intent Management Platform Business Overview; Hybrid Intent Management Platform Technical Overview ◆ IG1234 Intent Oriented Customer Engagement (loCE) Guide ◆ IG1253 Intent in Autonomous Networks; Intent Modeling; Intent Life Cycle Management and Interface
IETF	1.Intent-Based Networking-Concepts and Overview; 2.Intent-Based Networking-Concepts and Definitions; 3.Intent Classification; 4. Transport Slice Intent; 5.Service Assurance for Intent-based Networking Architecture; 6. Interconnection Intents; 7. YANG models for VN/TE Performance Monitoring Telemetry and Scaling Intent Autonomics

在现有的开源开发和应用程序方面，开源项目（open network operating system，ONOS）提供了基于 SDN 的控制平面，管理交换机、链路等网络组件，运行软件程序或模块，为终端主机和相邻网络提供通信服务。然而，ONOS 只完成了基于意图框架的初步工作。与 ONOS 不同，开放网络自动化平台（open network automation platform，ONAP）提供了

一个完整的基于意图的网络架构。ONAP 可以为物理和虚拟网络功能提供实时、策略驱动的编排和自动化，使新服务的快速自动化和完整的生命周期管理成为可能，这对 5G 和下一代网络至关重要。

意图网络是一个全新的组网模型，该模型定义了商业策略（“意图”），并将意图转译为相应的网络策略下发到实际网络中，然后持续监控网络状态信息，判断用户“意图”是否成功实现。意图网络通过人工智能技术或智能软件将人类业务意愿转换为对指定基础设施的配置信息，从而实现网络整体闭环的目标，而在此过程中，为了使用户的需求得到满足，需要实时计算各类资源并对其进行合理的分配和调用，此过程需要算力的赋能。下面以用户购物场景为例，介绍算力和意图编排的应用场景。

基于移动用户实际需求进行算力调度的用例如图 5-12 所示。

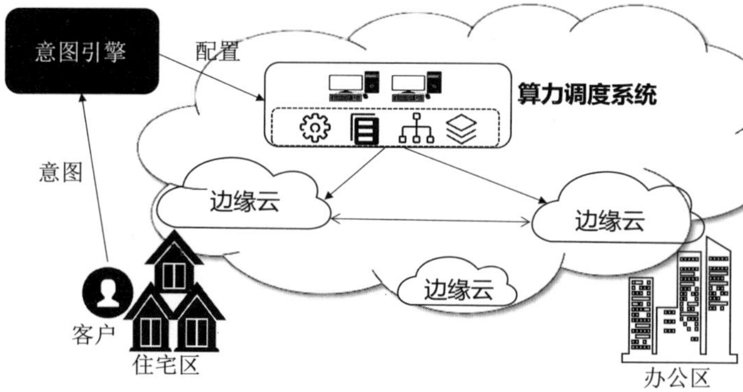

图 5-12　基于移动用户实际需求进行算力调度的用例

一般地，工作日期间，用户白天大多集中在办公区域，晚上大多集中在住宅区域。因此，白天靠近办公区域的边缘云资源需求较高，而晚上靠近住宅区域的边缘云资源需求较高。非工作日，用户大多集中在居住区域，所以此时靠近住宅区域的边缘云资源需求就变高。在该场景下，因为用户的聚集场所会随时间而改变，同一地点不同时段的网络资源需求不同，因此，利用算力调度能力，根据用户习惯进行合理的边缘云资源调配，可使网络资源及计算资源利用率最大化，此时的最佳决策就是根据不同时段的用户特征进行算力调度，使人员密集区域的边缘云的网络资源及计算资源更加充足。

在该场景下，对于有购物需求的用户来说，算力与意图编排的执行过程分这样几个步骤。意愿的获取：客户提出需要保障移动用户的购物访问需求。转译及验证：通过转译模块将客户需求转换为具体的网络指标，包括不同时段不同区域的边缘云资源需求。下发与执行：利用算力统筹各类资源并计算网络的状态信息，为保障用户的在线购物需求提供不同时段的边缘云资源。优化与调整：系统实时采集网络的状态信息，当网络的状态信息发生改变、无法满足客户的服务保障要求时，系统利用网络算力重新计算流量的路径信息，重新预测流量调整后的网络状态，并下发新的策略使用户的需求得到满足。结果的反馈：系统实时将相关的网络状态及客户状态收集反馈，跟踪其状态表的实时信息。

面向购物平台的算力和意图编排的应用场景如图 5–13 所示。

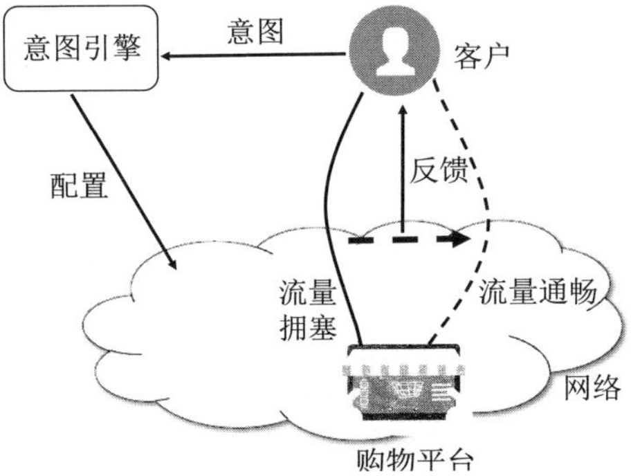

图 5–13　面向购物平台的用例

购物平台在大型购物节期间为了满足大量用户的访问需求，相比其他的应用平台，需要更多的带宽和资源才能够正常运行。当客户提出购物平台要在购物节期间流量高峰时段提供可靠的服务保障时，运营商可以通过计算网络资源，通过预留带宽、扩容等方式，保障重点客户的服务质量以及网络通信质量。

在该场景下，算力与意图编排的执行过程分这样几个步骤。意图获取：意图网络通过业务层获取意图，如在购物节期间能够正常访问购物平台，不会出现网络拥堵状态的意图。意图转译：意图转译模块根据用户的意图，将其转换成网络指标，如带宽、延迟和抖动，为了满足正常访问购物平台的需求，意图网络利用网络算力资源，在保障网络顺利运转的情况下，在购物节期间给购物平台分配更多的带宽和资源，尽力保障购物平台的流畅运行。意图执行：将意图网络做出的策略，下发到相应的设备。意图反馈：将意图执行的结果进行反馈，如策略执行后，网络是否能够达到所需的要求，用户是否能够畅通无阻地访问购物平台。在此过程中，系统会实时监控网络状态，若在购物节过程中网络发生拥堵，系统根据计算的网络路径，再次下发配置以满足客户需求。

意图网络关键技术

意图网络架构

意图网络架构的目标架构分为意图编排层（下文简称意图层）、控制层和网络层。意图编排层配合控制层的配置下发与网络状态采集共同实现完整的闭环运作流程。

基于意图的智能型通信网络架构如图 5-14 所示：

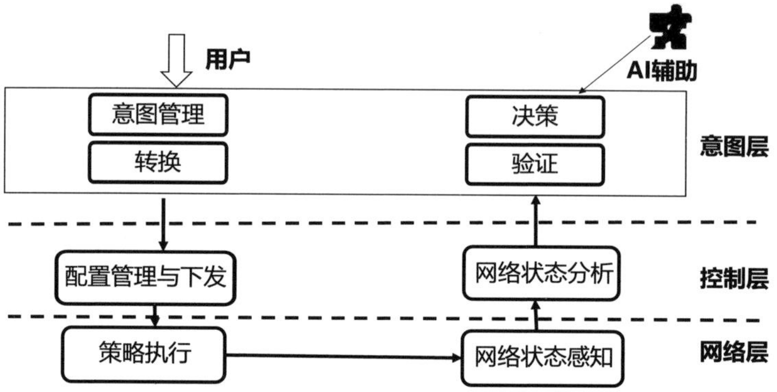

图 5-14　基于意图的智能型通信网络架构

在基于意图的智能型通信网络架构中，意图需求可能来自运营商、用户，甚至直接来自上层应用本身，他们在网络中的不同角色或身份导致意图需求所涉及的抽象层级也会不同。在本框架中，“用户”一词代表所有提出意图需求的个体，包括运营商、网络管理员、网络用户或网络应用等。意图层负责处理上层业务输入的用户意图，通过转译模块映射出合理的配置或策略，验证其配置的可执行性，在验证了当前策略可在当前网络中实际执行后，验证模块反馈成功信息给转换模块，由转换模块直接将配置交付给控制层，进而通过控制层将配置下发到网络层来完成配置的具体执行与网络状态反馈。

基于意图的网络生命周期如下：

第一，意图的获取。

意图指的是用户希望网络达到的某种情形、状态，而不用描述如何实现这个过程。意图是意图网络的核心驱动，网络在其整个生命周期中都是围绕着意图运行的。用户意图的表达形式有很多，最普遍的是自然语言的形式，此外还有用户的语音输入或者相关的 GUI（图形用户界面）输入等。目前，针对意图获取的工作还没有统一的标准，对于自然语言形式的意图输入，目前大多研究使用语义学“主 – 谓 – 宾”形式的自然语言表示意图。总的来说，随着自然语言解析技术的不断发展，用户输入意图的抽象级别可以越来越高，从而实现全面自治网络。

第二，意图的转译及策略验证。

意图给出用户期望网络应该达到某种状态的声明，并没有指出如何实现。然而网络在实际运行期间，仍然是按照网络策略进行决策转发、资源分配。因此，需要根据意图中的内容以及当前网络状态将用户意图转化为相应的网络配置策略，这就是意图的转译过程。目前用户意图转译主要采用自然语言处理的方法对意图进行处理，对用户意图进行关键字提取、词法分析、语义挖掘等操作，从而获得用户期望的网络运行状态并使用一些智能化的方法生成网络策略。同时，为了保证用户意图正确实现，并确保网络运行的安全，还需要对策略进行可执行性验证。策略的验证是 IBN 中一个十分重要的步骤，它关系到 IBN 的稳定程度，确保用户意图可以在不破坏网络正常运行的情况下正确地在数据平面实现。

第三，意图的下发与执行。

在网络策略进行验证后，IBN 会将网络策略自动下发到网络的基础设施，并对转发设备进行配置，此过程需要对网络进行全局的控制，以实现从单点集中式的意图需求到分布式全局网络配置的转换。目前 IBN

大多数在SDN环境下实现，这是由于SDN的控制器可以收集网络状态信息，为IBN的验证工作提供方便。因此，在SDN环境下，需要把网络策略转换为相应的OpenFlow流表规则，从而实现用户意图。

第四，意图的优化与调整。

在策略下发到实际网络中时，我们需要对网络的状态信息进行实时监控，确保策略的实现符合用户意图的预期。此外，网络的状态是会不断变化的，执行之初的网络状态与运行过程中的网络状态可能存在不一致，意图网络需要自动根据期望达到的状态以及当前的网络状态对策略进行适当优化与调整，保证网络始终满足意图需求。

第五，意图结果的反馈。

基于意图的网络在整个执行期间都无须用户参与，意图在实现期间进行被动配置，根据外部环境的变化自动更新网络配置。在策略下发到实际网络中时，需要对网络的状态信息进行实时监控，确保策略的实现符合用户意图的预期。

自然语言处理

意图网络通过转译模块将客户需求转换为具体的网络指标（包括带宽、时延、抖动等），将这些指标信息进行编译，并根据用户的业务需求匹配不同的业务应用，弥补传统无线网络静态固化等不足。意图转译模块将意图管理模块传来的意图进行分解，将其转化为对应的策略，并把这些策略交给意图验证模块进行验证。意图分析模块可以借助自然语言处理领域的方法与成果，训练AI智能体作为辅助，将意图需求包含的语义进行转义和拆分。转换模块需要按照特定的模型做转义和分解，依托AI辅助模块的分析结果为转换模块做参考。在这一过程中，自然语言处理起着关键作用。

NLP是计算机科学、信息工程以及人工智能的子领域，专注于人机语言交互，探讨如何处理和运用自然语言。自然语言处理的研究，可以说最早开始于图灵测试，经历了以规则为基础的研究方法，流行于现在基于统计学的模型和方法，从早期的传统机器学习方法、基于高维稀疏特征的训练方式，到现在主流的深度学习方法，使用基于神经网络的低维稠密向量特征训练模型。最近几年，随着深度学习以及相关技术的发展，自然语言处理领域的研究取得一个又一个突破，研究者设计各种模型和方法来解决自然语言处理的各类问题。

自然语言处理的基础研究便是人机语言交互，以机器能够理解的算法来反映人类的语言，核心是基于统计学的语言模型。语言模型（language model，LM）是一串词序列的概率分布。通过语言模型，可以量化地评估一串文字存在的可能性。对于一段长度为 n 的文本，文本中的每个单词都有通过上文预测该单词的过程，所有单词的概率乘积便可以用来评估文本存在的可能性。自然语言处理的核心任务是自然语言理解和自然语言生成，核心步骤包括分词、词干提取、词形还原、词性标注和命名实体识别。

意图网络可以借助自然语言处理技术，面对不断更新的用户需求展现出更高的灵活性，完成意图的转译与验证、自动化部署配置、网络状态的察觉和精准预测以及动态的配置优化和补救等，实现以用户意图自主驱动网络的全周期自动化管理。未来的 6G 场景下，意图网络的应用需要从核心网推进到无线网络，即构建 ID-RAN。面对 6G 愿景对新一代通信系统、网络、终端、计算、存储等基础设施能力进一步发展的要求，通过在转译模块引入自然语言处理技术，可以准确识别物联网场景下多类型终端用户的服务意图，实施多维度感知传感需求。

随着电子商务、应用云迁移的发展，大型企业和网络服务提供商的流量变得越加重要，而且网络服务的快速增长使网络管理变得越来越困难，业界提出了基于策略的管理来解决这些问题。策略规则可以表示高级、网络范围的管理服务，这些策略可以应用到网络管理功能，控制网络元素和网络服务的配置和监控。IETF 在网络策略架构、模型等方面已经展开了一系列的工作，SUPA 标准定义了策略的框架及策略的模型，是意图网络策略模型的重要参考。意图网络的策略需要在此基础上，借鉴并完善面向意图网络的策略框架与模型。

在意图网络中，意图转译模块将意图管理模块传来的意图进行分解，将其转化为对应的策略，并把这些策略交给意图验证模块进行验证。意图转译的过程需要参考策略库里面存在的“意图－配置”映射信息，策略库中除了现有的“意图－配置”映射关系，还可以通过机器学习来增加信息“意图－配置”映射关系，策略模型是意图网络中不可缺少的重要环节。

意图网络架构

ONAP 开发的开源架构方案

ONAP 是面向网络运营商、云存储和企业的网络和边缘计算服务编排、管理和自动化的综合平台。它为网络服务的设计、创建和生命周期管理提供了与产品无关的能力。ONAP 提供了一个统一的操作框架，通过策略驱动设计、实施、分析和生命周期管理大规模负载和服务。通过 ONAP，网络运营商可以同步编排物理和虚拟网络功能。这种方法允许运营商利用现有的网络投资；与此同时，ONAP 的开放性和全球主要网络供应商的普遍接受加速了网络功能虚拟化生态系统的发展。

ONAP 体系结构包括 design time（设计时）和 run time（运行时）功能，以及管理 ONAP 本身的功能。图 5-15 提供了该体系结构的简化功能视图，其中突出了几个关键组件的作用。

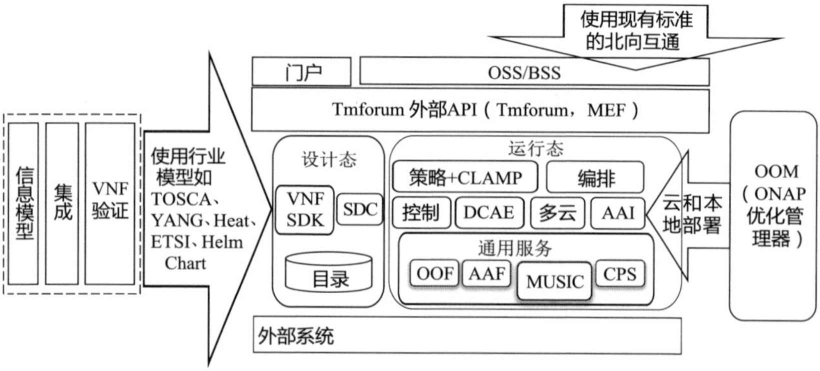

图 5-15　ONAP 平台体系结构的简化功能视图

ONAP 平台体系结构的几大功能如下：

第一，ONAP 的 design time 环境为 ONAP 提供 onboarding（新用户引导流程）服务和资源，并设计所需的服务。

第二，外部 API 为 ONAP 平台提供了北向互操作性。

第三，ONAP 的 run time 环境为服务和资源的自动化实例化和配置提供了一个模型和策略驱动的编排和控制框架。Multi-VIM/Cloud 为 ONAP 工作负载提供云互操作性。密切监控服务行为的分析框架处理闭环管理，以动态处理修复、扩展和更新。

第四，OOM（内存耗尽）提供管理云本地安装和部署到 kubernetes 管理的云环境的能力。

第五，ONAP Shared Services 为 ONAP 模块提供共享功能。ONAP 优化框架（OOF）提供了一种声明性的、策略驱动的方法，用于创建和运行优化应用程序，如 Homing/Placement 和变更管理调度优化。

基于意图网络的端到端切片实现

当前电信业务已经呈现出多场景、差异化的特点，如果我们为每种业务服务建立一个专用网络，则需要极高的成本，而网络切片可以使多个逻辑网络，通过云和虚拟化技术共享一个物理基础设施，有效节约成本。同时，这样的共享为灵活的网络服务提供了新的商业模式，在垂直行业，具有弹性资源的网络架构将根据服务需求动态变化。与传统网络相比，这种方式更加灵活可用，但灵活动态的需求也给基于人机交互的当前网络运营带来了新的挑战。

网络切片是 5G 网络的重要使能技术，是端到端的逻辑子网，涉及核心网络（控制平面和用户平面）、无线网和承载网，需要多领域的协同配合。不同的网络切片之间可共享资源也可以相互隔离。网络切片可以帮助用户实现想要的功能和特性、完成业务的快速部署、减少上线时间。考虑到网络资源的有限性和不同网络切片中的网络状态，运营商需要在保证服务等级协议（service level agreement，SLA）的同时，尽可能地复用物理网络资源。因此，为了高效运营，运营商需最大程度优化网络切片的资源划分。

中国电信研究院基于ONAP开源平台，进行了基于意图网络的端到端切片实现。（如图5-16所示）首先，5G网络向数据收集和分析（DCAE）子系统发送FM和PM数据以监控网络状态，当网络状态不能满足用户需求时，会触发修改网络策略配置。通过一个基于意图的面向垂直行业的智能切片框架，可以修改切片实例，或者修改切片参数的策略。SO执行修改请求，然后在域控制器中控制5G网络对网络状态进行一些修改。UUI（usecase user interface，用例用户接口）提供其用户的意图，通过用例或是直接通过UUI存储用户意图，在利用DCAE子系统监控和分析底层网络数据的同时，结合用户监控和分析的意图，在现有闭环端到端切片的基础上，实现对网络的闭环控制。同时，DCAE还可以通过UUI为用户反馈网络状态，这样用户可以很容易地感知网络状态的变化和后续潜在的变化。同时，用户可以更新他们的意图，而且DCAE可以监视用户意图更新的完整运行。

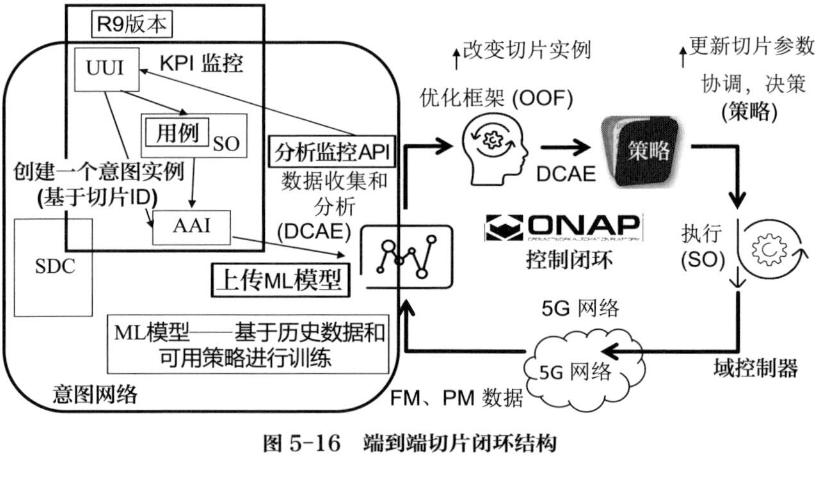

图5-16　端到端切片闭环结构

算力网络扩展：连接确定性

算力网络体系的构建离不开高性能的算力连接。在算力服务过程中，海量数据需要在不同的算力节点进行计算，再将结果返回给需求方。面向未来业务场景，海量业务在满足算力的同时，同样对承载算力连接的网络提出了低时延、低抖动的确定性连接需求，确定性网络技术的提出，可让基础的承载网提供层次化的精准服务能力。

网络确定性发展趋势

确定性网络主要针对工业、能源、车联网等对网络低时延、可靠性和稳定性要求极高的垂直行业，建立一种可提供“准时、准确”数据传输服务质量的新一代网络，且可以按照业务级别构建一个有差异化服务的确定性网络服务。

从战略角度看，确定性网络技术是新一代网络通信体系的发展方向，是网络、工业、农业和服务业强国的重要推动力。形成“确定性网络+”的技术和产业格局对千行百业朝着数字化、网络化、智能化的高质量发展方向进一步迈进具有重要意义。

从业务需求驱动角度看，激增的数据业务，如视频传输、机器通信，带来了大量的拥塞崩溃、数据分组延迟、远程传输抖动，传统以太网用“尽力而为”方式传输数据，只能将端到端的时延减少到几十毫秒。但许多的新兴业务，例如智能驾驶、车联网、智慧交通、工业控制、智慧农业、远程手术、无人驾驶、VR 游戏、智能服务等都对未来网络提出了更高的要求。

从政策驱动角度来看，创新型国家建设提出了对网络强国的要求，工业互联网应与工业制造协同推进。工业制造的发展依赖通信网络的升级，新一代网络技术赋能工业制造成为重要发展趋势。发展面向工业制造的确定性网络技术有助于推动我国的网络强国和制造强国建设。确定性网络技术与工业制造深度融合，赋能实体产业，推动工业制造系统和管理升级，同时能够引导服务商提供高质量、多样化的服务能力。因此，需求、供给两方都需要面向工业制造的高质量确定性网络。

从技术驱动挑战角度看，未来 10 年，互联网在可扩展性、移动性、安全性、服务质量保障、高效服务分发、绿色节能等方面仍将面临巨大挑战。例如，在可扩展性方面，网络流量增长速度远高于芯片处理性能的增长速度，如何构建一代网络芯片甚至变革网络架构体系以满足未来 10 年网络流量爆炸性增长的需求，成为新的难题；在服务质量保障方面，传统 TCP/IP 网络遵循“尽力而为”的设计理念，网络设备主要负责数据分组的转发，网络侧重公平性原则，不强调对全网的可管可控，然而随着新业务对服务质量保障需求的增加，未来网络亟待增加差异性服务能力，实现网络端到端确定性可控。

从创新驱动的角度来看，工业制造行业的发展也进入了新的阶段，行业自发创新驱动的积极性很高。确定性网络在工业制造诸多场景下应用的各类标准、技术方案、商业模式均比较成熟，“确定性网络 + 工业制造”全面进入自发创新驱动阶段。在该阶段，确定性网络可能成为工业场景的标配，典型特征是各类工业制造企业需求方群体成为主要推动力量，自发地进行工业互联网各细分环节的创新；在创新过程中对确定性网络产生需求，驱动确定性网络在工业场景更大范围中的应用。

现有的网络无法提供“确定性”的服务能力，主要原因有以下几点：

第一，网络本身的局限性。以移动网络为例，其提供的无线传输服务容易受到环境的影响，传输质量难以保证，且空口资源紧缺，只能通过“尽力而为”的调度满足数据传输要求。传统 IP 网络采用统计复用服务模型、无优先级和速率保障的基普服务，通过传输控制协议提供可靠应用的连接。当基站有空闲时，传统 IP 网络的可靠性是有一定保障的；当出现高并发、大流量等场景，TCP 协议将会对网络的时延造成影响，导致网络拥塞和高时延、高抖动。

第二，端到端的网络保障机制缺乏。当前的服务质量（quality of service，QoS）本质是资源抢占，高优先级的设置仅仅可以提高资源抢占成功的概率，无法从根本上对业务性能进行保障。

第三，网络无法自适应调整。当前为了保障业务性能，需要对物理资源进行预留或者独占，无法根据业务需求进行实时调整，这会造成较大的资源浪费。运营商并没有足够的驱动力去进行网络的升级建设。

目前，随着 5G 助力工业互联网、能源物联网、车联网等的发展，越来越多的行业提出希望基于通信网络的确定性技术研究，打造一张各项参数（如带宽、时延、抖动、丢包率、覆盖范围、安全性等）都在确定范围内的可靠网络，从而为各行各业提供“个性化 + 确定性”的网络服务能力，促进行业应用不断创新，赋能千行百业。

确定性网络三要素

确定性网络技术是构建下一代网络基础设施体系、提升数据传输服务质量的关键技术之一。不同于传统“尽力而为”的转发方式，其可通过一系列确定性网络技术的结合（如 TSN、DetNet 等），保证端到端网络通信服务质量（如时延、带宽、抖动、丢包率等）的可靠性，最终提供“准时、准确”的可靠数据传输服务，满足未来新兴业务场景对高质量通信的需求。

构建算力网络的确定性连接需要考虑三个要素。

服务形式

服务商在提供网络服务时，一般采用“专线专用”或“一线多用”两种形式。

专线专用，即运营商根据用户的业务需求架设专用线路承载，专线承载的网络数据将进行加密传输，具有网络时延低、稳定性高、安全性强、网络故障自愈能力强等特点。不同客户间的专线业务都将做到物理隔离，保障线路仅由某一客户独享。当前面向工业、能源、车联网等对网络低时延、可靠性和稳定性要求极高的垂直行业，主要采用“专线专用”的方式。

一线多用，即通过网络切片技术，在同一物理承载路线上提供差异化的专网品质网络服务。层次化的切片架构可以使网络价值最大化，通过不同业务对网络服务能力需求的不同，按需规划部署网络切片，实现一线多用。

如果不考虑成本投入，以光传输专线为主的高品质专线 / 专网能够完全满足所有业务对网络质量的最高要求，但实际上并非每位用户都能支付相对高昂的专线费用，也并不是所有业务都需要这样好的网络连接质量。因此，通过“一线多用”的服务形式提供层次化的网络连接成为一种必然选择，不少研究与实践都关注在IP承载网（包括但不限于接入网、IP城域网、IP骨干网等）提供专门的高品质通道，能够根据不同业务类型提供不同优先级的传送能力。

由于IP协议的基础是“尽力而为”的转发机制，所以始终存在微突发、毛刺等现象，不可避免地出现时延的“长尾效应”，即报文传递过程中始终抖动，时延稳定性较差。而目前应用的多种QoS保障技术，主要通过预留相对足够大的带宽以避免微突发的形成，并不能从机理上彻底消除排队与抖动，因此无法满足极致情况下的性能要求。

随着技术的不断进步和发展，一线多用服务形式下提供的确定性网络服务可以从三个维度加以描述，这些维度可以通过组合形成丰富的产品体系，从而满足多样化的业务需求。

一是带宽确定性，一般以用户能够达到的峰值带宽为衡量指标，上、下行带宽限速可以一致或者不一致。

二是路径确定性，在传统IP网络中，IP报文的转发路径是根据近实时计算的路由表项确定的，由于负载均衡等机制，同一用户同一业务的前后报文可能通过不同路径到达目的地，使得时延发生变化。因此，如SRv6等新型网络技术，能够以高效的方式指定路径，为用户提供不同类型的路径选择，如低时延路径、零丢包路径、高可靠性路径等。

三是时延确定性，采用新的机制获得确定性时延，即确保所有报文的传送时延被严格限制在一定范围内。例如可以在统计复用的IP报文交换机制中引入可灵活调整的时隙方案，消除因排队带来的转发抖动，使得网络连接从“大概率保证服务质量”变为“确定性保证服务质量”。

上面的三种确定性虽然对应不同的指标，但三者之间存在递进关系，比如对于最为严格的业务要求，应先明确用户的带宽，再为用户选择合理的路径，最后在选定的路径上设定端到端的承载方案。

关键技术

关键技术指构建确定性网络所需要的 L1 至 L3 层提供的关键技术，在算力网络为上层业务提供确定性服务时，需要满足业务的 SLA 需求，达成业务所需的既定目标。然而，确定性网络面临两大挑战。

第一，业务流量的不确定性（需求的不确定性）。

业务的多样性使得业务的流量特征也各不相同，且具有时变性、突发性，业务流量的不确定性得不到合理的承载传输，将导致业务的损伤或中断。

第二，网络承载能力的不确定性（供给的不确定性）。

网络承载技术的多样性同样提供了不同的承载能力，网络二、三层的基于分组报文的调度机制，由于统计复用、存储转发和优先级调度等策略，给承载网络引入了调度能力的不确定性。

确定性网络技术需要根据业务流量的特征，对网络承载资源进行合理的资源规划、配置与调度控制，实现业务所需的确定性 SLA 能力，既要避免网络资源配置不足导致 SLA 难以保证，又要避免资源过度配置导致资源浪费、成本增长。常见的确定性服务 SLA 能力包括业务流量，业务流量通过网络所需的时延、抖动、丢包率、可靠性、安全隔离性等关键技术保证。本部分将在后文进行详细阐述。

商业模式

商业模式是指在构建算力网络底层的确定性连接时，提供商也需要思考的商业维度。当前提供网络服务的核心是“带宽”，但高品质的网络除了保障带宽，还体现在“专用性”以及“可靠性”上。

面对多样化的业务需求，以及“东数西算”等背景下时延维度重要性的提升，算力网络应支持根据不同的业务需求，执行不同确定性能力的保障策略，同时有计划、分阶段地展开确定性业务的部署。（如图 5-17 所示）

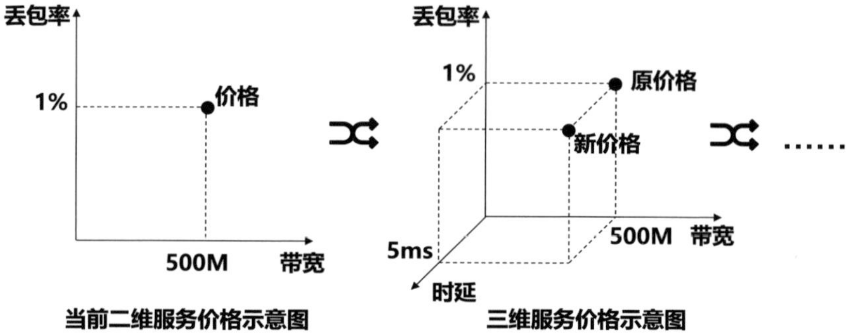

图 5-17　确定性网络服务升级

在算力网络中提供确定性网络连接后，未来的运营商在产品设计中应考虑如下因素。

确定性的带宽：业务端到端的带宽都可以得到保障。

确定性的时延：业务端到端的时延可以得到保障。

确定性的抖动：业务端到端的抖动可以得到保障。

确定性的丢包率：业务端到端的丢包率可以得到保障。

一定程度上，通过带宽资源可以保障非严格的确定性时延、抖动、丢包率。如果要保障严格的确定性需求，需要引入确定性的转发机制、多发选收等多种机制保障。

确定性网络关键技术

确定性网络技术并非一项单一的技术，而是涵盖了网络切片、时钟同步、资源预留、优先级队列调度、流量整形等一系列协议和机制的集合，从而保证网络带宽可控、路径 / 时延可控及抖动可控的确定性需求。确定性网络的部署还应结合固移融合、边缘云等统筹考虑，满足多场景的确定性网络需求。关键技术包括：

可靠时钟同步。确定性网络中所有网络设备和主机都可以将其内部时钟同步到 1 μs 到 10 ns 的精度，并且可以接收多个时钟源（国家时钟源、卫星时钟源）的时钟信息。在使用的时钟源发生故障时，可以在 1ns

内切换到另外一个可用时钟源。

有限时延和零拥塞损失。拥塞丢包常发生于网络节点从缓冲区溢出，这是“尽力而为”网络中丢包的主要原因。通过调整数据包的传递速度并且为特定流量分配足够的缓冲空间，可以消除拥塞。因此，网络端到端数据包传输的最大延迟是可以被保证的。

超可靠的数据传输。在解决拥塞丢包之后，导致数据包丢失的第二个主要原因是设备故障。确定性网络可以通过多条路径发送有序数据流的多个副本，并在网络出口或其附近消除重复，因此单个随机事件或单个设备故障不会导致任何一个丢包。

网络资源灵活分配。第三方可以通过能力开放等手段在合理范围内实时调整确定性网络的关键指标。同时，网络可以根据当前资源条件合理地为确定性业务灵活分配资源。当确定性业务对网络资源（尤其是空口资源）消耗较大时，网络也可以智能判断，使用优先级调度、分级 QoS 等保障手段应对部分确定性流量，从而保障其他业务的可用性。这种方式极其依赖网络构建前的仿真结果以及业务运行时的探测结果，充分利用上述结果可以控制网络资源与业务体验的平衡，从而尽最大可能在资源受限时保障确定性业务与非确定性业务。

资源预留及资源超分配。为确定性业务预留网络资源，或者分配比其所需要的网络资源更多的资源，以此来保证不会发生拥塞，这是当前技术条件下的主要方式。

网络切片。网络切片技术可以为确定性业务构建一个逻辑专用网络，将确定性业务与非确定性业务进行隔离。网络切片是一个跨无线网络、承载网络以及核心网络的端到端逻辑专网，可以在使用中监控网络切片 SLA，动态优化网络切片配置。

算力网络扩展：连接泛在化

随着网络的不断发展，算力网络在资源层也从单一的陆地扩展至“天地一体”。目前我国已迈入 5G 高质量发展的新时代，5G 的快速发展不仅有效地支撑数字中国建设，促进社会经济发展，实现产业提质增效，同时也深刻地影响着交通、医疗、健康、娱乐等大众生活的方方面面，让人们对数字生活有了切身的感受。但在一些偏远的乡村地区，广袤的草原、海洋和沙漠地带，受制于地形条件、投资成本、技术实现等因素，基础设施的建设不够完备，当前陆地移动通信系统很难发挥其优势。为了帮助缩小城乡“数字鸿沟”，实现普遍服务，满足特殊场景的日常及应急通信需求，提升移动网络覆盖率迫在眉睫。

卫星通信网络（天基网络）包括高轨卫星、中轨卫星和低轨卫星通信网络，尤其是低轨卫星通信网络，相对于地面移动通信网具有广覆盖、低成本、不受自然环境影响、终端设备相对简单等优势，商业应用场景广泛，适用于对地面进行全球无缝覆盖，以实现随时随地的泛在通信。临空平台通信网络（空基网络）一般由飞艇、气球、无人机等临空飞行设备搭载基站为地面用户提供移动通信服务，相较于卫星通信网络具有时延低、建设维护及升级难度小、可以灵活部署调整的优势，是一种具有极大应用价值的潜在无线接入手段。由此，卫星通信系统和临空平台通信系统可有效补充地面通信系统的不足，成为业界广泛关注的热点。

面对人类社会对于信息化的新需求，当前传统陆地无线通信系统开始整合多方面产业优势，在当前5G技术的基础上对下一代移动通信技术（6G）进行演进与革新：将通过地面通信网络、卫星通信网络及高空平台通信网络的异构融合，继续扩展终端连接的广度与维度，建设泛在的通信基础设施体系；通过构建多网络融合发展的“空天地一体化”网络，实现多维度、立体化的无缝通信覆盖，满足全球范围内无线终端无差别、随时随地接入的需求，实现万物智联的未来愿景。

天地一体化

陆地移动通信网络的建设受制于建设成本、技术实现等因素，目前覆盖范围约占陆地总面积的20%，尤其是在偏远地区、海洋经济、航空移动以及灾后应急保障等特殊业务场景中，陆地无线通信系统由于其覆盖范围有限、易受环境影响、建设成本高等限制，无法保证广域及多维立体通信覆盖。

近年来，我国大力支持和鼓励发展航空航天事业，商业航天作为新兴产业更是国家航天事业的重要组成部分，带动卫星互联网技术迅速发展。2020年，卫星互联网被纳入“新基建”范畴中的信息基础设施国家战略，这将进一步增强我国空间信息产业的竞争力。6G时代即将来临，通过积极开展卫星通信网络基础设施的建设，并借助其低成本泛在覆盖的优势，实现与地面无线通信网络的优势互补，进行最合理的基础设施资源分配，对电信服务欠佳的地区建立有效的通信连接，帮助缩小不同地区的数字鸿沟。

5G地面网络具有容量大、服务速率高、部署成熟的特点，在人口密集地区可以提供高速连续的地面网络优势覆盖。天基网络具有覆盖范围广、不受地形环境约束、安全可靠等优势，可以对人烟稀少、地理环境复杂等地面网络难以覆盖的地区提供泛在的移动网络通信保障。空基网络因其机动性强、动态特性优、支持更多业务的特点，可实现多种特殊场景下的灵活网络覆盖。6G空天地一体化网络通过天基网络、空基网络与地面通信网络进行优势互补及创新融合，实现跨空域、地域及海域的全球泛在多维立体网络覆盖，并和全球互联网融合。因此，在扩大通信业务场景适用范围、保证偏远地区普遍服务能力、促进民生经济高质量发展中将发挥巨大作用。

天地一体网络架构

空天地一体化融合网络将由天基多层子网（高轨卫星、中低轨卫星）、空基网络（多种临空设备）和地面蜂窝多层子网（宏蜂窝、微蜂窝和皮蜂窝）组网构成统一的大时空尺度跨域异构的网络，如图5-18所示。

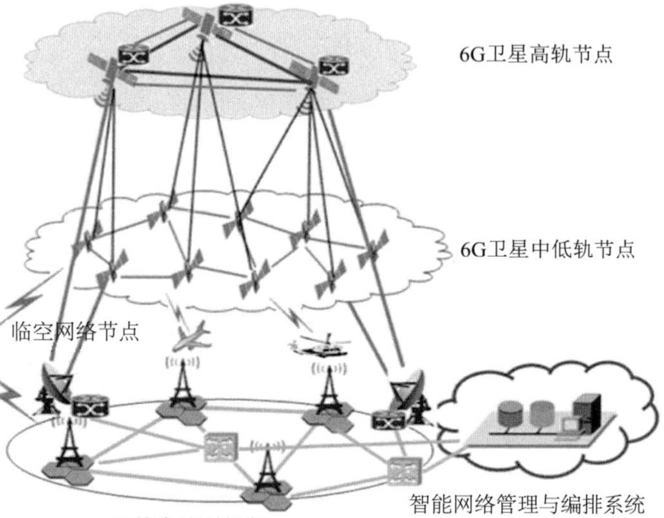

图 5-18　空天地一体化融合组网示意

对于卫星组成的天基网络，随着技术的不断进步，星上处理能力将大大增强，卫星将实现星上信号再生处理、路由交换等功能，不同的卫星之间可以通过星间链路建立广泛、全面的连接，同时 B5G/6G 网络将面向多样化的应用场景为用户提供按需服务的功能，因此空天地一体化融合的网络应该能够灵活适配业务场景和需求，根据业务场景和需求智能地提供弹性可重构的网络服务能力，实现 B5G/6G 网络按需服务的目标。

由于卫星的轨道和形态类型丰富，与地面网络运行环境存在较大差异，空天地一体化融合的网络架构需要考虑网络部署的灵活性和扩展性，兼容透明转发和星上处理模式，考虑不同的传输条件、不同的传输时延以及链路动态切换等因素，通过网络的柔性适配能力实现空天地一体化融合网络的灵活部署、优化和扩展。

面向 B5G/6G 的空天地一体化融合网络应具备简洁、敏捷、开放、集约和资源随选等特点，尽量减少网络层级和接口数量，降低运营和维护的复杂性。空天地一体化融合网络可以通过融合网络的弹性可伸缩能力，实现网络和业务的快速部署，通过网络资源的统一规划和按需、自动化部署，实现端到端运营。

软件定义网络（software defined network，SDN）技术能够在异构多域网络环境下对全网资源进行统一管理和动态配置，实现灵活高效的资源分配和协同，因此空天地一体化融合的网络可通过 SDN 技术实现网络的弹性可重构，通过 SDN 提供的网络功能增强网络活力，降低运营成本，促进网络开放与业务创新；通过采用模块化功能设计模式和“功能组件”的组合，构建满足不同应用场景需求的网络。空天地一体化融合网络的系统架构如图 5-19 所示。

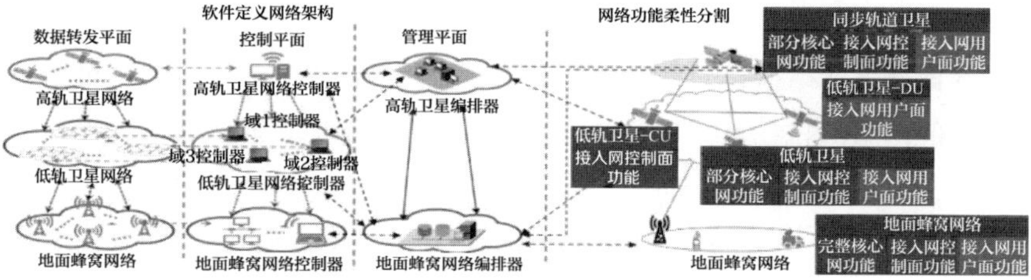

图 5-19 空天地一体化融合网络的系统架构

在图 5-19 中，空天地一体化融合网络根据卫星的处理能力构建分层分域的协同管理架构，通过高轨、低轨、地面三级控制器进行协同工作，完成端到端的网络和业务的管理。地面部署能力强大的主控制器，负责构建全局网络视图，根据网络状况和业务需求进行全网网络资源编排。地面控制器可根据卫星及地面网络状况计算符合需求的路由、分片情况，通过高轨控制器、低轨控制器下发资源编排策略到数据转发面。

高轨卫星作为天基网络的骨干节点，不仅承载着宽带业务传输任务，还负责管控区域内的星间网络拓扑并构成卫星网络中的单个自治域。高轨卫星的控制器主要负责从地面主控制器处获取业务需求、路由策略等，并将这些策略下发到低轨控制器；同时，高轨控制器从低轨控制器处收集卫星网络实时状况，并将网络状况发送给地面主控制器，用于路由调优和负载均衡。低轨卫星控制器执行网络性能监测上报任务，并执行本地快照路由和备份路由切换任务。

空天地一体化融合网络采用服务化的网络架构，网络功能可以根据业务和组网需求进行按需部署，根据不同的部署场景以及网络传输能力，将不同网络功能在天基和地基网络间进行柔性分割，如在控制面和数据转发面之间进行分割，或在集中单元和分布单元间组网。在地面部署完整的蜂窝移动通信核心网和接入网，在卫星上根据组网部署场景、需求和卫星能力进行网络功能定制化设计，支持灵活的路由与业务传输。

空天地一体化融合网络全域覆盖、随遇接入和动态变化的特性需要对异构网络的资源进行统一和智能的管理。为了实现空天地一体化融合网络资源的统一管理和智能编排，空天地一体化融合网络将在高轨卫星和地面部署网络编排系统。由于高轨卫星资源受限，其编排器将采用轻量级的网络编排技术，负责接收其管辖域内卫星节点或链路的异常状态通知，根据业务特性、网络拓扑、网络负载等动态调整网络结构。在紧急情况发生时，也可以根据地面智能网络编排系统的指令以及域内卫星网络节点的可用性、安全性、负载等进行网络重构。在地面部署智能网络编排系统，负责空天地一体化融合网络资源的统一管理，实现网络功能和性能的自动化编排与管理。空天地一体化网络也将和互联网融合，为用户提供更加便捷、丰富的互联网服务。

同时，为了满足空天地一体化融合网络架构弹性可重构的需求，智能网络编排系统引入了网络人工智能技术，实现以用户需求数据、网络运行数据、网络拓扑数据、星历数据等为数据源，通过人工智能算法分析匹配业务需求的网络能力。根据业务需求，按需、自动化地对网络资源进行管理和编排；同时结合空天地一体化融合网络中增强的网络控制、分析和采集能力，形成动态跨域资源的实时自治闭环系统，实现网络的智能分析、编排，避免网络资源的浪费；快速调整网络服务能力，保障重点用户的业务需求。同时智能网络编排平台还具备端到端的网络策略管理能力，结合用户的业务需求、网络状态和资源现状，进行智能决策与策略下发。

天地一体网络关键技术

1. 频谱工程

频谱资源是有限的、不可再生的，人类从掌握无线电通信技术以来一直致力于频谱资源的开发和利用。国际电信联盟制定的《无线电规则》是国际无线电通信管制的一项有约束力的全球性条约，规范各会员国在无线电使用和管理方面的行为，明确其权利和义务，维护资源的有效、合理、安全利用，维持无线电通信业务的正常秩序。《无线电规则》由ITU的无线电通信部门ITU-R负责制定、维护和组织实施，并在四年一度的世界无线电通信大会（World Radiocomunication Conferences，WRC）上对其进行修订。

空天地一体化网络将使用《无线电规则》中规定的多种无线电业务频率，除了传统的地面移动通信使用的移动业务（mobile service，MS）频率，还涉及卫星固定业务（fixed-satellite service，FSS）、卫星移动业务（mobile-satellite service，MSS）、固定业务（fixed service，FS）的频率。

（1）频谱共享

受无线电传播特性、半导体器件性能等多种条件制约，人类开发无线电频谱资源的速度是有限的，高效利用可用频谱资源是满足通信业务快速增长的重要手段。频谱共享被认为是重新获得未使用频谱的一种重要方法，在空天地一体化通信系统中，卫星、临空平台、地面基站之间形成了多层立体网络，其无线传输链路在空间上的分布差异使得基于空间复用和干扰规避的准静态频率复用和频谱共享成为可能。

同时，频谱共享也可以在不同的时间尺度上进行。在共享过程中，用户可以分为主要用户（primary user，PU）和次要用户（secondary user，SU）。在使用频谱资源时，SU可在PU不占用时使用频谱。随着频谱共享操作的时间尺度减小，可利用的空闲频谱资源随之增加，进而更加有效地提高频谱使用效率。

动态频谱共享的主要挑战是避免或最小化不同实体之间频谱使用的冲突，同时允许它们以动态方式访问频谱。从理论上讲，为防止此类冲突，网络运营商可以交换所有相关的频谱访问信息。但实际上这是不可能的，因为实时获取每个实体的所有必需信息会带来巨大的通信开销。人工智能可以通过预测交换信息量有限的其他实体的频谱使用情况来避免冲突。

尽管频谱共享可以创造更多的传输机会，但这对运营商来说是非常具有挑战性的。首先，较短的时间尺度带来了挑战。关于频谱共享使用的有效决策需要对相应地理区域中的空间和时间频谱使用有准确认知。这些认知可以在无线电频谱图中得到体现。其次，由于共享频谱在相应的 PUs 回收时必须被腾空，所以不同于传统的许可频带，每个共享频带的可用性实际上是不确定的。这种独特性给通信服务提供带来了许多新的问题，例如，通过使用不确定的频带可以提供什么样的服务，应该使用哪些频带来完成传输任务，不确定性如何保证服务质量等。虽然频谱接入机会可以通过一些先进的传感或基于数据库的方法准确识别，但如果不能很好地解决上述问题，我们可能无法有效地利用这些频谱资源来提供服务。因此，研究共享频谱的不确定性对服务提供的影响是极其重要的。

（2）干扰协调

各种无线接入设备的增加和无线接入点的广泛部署使得可用频段更加拥挤，从而导致无线接入技术之间的干扰更加严重。空天地一体化通信系统需要支持足够的网络容量以增加数据流量和提高信道利用率。为了处理给定频谱中的干扰问题，我们需要新的机制来共享无线电资源，同时最小化对现有系统的干扰。事实上，由于干扰和用户流量的时变性质，必须频繁地重新检查频谱分配情况，以便在网络中实现有效的资源使用。

认知干扰协调技术是未来的重要发展趋势，其将宽带频谱分为多个子频段，每个子频段具有满足传输所需的最低带宽，通过选择这些子频段实现认知抗干扰。该技术支持在传输频带受到干扰时智能切换传输频率，甚至可支持在受到干扰前就切换工作频率。通过结合认知与学习能力，提高抗干扰能力和效率。

2. 无线传输技术

空天地一体化融合网络面临复杂的信道环境，信道时延、多普勒频移等特性差异极大，高效利用时、空、频、功率等多维资源提升传输性能面临巨大挑战。面向天地融合的通信体制设计需要充分利用地面通信的研究成果，同时考虑卫星通信的特殊条件和需求，对卫星通信的传播环境、移动性、卫星轨位变化和多重覆盖等方面进行针对性优化设计，保证通信的可靠性和传输效率。

尤其当存在高轨、低轨、临空、地面系统多层网络时，终端的智能按需接入变得非常重要。从网络的角度看，要尽可能提供统一兼容的接入方式，并且提供必要的广播消息辅助终端进行网络的选择；从终端的角度看，需要能动态按需选择网络。

针对终端的智能接入，主要的潜在技术包括：空中接口接入协议的统一；终端基于网络的负载和业务时延需求进行按需动态接入；网络具备多层网络的协调能力和管控能力，比如选择一个子网络作为接入锚点，然后在数据传输时进行切换，或者网络对资源和接入能力进行多层网络的协同，维持每一层接入用户的最佳体验。

3. 空天地一体化网络层组网技术

可以预见，IPv6 组网将是空天地一体化的网络层协议，而纯 IPv6 将是主要的组网方式，需要研究空天地一体化网络的体系架构，指导虚拟和专用硬件等多形态的设备组网。在这种方式下，网络将为终端和设备分配唯一、可信的 IPv6 地址标识，基于标识实现数据通信，需要设计终端的编址管理机制，确保终端安全可信；与传统的以固定网络为骨干的组网模式相比，空天地一体会呈现多场景、动态、异构的特征，以卫星通信为代表的无线通信将成为网络主干的重要组成部分，而且网络的拓扑是随着时间进行变化的，需要进行灵活、可信、高效的组网和互通，需要设计新一代高效的组网路由和控制协议，结合 SRv6 和智能化等新技术，实现动态环境下的快速组网，配合实现移动化管理，并从网络层支撑实现一体化切片管理；此外，空天地一体化网络数据通信的空间距离更大，无线资源更加珍贵，需要高效的数据转发技术以减少在空间中的传输时延，必要时对数据包进行压缩以降低传输开销。空基网络的通信更多是在开放空间展开，安全风险高，如何在网络层进行安全防护，防止在开放空间中数据通信的信息泄露，防止假冒终端入网，防止对设备的安全攻击，都是未来需要研究的关键问题。

4. 空天地一体化网络切片

空天地一体化网络将面向广域宽带接入、广域物联网接入、广域时敏连接和广域高精度定位等多种应用场景，存在大量不同服务等级的业务需求，使得在利用网络切片技术满足业务需求方面具有更大的挑战，例如网络结构更加复杂，覆盖范围从地面扩展到更高的空域且覆盖面更广，多种无线接入技术交织在一起，无线传播环境更加复杂，不同业务的服务等级需求差异较大等。因此，在利用网络切片技术实现空天地一体化通信系统中业务的端到端服务等级需求时，需要引入一些新的关键技术，以更好地协调使用不同网络的资源，实现网络的精细化服务。

5. 基于 AI 的统一虚拟化技术

随着 SDN 和 NFV 技术在通信领域的应用，网络资源实现了灵活调度和使用，网络能力得到极大的提升。目前，5G 网络切片的实现主要集中在核心网，无线接入网和传输网的网络切片技术还不太成熟。为了实现端到端一体化网络切片，空天地一体化通信系统应通过统一虚拟化技术对接入网、传输网和核心网的软硬件进行充分解耦，从而在统一虚拟化环境中对不同网络域的物理资源进行逻辑切片和统一编排。进一步，在通用硬件设备之上构建出多个专用的、虚拟的、互相隔离的端到端逻辑网络，根据用户所在区域、入网时段和占用带宽的动态变化，灵活调配处理不同的网络资源，实现系统的带宽、存储和处理资源的最优利用，推进业务模式由资源运营向网络运营、服务运营转变。同时，将大数据分析和人工智能技术应用到端到端切片资源的优化配置、基于 AI 分析的切片 QoS 建模以及 QoE（quality of experience，用户体验质量）数据分析等方面，可以更好地优化和配置各种不同网络资源，实现空天地一体化通信系统中多种多样的业务端到端 SLA 需求。

通感算一体网络

通感算一体化网络是指同时具备物理－数字空间感知、泛在智能通信与计算能力的网络。该网络内的各网元设备通过通感算软硬件资源的协同与共享，实现多维感知、协作通信、智能计算功能的深度融合、互惠增强，进而使网络具备新型闭环信息流智能交互与处理及广域智能协作的能力，为6G的智慧城市、智慧交通、智能家居等典型应用场景提供支持。

通感算一体化网络中感知、计算、通信的内涵如下。

感知：如同人体的感官。感知是指物理－数字多维空间的感知，包括网络外部感知和网络内生感知两大部分。其中，网络外部感知包括对电磁环境（信道状态、频谱质量、电磁干扰等）、外部物理环境（目标运动状态检测与识别、目标成像等）的感知；网络内生感知包括对业务需求（传输速率、通信时延、算力要求等）、网络物理与数字空间状态（网元设备运行状态及资源使用情况、AI训练模型库、数字孪生网络运行状态等）的感知。

计算：如同人体的大脑，一般意义上，计算是指零散、孤立地分散在网络各处的具有计算能力的网元。在通感算一体化网络中，计算是指增强感知与通信后可协同分配调用的分布式泛在智算。

通信：如同人体的神经，通信是赋予智能网络节点间多维感知信息共享、分布式智能计算等信息交互的载体，也是实现网络广域智能协作的基础。

通信、感知、计算，三者深度融合、互惠增强，其逻辑关系可以从如下三方面进行解读：

第一，通信、计算辅助感知增强。

通信功能可以有效传递和汇聚感知信息，以支撑多节点协作感知，进而扩展感知的维度和深度。此外，实时共享的分布式算力可对感知数据进行定制化的特征抽取及信息融合处理，借助先进算法模型将原始感知信息转化为可被终端或用户直接理解的意图及语义信息，实现从环境感知到环境认知的能力增强。

第二，感知、计算辅助通信增强。

感知功能通过获取更丰富的用户信息、环境数据等为通信提供先验信息。智能终端可利用随取随用的分布式算力，进行精准高效的信道估计、测量及快速波束对准，有效增强智能终端的信息处理能力；智能云网可通过多维数据融合处理及大数据分析，重构未知的物理信道状态，设计最优传输方式，提升通信的整体性能。

第三，感知增强与通信增强进一步辅助计算增强。

增强后的感知功能可以为分布式算力的最优化快速调度提供先验信息，也可以为 AI 服务与应用提供更丰富的数据来源，以增强训练模型的鲁棒性；而增强后的通信功能则进一步提高了算力网络的泛在计算能力，实现 6G 时代各类场景下算力资源的即用即配。

具备以上特点和功能的通感算一体化网络架构，如图 5-20 所示，主要由终端、边缘网络、核心云网三部分构成。

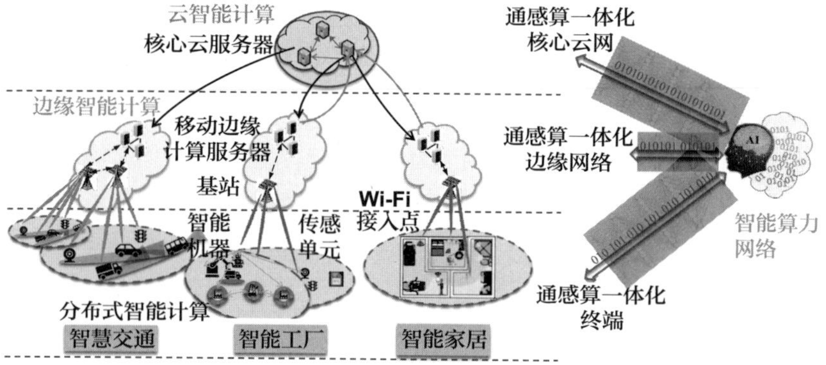

图 5-20　通感算一体化网络架构图

通感算一体化终端：主要由集成各类传感单元的大规模智能机器（intelligent machines，IMs）组成。IMs 通过共用射频收发器、共享频段实现通信和感知功能的融合，即通感一体化。通过辅助的环境感知信息获取（如通感一体化设备和传感单元的节点位置信息），IMs 可以快速执行拓扑构建和媒介访问控制等操作，进而建立分布式或集中式的自组织网络。除此之外，IMs 可采用分布式智能计算技术（如强化学习等）融合大规模感知信息，通过智能协作和网络化感知，辅助即时通信系统的自主决策。分布式智能计算的加持，将辅助通信网络的资源分配和路由优化，进而提高通感算一体化网络的整体性能。

通感算一体化边缘网络：主要由基站（base station，BS）和移动边缘计算服务器（mobile edge computing servers，MECS）组成。BS 通过通感一体化技术实现 IMs 间的通信及环境感知；MECS 通过 BS 与 IMs 进行交互，也可接收基站覆盖范围内的来自不同 IMs 的感知信息，进行局部感知信息的融合和处理，进而通过边缘智能计算技术（如强化学习、深度学习等）执行局部决策和局部控制。

通感算一体化核心云网：主要由具备最强大的计算与存储能力的集群核心云服务器组成。核心云服务器可以综合各类由 IMs 和边缘网络上传的数据来融合大范围区域的感知信息。更进一步，核心云服务器可以记录并智能分析大范围区域的感知信息以构建全局的云智能计算模型库，进而实现全局感知、决策和任务编排。

算力网络可以以通感算一体化为核心支撑，将云 – 边 – 端多级算力通过网络化的方式进行连接与协同，实现随时随地的实时感知和算力服务的按需实时调度与高效共享，为各类业务灵活匹配最佳算力资源节点。

综上所述，通感算一体化网络通过云 – 边 – 端多维感知、协作通信、智能计算功能的深度融合、互惠增强，实现新型闭环信息流智能交互与处理，进而支持通感算一体化网络广域智能协作。

云网

第六章
算力智能化

融合

算力第一定律提出，算力就是生产力，算力智能化让生产力发展驶入快车道。我们知道，计算的发展分为专用和通用两个趋势。通常我们追求计算的通用性能和通用效率，直到碰到瓶颈，然后我们就会牺牲一定的多样性，追求某一专项任务的高性能。智能计算属于后者，就是借用自然规律的启迪根据其原理模仿设计求解问题，偏重于特定的大规模 AI 任务应用场景下的计算，更适合服务定向企业。智能计算包括面向智能的计算和智能驱动的计算，本章将从这两个方面展开介绍。

面向智能的计算

面向智能的计算基于数据，借助算力驱动，以算法为手段，为应用场景提供智能化计算服务。数字经济的发展推动了海量数据的产生，数据分析和处理需要强大的算力和广泛覆盖的网络连接。人工智能技术提升了算力服务的智能化水平，在异构算力融合、算力虚拟化、算力调度、混合计算加速等方面发挥了重要的作用。同时，算力作为人工智能算法训练、计算的重要载体，算力内核的极致化和专用化（如 GPU、DPU）推动了人工智能技术性能的不断提升。人工智能技术的四要素是数据、算法、算力、知识。其中，数据智能包含了从数据、算法、算力到知识的全部四要素，是人工智能服务大数据价值挖掘的基础环节；机器学习、深度学习是具有代表性的人工智能算法技术，应用在各种算法研发环节；隐私保护计算技术是数据安全保障的重要环节；AI 赋能平台是人工智能算法调用、算力资源调度的重要载体；AI 应用和业务为人工智能技术提供了丰富的赋能场景。这些方向的融合为人工智能领域的发展注入新的活力，同时也推动了算力网络更好地向纵深发展。

数据智能

面向数据价值提升的数据智能是连通数据与应用的桥梁，通过对数据进行智能化处理加速提升大数据价值密度达到数据“炼油”的目的。根据业务应用中的数据聚合的需求，将原始数据封装成块数据，基于图计算技术形成全局的数据聚合，再根据业务场景的需求，结合数字孪生、智能推荐等技术，构建智能化的应用服务。最后根据数据和应用的需要，进行知识泛化，完成“数据知识化”及“知识数据化”的数据闭环，从而以数据智能化技术实现数据价值的充分提升。

如图 6–1 所示，数据智能的总体架构包括以下几项。

原始数据：不同维度的原始数据可能分散在各处，存在不同的数据所有方、不同的数据库、不同的访问调用方式。

封装的块数据：面对复杂多样的原始数据状态，需要以多种技术手段（如集中存储、分散访问、联邦学习等），围绕业务需求形成不同数据主体的封装块数据，形成有效的数据基础。

全局聚合数据：采用图计算技术，形成围绕数据主体的数据聚合，将不同维度的数据依据和数据主体的属性关系形成关联，基于关联进行个体及群体的算法模型推理。

场景驱动的数字孪生：数字孪生是现实世界的虚拟化、数字化的模拟，场景驱动的数字孪生加入了针对算法的训练以及应用成效的评估，以基于现实场景模拟开展场景预测、预警、风险评估。

知识泛化：知识泛化的引入促进整个数据价值挖掘形成闭环，提供了一种基于数据和场景融合的“举一反三”的能力，数据知识化得以最大化提升数据的价值，由满足单一业务功能，扩展到解决一类知识型问题，知识再数据化，形成另一个维度的数据，进一步为业务需求提供服务。

数据智能包括图计算、数字孪生和知识泛化等。

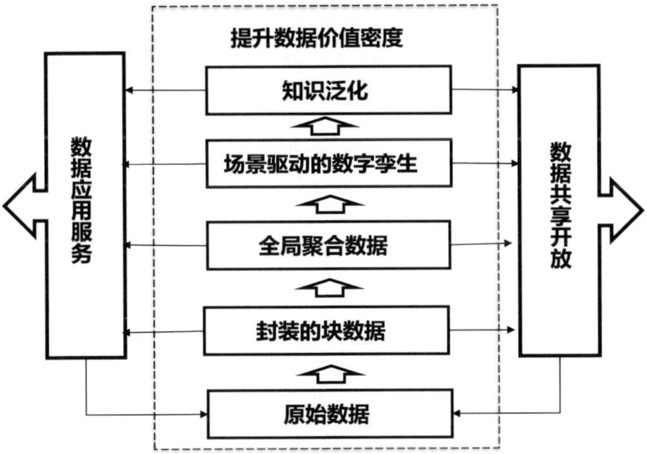

图 6-1　数据智能总体架构

图计算技术

以图数据库、数据索引、ID-MAPPING、图计算等典型技术，通过建立数据主体全局 ID 和数据属性的关系，构建数据的全局关联，解决同一数据字段在不同系统中的一致性整合问题，并在不同数据维度产生关联后，以全局业务发展的视角，产生更多的主动赋能价值。此外，当有新的数据维度接入时，同样可以遵循全局数据关联的逻辑，将新维度数据与已有数据维度通过核心要素的全局 ID 以及数据关联属性形成全局数据关联，更有利于数据推理的拓展，以及数据价值的体现。

1. 全局数据关联

在原始数据的基础上，通过多方数据集成、统一用户标识、联邦学习等手段，构建覆盖全渠道、全链路数据的 OneID 体系及相应的标签体系和用户画像。联邦学习实现数据共享和多方隐私计算，AI 原子能力中的自然语言处理、图像识别等技术帮助处理原始数据中的非结构化数据。

2. 全局数据模型构建

全局数据模型层通过图数据库连接组件、关系型数据库连接组件、分布式系统连接组件对接全局数据关联结果，通过基于注意力机制的子图抽取组件，从全局关联数据中自动抽取满足业务和场景的数据文件；对基于业务的子图进行特征工程后，送入图计算模块，经过模型训练，生成并存储最优模型结果，并通过应用推理组件和对外应用访问程序接口，来构建有效的算法模型。

3. 数据智能

数据智能一方面通过模型存储、模型迁移、模型同步、模型仿真和模型优化等技术实现对已有模型的管理、迁移和优化；另一方面，通过智能推荐、数据中台等技术，实现对外输出和场景赋能。

数字孪生

像许多工程学概念一样，数字孪生的概念也源自美国国家航空航天局（NASA）。数字孪生这一短语最早由 NASA 的首席技术专家约翰·维克斯（John Vickers）在 2002 年提出。而后，密歇根大学教授迈克尔·格里夫斯（Michael Grieves）在 2003 年将其应用在产品生命周期管理领域。之后的几年，美国军方及其合作方陆续提出了诸如数字线程、数字织锦等数字孪生的相关概念。最终，在 2012 年的一篇会议论文上，NASA 和美国空军共同提出了他们对数字孪生的定义——“数字孪生”是对已建成的飞行器或系统的多物理、多尺度的概率模拟，反映相应设备的飞行寿命。

数字孪生由建模仿真技术发展而来，伴随物联网感知技术的发展而壮大。由于概念的传播，数字孪生不再局限于航空航天领域。尤其是近10年来，越来越多的企业开始布局数字孪生业务。西门子、达索、通用电气等工业软件龙头企业纷纷推出了各自的数字孪生应用模型并积极宣传推广。但不难发现，此时的数字孪生还是集中应用于制造工业中，后来虽然出现了以BIM（building information modeling，建筑信息模型）数据为基础的建筑业及智慧城市等领域的应用，但本质上它尚未脱离仿真模拟的范畴。

随着人工智能、区块链等新兴技术的快速发展，数字孪生逐步应用于更广泛也更深入的场景中。此时，数字孪生的定义不应再归集于某一具体的领域，也不应仅仅聚焦对已有物理实体的仿真模拟和数据分析。因此，我们提出更为包容的数字孪生定义如下：

数字孪生是指综合运用感知、建模、计算、交互等多种技术，实现物理空间与数字空间的实时双向同步映射及虚实交互。此处的建模不仅指三维意义上的建模，也包括对数据、知识等抽象概念的建模；而这里的交互也是广义上的交互，除了常规的人机交互，还包括物理世界利用传感器数据塑造数字世界、数字世界通过机器指令对物理世界进行改造等抽象层面的交互类型。

结合人工智能、机器学习、大数据、5G/6G、区块链等新兴技术，数字孪生可以在数字空间中对物理对象进行智能生成、实时建模、监控分析、预测控制及一定程度的改造。它将物理世界数据化并对其进行智能处理，以达到辅助决策、超前治理甚至自营自治的目的。

数字孪生的应用非常灵活，可具有多种规模、多种形式，很难用一套具体的流程囊括所有的应用。但从应用对象看，数字孪生大致可以分为两类。

第一类是面向物理实体（不论其是否已存在）的数字孪生。这类数字孪生的核心在于仿真模拟，以大量的三维模型为基础，对物理实体的数据进行分析、预测，并将该实体在全部生命周期内的实时状态及数据运算结果可视化地呈现在三维模型上。这可以算是狭义的数字孪生，或者说传统意义上的数字孪生。

第二类是面向应用场景的数字孪生。这类数字孪生的核心在于对流程、过程、规则、知识等的抽象模拟，需要应用场景中所涉及的方方面面的数据，并对数据进行归集、抽象、分层、建模、提炼，从而形成以聚合数据模型为基础的场景驱动型数字孪生。这类数字孪生也许不涉及三维模型的可视化呈现，但它的应用范围更加广泛，可以算是广义上的数字孪生，也是数字孪生的未来发展方向。

在通信行业中，靠近底层云网物理设备、关注设备运行状态的数字孪生属于第一类，但对云网融合来说，面向应用场景的场景驱动型数字孪生更加适用。

云网数字孪生抽象于云网物理硬件、设备、底层基础设施之上，通过对云网数据的分层提炼及抽象建模，构建云网孪生的抽象模型。其中涉及了多种对象的组织管理及控制，例如对云网物理设备的管理、对设备运行状态的监控分析、对孪生模型的管理、对云网运行模式的推理、对云网知识体系的提炼、对云网应用情景的智能洞察及对云网运行的自治决策等。这些对象与对象间的关系共同构成了云网数字孪生的层级嵌套式图结构数据模型。

云网数字孪生作为云网大脑的运行基础，是沟通物理云网与数字云网的渠道和平台。其中涉及的大数据、机器学习、自然语言处理、计算机视觉、知识图谱、区块链等一系列新兴技术，将互相融合、相互成就，最终实现精准贴合业务场景需求的智能化应用服务，为实现云网数字化运行做出贡献。

利用云网数字孪生构建通信行业知识体系，可以形成对产业整体趋势的分析及预知，并获得前瞻性的智能化建议，能在很大程度上改善生产活动中诸如产业链协同、城市综合治理等棘手的复杂问题，改变未来各行业的运作方式。

知识泛化

1. 什么是知识泛化

知识泛化是指通过生物体（如人）学习或机器学习的手段，扩大原有知识的应用范围，以解决新的问题。

对生物体而言，知识泛化是生物体认识世界的方法。以人为例，人在成长过程中会学到各种各样的知识，学习到的这些知识大部分是由特定的人（如老师）在特定的场合（如学校）中教授的，要想把这些知识充分地应用到实际生活中，便需要人们摆脱不一样的人物、场合等因素所造成的对陌生因素的不习惯和无法识别。

对机器人等智能体而言，其需要使用知识泛化来认识世界，并将所学的知识应用到不同的场景中。智能体所学到的知识一方面来自人们基于逻辑推导或归纳推演所得到的系统的概念化的知识，另一方面来自智能体通过模型从大量数据当中所学到的具有关联性或因果性的概率化的知识。这些知识在不同的应用场景中，需要通过进一步的知识泛化，实现“数据知识化”和“知识数据化”的数据闭环，扩大原有知识范围，更好地解决新问题。

2. 知识泛化的重要性

在数据智能中，知识泛化是数据智能的重要组成部分。数据智能化技术为了实现数据价值的充分提升，需要通过知识泛化扩大原有知识的应用范围。人们在解决具体场景中的实际问题时，所遇到的数据往往是针对特定领域、特定场景的，但是这些数据也同样包含一些知识性的内容。

3. 如何实现知识泛化

知识泛化的实现过程离不开知识的获取。对于知识，目前没有统一而明确的界定，较为普遍的认识是，知识是“确证的真信念”，需要满足三个基本条件：被证实的，能被人们所相信的，真理（真信念）。因此，除人工学习的知识外，如果“知识”源于机器学习，那这部分“知识”需要满足的最基本条件是可解释性。这个条件对很多神经网络模型提出了更高的要求。

首先，可以采用概念层次的方法构建知识图谱来实现知识泛化。概念层次定义了一组由底层概念到高层概念的映射，一般为树结构，可以采用模式、集合分组、规则等层次划分方法来构造。例如：{河北、山东、湖南……}属于中国，{石家庄、邢台、邯郸……}属于河北，分别对中国和河北两个高层概念进行了泛化。

另外，也可以使用机器学习来进行知识泛化。例如：通过图片进行场景图生成，并对生成的场景图进行进一步抽象总结，或者通过机器学习中的特征分析，分析出重要特征，并进行进一步验证分析，可以使模型或模型结果在解决其他问题时得到进一步利用，提升模型知识的泛化能力。

机器学习

机器学习基础

机器学习是一个比较复杂的体系，是通过算法解析数据，从中学习规律，然后对世界上的事件做出决策与预测的方法。机器学习的目的是"学习"，跟人类一样从世界中获得"知识"并利用其来解决现实世界中的问题。更进一步来说，机器学习的起点是数据，结构化的也好，非结构化的也好，可以狭义地将此处的数据看作对现实世界事件的一种描述。机器学习要做的事大概分为两步：第一步是要从这种事件的描述数据中学习到内含的知识与规律；第二步就是把学习到的规律推广到这一类事件中，对同一分布其他事件进行决策与预测。

要描述一个学习方法，要知道这个事情该怎么做，如何来实现机器的学习，如何利用机器来做决策与预测。传统的机器学习主要关注如何学习一个预测模型。人类具备对外部世界各种类型数据的感知与转换，计算机的内部世界由二进制组成，运算器、寄存器等从来都不能直接执行原始的外部数据，所以一般需要首先将数据表示为一组特征，特征可以表示为连续的数值、离散的符号等，外部世界的数据经过转化后成为机器能够理解的形式。将这些数据输入模型，然后再进行决策预测任务。

实际中面对数据的多样化，根据不同的数据和场景需要采用不同的特征构造方法。通常根据特征的不同，选择的学习方法也不同。在表示学习之前，实际应用中的机器学习模型一般可以拆成数据预处理、特征提取、特征转换、决策预测几个部分。传统的机器学习更关注模型函数的构建，但是在实践中发现各种模型之间的差距并不是特别大，反而是特征处理的过程对结果好坏起关键性作用。传统的特征处理主要依赖人工经验选取调整特征来提升模型的性能，因此机器学习任务大多数是在做特征工程。传统的特征学习方法一般有主成分分析、线性判别分析、独立成分分析等。

按照模型的训练方式对机器学习分类，可以分为有监督学习、无监督学习，另外还有半监督学习、自监督学习、强化学习等。

有监督学习

有监督学习就是模型需要从已经标记好的数据中学习推导预测函数，也就是每个训练数据都包含了输入与期望的输出。常见的有监督学习模型有：感知机、k- 邻近算法、贝叶斯分类器、决策树、logistic 回归（逻辑回归）、支持向量机（SVM）等。

感知机是最基础的一个二分类的线性模型，是神经网络与支持向量机的基础。它的思想是在数据之间构建一个能将样本划分为两类的分离超平面，通过构建基于误分类的损失函数，利用梯度下降法对损失函数进行极小化处理。

k- 邻近算法在一个带有标签的数据集中，知道每个样本与其所对应的所属分类。模型可以通过将新样本的特征与样本集中的对应特征进行比较，然后选择一个与其最相近的标签。

贝叶斯分类器中，贝叶斯决策的思想是已知部分状态，对部分未知的状态进行主观的概率估计，然后基于贝叶斯公式对概率进行调整，最终利用期望值与修正概率做出最优决策。

决策树是一种典型的归纳 - 推论方法，通过对训练数据集的归纳构建分类模型，再根据建立的分类模型对测试集进行测试。决策树本质上就是一系列的规则对数据进行分类的过程。

logistic 回归是一种特殊的广义线性回归。与线性回归不同，逻辑回归参数估计方法使用的是极大似然估计。

支持向量机作为一种二分类模型，区别于感知机。支持向量机的模型要寻找的是最大间隔超平面，在样本被分割在超平面的基础上，还要使得超平面两侧的样本点距离超平面的距离最大化。

无监督学习

无监督学习，从字面上来看就是不需要通过带有标注的数据来进行模型的训练，比如常用的聚类分析，算法只需要探索数据所包含的隐藏信息就可以做出决断。机器学习中的无监督学习，一般主要分为聚类与降维两类。

聚类是十分常用的方法之一，是按照某个特定标准（如距离）把一个数据集分割成不同的类或簇，使得同一个簇内的数据对象的相似性尽可能大，同时不在同一个簇中的数据对象的差异性也尽可能地大。常见的聚类算法有 k- 均值聚类、层次聚类、密度聚类。

最常见的 k- 均值聚类就是基于欧式距离，两个样本距离越近就认为它们的相似度越高。层次聚类顾名思义，就是一层一层的聚类，自底向上地对小类别进行聚合，或者自顶向下对大的类别进行分割。密度聚类本质上是一种以密度为阈值的聚类方法，根据定义可以知道，基于距离的聚类适合球形聚类，在面对不规则形状的聚类，尤其是互相融合的非凸形状时效果就不尽如人意，而基于密度的聚类方法就能很好地解决这个问题。

降维是将训练数据中的样本（实例）从高维空间转换到低维空间。降维算法基本可以分为两类：矩阵分解方法主要有主成分分析（PCA）、因子分析、独立成分分析（ICA）、字典学习、非负矩阵分解（NMF）、线性判别分析（LDA）；流形学习方法（T-SNE）等。这里就不详细再展开了。

自监督学习，从字面意思来看，就是自己监督自己的学习方法。自监督学习不需要外部提供标注好的数据集，是利用辅助方法从数据自身挖掘监督信息，通过机器根据无监督数据构造监督信息。强化学习，类似于下棋，以提升棋力为目标不断切磋的过程就是一个强化学习的过程，其核心在于交互，通过一次次的迭代学习，给予一定的激励，不断调整学习的策略。

传统机器学习方法主要依据人为设计的一些准则来进行有效特征的筛选。为了将人工从特征工程中解放出来，人们提出了自动特征工程，设计了一种算法可以自动地学习出有效的特征来提升模型的性能，后来这种方法被称为表示学习。为了更好地学习一种表示，需要加强模型的构建深度，构建深度模型的过程就是我们下文要介绍的“深度学习”。

深度学习

这一部分重点介绍深度学习的基本概念，解析深度学习的工作原理及发展现状，阐述算力网络与深度学习的关系，总结在算力网络下深度学习未来发展的方向。

人工智能是影响社会数智化发展的关键，算力网络通过深度学习融数注智，构建算网大脑，打造统一、敏捷、高效的算网资源供给体系。深度学习作为算力网络中一个重要的原子组成部分，与其他原子结合，实现算力服务从传统简单的云网组合服务，向多要素深度融合的一体化服务转变，服务模式逐渐从“资源式”向“任务式”转变，最终实现“算力无所不在、智能无所不及”。

深度学习在2012年杰夫里·辛顿（Geoffrey Hinton）的课题组夺得ImageNet图像识别冠军后重回人们的视线。简单来说，深度学习是一种包含多个隐含层的多层感知机，通过抽取大量数据特征提高模型泛化，最终用于描述对象的属性类别。

技术原理

深度学习的强大，关键在于神经网络。在算力足够的情况下，深度学习可以从少数样本集中学习数据集本质特征。深度学习的网络参数成千上万，这些参数代表着每一层的权重，模型学习的目的是在神经网络中找到一组最优的权重组合。在学习的过程中，通过损失函数，衡量判断预测和真实之间的差距，并通过优化器引导权重的调整，使学习的效果更好。因此，初期的神经网络初始赋值是经验赋值，损失值较大，随着不断的迭代，权重值向正确的方向调整，损失值逐步变小。

深度学习的经典网络有很多，其中最经典的两个网络是应对具有空间性分布数据的卷积神经网络（convolutional neural networks，CNN）和应对具有时间性分布数据的循环神经网络（recurrent neural network，RNN）。

其中，CNN主要用于图像识别领域。它包括卷积层、池化层和全连接层，不同结构变化延伸出不同网络。基于CNN的一些典型结构，许多计算机视觉研究正在探索如何把这些基本模块整合起来，构建高效的神经网络。这样的高效网络源于CNN的两个重要特征——权值共享和局部感知用来减少网络参数。如今，有相当多的卷积神经网络表现出了优异的性能，例如：AlexNet，包含6.3亿个连接、6000万个参数和65万个神经元，除了深层次的网络结构，还有两个特点，一是采用ReLU作为激活函数，避免了梯度耗散问题，提高了网络训练的速度，二是通过平移、翻转等扩充训练集，避免产生过拟合；VGGNet，通过网络分段增加网络深度，采用多层小卷积代替一层大卷积，增加非线性操作，对特征的学习能力更强，并在训练过程中采用了多尺度和交替训练的方式，减轻了神经网络训练时间过长的问题；GoogLeNet，采用稀疏连接提出了inception的结构；ResNet，其网络结构有152层，通过在网络结构中引入残差网络来解决梯度爆炸或衰减现象，可以最大程度地加深网络，并得到非常好的分类效果。

RNN是一种基于记忆序列且网络结构不断循环的模型。循环结构的神经网络克服了传统机器学习方法对输入和输出数据的上下文关联性不能有效学习的问题，成为深度学习领域中一类非常重要的模型。但RNN存在梯度消失的问题，研究者提出了RNN的变体，其中最具代表性的网络是长短时间记忆（long short-term memory，LSTM）。同时，自Attention机制提出后，谷歌又提出Bert及Transformer模型，使得RNN网络在处理文本、音频及翻译等任务时取得瞩目的结果。

除此之外，常见的网络还有深度信念网络（deep belief nets，DBN）、生成式对抗网络（generative adversarial networks，GAN）以及深度强化

学习（deep reinforcement learning，DRL）。深度信念网络的常见应用是特征提取，其已经在语音识别、图像识别等领域取得前所未有的成功；生成式对抗网络在对抗攻击的研究中，发挥了巨大的作用；深度强化学习则可以应用到推荐系统、机器人端到端控制等领域。

发展现状

深度学习极大地促进了人工智能的发展，受到世界各国相关领域研究人员和高科技公司的重视，语音、图像和自然语言处理是深度学习算法应用最广泛的三个主要研究领域。下面主要介绍前两个领域。

语音识别领域：随着深度学习的快速发展，样本数据特征的相关性信息得以充分表示，连续的特征信息结合构成高维特征，通过高维特征样本对深度神经网络模型进行训练，随后逐层进行数据特征提取，最终得到适合进行模式分类处理的理想特征。因此，语音识别性能有了一定程度的提升。

图像识别领域：对于图像的处理是深度学习算法最早尝试应用的领域，人脸识别、图像分类、物体检测等许多耳熟能详的图像识别领域的场景，在深度学习出现之前应用的效果都不算理想，在杰夫里·辛顿课题组夺得 ImageNet 图像识别冠军后，深度学习展现出来的巨大潜力让研究人员看到了突破的希望，更关键的是算力的提升、大数据技术的发展使训练所需的数据更易取得，使网络能够更好地拟合训练数据。

算力作为核心生产力，助力全社会的数智化转型，加快数字经济的发展速度，提升社会智能的发展高度。千行百业的数据与算法各不相同，但算力可以共享。汇聚全社会泛在算力资源，推动算力融合已是大势所趋。人工智能算力网络作为新型基础设施，充分释放人工智能计算中心融合赋能的能力，通过汇集各个城市的 AI 算力、数据、模型、应用，做到协同共享，让城市间实现互通协同、优势互补，推动人工智能产业发展，为数字经济发展提供源源不断的动力，加速数字经济迎来新发展。那么，将深度学习与算力网络结合起来，通过算力网络将各地的深度学习计算中心连接成网，动态实时感知算力资源状态，实现统筹分配和调度计算任务，构成区域内可感知、可分配、可调度的 AI 算力资源，以“一网络”实现“三汇聚”——算力汇聚、数据汇聚、生态汇聚。

算力网络与深度学习是一种闭环结构关系，算力的提升提高了深度学习的训练效率、模型精度以及泛化能力；而深度学习在各个行业的渗透度不断提升，也促进了算力的智能化，形成更加好用、易用的智算网络。

未来发展

未来，随着算力逐渐向边缘侧和端侧延伸、算力网络的不断普及，各区域均将成立人工智能计算中心，计算中心之间将实现算力网络互连、资源共享、协同调度，将会让科研创新更高效，让人工智能与产业的融合更深入，模型趋向轻量化，深度学习的应用领域将呈现爆发式增长的态势，大量技术含量低、重复性高的工作环节将很有可能被智能机器人取代，深度学习所掀起的技术革命的格局必将是全方位、多层次、宽领域的。

赋能平台

随着人工智能的不断发展，AI 模型的训练逐渐复杂化、差异化，同一 AI 模型在不同的异构算力硬件上的训练、开发与优化也不尽相同。为了让开发者更高效、简洁、标准地使用 AI 技术，将 AI 赋能各行各业，一站式的机器学习赋能平台显得尤为重要。平台应当能提供一站式的人工智能开发与部署方案，同时可以解决 AI 算法训练时的资源、环境、能效问题，兼顾屏蔽底层异构算力差异，还具备优良的纳管对接与开放部署能力。AI 赋能平台集成了端到端开发和支撑工具，提供涵盖数据处理、模型构建、模型部署、支撑与服务等人工智能开发应用全流程服务的技术平台。5 个核心环节在平台中的作用如下：

第一，高性能算力管理与调度是平台提供算力的基石，除英伟达 GPU 外，还对国产算力进行异构纳管与调度，整合了异构算力的平台全流程管理，最大限度发挥资源效力并赋能业务系统。

第二，数据处理服务通过数据接入、数据预处理、数据标注等功能，将数据转换为模型训练可用内容，并在此基础上进行数据管理和分析。

第三，模型开发与训练部分支持模型的开发、训练和评估，通过提供一系列完备的开发工具，帮助各类用户快速训练出与场景匹配的模型。

第四，模型管理保存了模型的元数据和描述文件，保证模型可以部署在计算硬件、操作系统、推理框架等不同的现实环境中。

第五，模型推理与服务管理提供基础的运营、维护、管理等能力，一方面提供硬件资源的管理调度以及工作流的支持，另一方面提供认证、权限、日志和监控等运维保障。

高性能算力管理与调度

AI 离不开强大算力芯片的支持，异构算力技术的发展能够满足不同应用场景的需求，异构算力的协同能够最大化地实现异构算力的效力。赋能平台的底层基础设施管理组件对平台中接入的异构芯片资源进行统一纳管，并支持算力池化与编排调度服务。

而随着异构芯片的不断涌现，经过异构芯片训练出来的模型也如雨后春笋般涌现出来。在非异构算力芯片平台下，kubernetes 中 kube-scheduler 提供的默认调度器能够满足绝大多数要求，可以保证 Pod 被分配到资源充足的节点上运行。但是随着异构算力的进一步发展，就要求特定类型的应用必须运行到特定类型的节点当中。这就对高性能异构算力的管理与调度提出了更高的调度性能与控制管理要求。异构算力调度应该面向异构计算节点资源实现统一的资源实时感知，并且对上层提供资源抽象和应用调度抽象，以满足上层多场景需求的使用。

微软亚洲研究院和微软（亚洲）互联网工程院、北京大学、香港大学合作提出了一个新的多租户 GPU 集群管理方案 HiveD，国内厂商华为则发布了 Volcano 调度器，主要针对 AI 和大数据场景的高性能工作负载的容器批量计算引擎，不仅包括作业调度，还包含作业生命周期管理、多集群调度、命令行、数据管理、作业视图及硬件加速等功能。

数据处理服务

赋能平台的数据管理组件提供了面向 AI 开发的一站式数据服务功能，其围绕 AI 开发过程中所需要的数据采集、数据清洗、数据标注等任务需求提供完整的数据服务。良好的数据需要进行清洗和处理，保证平台内的数据具有更高的实用性，从而使数据具有更高的质量。因此，赋能平台不仅具备能够处理海量数据的相关技术软件，更应当具备对数据清洗和处理的一站式算法与算子。当前，数据清洗与处理的方法主要有表 6-1 所示的几种。

表 6-1 数据清洗与处理方法对比分析

处理方法	缺值类型	优点	缺点
删除法	完全随机缺失	简单、速度快	误差大、易丢失信息
权重法	随机缺失	过程简单	稳定性差、误差大
人工填充	完全随机缺失	过程简单、准确性高	人工成本高、人员要求高、时间长
均值填充	完全随机缺失	过程简单	主观性强、不稳定、有误差
EM 填充	完全随机缺失或随机缺失	误差小、稳定性好	基于正态分布假设、不适合高维数据
热卡填充	随机缺失	过程简单、分布效果好	公式不明确、容易受辅助变量影响
冷卡填充	随机缺失	过程简单	填充效果取决于前期数据质量、存在估计偏差
回归填充	随机缺失	过程简单、考虑了变量间的关系	没有考虑数据的不确定性、不适合高维数据
聚类填充	随机缺失	拟合效果好、误差小、适合高维数据	操作过程复杂、时间成本高
多重填充	随机缺失	保持了数据的不确定性、稳定性高、误差小	操作过程复杂
不处理	任意缺失	简单方便	误差大、效果差

经过一系列的采集、脱敏、清洗等操作，此时的数据已经可以进行初步使用。而在人工智能领域，除了上述步骤，还要根据任务目标对数

据进行进一步标注。传统的数据标注主要分为语音、图像、视频、文本，开发者依照训练任务选择不同的标注工具。常见的标注工具有 LabelImg、RectLabel、VOTT、LableBox 等。然而，由于标注工作任务量大，而且标注质量会直接影响模型效果的好坏，标注逐渐由本地向云端靠拢。赋能平台往往采用众包模式，将数据集开放给多位标注人员进行标注，再以质检人员进行审核的方式进行标注，这样就可以极大地提高标注效率和标注质量。

模型开发与训练

赋能平台的模型开发与训练组件为开发者提供了在线的交互式集成开发环境（例如 Notebook、AI 云桌面），支持业界主流算法框架进行开发编码，提供了从数据、框架到开发、训练的全栈模型开发服务。

当前，赋能平台模型训练主要分成三层，最底层为不同的异构芯片，第二层则为与芯片匹配的训练框架，最后则是对应的训练模型，如图 6–2 所示。

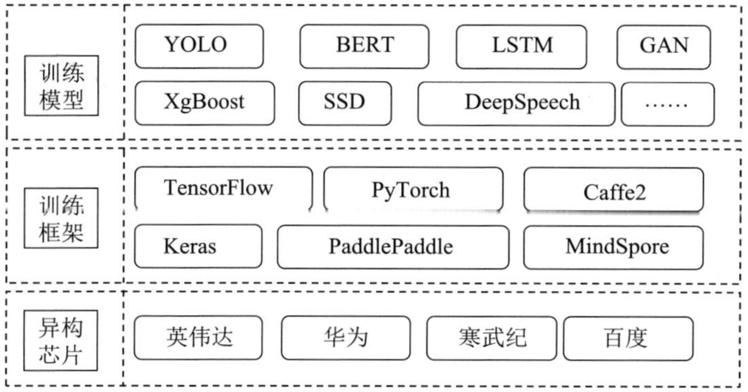

图 6-2　赋能平台模型

在模型开发与训练过程中，开发者主要经历两个阶段。第一阶段是将任务通过代码进行实现并可成功运行，第二阶段便是大规模的迭代和参数调整。在第一阶段，赋能平台通过在线的交互式集成开发环境使用户能够快速方便地实现训练代码。在第二阶段，赋能平台则提供了生产级别的模型训练功能。相较于第一阶段，第二阶段更适合大规模的训练任务与参数调整。赋能平台通过强大的集群调度管理功能，使模型能够以最快的速度调度到训练的节点上，保证资源使用率的最大化。此外，赋能平台配合自动机器学习框架极大地提升了参数搜索效率，减少参数的枚举过程。目前主流的自动机器学习框架包括 MLBox、Auto Sklearn、Auto Keras、NNI 等。

当然，模型训练离不开模型本身的训练框架，赋能平台集成了不同种类和版本的模型训练框架，考虑到平台本身可能存在异构芯片的设备，赋能平台在进行模型训练时也考虑了异构芯片的模型训练调度问题。

模型管理

AI 赋能平台实现了模型开发、模型训练、模型评估和自动学习等各个阶段的人工智能模型生命周期过程。模型管理负责平台上的人工智能模型的管理，主要包括模型仓库的管理和配置、支持多种模型文件格式的模型文件管理操作、模型的格式转化、模型可视化能力及模型溯源信息等几个方面；同时，为了适配不同的部署和推理环境，还需要提供模型转换、模型压缩等优化和适配功能。

模型仓库是整个 AI 赋能平台中模型的中央存储仓库，可导入所有训练任务生成的模型以及用户上传的本地模型，提供模型的统一管理服务。用户导入的模型不仅包含模型的元数据，还同步保存上传模型的描述文件，模型文件对模型基础配置进行详细描述，方便对模型进行分类管理和导入校验。

模型文件导入仓库时，支持对多种模型文件格式的管理和校验，如 ONNX（.onnx 等）、TensorFlow（.pb 等）、PyTorch（.pt 等）相关格式。同时支持查询、排序、分类、展示等对模型文件的管理操作和模型文件的格式转化工作，如以标准模型格式为中介，支持各主流模型格式间的相互转换。

模型的可视化能力主要包括对模型结构、网络层级、网络权重等方面的可视化。模型溯源信息方便平台用户查看当前模型与平台数据集、算法之间的关系。

以上平台基础功能的实现，方便我们对基于任务维度的模型进行评估，如基于同一任务对模型进行对比。支持模型压缩，主要是根据用户定义的参数完成模型压缩，如模型量化、剪枝等。同时提供模型适配云端、边缘端、终端等多种异构硬件、多种操作系统的能力，如通过TensorRT、OpenVINO 等软件对模型进行适配优化后统一适配于 AI 赋能平台异构算力池。

模型推理与服务管理

模型推理是指将平台管理的模型，按照与推理环境相匹配的方式部署到指定环境中，并以指定的接口形式与其他业务应用集成。根据具体业务需求，模型可以部署在云端、边缘端、终端等不同的位置。模型部署成功后可以发布模型推理服务，模型推理服务可通过独立的 REST API 调用模型，并具备完善的鉴权、流控等安全机制，为业务系统提供高性能的 AI 能力服务。

模型推理是 AI 赋能平台对外提供服务的窗口，根据用户实际需求，平台分配相应的计算资源、运行指定的模型并输出预测结果。AI 赋能平台实现了在异构资源池上的异构计算资源推理，通过纳管不同架构的芯片、加速卡来异构加速推理任务。

AI 赋能平台对外提供的服务管理具有完善的鉴权、流控等安全机制，面对多租户的 AI 赋能平台使用场景，可以管理用户对服务访问的权限，避免权限控制缺失或操作不当引发的风险问题。同时，平台支持模型推理涉及用户资源隔离和权限划分等基本功能，做到了数据隔离、资源隔离、运行隔离，租户内做到了数据、任务、工作流的资源共享，以及具有将推理服务开放给指定客户的权限审批系统。

计量计费支持对平台服务进行访问统计，并提供明确的计费标准。通过统计访问推理服务时使用 CPU、GPU 等的数量和使用时长，从用户、租户、任务等不同维度进行资源使用情况的统计，以及对 API 调用次数、频率等做出服务访问的流控设计，并明确计费标准说明。

AI 应用和业务

构建面向场景的 AI 应用是算力成网推动通信变革的重要一环。面向场景的 AI 应用是业务的数智化表达，是数据的业务化呈现，是算法的设计目标，是算力计算结果的载体，也是通信承载的核心内容。本节将详细介绍面向场景的 AI 应用构建流程，并附加实践案例详细说明。

面向场景的 AI 应用构建流程

面向场景的 AI 应用具有更加突出的行业属性，各行各业拥有不同的行业特征，因此应用的要求、具有的数据维度、模型的评价标准各不相同。其构建流程也不尽相同，重点在于实现数据闭环。构建面向场景的 AI 应用流程如图 6-3 所示，整个流程的多个步骤有重叠部分，根据业务与技术融合情况螺旋式向前推进。

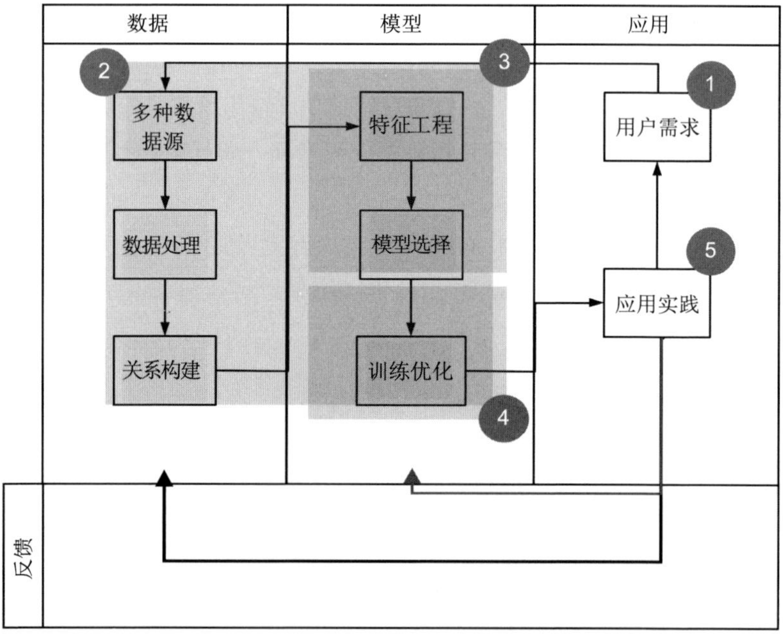

图 6-3　面向场景的 AI 应用构建流程

第一，了解真实需求。

了解客户真实需求的关键在于“真实”。了解真实需求的过程是业务与 AI 技术不断交互、融合前进的过程。业务方只需描述业务详细情况、业务问题、业务需求，由技术方判断 AI 技术可以实现哪些环节的需求；技术方描述初步的解决方案和预期成效，然后由业务方判断是否符合业务预期优化方向及成效。不断重复上面两步，不断让业务与 AI 技术进行融合，直至双方对建设内容和预期成效基本达成一致。

第二，实现依据场景的需求建模。

在第一步摸清需求的过程中，技术方在不断提供解决方案和预期成效时经过了预建模的过程，不断修正建模方向和成果产出。下一步就是根据最终确定的需求，实现依据场景的模型搭建。这一步主要是根据实验情况验证第一步确定的解决方案技术部分的可行性，主要包括对数据的处理和模型的构建两大部分。

依据场景的数据处理包括原始数据源选择、数据预处理。原始数据源选择的过程主要依据业务和技术两方的专家经验，选择与业务场景相关的所有数据维度。数据预处理则是根据之前确定的解决方案中的技术方案对原始数据进行预处理，同时还要进行数据关系搭建，包括多维数据源的业务逻辑梳理和数据关系属性的梳理。

依据场景搭建模型的部分包括特征工程、模型选择和训练优化三大部分。根据两方专家经验进行相关数据特征的梳理、计算、存储，根据技术专家经验选择适合的算法模型，并进行初步训练和优化，从而验证技术方案的可行性，并及时根据实验结果与业务评估进行方案调整。

第三，构建 AI 能力组合流程。

根据最终确定的技术方案设计 AI 能力的组合及流程，主要包括特征工程和模型搭建两部分。

第二步中的特征工程主要进行方案的验证，所以直接以专家经验作为依据。AI 能力组合流程中的特征工程是服务最终输出结果的，因此需要采取业务与 AI 技术融合的方式进行构建。利用“专家经

验 +AI”的方式进行特征体系搭建，同时可以借助自动特征工程等工具进行特征重要度计算和排序。

根据确定技术方案进行 AI 模型的搭建以业务需求为导向，选取更贴合业务需求特征的模型，并设置合适的参数进行模型训练；在训练过程中不断优化特征的选取、算法的选择以及参数的设定，使最终确定的 AI 能力组合流程最贴合业务场景需求。

第四，构建 AI 应用评价体系。

构建 AI 应用评价体系是全流程中非常重要的一步，直接关系到模型应用的最终结果的评判。在评价体系构建过程中，如果业务场景相对简单，单一的业务经验或技术指标即可完成模型评价，可直接选择适合的指标作为目标进行全流程优化；如果业务场景相对复杂，单一的业务经验或技术指标无法满足模型评价需求，则需要根据业务具体需求构建业务与技术融合的评价指标体系，用于作为全流程优化的目标。

AI 应用评价体系构建标准，基本围绕算法、数据、应用三个方面。算法方面的评价标准主要包括算法准确性、算法性能、算法可解释性及算法安全性四个维度；数据方面的评价指标包括数据特征完整性、数据特征质量、数据更新频率及数据安全性四个维度；应用方面的评价指标一般包括应用贴合业务程度、应用易用性、应用性能及应用安全性四个维度。

第五，实现应用全流程优化。

实现应用全流程优化是实现数据闭环最关键的一步。在整体应用搭建流程中加入反馈机制，即将构建好的应用模型投入业务的实际应用中，同时收集业务数据。经过一段时间的验证和数据收集，对原有模型进行再评估，确定模型是否适应现有业务情况。如果模型表现力依旧在可接受的范围，则继续监控；如果模型表现力欠佳，不足以适应业务需求，则需要逐步分析出现问题的原因。这里的逐步分析是指从需求设定的方向到数据、模型、评价指标的全流程分析，确定问题点并进行优化解决，最终实现面向场景的 AI 应用构建。

面向场景的 AI 应用实践案例

1. 运营商内部应用

构建智能化社会适应万物互联的新一代信息基础设施，保障信息基础设施的安全，对于促进信息技术与实体经济融合、拓展数字经济空间具有重要意义。目前，全球已经掀起了人工智能应用的浪潮，赋能平台同时面向 AI 应用和业务层级进行赋能。

在通用的基础能力方面，我们以行业为标杆，已经覆盖了图像、语音、视频、NLP 等主流应用场景。在应用能力方面，也在逐步扩展覆盖智能语音客服、智能文本客服、客服智能质检产品、智能对话产品、智能语音交互产品、车载语音交互系统、OCR（optical character recognition，光学字符识别）服务或产品、智能推荐服务系统、RPA 系统和工具等各个领域的应用场景。

在专用能力方面，电信基于自身在数据、算法、通用算力和渠道方面的优势，从面向客户与网络运营两大领域发展人工智能，目前赋能平台已沉淀了无线网异常诊断、工单标注、5G 精定位、质量监控及定位、数据中心制冷、功耗预测等大量智慧化业务运营能力。

AI 应用在电信行业也已有多个典型案例，包括智能客服、网络故障端到端智能运维和业务质量智能感知等均已在网络运营中得到部署，并取得显著成效；同时也在智能优化方面落地部署了移动基站节能和运维智能化等人工智能应用，其中移动基站节能通过人工智能算法跟踪设备能耗、室外气温及制冷等机电设备的设置情况，从大量数据中发掘设置参数与能效之间的模型关系，对制冷设施配置进行优化。运维智能化主要从站点健康评估和故障预测两个方面出发，从性能、业务、告警等多个维度采集站点的监控数据，通过人工智能算法对所有基站数据进行聚类，通过异常类检测发现异常站点，结合环境、历史工单和站点重要性等因素，对可以列为高危站点的站点加强人工巡检和排查。甚至在自动驾驶方面，未来完全的自动驾驶可以基于感知的信息做出应变，一边担任驾驶员的角色，一边提供车内管家的服务，还能应对其他各方面的需求和任务。

人工智能作为一种通用赋能技术，可以服务于各行各业。运营商借助完善的网络、云基础设施和全程全网的业务提供能力，借助人工智能发展的契机，对运营商电信业务进行人工智能赋能，拓展业务能力，提升业务质量，最大限度地提升收益。

2. 运营商外部行业赋能

社交网络分析是一个经典的应用场景，其在治安领域的应用也得到了广泛的关注。简单的数据分析模型已经不能满足日益复杂的场景需求，基于图 +AI 的某治安领域社交网络应用应运而生。

需求挖掘。真正的需求挖掘需要不断深入了解日常业务流程，深入现场观察其工作日常，以及与一线工作人员进行深入的访谈，并在此过程中发现业务的痛点，从而挖掘到真正的需求。如社交网络分析在治安领域的应用多在于治安情报分析，治安领域客户最常提出的需求一般是“需要自动化产生治安情报”。随着对业务不断地了解，我们会发现随着科技的不断进步，人员之间的关联和行为越来越复杂、隐秘，一个人的行为对结果的影响越来越难以衡量，单靠人力分析获取治安情报的难度变得越来越大。同时一个人的行为数据多为异构类数据，且数据分布散乱，在实战应用时往往需要人工多头查询，从而导致数据实际利用率低，无法发挥其真正的价值。因此智能化、自动化的社交网络数据融合分析才是客户的真实需求。

需求建模。社交网络分析是一个经典的网络分析场景，拥有很多经典的算法模型。然而这些算法构建出的社交网络分析模型不带有“治安领域”属性，即不够贴合场景需求，如正常的社交网络分析模型中很难关注到如“夜间联系人”“夜间联系时长”等治安领域特有的数据特征，模型数据特征的选取不够贴合业务场景。因此，在数据特征构建时要根据前期沟通需求时了解的治安行业经验构建更适合的特征体系，以便更贴合业务场景。

方案实现。根据敲定的技术方案基于专家经验的特征体系进行实现，如参数优化后模型表现力依旧不佳，可考虑在原有特征的基础上，将数据导入自动特征工程工具中，若得到新的影响力排名靠前的数据特征可作为补充加入模型，从而得到效果更优的模型。

评价体系构建。在模型设计过程中，智能化、自动化的社交网络数据融合分析评价指标一直是一个难点。既需要结果准确率高又要兼顾大规模数据模型的计算效率，同时还要考虑模型在实际治安场景应用时的可解释性。此时可以考虑以最终产品应用形态出发进行评价体系构建，如将自动情报研判结果推送为产品形态时，可以选择“击中率”作为模型的核心评价指标，即推荐人员中确定有问题的人员数量与推荐名单人数的比值。同时将模型的使用特征转化为方便理解的业务标签，与模型产生结果同时输出，保证模型的可解释性。

全流程优化。模型构建完成上线运行后，需要对其进行运维和优化，在防止出现运行问题的同时保证模型可以根据业务的更新进行迭代。此时可采用半自动化的方式，即定期自动优化 + 不定期人工审核，进行应用的全流程监控。如遇问题则从需求设定的方向到数据、模型、评价指标进行全流程分析，确定问题点并进行优化解决，在保证模型有效性的基础上还可以降低人工成本。

算力资源的随愿自治

当前，云计算、边缘计算和雾计算等计算能力得到蓬勃发展，逐渐实现了算力的泛在性。同时，随着“空天地海”全覆盖网络的建设，通信、控制和计算这三种能力结合，逐渐形成跨层、跨应用的能力融合，为应对通信网络的业务需求日益多样化、定制化提供多种有效解决方案，以算力智能化赋能通信网络，实现网络投资和运维低成本、提高运营效率、增加运营效益，充分挖掘业务、服务和网络等各类型价值。通过构建随愿自治能力架构，形成智能感知解析、确定性业务保障、精准网络优化及智能控制等系列能力，持续实践算力智能化。

随愿自治定义及进展

面对复杂的市场环境、新的业务需求和数字化转型的现状，传统的人工方式已经难以完成日益繁杂的工作，网络迫切需要具备智能驱动的算力能力支撑。结合对用户需求，基于对大规模数据的计算能力，实现随愿自治的两个层面：随愿和自治。随愿是指对用户、业务、网络的意图进行识别、转译、分类与反译；自治是指网络运营具备自感知、自配置、自保障和自优化的能力，同时，网元具备意图执行能力。

当前，自治网络在标准化方面和能力研发方面已逐步取得一些进展。国内外标准化组织开展了网络智能化水平分级方法的研究和规范性工作，ITU-T、3GPP、ETSI、TMF、CCSA、ONAP、GSMA（全球移动通信系统协会）、NGMN（下一代移动通信网）等多个主流标准化组织、行业组织和开源社区均已围绕随愿自治相关领域进行立项研究。

ITU-T 的机器学习与 5G 未来网络焦点组（FG-ML5G）聚焦 AI 技术在 5G 电信网络中的应用研究，包括网络智能化水平的分级评估框架、AI 技术的网络数据处理和网络智能化应用案例、AI 增强网络架构等，其相关研究成果后续输出到未来网络研究组（SG13），以 Y.317X 系列国际标准正式发布，包括 Y.3173 Framework for evaluating intelligence levels of future networks including IMT-2020、Y.3172 Architectural framework for machine learning in future networks including IMT-2020 等。ITU-T 成立自治网络焦点组（FG-AN），致力于为自治网络的前置标准化活动提供一个开放的平台，汇聚产业和学术机构的力量开展自治网络的应用案例及解决方案、架构和关键技术、概念验证等方面的研究，推动相关标准化工作。同时，在 ITU SG2 Q5 和 Q6 组聚焦运营管理智能化研究，研究内容包括 AI 增强电信运营管理框架、AI 增强电信运营管理智能分级、基于意图网络进行网络评估的场景和需求、基于意图的网络切片管理和编排要求等。中国电信主导制定的 AI 增强电信运营管理架构（M.3080 Framework of AI enhanced Telecom Operation and Management，AITOM）标准于 2021 年正式发布，将智慧运营管理技术与实践以标准的形式推广到全球产业界，对电信运营管理如何应用人工智能技术实现“智能内生”、网络自治、赋能千行百业的系统进行指导。

电信管理论坛（TMF）涉及网管系统、IT 系统生命周期和服务运营管理的多个流程，以最大程度利用 AI 能力，降低风险并确保网络和服务质量。TMF 定义了 AIOps 服务管理框架，将 AI 组件及其业务功能部署、集成到运营商网络运营系统和 IT 系统所需的技术和部署、生产、监管等各个运营流程，以发布 AI 软件及组件到生产环境，并操作、维护、管理 AI 系统。

电信管理论坛于 2019 年 5 月发布了《自治网络白皮书》(V1.0)，并启动了自治网络项目（ANP），给出了自治网络的分层分域、3 层 4 个闭环框架（如图 6-4 所示），以及 6 个级别的自治网络分级理念（如图 6-5 所示）；其架构与 ETSI ZSM 工作组的框架具有映射关系。2021 年，电信管理论坛又发布更新了《自治网络白皮书》(V3.0)。

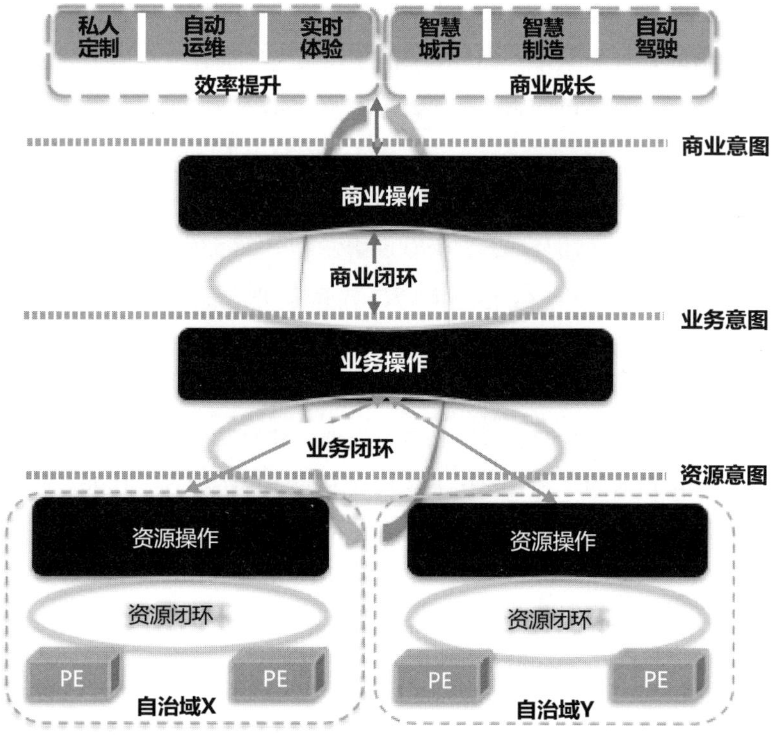

图 6-4　自治网络闭环框架

自治等级	L0 手动操作和维护	L1 辅助操作和维护	L2 局部自治网络	L3 条件自治网络	L4 高级自治网络	L5 全域自治网络
执行力	P	P/S	S	S	S	S
自感知	P	P/S	P/S	S	S	S
自分析	P	P	P/S	P/S	S	S
自决策	P	P	P	P/S	S	S
意图/经验	P	P	P	P	P/S	S

P 人工操作　　S 系统自治

图 6-5　TMF 中自治网络水平分级框架

3GPP 在自治网络方面聚焦移动通信网络，尤其是 5G 网络的互联互通和功能实现，开展了大量卓有成效的研究项目和标准项目工作。对于自治网络的管理和编排，SA5 R17 正在开展的项目有自治网络分级（TS 28.100 autonomous network levels，ANL）、意图驱动的移动网络管理服务（TS 28.312 intent driven management for 5G mobile networks，IDMS）、管理数据分析服务增强（TS 28.104 enhancement of management data analytics service，eMDAS）、闭环 SLS 保障管理增强（TS 28.535 TS28.536 enhanced closed loop SLS assurance，eCOSLA）、管理数据采集控制和发现（TS 28.622 management data collection control and discovery，MADCOL）等。

ETSI 也成立了体验式网络智能化、零接触网络和服务管理等工作组，开展了与自治网络和网络智能化有关的标准和研究项目，输出了一些与网络智能化相关的框架、应用、接口等方面的技术报告和标准。体验式网络智能化（experiential networked intelligence，ENI）工作组，主要对于体验式网络智能化进行研究，包括 ENI 用例、ENI 要求、ENI 系统架构、ENI 概念框架、AI 应用于 ENI 的分类定义、ENI 基于意图感知网络自治、ENI 数据处理机制的定义、AI 应用于 ENI 的分类评估方法，分别对应标准号：GS ENI 001、GS ENI 002、GS ENI 005、GS ENI 006、GS ENI 007、GS ENI 008、GS ENI 009、GS ENI 010。零接触网络和服务管理（zero service management，ZSM）工作组的研究内容包括定义其参考架构（ETSI GS ZSM002 reference architecture）、意图驱动自治网络（ETSI GS ZSM011 intent-driven autonomous networks）、闭环管理（ETSI GS ZSM009 closed-Loop autonomous）、生命周期管理（ETSI GS ZSM008 cross-domain E2E service LCM）、AI 使 能 ZSM（ETSI GS ZSM012 AI enablers）等。

CCSA 在自治网络领域，一方面对标 3GPP 等国际标准开展了对应的行业标准项目，另一方面也根据国内运营商需求和产业发展节奏，开展了大量研究课题和标准项目。在意图方面的研究包括基于 SDN/NFV 智能型通信网络的随愿网络总计技术架构及技术要求，基于 SDN/NFV 的智能型通信网络随愿网络意愿层技术要求、接口技术要求等。ITU-T 中立项课题包括对于基于意图的未来网络演进的场景及需求研究（scenarios and requirements of intent-based network for network evolution）、基于意图的网络切片的管理及编排研究（intent-based network management and orchestration for network slicing in IMT-2020 networks and beyond）等。

CCSA 网络与业务能力技术工作委员会（TC3）已成功立项随愿网络系列标准 5 项，其中，2019 年 11 月立项的《基于 SDN/NFV 智能通信网络随愿网络总体技术架构及技术要求》是首个关于随愿网络的行业标准，该标准提出了随愿网络的概念、总体架构及功能，定义随愿网络可概括为一种在掌握网络全局状态的条件下，基于人类业务意愿去自动搭建和操作的闭环网络架构。随着研究的深入，随愿网络的系列标准也进一步被提出和完善，2020 年 11 月立项的《基于 SDN/NFV 的智能型通信网络　随愿网络意愿层技术要求》重点描述了随愿网络意愿层各内部模块的参考模型和各子模块的功能，2021 年 10 月立项的《基于 SDN/NFV 智能通信网络　随愿网络控制层接口技术要求》在前期研究的基础上又进一步细化了随愿网络控制层与其他层间的信息交互机制。

基于算力资源的随愿自治关键能力

为实现随愿自治，我们将关键能力分为 3 层，意图层、运营层和网

络层。（如图 6-6 所示）

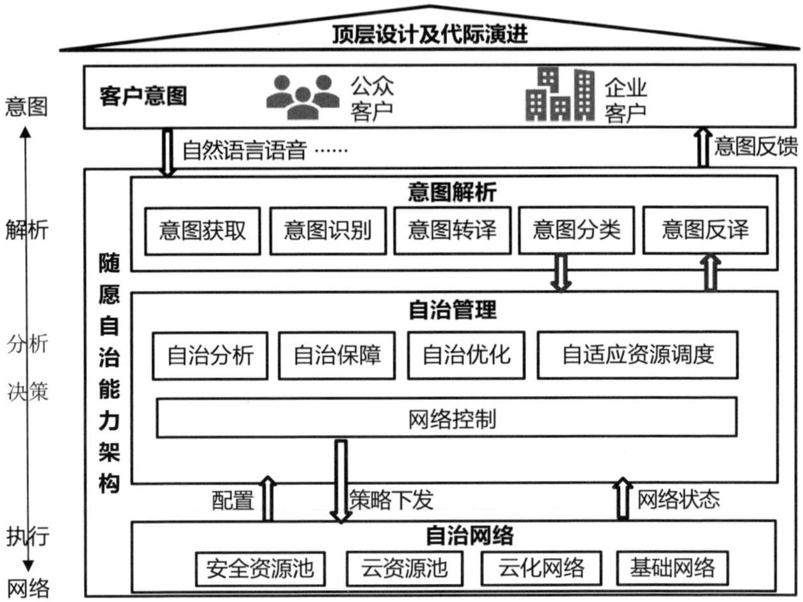

图 6-6　随愿自治能力架构

在意图层，主要通过意图获取、意图识别、意图转译、意图分类、意图反译关键能力实现意图解析；在运营层，主要通过感知分析、智能保障、自主优化、智能控制关键能力实现运营的自治管理；在网络层面，主要面向基础网络、云化网络、云资源实现意图执行能力。

运营级自治

运营级自治就是在运营端通过 AI 和算力赋能实现运营级自治，提高网络运维的自动化和自主化，达到网络的高效运维目的。

引入 AI 技术将对现有电信运营管理系统架构产生重大影响，随着加入 AI 相关的新功能，例如 AI 模型管理、数据收集、数据管理、策略制定等，需要设计一种 AI 增强型电信运营管理 AITOM 架构，以便全面指导如何将 AI 技术用于电信运营管理。AITOM 支持在效率提升、质量保障、成本管理、安全保障和行业应用五大应用场景随愿自治的实现。AITOM 具有可定制、自实现、自进化、能力开放和敏捷开发等特点，能够对电信运营管理如何应用人工智能技术实现智能内生、网络自治、赋能千行百业的系统进行指导。

AITOM 的主要特征描述如下：

可定制：提供定制化应用、服务、数据以及 AI 等能力，满足客户的更多个性化需求。

自实现：能够独立完成从意图解析到实现及执行的闭环流程，无须人工干预，为客户提供智能化端到端服务。

自进化：能够主动识别客户意图变化，更改系统配置。此外，还能够实时感知客户体验，利用在线数据优化 AI 模型，进行预测性分析和主动优化，提升 AI 能力，完成自主演进。

能力开放：致力于打造对外开放化平台，为客户集中提供应用、服务、数据以及 AI 等多样化能力。

敏捷开发：为面向服务的体系结构，将所有功能以服务形式进行管理，旨在打造完整、敏捷的闭环开发流程。

AITOM 功能设计如图 6–7 所示，包括了面向客户的集市层（customer-oriented marketplace layer）、场景应用层（scenario application layer）、管理服务层（management service layer）、数据融合管理层（data convergence and management layer）、基础设施管理层（infrastructure management layer）和 AI 引擎（AI engine）。

面向客户的集市层具有两个功能集，一个是标准化能力目录，另一个是能力定制，旨在将 AITOM 中的应用、服务、数据和 AI 等能力开放给电信运营商的外部客户，尤其是企业和行业客户。

场景应用层主要是典型的运营运维场景，包括智能运营、智能管理、智能维护、智能综合分析、传统运营维护管理。该层可以访问其他能力层和 AI 引擎的信息和功能。

管理服务层整合了运营管理系统的基本功能，将这些功能打包成不同的服务向 AITOM 内部其他层开放，提供电信业务管理服务、网络管理服务以及网元管理服务等，还具有服务编排的功能。

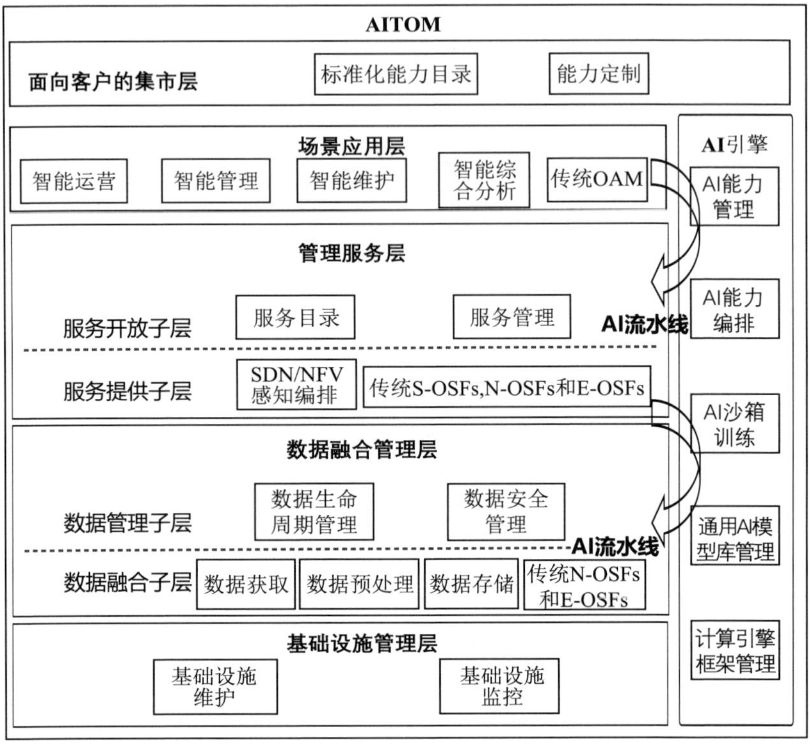

图 6-7　AITOM 功能架构

数据融合管理层为 AITOM 提供数据驱动能力，将来自不同数据源的海量数据融合到统一的数据模型中，该层数据对管理服务层、场景应用层、AI 引擎以及面向客户的集市层开放，支持数据共享、数据挖掘、数据关联、机器学习等使用需求。

基础设施管理层是 AITOM 的物理操作基础，基础设施可以基于物理服务器或云服务器，还可以基于提供 IT 服务的 PaaS 组件，支持在 AITOM 中快速部署运营管理系统。

AI 引擎为 AITOM 中的每一个能力层提供 AI 能力，有五个功能模块，分别是 AI 能力管理模块、AI 能力编排模块、AI 沙箱训练模块、通用 AI 模型库管理模块和计算引擎框架管理模块。不同能力层与 AI 引擎中的功能首尾连接构成了 AI Pipeline（一个自动化功能链，由 AITOM 的功能节点构成）。完整的 AI Pipeline 包括数据采集、数据预处理、建模、决策、应用以及结果的交付。底层网络为数据融合管理层提供数据源，但这部分不包含在 AITOM 的架构中。

面向客户的集市层包括两个功能：标准能力目录——存储 AITOM 标准能力，为外部客户提供开放服务；能力定制——在标准能力不能满足外部客户需求的情况下，定制并维护的个性化能力。

场景应用层包含基于电信运营管理的五大应用场景的典型应用，五大应用场景包括效率提升、质量保障、成本管理、安全保障和行业应用，该层所有功能都可由调用其他层或 AI 引擎的数据和服务来实现，定义的一些典型场景应用包括但不限于以下几个场景。

智能运营场景：支持智能运营场景，包括客户服务支持和端到端业务运营。典型的客户服务包括故障申诉预处理、大面积故障拦截、端到端业务故障处理和客户级网络监控等面向客户的服务。端到端业务运营针对客户业务跨运营商、跨领域的情况，实现闭环运营，保障客户业务质量。

智能管理场景：支持智能管理场景，包括多技术网络协同管理和智能网络监控。多技术网络协同管理主要包括云网协同管理和 5G 网络切片管理。在云网协同管理中，需要统一协调网络和云资源，根据客户意图快速部署并实现云网融合服务。5G 网络切片管理用于多层多域网络中，支持不同切片编排，以实现端到端的切片管理。智能网络监控主要包括端到端的日常网络和服务运营监控。此外，也包括重大事件、自然灾害、应急通信等情况下的监控。

智能维护场景：支持智能维护场景，利用先进技术提供高效、精确的维护服务。现场智能维护主要包括现场巡检、现场检修、现场故障排除以及类似家庭网关安装配置的新型服务。这些维护服务可以使用先进技术，如物联网、虚拟现实、可穿戴技术等。

智能综合分析场景：支持智能综合分析场景，包括各种仿真分析和大数据分析。智能仿真分析支持故障模拟、网络容量扩展模拟、吞吐量模拟等应用，该功能可离线执行。大数据分析利用数据收集、数据处理、数据建模、数据挖掘以及机器学习技术，基于聚合数据进行大数据分析，帮助电信运营商更好地实现数据价值。智能综合分析主要通过调用 AI 引擎的 AI 能力来实现。

传统 OAM 场景：包括电信传统业务、服务、网络以及网元运维管理。

管理服务层包括两个子层。服务开放子层（service opening sub-layer）：服务目录旨在为向场景应用层以及 AITOM 内部其他层开放的所有服务，创建并维护所必需的目录；服务管理用来监控服务的性能和质量，管理服务生命周期，并进行维护。

服务提供子层：所有服务均由服务提供子层提供。服务提供子层包括以下功能：（1）SDN/NFV 编排。通过软件的方式编排和调度云网资源，以满足客户对物理和虚拟基础设施的需求，通常包括业务编排和资源编排调度。（2）传统业务运营管理、网络运营管理和网元运维管理（传统 OSS、NMS 和 EMS）功能。为传统电信网络提供运营管理功能，如故障、配置、计费、性能以及安全（fault，configuration，accounting，performance，and security，FCAPS）管理。传统电信网络是相对 SDN/NFV 这类可软件定义的虚拟网络而言。

SDN/NFV 编排和传统 OSS/NMS/EMS 运营管理都可调用 AI 引擎的 AI 能力，以满足各种自治管理需求，如告警关联分析、自动排障和业务自动开通等。

数据融合管理层包括两个子层：

数据管理子层（data management sub-layer），包括数据生命周期管理和数据安全管理。数据生命周期管理用于管理数据处理阶段的数据质量和模型。数据安全管理用于提供数据访问、呈现和导出的授权、身份验证和审核服务，还包括数据传输加密等。

数据融合子层（data convergence sub-layer），包括数据采集、数据处理、数据存储及传统 NMS/EMS 数据功能。数据采集提供不同方法，用于采集和接收来自各种网络、终端和基础设施的数据。数据处理提供数据处理的不同方法，包括简单的数据清洗和标记。数据存储提供海量数据云分布式存储能力。数据备份在多个存储节点中，可以避免由于单机故障或存储介质损坏而导致的数据不可用问题。传统 NMS/EMS 数据功能，只包括传统 NMS/EMS 数据相关功能，如与底层管理系统或网元进行数据交互等。

基础设施管理层为 AITOM 提供物理支持，基础设施通常是分布式架构，包括智能基础设施维护和基础设施监控。智能基础设施维护为基础设施提供现场和远程维护服务。物联网、AI 和智能穿戴等技术有助于维护服务智能化发展。基础设施监控支持集中并持续收集来自基础设施的警报、性能、容量以及使用情况等相关数据。

AI 引擎（AI engine），如图 6–8 所示，计算引擎框架管理模块提供了模型框架和运行环境，通用 AI 模型库管理模块提供了在 AI 沙箱模块中训练并在 AI 能力编排模块中编排所需的通用 AI 模型，训练好的 AI 模型从 AI 沙箱训练模块发送到 AI 能力编排模块，编排后的 AI 能力在 AI 能力管理模块中进行管理。

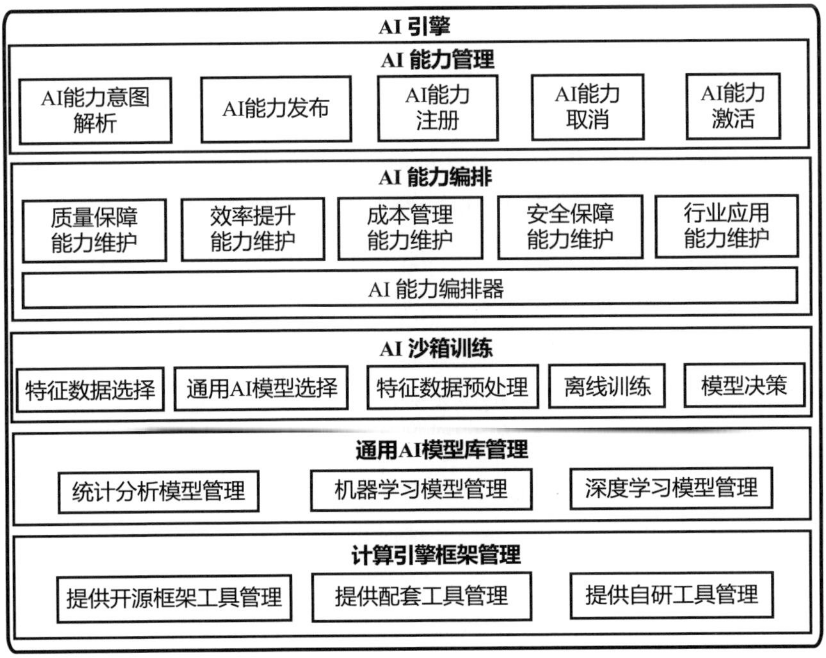

图 6–8　AI 引擎功能架构

网络级自治

网络的随愿自治需要可编程网络架构的支撑。可编程网络架构主要由控制器、NFV 网元和相关协议组成。控制器是可编程网络的重要组成部分，承担着绝大多数的网络决策任务，但是，由于每个网络的规模不等，在规模比较大的网络中，需要引入网元自治，以提高边缘网络的决策能力，降低位于网络边缘用户的时延。另外，由于当前网络缺少单独用于承载控制信令的物理信道，面向可编程的路由协议显得尤为重要，所以在网络级自治中需要引入 SRv6 等分段路由协议。

1. 控制器自治

控制器分为扁平化的分布式架构和分层的架构。两者各有优劣势。分布式架构对于单个控制器具有更大的自主性，所以具有天然的自治优势。在网络结构发生变化的时候，分布式架构会通过自主学习及时更新网络状态，使网络达到快速收敛的稳定状态。但是，计算能力分配的不均衡性导致控制器的决策能力不同，所以，控制器之间的相互关系还取决于每个网络以及不同网络之间的资源储备能力。

同一网络内的不同控制器之间的协作问题。一些网络由于覆盖面积广，单个控制器无法保证整个网络的低时延，所以需要多个控制器。在这种情况下，不同控制器的部署及相互之间的从属关系需要协调妥当。

不同网络控制器之间的协作问题。由于当前网络规模巨大，尤其是随着"空天地海"网络的构建，不同类型的网络各有自己的控制器，而不同类型的网络之间又存在通信需求，例如，物联网的传感器需要通过卫星或者移动网向处于远端的服务器汇报采集到的数据。这种情况下就面临着不同控制器之间的协作问题。

不同网络代管服务能力。网络中存在控制器故障或过于繁忙，而无法为用户提供服务的可能；另一种情况是有些网络有能力组网，但是没有构建控制器的能力。从网络纳管手段来说，为了提供 PaaS 的能力，一种行之有效的方法是利用相邻网络的控制器实行代管服务。另一种解决方案是通过边缘计算和雾计算的方式，集合网络内部的计算能力，共同实现网络的运维。上述两种方案都需要在随愿自治的网络中提前设计好不同网络之间的代管能力定义及接口，以及网络内部边缘计算和雾计算的能力储备。

控制器的覆盖范围问题。当前，5G 的 SDN 技术虽然实现了控制层和传输层的分离，打破了传统网络的纵向“烟囱”状结构，通过集中（逻辑）的网络控制使得网络更加扁平化，实现网络的灵活配置，但是由于当前 SDN 架构中控制信令集中下发，网络决策过分依赖中央控制器导致中央控制器压力巨大，同时，位于网络边缘的节点因为决策信令回路过长导致决策时延较大，进而增加了通信时延，阻碍低时延业务的发展。6G 网络中的新型 SDN 技术相对于传统 5G 的 SDN 技术具有更加灵活和自适应的特点，在组建可编程网络的基础上增加对业务的感知能力，在区分业务的基础上，根据时延等业务指标进行统筹决策，利用控制器的全局视野，构建确定性网络。新型 SDN 技术利用动态协议注入（在 NFV 网元中按需注入协议），基于 AI 的路由预分配技术，构建结合云计算、边缘计算和雾计算赋能的控制器等手段，降低传统 SDN 架构中存在的信令时延大的问题，优化网络性能和用户体验。另外，新型 SDN 技术需更加扁平化，减少网元自身代码的复杂度。最后，要在控制器综合统筹的基础上，解决或者减缓传统自寻路导致的局部最优、全局非最优和网络泛洪问题。

2. 网元自治

网元自治是相对于网络来说的网元的自主性问题。由于传统的 SDN 架构控制器的全权控制能力，网元的自主性被大大削弱，这种特点虽然能够提高单个网络的最优决策能力，但是，由于存在不同网络、不同控制器和在网络边缘端时延过大的问题，需要在 SDN 架构中引入网元自治的能力，以降低控制器的负荷和降低位于网络边缘的节点的通信时延。

（1）兼容性

由于网络的升级换代需要一个过程，网络性能的升级不是所有的网元统一、同时替换，而是一个慢慢过渡的过程。在这个过程中，新加入的网元和已有的网元存在兼容性问题。另一方面，由于“空天地海”网络横跨多种网络（卫星网、有线网和移动网等），不同网络之间的连接也存在兼容和适配性问题。传统的解决方案是在网元设计之初不断地在网元中预存已有的协议和程序，这种解决方案虽然能够解决不同网络之间的适配问题，但使得网元的设计费用不断提高，网元的代码量也不断攀升，造成网元设计结构臃肿，给网络的故障维护和升级都带来严重的负担。

借助新型SDN架构可以很好地解决网元兼容性带来的问题。在SDN架构中，新型SDN网元在和已有的网元建立基础的连接之后，如果无法识别对方的数据帧格式，新型SDN网元会首先向SDN控制器发送协助识别请求，并把接收到的帧格式一并发送。SDN控制器在接收这两个信息之后，会首先识别帧格式，并将识别方法或者协议注入和旧有网元直接接触的新型网元，新型网元就有了识别该协议数据的能力。同时，新型网元在接收旧有协议的数据帧后，首先判断下一跳网元的类型，若是新型网元，则按照对方的格式将数据重新打包传输。

上述结构的优点是能大大降低网元的设计复杂度、精简网元的程序设计、降低网元的设计和维护成本。另外，由于网元的拓扑结构相对稳定，一般位于不同网络之间桥接的网元数量有限，所以新型网元和旧有的网元适配之后就无须再对控制器有类似的需求，所以这种结构并没有给控制器造成太大的压力。最后，由于网络之间的拓扑结构比较稳定，网元一旦获取邻居网元的帧结构识别方法之后，就没有识别问题，这种方式能够大大降低对网元计算能力和存储能力的依赖，为云网融合节省计算资源和存储资源。

（2）负载均衡

网络中普遍存在负载不均衡的问题，例如，一些节点因为距离其他节点比较近，所以在网络路由寻址过程中会过多地被用来做中继节点。上述情况会给一些网元造成比较大的负担，并且容易造成数据拥堵的情况。另外，由于下一代网络中计算、通信和存储等多方位的融合能力，计算任务的不均衡同样对网络产生巨大的影响。

为了避免上述情况的发生，网元除了具备在SDN控制器的指挥下进行数据接收和转发的能力，还需要具备感知当前网络状态并上报的能力。通过增加网元的感知能力，网元不但能够减少局部网络因为过于忙导致的通信失败问题，还有助于提高SDN控制器对网络状态的把控能力，提高网络的整体性能。

（3）时延保障问题

由于传统的SDN架构的控制器具有全权的决策权限，网元丧失了决策能力。这就造成节点在发起建立通信请求的过程中存在需要首先向控制器发起路由请求的控制信令，控制器在收到该请求之后，经过计算并将最优路径通过控制信道为该节点建立一条通信链路。

上述过程虽然大大提高了网络的可配置和全局最优的能力，但是，位于边缘节点的通信在建立过程中多了向控制器申请信道和控制器下发建立通信的过程，而位于网络边缘的节点由于距离控制器较远，上述两个过程会带来较长的延时，尤其是在建立通信的双方位于不同网络，需要多个控制器相互协作、共同决策的情况下，时延会进一步加大，难以保证毫秒级的通信建立时间。

为了提高确定性网络的保障能力，新型 SDN 架构在传统 SDN 架构的基础上，需要网元具有一定的自治能力。

（4）自定义网元配置迁移问题

由于当前基于 NFV 架构的网元完全依赖控制器对其的配置，一旦该网元损坏，将面临控制器再次配置的问题。而这种完全依赖控制器的方案，会大大增加用户的数据传输时延。一种解决方案是，当网络中网元的传输能力无法保证的时候，就将自己的配置信息打包传输给相邻的网元，以完成用户数据链路的无障碍切换。

（5）短期记忆问题

传统网络中，由于 IPv4 的地址短缺问题，网络中的固定 IP 地址较少，大多数设备都是通过动态 IP 的方式实现相互之间的通信。但是，随着 IPv6 的普及，用户逐渐有固定 IP 的能力。在这种情况下，SDN 控制器可以通过固定 IP 鉴别用户的规律性行为，对路由、计算和存储进行预分配，以提高网络的整体性能，降低网络对控制器的依赖性。

例如，用户通信双方具有一定的规律性，位于全国同一公司的不同城市的人具有周期性的沟通规律。在这种情况下，控制器可以通过 RNN 等人工智能技术，将不同用户的连接规律性进行识别，并将识别出的规律性的通信需求所需要的服务提前预分配给网元，这种方式能够大大降低对控制器路由请求的时延，进而降低数据通信的时延。

（6）增加 NFV 网元的编解码能力

NFV 技术将原本在专用硬件上实现的网络功能转换为在云环境或通用硬件上运行的软件，是未来网络功能的通用部署方式。NFV 管理编排涵盖了支持网络功能虚拟化基础设施的物理资源和软件资源的编排和生命周期管理，以及虚拟化网络功能的生命周期管理。5G 通信在网络功能虚拟化的过程中强调引入全功能的 X86 控制芯片，这种架构虽然提高了网元的通用性和可编程性，但对数据包的编解码速率较慢，无法胜任针对数据帧的高速并行计算。6G 需要兼具高通用性和高性能的新型 NFV 技术。另外，通过新型 NFV 网元的部署，协议和软件与开源网络技术将独立于硬件而存在，成为软件资源，并因此和基础设施对应的硬件资源形成相互依存的关系。而管理编排技术则需要从扩展编排的范围（如终端资源）、编排的方式（如容器化部署）和实现云网端到端一体化编排等方面进行优化。

随愿自治技术在算力网络中的应用

基于业务的感知解析

1. 移动互联网业务感知解析

伴随着移动互联网应用在人们生活中的渗透，客户感知的重要性稳步提升。精准、全面评价移动互联网业务感知对于运营商、服务提供商、终端厂商等改进服务水平和提升服务质量具有重要作用。而感知单元的分布是广泛的，如果通过集中收集处理的方式，就会大大提高感知数据传输的代价，借助泛在的算力网络的算力，通过就地处理的方式，将感知的数据提前进行整理和解析，得到局域感知解析结果并通过通信网络上传给数据中心，在数据中心再次进行感知解析，形成多层次的感知解析嵌套，提高系统效率。

为使移动互联网业务感知数据采集、分析、评价等规范化、标准化，中国电信牵头并联合其他运营商开展相关技术研究，定义了移动互联网业务感知解析评价指标，（如图 6-9 所示）包括：关键性能指标（KPI）、关键质量指标（KQI）、体验质量指标（QoEI）。其中，KPI 反映特定种类移动互联网业务的单项指标性能质量，KQI 反映客户使用特定种类移动互联网业务的体验质量，QoEI 反映客户使用所有移动互联网业务的整体体验质量。

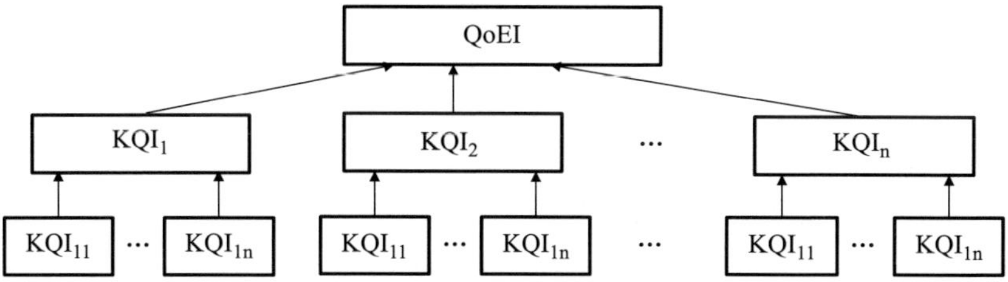

图 6-9　感知评价指标体系模型

当 QoEI 反映的业务质量下降时，需要关联对应的 KQI 来做进一步分析。QoEI 反映的业务质量下降必定是由一个或者多个相关的 KQI 导致的，通过 QoEI 探测到 KQI 分析可以缩小问题的分析范围。例如，在时间上的对比、在不同对象（区域、终端、业务、用户等）上的对比。对比分析可以直观反映出 QoEI、KQI、KPI 的变化趋势以及相互间的影响，从而能协助用户发现某些内在的关联关系。例如从劣化的 QoEI 整体态势指标探测分析，发现某个区域（如省份、地市、小区）的 QoEI 指标异常，继续探测分析发现某类业务（如网页浏览或视频播放）的 KQI 异常，继而自动关联定位时延、速率、网络负荷、覆盖等异常 KPI 指标。

基于业务的感知监测分析系统数据结构采用：Cache 层→ODS 层→DW 层→DM 层架构，如图 6-10 所示，数据采集模块定时将数据采集至分布式采集库，即按照一定的时间粒度，如秒，建立目录并上传到分布式文件系统中，以支持系统的实时或非实时采集场景的需求。在 Cache 层中，汇聚整合模块读取维度表（小区资源表、QoS 保障表等）、采集模块采集的各系统数据，关联汇总计算，生成的数据加载到 ODS（operational data store，业务数据存储）层，此处为小时颗粒度。ODS 层按照业务、城市等维度向天粒度汇总计算出各类感知指标，存储至 DW（data warehouse，数据仓库）层。在 DW 层中，按照应用功能层的需求汇总计算出相应的指标存储至 DM（data marketing，数据集市）层，最终在 DM 层向应用功能层提供数据服务，完成系统前端的展示。

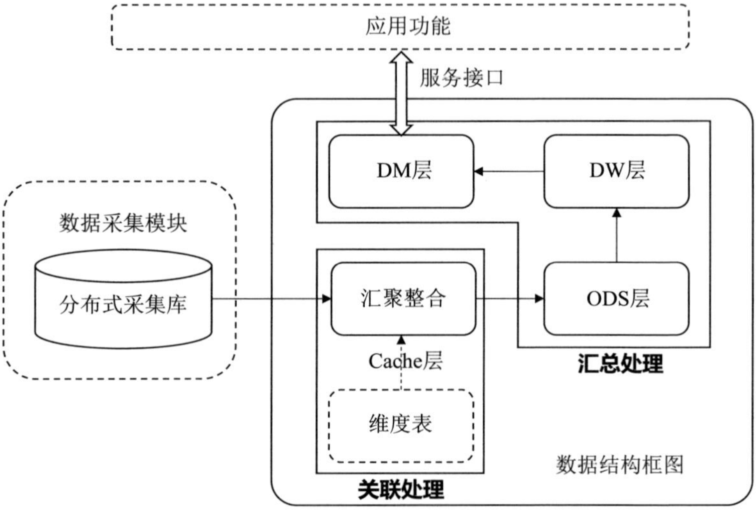

图 6-10　5G 切片感知监测分析系统数据结构框图

根据实际系统规模情况，可采用两种系统硬件设计方案。方案一采用 Hadoop 大数据算力网络处理架构，由前置文件服务器、Hadoop 集群、关系型数据库、Web 服务器组成，该方案适用于大中型数据量处理应用场景；方案二采用传统关系型数据库架构，由前置文件服务器、关系型数据库（mysql 或 oracle）、磁盘阵列、Web 服务器组成，该方案适用于小型数据量处理应用场景。

2. 应用及成效

（1）质差问题定界、定段、定位

从区域、用户、SP、时间等维度，判断引起感知质差的段落，例如核心网、SP、IPRAN、终端、无线网等网络环节，实现定界定段。然后利用算力网络将与该质差问题关联的 DPI、KPI、MR、告警等数据进行汇总整合和关联分析，进一步精准分析定位故障原因。对于连续出现故障的网络环节或设备，例如基站、板卡等，系统自动生成预警单，派发至相关部门或专业岗位处理；对于由SP、终端引起的问题，与政企客户、终端厂商等建立协调沟通机制，及时通报反馈，开展优化调整。

针对5G业务新特点，例如AR和VR新业务、共建共享建设模式等，对5G感知质差问题从单一维度以及各维度组合角度进行根因分析，展示各维度根因贡献度以及具体指标情况。如图6-11所示，根因贡献度越大，气泡越大，最终确定导致该感知问题的原因。

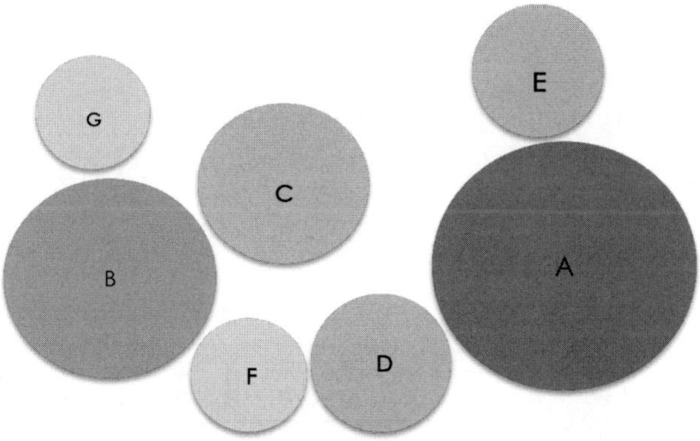

根因	贡献值	业务优良率（%）	TCP建立成功率（%）
A	7688050	68.11	89.13
B	5654129	67.84	88.92
C	4886127	68.52	89.24
D	4001884	66.21	90.03
E	3846160	68.89	90.9
F	3100083	67.73	87.21
G	2709334	68.01	79.98

图6-11　5G感知质差问题多维根因分析

（2）感知预警闭环管控

基于PDCA闭环管理模式，实现感知故障预警的产生、派单、处理的闭环管控，并对各类感知工单的处理时限提出具体要求。

P——计划：系统产生的告警自动下发各省，省内制定相应的派发规则，实现感知预警单的自动派发；

D——执行：各专业接单后完成感知问题的分析处理；

C——检查：系统自动判定质差问题是否得到解决，计算回单率、质差解决率等各项指标，进行检查督导，并报告结果；

A——处理：总结经验、方法论，持续提升感知类问题的处理能力，将优秀成果总结提炼为企业标准或应用，在全网推广。

（3）客户服务支撑

系统提供用户健康度查询、质差小区判断、业务行为分析、用户感知排名等功能，一键式推送感知劣化原因，为客户服务人员提供用户感知健康度诊断分析，（如图 6–12 所示）该系统可以有效提升用户投诉预处理率。

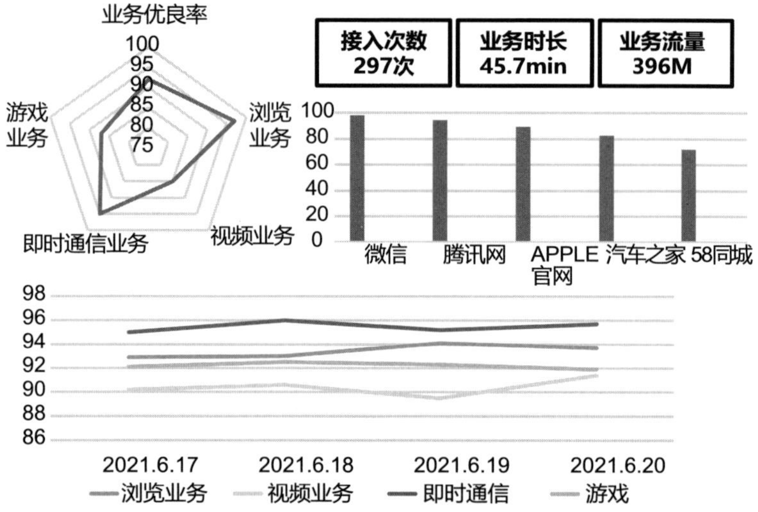

图 6–12　用户感知健康度诊断分析

基于客户意愿的 SRv6 业务质量自保障应用

在互联网与通信领域，现有业务故障定位主要通过构造检测报文，利用检测报文进行时延、丢包等性能测量，间接获得网络质量，再进一步分析的主动测量方式，以检测业务质量是否满足基于客户意愿的服务等级协议。这类业务质量评估/故障定位技术基于带外测量，具有不能真实复现问题点、增加测量成本、定位效率低等问题。近几年直接对实际业务流进行测量的带内遥测被动测量方式成为热点，这种带内随流检测技术已经在设备层面得到实现，但基于带内随流检测结果的面向客户意愿的端到端业务评估与故障定位尚未有成熟技术。

基于以上现状，业内针对SRv6业务研究了基于带内随流检测的VPN（虚拟专用网）业务质量智能评估技术，包括VPN端到端业务质量评估和VPN分段业务质量评估以及针对质量劣化（包括中断和质差）的业务进行定界、定段及定位分析。

带内随流检测技术，也称为带内遥测技术，是近几年兴起的直接对实际业务流进行测量的检测技术，是实现从“被动式”运维变为“预防式”运维的重要手段。随流检测技术可提供业务流实际端到端及逐跳性能（丢包、时延、抖动等）指标，可精确感知网络性能类故障，实现快速故障定界和诊断，在客户投诉之前主动将故障排除，保障客户感知，降低运维成本。同时，随流检测技术还可与智能IP控制器技术相结合，为网络中特定业务流量的转发路径优化提供依据。

随流检测技术在报文中逐跳增加检测数据，转发面性能影响较大，对业务自身转发性能影响也较大，数据传输效率降低，上送采集器的数据量大，对控制面上送通道及采集器影响大，当报文丢弃后采集信息也丢失，无法实现逐跳丢包检测。

目前国内设备层面主流带内随流检测方案包括iFIT（in-situ flow information telemetry）和iFLOW等。iFIT采用染色机制，对网络实际流量进行直接测量，主要在用户报文插入Telemetry指令头（TIH），用于通知处理节点按指令处理，TIH还支持携带可选扩展头，可支持灵活的功能扩展。在MPLS/MPLS-SR场景中，为最大程度前向兼容，iFIT检测头封装MPLS（多协议标签交换）栈底与MPLS净荷之间，无须深度处理MPLS净荷，解决了RFC8321在MPLS/MPLS-SR场景的不足。此外，iFIT在每个节点逐点上报信息，能精准定位丢包点，实现逐跳丢包检测。

网络遥测技术 Telemetry 是一项远程的从网络设备上高速采集数据的技术。设备通过推模式（PushMode）周期性地主动向采集器上送设备的状态（如光模块质量）和性能数据，提供了更实时、更高速的数据采集功能，非常适合 iFIT 检测数据的采集。采用 iFIT+Telemetry 实现全网实时性能数据的采集，可支撑大数据智能运维系统对网络可能发生的风险进行分析评估、调整优化，实现自动化、智能化的运维。

iFLOW 主要从业务的三个层面实现深度感知及故障精准诊断。一是业务路由层，通过 BMP（BGP monitoring protocol）实时监测 VPN 路由信息及状态，对业务路由进行精准分析；第二是业务路径层，通过 PCE（path computation element）对全网 LSP 路径进行统一计算和优化，对业务路径进行精准控制，实现业务快速自愈；最后是业务转发层，通过 Inband OAM（IOAM）随流检测技术实现业务流的精准性能监测和分析，对真实业务流性能（时延、丢包、抖动）进行逐跳精准分析和快速诊断。

由于成本及网络复杂化问题，带内随流检测技术无法覆盖网络中的所有电路。当前运营商网络中多条业务共用一条链路的情况普遍存在，而客户业务在特定应用场景会出现流量激增，从而导致链路拥塞或中断，客户 SLA 指标发生劣化，影响客户感知。基于随流检测的 SRv6 业务质量保障技术与客户 SLA 越限判定以及 SRv6 路径拥塞判定相结合，可实现覆盖全网 SRv6 业务质量保障。

基于客户意愿的 SRv6 业务质量自保障系统架构，（如图 6–13 所示）针对客户设备到客户业务中心之间的线路数据进行采集，包括配置数据和性能数据，将数据清洗后存储到数据库中，对配置了随流检测的 VPN 业务电路进行随流检测业务质量评估，对全网业务分别进行 SLA 性能指标评估和路径拥塞分析。最后将分析结果输出到 SRV6 路径调整和优化模块中，对问题路径进行进一步调整和优化。其中基于随流检测的 VPN 业务质量评估包括端到端业务质量智能评估、分段质量智能评估和质差问题定界定段，针对端到端业务质差或中断的业务进行进一步的逐跳业务质量检测，进一步对逐跳业务质差或中断的链路进行定界定段问题的定位分析。

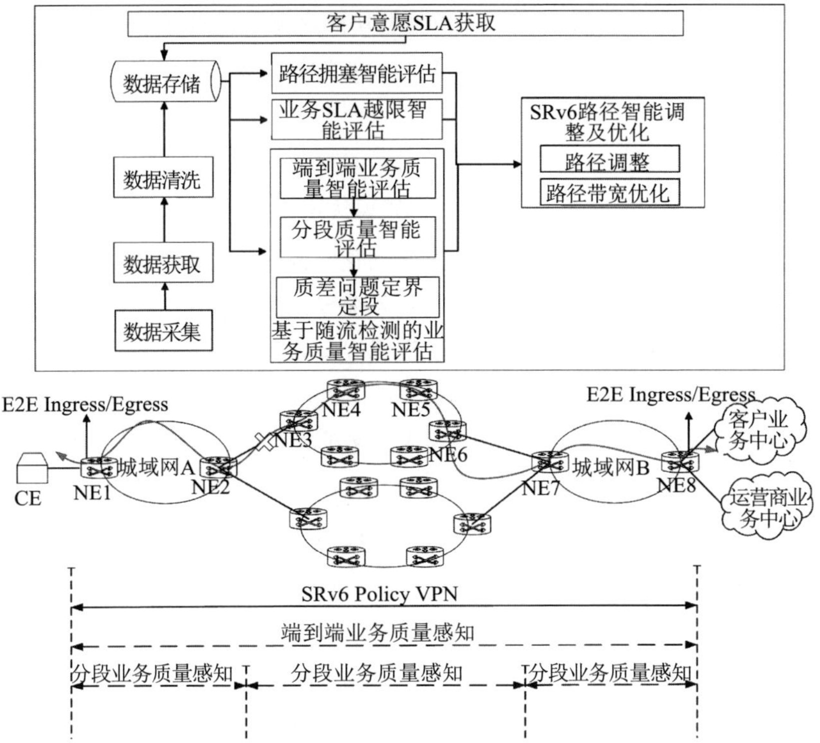

图 6-13 基于客户意愿的 SRv6 业务质量自保障系统架构图

基于客户意愿的 SRv6 业务质量自保障主要包括以下创新技术与实践：

端到端业务质量智能评估。根据随流检测上报的性能数据和设备数据，利用基于 AI 技术构建的端到端质量智能评估模型，评估端到端业务质量，检测业务状态。若端到端业务质量状态为质差或中断，则将检测模式调整为逐跳模式，逐跳检测进行精确定位。

质差问题定界定段。检测到业务质差或故障时，进一步结合逐跳的检测数据和设备数据，基于分段质量智能评估模型评估分段业务质量，检测业务分段状态。对于质量差或故障的段落，基于智能质差定位模型确定具体质差或故障发生的链路和端口，再定位质差或故障发生的区域，如城域网 A、骨干网等段落，以便确定业务质量、优化执行责任区域。

客户 SLA 越限智能评估。SLA 是运营商对客户的一个服务承诺，客户 VPN 业务 SLA 性能指标主要包括时延、丢包率、带宽利用率，利用 AI 技术构建路径性能评估模型计算路径端到端时延、丢包率和带宽利用率，与客户 SLA 指标值进行对比，结合时间、空间特征差异化判断 SLA 是否越限，并根据客户业务特征，动态调整触发预警通知时间点，通知路径调整优化模块，以便进行路径调整或优化。

路径拥塞智能评估。由于网络业务流量巨大并且动态变化，每条链路上的流量差异都很大，导致链路负载不均匀，从而导致网络路径产生拥塞，增加传输延迟以及丢包率。数据中心经常采用分层的胖树拓扑结构，通过利用多条等价路径来均衡链路之间的负载。随着数据中心的不断扩展，数据量不断增加，需要越来越多的备份来保证数据的有效性和安全性，这就需要服务器之间进行频繁通信，进而导致网络内部流量越来越多，链路带宽成了网络瓶颈。路径拥塞智能评估研究过程中基于路径的流量、性能、承载业务类型、时间等众多指标制定了路径拥塞智能检测模型，可以智能挖掘路径不同情况下的指标空间分布特征，针对不同分布的特征数据应用不同模型策略进行拥塞路径的检测判定，并进一步结合关键指标评估路径拥塞情况。最终根据客户业务需求及时触发路径拥塞预警，通知路径调整优化模块，以便进行路径调整或优化。

基于流量预测的 SRv6 路径自优化应用

随着网络规模的升级和应用系统种类的多样化，业务系统数据的交互过程越发复杂，很多影响业务系统高效、稳定运行的故障原因并不能通过路由器、交换机等基础网络设备的自身运行状况体现，而是分布在网络 2~7 层各个层面，体现在端到端的协议传输通道上。如果缺乏对网络基础数据和协议传输通道的透视与监控分析，一旦发生非链路层故障导致的网络或应用系统通信故障，现有网管系统及网络关联人员很难在第一时间对故障做出精确分析判断，存在较大的网络性能下降、业务中断风险。

多数现有路径调整技术研究的输入特征只考虑了流量本身的数据，没有引入时间特征分析，特别是忙时和闲时的时间特征，同时没有考虑基于时间特征增加的流量特征。基于单一时间序列的预测算法模型准确度较低，没有考虑不同模型的融合方法，同样导致基于该算法模型的预测结果调整带宽不能满足客户的需求。而且针对流量区间预测结果，没有一种准确率评估的方法，仅仅可以评估误差或者误差率，不能很好地评估预测区间的偏移程度。在传统的链路带宽分配策略中，网络管理者通常将分配重组的带宽资源来匹配链路的峰值负载，属于一种静态的资源分配方式，无疑将会在请求未达到峰值时造成资源浪费的现象。多数带宽优化策略考虑的是状态加载时间、服务质量、包大小、带宽队列的使用情况等链路状态信息，从而制订后置式的资源分配方案，针对已经到来的业务进行分析并做出相应的调整，这将会导致链路处理时延大大增加。

现有路径优化技术研究中，现有链路流量拥塞检测方法通常为基于专家经验设置的单一性能指标的规则、阈值和等级，主要为对链路传输的时延、抖动、丢包或带宽利用率等性能指标超限问题进行判定。评价链路流量拥塞的指标众多，未考虑性能指标间的关系，单一指标判定的拥塞不一定合理，缺乏多指标联合运营方法，且无法针对不同设备、端口、链路的类型、状态、配置、所处网络位置以及承载的业务、特定时间段等信息灵活调整链路拥塞阈值。而且现有路径优化技术通常没有考虑路径之前业务与叠加业务的不同情况，不同业务报文类型可能不同，没有针对不同业务类型、报文类型制订不同路径选择方案，以适应网络现状。此外，现有技术通常基于最小路由跳数或链路长度选取备选路径，没有结合用户喜好综合链路总长度、路由跳数、业务流收发时间和 SLA 网络性能指标共同选取备选路径。

基于以上现状及问题，我们提出并实施的基于流量预测的 SRv6 路径自优化系统架构，（如图 6–14 所示）基于上述 SRv6 业务质量评估结果，针对质量劣化的业务进行路径调整和优化。其中，针对路径调整主要研究了基于动态流量区间预测的带宽调整优化策略生成，针对路径优化主要研究了基于流量拥塞预测的最佳路径评估策略制定和选取。基于两种方案的策略分别用于分配带宽调整和路径计算，进一步下发到网络设备层，触发方案执行。

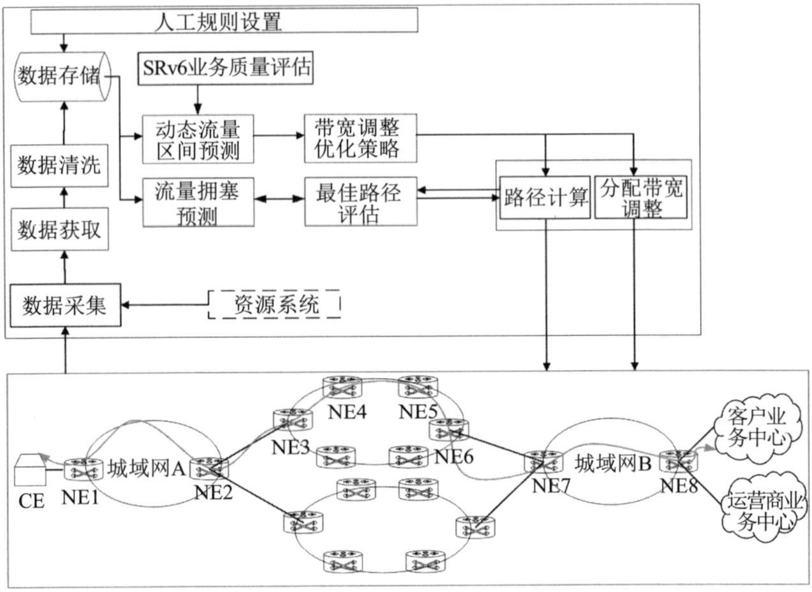

图 6-14　基于流量预测的 SRv6 的路径自优化系统架构

IP 业务流若出现质量劣化或故障，需要根据客户需求调整路径带宽或重新选择其他路径。在进行路径的动态带宽调整之前，需要先对路径未来流量峰值进行预测，包括上下行流量峰值的预测，预测结果与当前带宽进行对比分析，生成相应的路径动态带宽调整策略。路径调整方案主要包括以下创新技术与实践：

（1）特征全面性。传统的流量预测模型通常从时间序列模型出发，只考虑流量特征以及时间特征。网络流量影响因素包含多种，如带宽、时延、丢包率等，同时包括用户个性化使用的时空等多种特征，基于多种指标、多特征进行模型训练进而能有效提升预测结果的准确率。

（2）模型融合。目前多数流量预测模型仍然使用单一模型进行训练和实现，存在效率低、准确率不稳定等短板。模型编排过程中研究了多模型融合的方式，可根据具体场景和需求进行模型融合策略的制定和选取。

其中多模型融合方式是一种对多种单一模型进行加权求和预测的方法。就一种预测方法而言，在不同的条件下，不同类型的业务流量预测精度高低不同。对多种预测方法而言，在相同的条件和同类业务性能指标数值预测中，各模型的预测结果有较大的差异。综合考虑各种基本预测方法在不同条件下的预测精度，并将这些信息融合在一起，既可以提高业务流量预测结果的精度，又可以保证预测误差的稳定性。

（3）流量区间预测。目前运营商在网络运维过程中通常基于历史流量峰值超限的情况，或者简单基于电路自身历史流量预测的未来流量进行电路流量带宽的调整。而上述两种情况调整带宽不能满足客户实际应用电路流量的需求，影响客户感知。这说明传统的电路流量带宽调整策略存在片面性，需要融入更加智能的技术进行策略的改进。

历史同期流量预测的偏差程度可以在一定程度上反映当前预测偏差程度，进而实现流量区间的预测。流量区间预测研究过程中考虑基于闲时和忙时时间特征对电路流量进行分类，并增加节假日时间特征和流量特征，基于投票回归器模型进行时间特征流量的区间预测。当需要预测的流量数据输入时，可以基于数据的特点自动将不同的预测算法放入投票回归器中进行算法的融合。同时考虑将历史的预测值与实际值之间的差值率作为计算流量区间的偏差率，最终实现电路流量区间的动态实时预测。预测的流量区间可基于特定的智能化预测区间准确性评估算法进行评估。

（4）动态带宽调整策略。主动式的带宽调整方案是资源优化发展的必然趋势，通过预测业务到来的网络状态，提前进行网络资源的部署工作，极大地降低业务的等待、处理时延。动态带宽调整策略的研究根据历史用户需求及网络流量特点，对基于流量区间预测的结果制定相应的动态带宽调整策略进行了研究，执行过程中可以基于系统的反馈信息，对带宽调整策略进行进一步优化调整。

若带宽调整后仍不能保障客户对业务的需求，则需重新计算路由，规划新的路径。针对重新规划的备选路径，需要在原始业务数据基础上增加新业务数据，并基于客户个性化特征以及网络质量进行备选路径预判和选取，以实现业务流的高效运转，进而提升客户感知。路径优化方案中主要包括以下技术创新与实践：

（5）流量拥塞预测。流量拥塞预测的研究过程基于 SLA 性能指标数据，包括丢包率、时延、带宽利用率等，运用多指标聚类等智能算法模型进行链路流量拥塞的判定，基于判定的结果进一步进行路径调整。

（6）最佳路径评估。备选路径的评估选取是路径优化过程中需要考虑的关键性技术。最佳路径评估技术基于智能算法对原始主路径进行未来性能指标的预测，进而基于备选路径评估技术进行备选路径的质量判定，最后基于备选路径推荐技术结合用例需求进行最佳备选路径的推荐。

最佳路径评估策略的制定主要研究备选路径的选取规则，首先需要通过分析所采集的数据，对业务原始主路径进行监测，包括业务质量的跟踪和状态的预测，即未来是否发生流量拥塞或中断。若发生流量拥塞，需要对其中的主要业务进行路径更换；若发生中断，则需要对路径中承载的所有业务进行路径更换。研究实现过程中可结合用户个性化需求以及性能综合指标进行备选路径的推荐。主要包括以下关键技术：

（7）主路径监测技术。主路径业务质量实时监测功能和预测监测技术从中断、拥塞两个维度对路径状态进行预判，预测为中断状态的路径，将当前承载的所有业务流量叠加到备选路径中；预测为拥塞状态的路径，将当前承载的主要业务流量叠加到备选路径中，进行下一步备选路径的评估和推荐。

（8）备选路径评估技术。预测所需叠加流量值，即原始主路径的流量预测，在叠加流量的过程中判断备选路径与原始主路径传输的数据报文协议类型是否相同，类型不同的需要基于备选报文协议类型生成新的叠加流量值，对叠加流量后的备选路径性能进行预测，评估备选路径质量。

（9）备选路径推荐技术。推荐路径需满足用户的 SLA 要求以及个性化需求，基于备选路径评估结果，按最短距离、最短时延等方案进行智能组合排序。在满足用户 SLA 要求的前提下，根据客户个性化需求推荐最佳备选路径。

云网融合

第七章

算力绿色化

根据算力第三定律的预测，算力每投入 1 元，带动 3~4 元 GDP 增长。经济增长的维度是多方面的，其中能源的数字化、低碳化、绿色化是不容忽视的组成部分。

本章通过对算力绿色化概念的介绍，从智慧网络角度，描述未来网络高度智能化对算力绿色化的技术支撑基础，以及在现有网络架构下对算力绿色化的演进路径的思考；通过对绿色算力应用场景的探讨，充分讨论了从数据中心、固网、无线网、承载网、核心网及运维管理层面推动算力绿色化的技术方向，从而揭示了算力绿色化的可行性以及涉及的相关技术、应用、架构基础；对理解算力绿色化演进，以及对于总体和单位算力能耗限制下的高效算力实践，提出了可能的探索方向；同时，通过典型的应用场景描述，对进一步实现算力绿色化提供了参考依据和实践基础。

算力绿色化背景

落实“双碳”目标的关键

当前我们正在经历新的科技革命和剧烈的产业变革，数字化程度将决定企业在新竞争中所处的位置，数据、算力、算法成为新的生产要素，其中算力作为最重要的基础设施囊括了数据流通的全链路，包括数据的采集、存储、计算、应用等。算力已然成为数字经济发展的新引擎，数据中心正是承载算力的核心物理实体。而算力的增长势必会带来数据中心耗电量的高速增加。

2020 年 9 月 22 日，习近平总书记在七十五届联合国大会一般性辩论上首次做出我国“二氧化碳排放力争于 2030 年前达到峰值，努力争取 2060 年前实现碳中和”的庄严承诺[①]，具有重大战略意义，彰显出我国应对气候变化的决心和雄心。2020 年的中央经济工作会议把“做好碳达峰、碳中和工作”列为 2021 年八大重点任务之一，明确大力发展新能源。《中华人民共和国国民经济和社会发展第十四个五年规划和 2035 年远景目标纲要》明确提出，到 2035 年，“生产生活方式绿色转型成效显著，能源资源配置更加合理、利用效率大幅提高，单位国内生产总值能源消耗和二氧化碳排放分别降低 13.5%、18%”，“非化石能源占能源消费总量比重提高到 20% 左右”。在国家“双碳”目标积极推进的大背景下，各行各业普遍关注如何在降低数据中心的电能使用效率（power usage effectiveness，PUE）的同时，合理分配计算资源、大规模提高算力效率，即“绿色算力”需求也在爆发式增长，数据中心也亟须顺应这一发展趋势，降低碳排放，逐步实现数据中心“碳中和”目标。

工信部于 2021 年 7 月 4 日印发《新型数据中心发展三年行动计划（2021—2023 年）》（以下称《行动计划》），明确用 3 年时间，基本形成布局合理、技术先进、绿色低碳、算力规模与数字经济增长相适应的新型数据中心发展格局。《行动计划》对数据中心未来发展做出整体规划，不仅强调数据中心要更好地赋能各行各业的应用，还强调了数据中心要走绿色节能的发展道路。

国家发改委等部门于 2021 年 12 月 8 日印发《贯彻落实碳达峰碳中和目标要求　推动数据中心和 5G 等新型基础设施绿色高质量发展实施

① 摘自中共中央总书记习近平在 2020 年 9 月 22 日第七十五届联合国大会一般性辩论上发表的重要讲话。来源：中国政府网，http://www.gov.cn/xinwen/2020-09/22/content_5546168.htm。——编者注

方案》(以下简称《方案》)。《方案》目标提出，到 2025 年，数据中心和 5G 基本形成绿色集约的一体化运行格局。要求全国新建大型、超大型数据中心平均 PUE 降到 1.3 以下，国家枢纽节点进一步降到 1.25 以下。《方案》主要任务提出支持基础电信运营企业资源复用，加快建设绿色数据中心，提高算力能效。

因此，加强绿色数据中心建设，选择能效水平高、技术先进、管理完善的数据中心是实现“低碳”这一目标的重要环节，既更快实现企业自身的碳达峰、碳中和，又践行绿色可持续发展理念。

国内外算力绿色化进展

算力需求与“双碳”挑战，二者可以兼得

自 2010 年以来，全球数据中心的总功耗增加了 6%，数据中心已经成为新的耗电大户，但是相应的算力功耗比的提升速度却远远高于预期，全球计算能力提升了 550%。数据中心作为能耗密度较高的产业，其碳中和进程在世界范围内受到了较大的关注。未来的数据中心将从传统的数据中心转变为算力中心，业界更关注的是单位算力的成本、单位算力的能耗以及客户体验。(如图 7-1 所示)

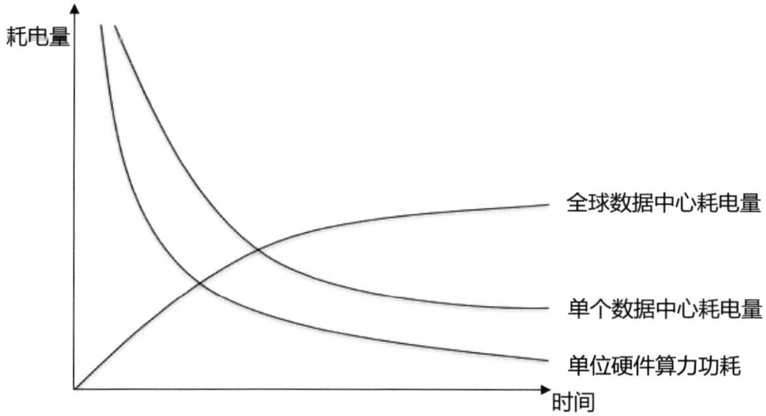

图 7-1　数据中心能耗变化曲线图

PUE 是业界通用的数据中心电力使用效率的衡量指标。PUE 值为数据中心总耗电与 IT 设备耗电的比值，在整个数据中心中，IT 设备是对外提供服务的主体设备，是产生算力的主要源泉。PUE 值越小，表明数据中心 IT 设备能耗占比越高，有更多电能被用于产生算力资源。业界认为，PUE 越接近于 1，则代表数据中心的绿色化水平越高。目前我国大多数数据中心的 PUE 值在 1.5~3，国外先进数据中心机房的 PUE 值通常小于 2。全球数据中心每年消耗的电力超过 416 太瓦时，相当于世界能源产量的 2% 左右。

尽管数据中心能效与算力有关联，但这并不意味着提升数据中心能效水平就一定能够提升数据中心算力能效，数据中心算力能效除了与电能供给有关，还与 IT 设备的硬件性能、虚拟化技术的应用等因素有关。数据中心算力评估与超算、常规服务器算力评估有很大不同，数据中心算力水平不仅取决于服务器的算力，同时受到存储及网络设备算力水平的影响，计算、存储及网络传输能力相互协同能够促使数据中心算力水平的提升。另外，数据中心算力水平及算力能效还与机架总体规模、服务器上架率有关。截至 2019 年年底，国内数据中心总体平均上架率为 53.2%。其中，北京、上海及广东平均上架率近 70%，远高于全国平均水平，核心区域大型以上数据中心上架率超过 85%。东部发达地区及一些自然资源较为充足的中西部省份上架率相对较高，东部发达地区对时效性较高的“热数据”需求较多，提升上架率有助于进一步满足这种实时的算力需求。中西部等自然资源较为充足的地区在建设能效导向型数据中心方面具有一定优势，也逐渐受到资本加持，一些实效性要求不高的“冷数据”通常可以在这些地区进行远端部署。

将算力与功耗结合来看，单位功耗的算力是评价数据中心计算效果更为准确的一个指标，数据中心算效（computational efficiency，CE）为数据中心算力与 IT 设备功耗的比值，即“数据中心每瓦功耗所产生的算力”（单位：Flops/W），这是同时考虑数据中心计算性能与功耗的一种效率，其计算公式如下：

$$CE=\frac{CP}{\sum IT\text{设备功率}}$$

其中，CP（computational power）为数据中心算力，主要包含以CPU为代表的通用计算能力和以GPU为代表的智能计算能力，∑IT设备功率为数据中心所有IT设备的功率总和。

单从能源消耗来看，数据中心导致碳排放增多，但如果更全面审视，算力将成为整个工业4.0的重要驱动因素，满足算力需求将帮助我们更好地应对“双碳”的挑战。在算力增长的背后，数据中心设备的耗电量也会增长，在碳中和、碳达峰目标的要求下，新一代绿色数据中心倡导的“高效、低碳、集约、循环”成为普遍关注的焦点。作为市场占有率全球第三、我国第一的云服务提供商，阿里云首创浸没液冷黑科技，将服务器浸泡在特殊绝缘冷却液中，使得全程散热能耗几乎为零，其中广东河源数据中心将成为阿里云首个实现碳中和的大型数据中心。阿里云通过应用先进节能技术、高效利用可再生资源，打造“减碳三环”，提供“绿色算力”，建设面向未来的绿色数字基础设施，积极赋能和驱动各行业走上绿色发展道路。

2021年6月，百度公布了在2030年实现集团运营层面的碳中和目标：对于自建数据中心，将通过数据中心技术创新、软硬结合持续迭代、人工智能融合应用等方式，在2020年均PUE1.14的基础上持续降低单位算力能耗；对于租用数据中心，将通过技术输出或算力迁移的方式降低租用数据中心PUE，减少总算力碳排放总量。华为超融合数据中心网络Cloud Fabric 3.0解决方案提供无损网络技术，可大幅提升算力能效比。根据开放数据中心委员会（ODCC）2019年的测试数据，在同等服务器规模下，网络实现无损可大幅提升算力水平，任务完成时间可降低30%，即单位算力能耗下降30%。

合理分配计算资源助力“双碳行动”

谈起“绿色计算”，外界普遍关注的是如何降低数据中心PUE，实际上它还包括如何合理分配计算资源。比如，在保证服务稳定的前提下，合理分配算力资源，提高资源利用率，降低服务器的用量，从而减少碳排放。当前资源分配技术主要分为在线离线混合部署技术、云原生分时调度、AI弹性扩缩容这三种。其中，在线离线混合部署技术主要通过混合部署、削峰填谷提升资源利用率；云原生分时调度致力于按时间段灵活分配调度，提升资源响应率；AI弹性扩缩容技术主要利用大数据和AI技术预测流量，实现智能扩缩容。目前这三项技术已得到规模使用，后文会进行详细介绍。

算力绿色化技术

“算力绿色化”提倡采用新兴的节能技术或IT技术提升能源的利用率，从而减少碳排放。算力的主要载体是数据中心和终端设备，算力绿色化技术主要涵盖基于云边端架构的资源调度的优化，包括数据中心、基站、网络等方面的节能技术，以及算力的合理统筹规划，如在数据中心层面优化计算资源的能源比例和使用效率。算力绿色化的目标是资源和能源的高效或重复使用、IT资源效率最大化以及采用可持续产品和制造实践等。本节主要论述数据中心节能技术、基于云边端架构的节能技术以及智慧网络节能技术。

数据中心节能技术

当今社会，云计算已成为支持多种IT服务的技术。基于云的IT服务和应用程序数量的增加，使建立新的数据中心来容纳数以千计的Web服务器、存储和网络设备成为迫切需求。云数据中心的直接能源和间接冷却能源需求都在上升，导致数据中心的能耗占比持续上升，数据中心的节能技术也受到了业界关注。数据中心节能技术包括创新硬件技术、清洁能源节能、绿色IDC技术等方面。创新硬件通过引入智能间接蒸发冷却机组、中低压一体化的供配设备、采用冷机+自然冷却方式、改进服务器整机柜设计等途径实现，从而改善硬件的工作效率，提升其效能比，从而降低数据中心整体的碳排放。清洁能源通过使用绿色能源实现高效利用。绿色 IDC 技术通过使用新型制冷技术来节能减排。

建设新一代绿色数据中心可通过硬件技术创新能力、清洁能源全面应用以及绿色 IDC 技术三方面践行数字减碳，实现“绿色算力”。

创新硬件技术

在硬件方面，绿色数据中心具备三大核心技术：

一是使用智能间接蒸发冷却机组，其内置的智能运维系统能够保证故障发生 15 分钟内快速定位；同时，可以借助智能运维系统，实时了解蒸发系统的温度等系数，模块化设计能够更好地调整制冷模式，有效降低能耗。

二是中低压一体化的供配设备，通过高度集成中压、低压、锂电系统，以及工厂预制化方案，最终实现成本下降 8%，效率提升 2.5%。

三是采用冷机 + 自然冷却方式，通过板式液冷服务器实现基础 PUE 小于 1.1。

在服务器整机柜设计方面，改善风道与电源设计，同时增加新型散热器，提升整个主板散热与单个设备制冷效率。供电方面，提供整机柜解决方案，将每台服务器设备进行统一管理。之前每台服务器都需要一个备份电源，现在一个机柜十几台甚至几十台服务器只需要 2~3 个，极大地提升了效率。整机柜还实现了用电峰值的统一协调管理，通过直流中压转低压等技术应用，极大地改善了散热与提升供电效率，有效地避免了电源损耗，通过系统实化等软件能力的优化助力节能减排。在集中式 GPU 算力平台与调整中心的支持下，所有的计算需求都可以实现全区域、全时段的共享，避免资源重复建设。为更好地践行低碳，逐步将高负载、高能耗业务向西部迁移，“东数西算”借助西部大量清洁能源降低对原始能源的使用，推动绿色数据中心建设。在应用层面，通过边缘部署的方式进一步降低能耗需求。

发展清洁能源节能减碳

清洁能源技术也正在应用于新一代绿色数据中心，使用大规模分布式光伏电站建设解决整个园区的供电。同时采用热回收技术，让热系统循环使用以保证资源高效利用。新一代绿色数据中心还在持续增加可再生能源（风能、太阳能）的利用比例，并逐步探索扩大数据中心能源的回收利用范围。同时，规模化采用园区标准化规划建设，供电、空调系统全面采用预制化中低压一体化供电模块、集中式锂电储能、间接蒸发冷却、液冷等创新、高效、节能技术，进一步提升数据中心建设交付速度，降低数据中心运行 PUE。

绿色 IDC 技术

除了上文介绍的硬件技术、清洁能源等方式，建设绿色数据中心还可使用磁悬浮离心冷水机组、室外机雾化技术、液冷技术、余热回收技术等。

磁悬浮离心冷水机组：其核心是磁悬浮压缩机，磁悬浮离心式压缩机与传统的离心式压缩机的不同之处主要在于轴承和驱动装置。磁悬浮压缩机采用了磁悬浮轴承替代传统的机械轴承，实现了制冷系统无油运行，避免了复杂的润滑油系统，同时采用永磁同步电机、双级补气、电机直驱叶轮等技术大大提升机组性能。

室外机雾化技术：空调节能雾化系统是利用雾化器把水雾化后喷洒在冷凝器进风侧平行空间，有效降低冷凝器进风口的环境温度，提高冷凝器热交换效率，达到降低压缩机排气压力，从而降低压缩机实际消耗功率的目的。雾化器将水雾化成原水滴体积的 1/800（雾粒直径小于 60μm），雾化蒸发速度比水滴蒸发速度加快 300 多倍，水从液态到气态过程中每升温 1℃吸热量提高 500 多倍，大幅度提高吸热量，使局部环境降温 3℃ ~12℃，从而降低冷凝器进风侧的温度，提高冷凝器的散热效率，改善压缩机工况，消除压缩机停机、跳机现象，提高空调系统的制冷效率，达到节约电能的效果，且不会影响空调设备的可靠性及寿命。

液冷技术：液冷技术按照冷却液与冷却原件是否直接接触分为直接冷却和间接冷却。

直接冷却分为喷淋式和浸没式两种，以浸没式液冷技术为主，其原理是制冷介质与发热元件直接接触，即将服务器主板、CPU、内存等发热量大的元件浸没在制冷介质中。这样冷却介质与被冷却元件直接接触换热，换热效果最好，不需要额外再增加换热设备。

间接冷却以冷板式液冷技术为主，载冷剂与被冷却对象不直接接触，而是通过液冷板热传导将被冷却对象的热量传递到制冷介质中；根据冷却工质是否产生相变又分为单相液冷和相变液冷。

余热回收技术：可充分回收利用工业余热资源以提高能源利用率，减少煤炭、天然气等一级能源的消耗，缓解城镇化过程中快速增长的供热需求以及对环境热舒适要求提高而增加的能耗与环境压力之间的矛盾。数据中心余热利用的方式通常包括以下三种方案：

机房热通道内的热空气直接利用方案：直接输送热空气至所需要的区域，由于空气热容量较小，送风管道尺寸仅适用输送距离短、应用规模小的情况。

空气源热泵方案：系统运行状态受室外环境参数影响较大，且考虑结霜、热效率不高及安装维护等方面因素影响，不适用于采暖及制冷需求较大体量的数据中心。

水源热泵方案：水源热泵系统全年温度波动小、运行稳定、制冷及制热系数高，适用于冷源系统由水冷式冷水机组、板式换热器、冷却塔组成的数据中心。

智慧网络节能

网络是过去几十年人类社会发生的创新的基本组成部分和推动力。随着越来越多的行业和企业集成了 IT 技术和服务，网络已经发展成为连接全球数十亿台设备的复杂结构。因此，网络设备消耗大量能源。应用于节能网络的基本技术包括：多层流量管理的方案、能耗感知、业务量疏导技术，以及软件定义网络（SDN）、网络功能虚拟化（NFV）等。

固定网络节能

传送网的目的是将各种业务高效、安全地传送至目的地。随着网络拓扑结构的不断演进，业务从初始点到终端点往往不止一种路由选择，不同业务的路由功耗可能会有不同。同时，不同时刻网络的载荷往往不同，会存在明显的高峰和低谷。如果在流量高峰和低谷时充分、高效地利用网络资源，可以有效实现节能减排。

多层流量管理的方案：它有两种流量管理的机制，一种是慢速 MLTE（multi-layer traffic engineering，多层流量管理）机制，一种是快速 MLTE 机制。慢速 MLTE 机制选取较长的时间周期进行流量评估，选取的时间长度通常为数天或者一周。根据不同节点之间的流量情况，通过采用重路由等技术，将其中一条或者几条路由关闭，但是并不影响所有运行的业务。快速 MLTE 机制则是将选取的时间长度缩短为小时量级，根据网络流量的变化实时选择关闭或者打开某些路由，实现网络拓扑结构的动态变化，最终实现网络整体能耗的最小化。

能耗感知 RWA 技术：随着各种新能源技术的不断应用，在目前的通信网中，有越来越多的设备或者站点在使用清洁能源（比如太阳能或者风能）。能耗感知 RWA 技术的主要目的是通过路由和波长分配优化整个网络中的能耗来源，使得清洁能源能够得到最为充分的应用，同时通过优化路由，实现整个网络的最优化。

业务量疏导：当一个网络的配置确定时，即网络的物理链接、每个网络节点的转发器的数目、每根光纤的波长数量和波长容量确定，通过智能业务疏导就可以实现网络的性能优化，也可以实现网络的成本和能耗的优化。光网络在多线速业务量疏导条件下比单线速业务量疏导条件下的网络总能耗都要低。

对于 5G 承载网络，通过引入智能 PID（proportion integration differentiation，比例积分微分）调速以及分区调速技术，来平衡单板工作温度和降低整机能耗；针对设备子卡、光模块，降低其不在位时软硬件功能模块的功耗；在业务板不在位的情况下关闭与之对应的交换数据通道。

5G 移动网络节能

移动核心网作为“管理中枢”负责管理数据，对数据进行处理和路由交换。5G 核心网元的功能实现可以通过 SDN 进行定义，通过网络云中的虚拟网络功能（VNF）来实现。虚拟化可能成为一种非常有用的减少能源消耗的方法，硬件充当同时运行多个应用程序的承载，可节省额外部署专用硬件和软件组件的成本。在接入核心网络中使用虚拟网元节点，相比于使用物理网元节点执行单一功能的结构，虚拟网元的节能优势显著（如资源分配的灵活性、单个节点运行多个虚拟化接入 / 核心网功能）。虚拟化网元在不工作时休眠，根据工作负载随时准备激活这些功能。

在 5G 核心网中应用 AI 技术，可以根据网络流量的变化趋势，调节虚拟网元资源占用情况，在不影响网络提供服务关键性能指标的前提下，降低能量消耗，提高网络的能量效率，从而达到节能的目的。

针对核心网控制面和用户面的资源使用和流量变化趋势调整资源分配，需要采集相关数据，包括但不限于各网元实例的业务量、最大服务用户数、能耗数据、资源使用数据、NF 级性能测量数据和网络级 KPI 数据等。

基于网络流量的历史数据，需要对网络流量变化趋势进行预测。网元实例流量的精准预测可以帮助推动节能的网络决策，然而网络流量在时间和空间上具有不均匀性，用户在一天的不同时刻和不同地方有不同的 QoS 要求以及用户的移动性等使网络流量预测面临挑战，所以模型算法需要根据监测数据不断更新迭代。

基于网络流量的预测数据，可以智能地调整 VNF 的资源分配，例如根据 VNF 实例上的负载统计及预测情况，将资源利用率低的 VNF 实例上的负载迁移到特定的少数专用 VNF 实例上，从而产生更多的空负载的 VNF 实例，对这些 VNF 实例占用的资源进行重分配（或回收），提高核心网的能量效率 KPI。以节能为目的，同时考虑用户的 QoS 需求，在满足用户需求的前提下，降低 VNF 的资源占用，从而在节能和网络需求层面达到均衡。

绿色云边端计算架构

随着多种新兴技术的发展，未来算力将加速从云侧向边缘的扩散，云－边－端多级泛在算力结构将成为典型的算力基础架构。其中绿色算力中的云－边－端三层架构可从异构计算、计算资源的合理分配、存储结构优化、边缘计算、智慧运维五方面推进。

异构计算

异构计算是指由使用不同的指令集和体系架构的计算单元组成的系统。它主要由以下三部分组成：一组异构机器、将各异构机器连接起来的高速网络和相应的异构计算支撑软件。计算单元主要包括 CPU 和 GPU，通过提高 CPU 时钟频率和内核数可以提高计算性能但同时也会带来更多的散热问题，而 GPU 散热较低且具有更多的内核数和并行计算能力，但没有得到充分利用。异构计算正是利用高速网络将多个类似 CPU 和 GPU 的单独计算单元相关联来完成复杂的计算任务。由于异构计算具有计算性能高、能耗低、计算机资源利用率高等优点，现在已经成为绿色算力领域的研究热点之一。

随着计算机技术的不断创新，异构计算在各领域也得到了广泛的应用，如 PC 领域、手机移动设备领域、云计算领域、分布式计算领域等，典型的应用有图像理解、质点示踪、声束形成、气候建模、湍流对流混合模拟以及多媒体查询等。异构计算的身影在日常应用中也有出现，小到加速网页和视频，大到 DNA 计算、天气预报分析、蛋白质计算，甚至是大型数据中心的建设都有应用。例如“神威·太湖之光”数据中心的计算方式就是异构计算，相对同构超算能耗有明显降低。

计算资源的合理分配

计算资源的合理分配，是把固有计算资源通过动态、弹性调配而实现“算力增加”“能耗减少”的手段，这一方式不仅能够帮助降低碳峰值排放量，助力“碳达峰”，而且对实现“碳中和”的长期目标有着重要作用。虽然基于对计算资源合理分配的绿色算力尚未被广泛实践，但从数据中心模块化、虚拟化发展的趋势来看，分配计算资源会是云计算、边缘计算快速发展下的重要算力效率提升手段。接下来主要介绍在线离线混合部署技术、云原生分时调度技术、AI 弹性扩缩容技术这三种资源调度技术。

在线离线混合部署技术：将离线任务和在线任务混合部署在同一数据中心，并使用 Kata 安全容器的强隔离技术，在高峰期“削掉”离线服务的计算量，在低谷期（比如凌晨）重新开始处理离线服务的计算量。通常情况下，离线任务和在线任务往往被分布在不同的数据中心,这种部署方式往往会造成能源浪费、服务器的资源运行效率低。“削峰填谷”的处理方式可提升资源利用率，做到“数据中心是一台智能的计算机”。

云原生分时调度技术：云原生是一类技术的统称，通过云原生技术，各组织可在公有云、私有云和混合云等新型动态环境中，构建和运行可弹性扩展的应用，该类应用易于迁移，相较于传统应用的开发、部署、管理更加高效和便捷。基于云原生的分时调度技术是指将同一份资源按照时间段灵活分配给不同活动使用，从而解决资源不足的问题，提高资源调度响应时间。该技术相当于算力上的“潮汐调度”，若资源调度对象均在同一个服务器内，则可以按照不同时间段，把一些闲置的服务器资源，合理分配给不同任务使用；资源响应速度也可从小时级响应提升至分钟级响应。

AI 弹性扩缩容技术：在分布式应用管理中，弹性扩缩容量是很重要的一个运维能力。弹性扩缩容量能够感知应用内各个实例的状态，并根据实例状态动态实现应用扩容、缩容，在保证服务质量的同时，提升应用的可用率。AI 弹性扩缩容技术是利用大数据和 AI 等手段实现智能预测流量，从而进行合理地扩容和缩容的技术，建设了图计算的流量周期算法，通过基于深度学习、在线学习、时空图神经网络方案提前预测应用流量，并通过因果推断和时变关系找出不同应用流量调用关系和波动判断，基于强化学习的负反馈方案实现智能扩缩容。

存储结构优化

数据元素之间的关系有两种不同的表示方法——顺序映象和非顺序映象，并由此得到两种不同的存储结构——顺序存储结构和链式存储结构。数据的存储结构是指数据的逻辑结构在计算机中的表示。顺序存储结构是一种最基本的存储表示方法，通常借助程序设计语言中的数组来实现。链式存储结构通常借助程序设计语言中的指针类型来实现。

面对指数级增长的计算与存储需求，传统的计算与存储架构是否仍然堪用是一个需要深思的问题。数字经济时代，数据是新的生产资料和关键资产，这些关键的资产和生产资料没有被存储下来的一个重要原因是存储架构和存储技术没有及时跟上数据的发展。长期以来，用户对于存储的最主要需求无外乎两点——足够大、足够快，但同时还需兼顾采购成本及后期的使用成本。事实上，并没有单一的存储设备或是存储介质能够同时满足以上条件。因此，通过去中心化分布式存储、分层存储和分区存储的创新存储架构可以解决当务之急。用去中心化分布式存储架构降低存储成本，以便让更多的数据存储下来，留待后期加工。进一步细化分层存储，根据数据对存储时延和容量的需求细化到极热、热、温、冷、极冷五个层次，并采用对应的产品来满足需求。分区存储，利用 ZNS（zoned namespace，分区命名空间）SSD（solid state drive，固态硬盘）进一步提升性能，同时提高可用容量，减少机柜空间占用，从而进一步降低功耗开销。

边缘计算

边缘计算是指在靠近物和数据源的边缘测，形成网络、计算、存储、安全及各类应用能力的开放分布式平台，就近提供服务。它位于中心云和终端之间的基础设施上，是云计算能力由中心云向边缘端的下沉，本质上是对云计算技术的延伸和补充。把合适的业务模块下发到边缘节点后，在边缘端就可形成数据产生和消费的闭环，不需要将数据回传到中心云。它具有网络低延时、低带宽、低成本、弹性伸缩、业务本地化、敏捷交付、安全性高、开放灵活等特点。这些特点使得边缘计算可以充分合理地利用边端基础设施资源，减轻中心云的负担，降低网络带宽等资源的占用，因此边缘计算也是绿色算力领域的重要研究方向之一。

在“云－边－端”的三级体系端到端的技术架构中，中心云是整个架构的“大脑”，而边缘计算是“小脑”。边缘计算服务节点（edge node service，ENS）是靠近终端或用户提供具体边缘计算服务的节点，由边缘计算的控制节点调度、弹性伸缩，运行下沉到边缘端的模块。对于隐私数据或其他重要信息，由边端上传到中心云，由中心云去分析和处理；而对于海量的数据或对实时性要求较高的数据，则由边缘计算服务节点去处理和执行。

边缘计算的应用场景很多，有内容分发网络（content delivery network，CDN）、互动直播、智能家庭、智慧交通、工业物联网、医疗保健等。在这些众多的应用场景中，CDN 是最为成熟的应用场景，通过将内容缓存到边缘节点，实现“近距离”的服务，达到内容消费低成本和低延时的目的。

边缘计算最核心的能力，就是根据业务场景把不需要中心端处理的业务下沉到边端执行，在边端节点之间完成资源的调度以及弹性伸缩，充分利用边端资源，降低网络、存储、计算等资源的占用，达到绿色计算的目的。

智慧运维

算力已经成为数字经济发展的新引擎，而数据中心正是承载算力的核心。算力的增长会带来能耗的提升，如何在保证算力的同时降低能耗成为摆在基础设施厂商面前的一大挑战。数据中心能耗管理的本质是一项多专业综合的系统工程，简单地堆叠“低能耗”产品难以实现真正的节能。传统数据中心运维对强弱电、制冷、IT、CT 等专业人员的依赖性特别高，而单纯堆人力的“汗水运维”已经很难满足现如今的发展趋势，设备老化、故障等问题难以被快速发现并及时响应，也使能源消耗在无形之中。唯有借助数字化技术，利用一整套贯穿数据中心的规划、设计、建设、运维全生命周期的智慧运维方法来支撑，才能真正实现数据中心绿色、高效、节能的目标。

目前多个厂商都在打造智能的 IDC 运维管理系统，依托物联网平台，可以对海量设备进行数字化管理，实现基于物联大数据的全景数据中心监控；围绕 IDC 设施管理、能耗与动环管理、智慧运维、智慧运营四大板块，建设“统一管理、智能联动、流程规范”的开放能力平台，实现数据中心的智慧化赋能，从硬件和软件、技术和管理多个层面促进数据中心能效提升。

“全国一体化 + 远程和本地运维相结合”的智慧运维系统，可以使客户低成本地使用绿色智慧运维技术，实现快速反应和后期调整优化。“全国一体化”是指构建综合管理一体化平台，以统一完成对全国各数据中心服务节点的监控、分析、运维整个流程的处理。系统整体可划分为“1+N”架构，“1”为 1 个一体化平台，“N”为 N 个服务端。其中，平台端汇聚全国数据中心的各个服务节点的服务器信息、日志信息、监控信息、应用信息、环境信息等数据，并使用可视化技术实时显示各服务节点及应用的健康状态；同时利用大数据和机器学习技术，对汇聚的数据进行多维度分析，及时发现异常、产生告警，并通过训练的模型生成相应的运维策略并下发至服务端。服务端在接收运维策略后，第一时间远程调整优化对应的服务节点，快速处置，降低服务不可用的时间，提升用户体验。对于一些不能有效调整的服务节点，可利用本地运维的方式加以补充。该智慧运维系统可有效降低运维成本，提高运维服务稳定性、可靠性。

数字时代对于计算力的需求不断高涨，数据中心数字化转型与智慧化升级，已经成为行业发展的重要目标。基于数字化转型，通过智慧运维的管理方式，实现对“风火水电”的高效监控，依托技术革新降低能源消耗和提高利用效率，只有对数据中心能源消耗的源头进行优化，才能为数据中心“碳中和”目标的实现铺平道路。

绿色算力应用场景

全球运营商、设备商和第三方厂商均开始了对绿色算力的探索，通过应用前文提到的绿色算力技术可实现算力资源的高效利用。本节将阐述 AI 技术在数据中心智慧节能应用、基站智慧节能应用、承载和核心网络智慧节能应用、云边端资源智慧能效管理应用四个方面的典型案例。

数据中心智慧节能

随着 5G 及互联网应用的发展，云数据中心和边缘数据中心规模会进一步扩大，从能源短缺和环境保护出发，数据中心绿色化成为必然趋势。数据中心能耗主要由 3 部分组成，分别是 IT 设备、制冷系统和供配电系统，各部分均可应用新兴技术进行节能降耗。

IT 设备节能：IT 设备主要进行数据传输和路由交换，服务器设计通常会提供对数据的最大处理和路由交换能力，但是在使用的数据量较少时，服务所提供的流量会产生冗余，并且大部分时间传输远远高于实际的使用流量，也就是说，即使服务器空闲也会发生大量的能耗。通过使用人工智能技术，可以基于历史数据训练学习得到业务模式变化和服务器运转对能耗的影响规律，对未来业务负载进行预测并迭代更新，当业务负载较少时进行业务迁移，将一部分服务器转到休眠状态。此外，当预测到业务负载将显著增加时，可以将必要数量的服务器唤醒并重新进行业务负载的引导和分配。通过分析数据中心不同业务的负载特征，发掘节能潜质，实现设备休眠和唤醒，达到绿色节能的效果。

制冷系统节能：数据中心通常因制冷量冗余，制冷设备参数设置不合理，无法根据机房环境温度变化做出精确调整，所以导致极大的制冷能耗浪费。通过应用 AI 与机器学习技术，如基于大量的机房环境状态和 IT 负载等数据结合 XGBoost、LSTM 等算法，优化制冷设备的最佳设置参数来降低数据中心的制冷能耗。另外，室外机雾化技术、液冷技术等绿色 IDC 技术的应用也将有效地降低制冷能耗。

供配电系统节能：该部分节能可借助错峰储能和清洁能源等绿色节能手段。在夜间用电低谷段，利用市电为储能电池充电；在白天用电高峰段，储能系统为各项负荷供电，通过峰谷电价差实现营收，也可以帮助降低用电高峰时国网承担的电力负担。另外使用 AI 和机器学习算法，电力需求和可再生能源发电将更加可预测，将有效缓解风电、光伏等清洁能源间歇性发电带来的问题，增强清洁能源电能的可利用性。

基站智慧节能

在实际的网络运行中，话务量具有明显的潮汐效应，当业务量很少时，基站仍然处于运行状态，造成了极大的能源浪费，因此基站需要随话务量忙闲变化动态调整设备状态，从而减少不必要的能耗。传统的节能方式需要人工分析海量数据，包括公参数据、网络存量、特性适配、站点共覆盖、多频多制式网络识别等，所以往往采用人工设置统一关断参数，但因为参数无差异化，无法自动匹配不同场景，无法与个站话务强匹配，从而在话务忙时，因参数设置不合理而导致业务受损，影响 KPI；而在业务闲时，因参数设置不合理，节能效果无法最大体现。

针对节能不够充分，以“一刀切式”节能配置的问题，基站智慧节能将采用自动化多模节能策略协同，通过预测未来一段时间小区 / 小区簇 / 区域的负荷情况，同时匹配合适的节能方式（载波关断、通道关断、符号关断等），并确定该范围内小区中针对不同节能方式的最佳节能时间，实现多制式、多频段协同，频段内跨制式协同关断，频段间多载波关断，并可实现“一小区一方案”自动决策，在保障网络质量和用户感知的基础上，实现业务、资源、效能动态最优平衡，助力网络绿色发展。

承载和核心网络智慧节能

随着5G网络的部署和发展，需要支持多设备的大规模连接和海量数据的存储。5G核心网采用基于服务的架构，提供更无处不在的接入和更灵活的控制。在网络功能虚拟化架构中，将物理计算、存储、网络资源转化为虚拟资源池，更加灵活地管理网络。5G网络和NFV基础设施的结合为普通消费者和第三方应用程序提供了新的业务能力，例如网络切片和边缘计算。然而，随着网络服务类型的增加，5G网络的复杂性不断提高，例如，根据业务需求动态扩缩容等环节变得复杂，传统的运营管理方式已经无法满足运维和节能要求，需要更加智能的技术来支持网络的部署和管理，提高网络的运维效率和能效指标。

通过数据采集掌握承载网和核心网络的实时运行状况并及时发现网络出现的变化，利用人工智能技术根据历史数据和实时数据对用户行为、网络业务以及相应的资源需求进行预测和评估，根据预测结果做出相应的决策，包括对资源池中的预测空闲的VNF进行激活，对预测的轻量级流量进行迁移调度，对VM进行整合等。通过对业务和资源需求进行预测，在多个资源池上进行合理编排和部署，保障更加充分地共享基础设施，提高网络资源利用率，实现承载和核心网络的灵活编排，达到绿色节能的效果。

云边端资源智慧能效管理

双11："绿色计算"规模化应用实践的试验场

云计算时代，结合人工智能、大数据等多种技术，互联网科技公司可以通过技术创新进行资源优化。在保证服务稳定的前提下，合理分配计算资源，提高资源的利用效率，也能减少服务器的用量，从而减少碳排放。

通过云边协同的分布式节能系统打造算力资源的信息化底座。以"云端集约化管理、边缘分布式汇聚"的原则，边端首先在各个算力资源点实现各类资源数据的收集和处理，在云端实现多元数据融合共享，构建全量资源池，实现 AI 智能算力资源的云端统一纳管以及数字化、智能化，构建信息化、绿色、共享、低碳的生态圈；其次构建云端资源调度“大脑”，分析资源分布规律，从各个资源的不同角度多元化调度算力，并根据业务量弹性伸缩，实现绿色节能和算力共享双目标。

算力需求越大的地方，越需要绿色计算。“双 11”无疑是一个验证绿色计算规模化应用的最为合适的试验场。2021 年“双 11”期间，蚂蚁集团首次规模化应用了“绿色计算”。根据中环联合认证中心（CEC）测算报告，2021 年“双 11”期间，蚂蚁集团通过规模化应用绿色计算，有效地减少投入“双 11”的服务器，应用多项资源调度技术，11 天省下 64 万度电，减少二氧化碳排放 394 吨。

绿色算力在智慧城市绿色化进程中的应用场景

为了推进城市绿色化，国内一些一、二线城市相继采用了大数据、人工智能等绿色算力，推进城市向绿色化和智能化发展，同时有效减少了在城市正常运转过程中的碳排放量和资源消耗。例如，北京市海淀区打造的“城市大脑”使用 AI 计算中心对各类数据进行有效的处理，并且输出最优的反馈结果，在公共安全、城市交通、生态环保等领域提供科学动态有效的技术决策，在实现城市管理的绿色化和智能化方面做出了突出贡献。

能耗方面，上海市政府和上海浦东供电公司合作建设了“智慧能源双碳平台”，AI 算力通过碳消耗检测算法，能够为政府提供排碳热力图，直观反映了区域内碳排放情况，同时 AI 算力还可以计算区域的历史 GDP、用电量和清洁能源的使用率，这些数据可以为城市“双碳”决策提供数据支撑。

城市交通方面，2017 年 6 月，北京市交通委员会成立了“国家能源计量中心”，可以对城市交通运转中产生的海量数据进行分析和处理，例如可对城市交通能耗、城市污染排放量、城市碳消耗量等重要参数进行快速处理和反馈，有效地支持了北京市和周边地区的节能减排工作。同时，北京地铁公司搭建了一套北京地铁能耗统计与检测系统，并将地铁运行中的能耗信息、运营信息，每条地铁线的地铁设备运行参数进行整合处理后上传至该系统。该系统依托物联网、大数据以及 AI 技术，能够对北京市的 16 条地铁线路、284 个地铁站和将近万块参数表实行实时数据采集、数据存储、数据快速查询等操作，为推进智慧城市绿色化提供了必要的决策支撑。

边缘云计算应用：流媒体互动直播

随着 5G 时代的到来，高清直播等产业链正发生巨大改变，边缘计算等新技术不仅能够提升直播效率，还能提高直播实时性和有效降低成本，同时新技术的应用让我们能够观看形态更丰富、更个性化的直播内容。

互动直播本身是一个非常依赖内容分发能力的业务场景，通常包括音视频推流、转码、分发、播放等核心业务模块和弹幕、打赏礼物等互动业务逻辑，在体验上有清晰度、播放流畅度、播放延时等方面的要求。基于上述特点分析，结合直播的体验需求，直播面临的技术挑战主要包括：（1）瞬时流量增长时的性能保证；（2）秒开 / 低延时 / 流畅度等核心体验保障；（3）服务稳定性。使用边缘计算新技术后，越来越多的直播平台已经将业务下沉到边缘，面临的问题也迎刃而解。

第一，应对业务流量突发以及瞬时流量增长最有效的方法是预留足够的资源，这实际上是资源弹性的需求。目前“中心 – 终端”架构的业务，已经可以通过使用弹性计算服务轻松具备这个能力。直播业务由于需要基于大量的 CDN 节点进行分发，其资源弹性需求有很大部分在边缘，实际上是一个“中心 – 边缘 – 终端”的架构。边缘节点服务具备应用和镜像下发能力，资源创建可以在 1 分钟左右完成，极大提升资源扩缩容的效率，更好地支撑了资源弹性需求。第二，拥有完整开放的场景服务能力，封装了边缘节点底层复杂的基础设施和网络环境，向客户提供标准的计算、存储、网络及安全能力，客户不需要关心底层设施和环境的各种差异，也不需要关心底层运维问题。在这些边缘实例和算力资源上，可以将直播业务中适合放到边缘的任何模块进行下沉，指定好资源规格及带宽用量即可。同时可以提供多种存储方案及 DDoS（distributed denial of service，分布式拒绝服务）防护能力，能够完整支撑直播及其他多种场景的基础能力需求。第三，可靠的连续服务能力，实例和算力资源通过底层自动化迁移能力确保高可用，在节点网络方面也具备完整覆盖监控能力，实时发现网络抖动。支持客户级别的资源隔离，避免资源争抢，这些都确保了直播边缘业务模块运行的稳定性。第四，除了能节省业务初始阶段的资源建设、开发成本和后期的运维、管理成本，还可以节省中心到边缘的带宽成本。

边缘计算技术将云的基础设施能力做到下沉到用户身边，充分利用边缘网络和计算的优势，降低网络延时，保障直播时几千万在线用户的播放稳定流畅以及实时互动，为观众提供流畅的观看体验。同时在边端节点之间完成资源的调度以及弹性伸缩，充分利用边端资源达到绿色边缘计算的目的。

云网

第八章

算力可信化

融合

算力第一定律强调了算力对人类的巨大推动作用，而作为生产力的缔造者，算力的可信化在各行各业都受到高度关注。确保算力可信的关键是确保网络和计算同时可信，即算力网络可信化。在算力网络层面，云边端协同的多级算力网络架构，带来了安全边界模糊化、网络暴露面增加、复杂隐蔽攻击快速传播、终端信任建立困难等安全问题。基于防火墙技术的传统物理边界安全防护模式，已不能满足云计算、边缘计算等多级算力网络的安全防护要求，还需要借助零信任、内生安全等新的安全理念和安全技术手段，为所有的网络数据包赋予身份信息，构建以身份认证为基础的算力网络零信任安全体系，实现算力网络计算节点隐身“不可知”、攻击威胁“不可达”、算力网络“不被控”，推动算力网络安全从单点可控迈向云边端的全面可信。

网络是建设可信算力的底座，平台是维护算力可信化的依托。算力的可信化离不开算力网络这一基础，而可信算力的流动则需要通过安全透明的平台来实现。这一愿景目标的达成离不开区块链基础设施的建设。区块链作为一项颠覆性技术，正在推进全球新一轮技术与产业的变革，推动“信息互联网”向“价值互联网”变迁。为了更好地进行数据处理以及资源共享交易，在分布式算力网络中，可借助区块链的智能合约技术对算力进行量化，然后通过网络中的泛在用户进行协作计算与交易，实现算力在区块链网络中的共享流通。

如果将算力网络比作引擎，将算力平台比作推进器，那么数据就是算力计算的燃料。除了保障算力网络和平台的安全可靠，算力的可信化还应该体现在由算力支撑起的数据内容的确定性之上。如今，数据资源与土地、劳动力、资本、技术等，共同成为社会发展的核心生产要素。数据资源在生产、收集、传输、交易、使用等环节中的权属问题，是影响数字经济发展的重要问题，也是算力时代发展中需重视的必要环节。因此需要引入创新安全理念，借助隐私保护计算技术，保障算力网络节点间的数据安全传输和计算，达到“数据可用不可见”的安全保护效果，实现数据价值挖掘和隐私保护的正和博弈，推动算网数据流通安全的可信可用，同时数据中台和数据确权是保护数据高效安全的重要手段。数据中台作为企业级公共的、可复用的数据及其衍生能力的组合，可以为算力网络提供有效的数据服务和数据支持。相比数据仓库或数据平台，数据中台更强调面向业务的赋能，其良性结果是平台化、生态化企业的构建，以数据为核心、平台为支撑来驱动前线业务变革。数据确权则依托于算力网络，对数据的权属关系进行登记和管控，能够有效保障数据流通的合规性，有助于发挥这一新型生产要素的倍增作用。

本章将重点对零信任、区块链和隐私计算等技术的发展历程和主流架构等进行较为全面系统的阐述，为算力网络可信化、算力平台可信化和算力内容可信化的发展提供实践建议。

算力网络可信化

传统的网络架构以 IP 地址在网络上执行身份锚定和访问控制，因而传统的网络安全防护理念都是基于 IP 和物理边界的防护。但在业务逐渐碎片化的趋势下，网络也开始碎片化，IP 地址与人的关系越来越弱，用 IP 地址作为边界的安全体系成本越来越高，效果越来越差，最终会走向完全失效。唯一的解决办法就是不再用 IP 来作为边界，而是用身份。

基于零信任技术，推动算力网络安全从单点可控迈向云边端的全面可信。零信任以身份认证为核心，以持续认证、动态授权、全局防御的安全理念，构建了一个控制面和业务面分离，而控制相对集中的安全防御体系。通过“先认证再连接”的方式变被动防御为主动防御，在不可信的开放网络之上，为算力网络构建一个端到端的可信通信网络。它秉承“从不信任并始终验证”的原则，通过身份认证、权限控制、环境持续评估等多种综合手段实施精准认证，实现细粒度、自适应的访问控制。

零信任技术的关键点

加密技术

现代社会对信息安全的需求实现多建立在加密理论基础上，基于加密算法的加密技术是整个零信任安全体系的基础。加密技术主要包含对信息进行编码和解码的技术，编码是把原来的可读信息（又称明文）译成代码形式（又称密文），其逆过程就是解码（解密）。加密技术的要点是加密算法，加密算法可以分为对称加密、非对称加密和不可逆加密三类。

1. 常用加密算法

对称加密算法。对称加密采用了对称密码编码技术，它的特点是加密和解密使用相同的密钥，即加密密钥也可以用作解密密钥。在对称加密算法中，数据发信方将明文（原始数据）和加密密钥一起经过加密算法处理后，使其变成加密密文发送出去。收信方收到密文后，需要使用相同算法的逆算法对密文进行解密，才能恢复成可读明文。常见的对称加密算法有 DES（data encryption standard，数据加密标准）、AES（advanced encryption standard，高级加密标准）、SM1、SM4、SM7 等。

非对称加密算法。非对称加密需要两个密钥：公钥（publickey）和私钥（privatekey），公钥和私钥是一对完全匹配的密钥。在使用非对称加密算法时，收信方生成一对密钥并将其中的一把作为公用密钥向发信方公开，发信方得到该公用密钥并使用该密钥对机密信息进行加密后再发送给收信方，收信方再用自己保存的另一把专用密钥对加密后的信息进行解密。常见的非对称加密算法有 RSA（rivest shamir adlemen）、DSA （digital signature algorithm，数字签名算法）、ECDSA（elliptic curve digital signature algorithm，椭圆曲线数字签名算法）、SM2、SM9 等。

2. 常用加密技术

加密算法是加密技术的基础，任何一种成熟的加密技术都是建立在多种加密算法组合或者加密算法与其他应用软件有机结合的基础之上的。下面介绍两种常用的加密技术：

公钥基础设施（public key infrastructure，PKI）技术是一种以不对称加密技术为核心，可以为网络提供安全服务的公钥基础设施。PKI 技术最初主要应用在互联网环境中，为复杂的互联网系统提供统一的身份认证、数据加密和完整性保障机制。能够有效解决数据的机密性、真实性、完整性、不可否认性和存取控制等安全问题。

数字签名（digital signature）是不对称加密算法的典型应用。数字签名就是用摘要算法提取出源文件的摘要并用私钥进行加密后的内容。其应用过程是数据源发送方把要传送的内容通过哈希算法算出一个固定长度的摘要（一个哈希值），然后用自己的私钥对摘要进行加密，再把公钥发送给接收方。数据接收方则利用对方的公钥来解读收到的摘要密文，并对解读结果进行校验，以确认签名的合法性。

身份与访问管理

1. 概述

身份管理平台（identity and access management，IAM）是实现以身份为核心的零信任架构的关键支撑组件，零信任架构借助身份管理平台实现对人、设备、应用、服务和系统的全面、动态、智能的访问控制。IAM 至少包含身份管理和权限管理两大功能，身份管理实现对各种实体的数字身份化及数字身份生命周期的管理，权限管理负责对访问授权策略进行细粒度管理、跟踪分析和动态调整。

根据高德纳对 IAM 身份和访问管理的定义，IAM 身份和访问管理的主要目标是确保正确的个人或“物”在正确的时间以正确的理由访问正确的资源。

具体而言，IAM 涵盖身份管理、身份认证和访问控制等方面的内容。

2. 身份管理

身份管理主要包括实体的数字化身份配置和数字身份的生命周期管理。

身份管理实体内容主要包括用户（自然人对象，如员工、合作伙伴、客户等）、组织（企业组织体系）、设备（终端设备、服务器、通信设备、物联网设备等）、应用（程序模块、进程、API 等）和数据资源等。身份管理首先需要为这些身份管理实体赋予相应的数字身份，为每个实体配置一个唯一的身份声明用作身份标识（例如用户 UID）。

数字身份的生命周期管理涵盖数字身份从最初创建到最终撤销整个生命周期的管理，具体包括数字身份的创建、修改、查询、冻结、激活、撤销等操作。目前主流应用的数字身份生命周期管理服务机制主要有 PKI 和轻型目录访问协议（lightweight directory access protocol，LDAP）。

PKI 是一个包括硬件、软件、人员、策略和规程的集合，用来实现基于公钥密码体制的密钥和证书的产生、管理、存储、分发和撤销等功能。证书机构（certificate authority，CA）是 PKI 的信任基础，负责发放证书、规定证书有效期和发布证书废除列表。注册机构（registration authority，RA）负责完成收集用户信息和确认用户身份，向 CA 提出证书请求。

LDAP 由互联网工程任务组（IETF）制定，是一个开放中立的工业标准应用协议，通过 IP 协议提供维护和访问控制树形结构分布式信息的目录信息。LDAP 常用于单点登录，基于 X.500 标准的子集，有时也被称为 X.500-lite。

3. 身份认证

身份认证依据也称为鉴别信息，通常是指用于确认实体（声称者）身份的真实性或者其拥有的属性的凭证。目前，常见的认证依据主要有四类：

所知道的秘密信息（如用户口令、验证码等）；

所拥有的实物凭证（如智能卡、U 盾等）；

所具有的生物特征（如指纹、人脸、虹膜、视网膜、声音等）；

所表现的行为特征（如键盘敲打习惯、鼠标使用习惯等）。

身份认证技术主要有口令认证、智能卡认证、基于生物特征认证、一次性口令认证（one time password，OTP）、Kerberos 认证、共享私钥密码认证、公钥密码认证等。

在零信任架构中，为加强认证强度，多因素认证技术（multi-factor authentication，MFA）得到广泛应用，比如口令 +U 盾、口令 + 验证码 + 生物特征认证（人脸、指纹）等。

单点登录（single sign on，SSO），指用户在身份认证服务器上认证登录一次以后，即可获得访问单点登录系统中其他关联系统和应用软件的权限。

联邦认证用于跨组织间的身份认证，可视为应用于多个组织的 SSO 单点登录。常见的联邦认证标准有以下几种。

安全断言标记语言（security assertion markup language，SAML）：基于 XML，其基础架构在多个组织间交流验证信息、授权（权限）信息和属性信息。SAML 2.0 是跨企业间联邦认证事实上的工业标准。

开放授权（open authorization，OAuth）：一个支持移动应用、桌面应用和 Web 应用的开放授权标准，允许用户无须透露用户名和密码，即可实现授权第三方应用受限访问其在某一服务提供者上存储的资源（如照片、联系人列表）。2012 年 10 月，OAuth 2.0 协议正式发布为 RFC 6749。OAuth 2.0 很可能是下一代“用户验证和授权”标准。

OpenID 连接（OpenID Connect）：基于 OAuth 2.0 规范的互操作身份认证协议，允许开发人员跨网站和应用对用户进行身份认证。

中央认证服务（central authentication service，CAS）：耶鲁大学发起的一个开放的开源中央认证服务项目，旨在为 Web 应用系统提供一种可靠的单点登录方法。

持续身份认证是零信任架构的基本特征之一。持续身份认证的触发条件包括但不限于以下因素：

用户通过身份认证后获得的资源访问授权是有时间限制的，超过预定时间，需要刷新身份认证才能继续进行访问。

用户在授权访问期间欲访问高安全等级的资产或资源，需进行更高强度的身份认证才能获得相应授权。

用户访问环境上下文的变化导致信任评估等级下降，触发重新身份认证的需求。

用户行为异常，与用户安全基线的偏差达到阈值，触发重新身份认证的需求。

因外部因素导致访问控制策略的变更，强制触发重新身份认证的需求。

4. 单包认证

单包认证（single packet authorization，SPA）是实现零信任“先认证后连接”模型的关键技术之一。它是一种轻量级安全协议，在允许访问控制器或网关等相关系统组件所在的网络之前先检查设备或用户身份，丢弃所有 TCP 和 UDP（user datagram protocol，用户数据报协议）数据包，不回复任何连接尝试，从而不为潜在的攻击者提供任何端口信息。在认证和授权后，才开放端口，响应相应的连接请求，如图 8-1 所示。通过这种方式可以将网络攻击阻挡在“网络攻击链”的第一个环节，可以有效保护后端的业务系统（服务器），并缓解 DDOS 攻击。

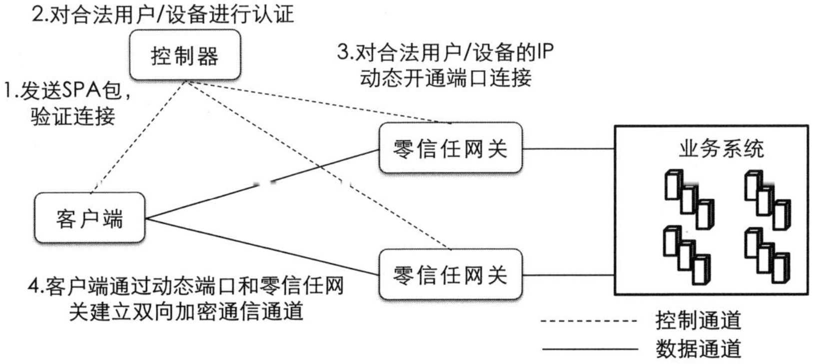

图 8-1　单包认证示意图

访问控制

1. 访问控制模型

为适应不同应用场景的访问控制需求，访问控制参考模型也不断演变，形成各种访问控制模型。常用的访问控制模型主要有自主访问控制、强制访问控制、基于角色的访问控制、基于属性的访问控制和基于任务的访问控制。

自主访问控制（discretionary access control，DAC）：客体的所有者按照自己的安全策略授予系统中其他用户对其的访问权，又分为基于行的自主访问控制和基于列的自主访问控制。基于行的访问控制是在每个主体上附加一个该主体可访问的客体明细表，根据表中信息不同又可分为口令（password）、能力表（capability list）、前缀表（profiles）。基于列的访问控制是在每个客体上都有一个可以访问它的主体明细表，包括访问控制列表（access control list，ACL）和保护位（protection bits）两种形式。自主访问控制模型应用最为广泛。

强制访问控制（mandatory access control，MAC）：系统根据主体和客体的安全属性，以强制方式控制主体对客体的访问；比自主访问控制更为严格，主体安全等级不小于客体安全等级，并且主体范畴包含客体范畴时，主体才能访问客体；常应用于军事、金融和政府领域。

基于角色的访问控制（role based access control，RBAC）：根据完成系统中某些职责任务所需要的访问权限进行授权和管理。角色就是系统中的岗位、职位或者分工。用户与角色、角色与权限之间，都是多对多的关系。

基于属性的访问控制（attribute based access control，ABAC）：根据主体属性、客体属性、环境属性、行为属性和访问控制策略对主体的请求操作进行授权（允许或拒绝），支持细粒度和大规模的访问控制。

基于任务的访问控制（task based access control，TBAC）：一种以任务为中心，基于工作流建模，并采用动态授权的主动安全模型。工作流是为完成某一目标而由多个相关人物（活动）构成的业务流程。数据在工作中流动时，执行操作的用户改变，用户权限也随之改变。

2. 反向代理技术

SDP 架构的零信任安全框架，普遍使用反向代理服务器作为零信任网关，实现网络隐身和访问控制等功能。

反向代理（reverse proxy）技术是指以代理服务器来接受互联网上的

连接请求，然后将请求转发给内部网络上的服务器，并将从服务器上得到的结果返回给互联网上请求连接的客户端，此时代理服务器对外就表现为一个服务器。

通常的代理服务器只用于代理内部网络对互联网的连接请求，客户机必须指定代理服务器，并将本来要直接发送到 Web 服务器上的 http 请求发送到代理服务器中。当一个代理服务器能够代理外部网络上的主机、访问内部网络时，这种代理服务的方式称为反向代理服务。

3. 访问授权

零信任中的网络代理是指网络访问请求中用于描述访问请求发起者的信息集合，一般包括用户、设备和应用程序共三类实体信息。在传统实现方案中，一般对这些实体进行单独授权，但是在零信任网络中，访问授权策略基于网络代理，即这三类实体信息的组合，进行制定，可以有效地应对凭证窃取等安全威胁。

网络代理是纯粹的访问授权因素，只有先成功通过认证，才能产生网络代理所需数据信息。网络代理具有短时性特征，在进行授权决策时按需临时生成。

最小权限原则是任何安全架构都必须遵循的基本原则，零信任架构更进一步，遵循动态的最小权限原则。零信任架构以网络代理作为授权主体，在访问授权决策时按需临时生成主体，赋予最小权限，具有较强的动态性和风险感知能力，访问权限可以根据主体属性、环境属性、信任等级和客体的安全等级进行进一步限定（如基于后文 UEBA 分析制定相关的授权策略），因而可以极大地缓解凭证窃取、越权访问等安全威胁。

4. 持续信任评估

持续信任评估是零信任架构从零开始构建信任的关键手段。通过信任评估模型和算法，实现基于身份和网络代理的信任评估，同时考虑访问上下文环境风险评估，对访问主体进行异常行为识别并对信任评估结果进行调整。

建立基于身份的信任评估体系涵盖数字身份全生命周期的各个环节，包括物理实体到数字身份的映射过程（身份创建和验证）和数字身份本身的配置、状态和属性的信任评估等。

上节提到，在零信任网络中，访问主体是用户、设备和应用程序“三位一体”构成的网络代理，网络代理具有短时性特征，在进行授权决策时按需临时生成。用户身份信任相对稳定，而访问主体信任和网络代理一样，具有短时性特征，是一种动态信任，还需同时考虑访问上下文环境风险评估。同时，基于访问主体行为的异常检测，包括主体行为的基线偏差和主体与群体的基线偏差，都需要建立模型进行量化评估（后文 UEBA 部分将进一步阐述）。

5. 动态访问控制

对基于访问主体（或网络代理）属性、访问上下文环境因素和主体行为特征的持续信任评估进行动态访问控制，形成自动安全闭环，正是零信任安全的本质所在。

零信任强调灰度哲学，建议通过 RBAC 和 ABAC 的组合授权实现灵活的访问控制基线，基于 RBAC 模型实现粗粒度授权，并基于主体、客体和环境属性实现角色的动态映射和过滤机制，充分发挥 ABAC 模型的动态性和灵活性。

在访问控制基线之上，需要根据主体的信任等级和客体的安全等级实现分级访问控制策略。当主体的信任等级高于客体的安全等级时，访问权限被真正授予，否则访问请求被拒绝，从而缓解风险的发生。

同时，当访问上下文环境存在风险时，需要对访问权限进行实时干预并评估是否对访问主体的信任进行降级。零信任架构的控制平面需与外部风险平台对接联动，自动、高效处置安全风险事件。

终端安全技术

终端设备是计算机信息系统的重要组成部分，是信息系统中数据存储、业务运行的基本单元。随着云计算、移动互联网、物联网等信息技术的不断发展，终端设备以多样化的形式存在，分布也更加广泛，使得管理趋于复杂。终端设备是业务的承载体，也是黑客攻击的主要目标。可以说，终端安全是整个信息系统安全的基本面，做好终端的安全防护，就能大大提升各类企业组网的安全能力。

病毒是终端设备的主要威胁。病毒技术不断迭代，逐渐具有隐蔽性、破坏性、多样性、传染性等致命特点，传统的静态查杀技术已逐步滞后，为了保护终端设备不受攻击，当前的终端安全涉及多个安全技术方向，如数据防泄漏、可信行为评估、终端安全管理、终端准入控制、终端安全加固等。

1. 终端基线检测技术

安全基线描述了计算机在运行中最低的安全标准，在零信任系统的信任评估模块对设备动态信息（如流量、行为等）进行综合分析之前，应首先检验设备是否处于安全基线内。安全基线是信任评估的第一道门槛。通过安全基线的检测，能保证设备在运行中的配置安全，在面对终端失守、病毒潜伏成功等状况时，安全的服务器配置、应用系统配置可有效地阻断病毒的进一步入侵及扩散。零信任系统默认没有边界，因此，做好设备的基线安全就能最大程度降低零信任网络由于病毒入侵导致的损失。

一般来说，安全基线涉及以下基本元素：

服务和应用程序设置：对设备中启用的服务和装载的应用程序进行设置，禁止不需要的服务，限制涉及应用程序的权限等。

操作系统组件的配置：对系统组件进行合理的配置，包括端口管理、补丁检测等。

权限分配：对系统中用户、应用程序等进行默认权限分配，设置权限基线等。

规则管理：对系统各类参数进行规则管理，如弱口令检查、口令修改时间、禁止相同口令等。

在实际应用的零信任框架中，应根据不同场景设置不同的安全基线，为终端系统设置“默认安全状态”。

2. 终端行为审计技术

终端行为审计是零信任架构的核心能力之一。无论用户处在组织内部还是外部，都需要持续的信任等级评估，动态扩展对网络功能的最小访问权限。

零信任可信行为评估模块会根据采集信息对用户、设备、应用的每次行为进行评估，并给出评估值。

终端行为审计通常可包括：

安全基线参数：系统是否符合安全基线设定。

行为时间：用户、设备或应用的行为是否在合理时间区间。

行为地点：行为出现时设备的定位地址信息。

用户信息：用户身份是否合法、是否具有权限、账号密码是否匹配等。

网络环境：行为出现时设备当前的网络环境是否存在异常。

历史记录、用户习惯、请求间隔和次数、消息上下文等，可通过合理的评估算法使用此类信息。

除安全基线外，大多数参数为动态参数，可能会产生改变，应通过深度学习算法对合法行为、非法行为进行特征分析、分类、聚类等，使评估模型具有学习能力，减少评估误判率，以适应动态评估场景。需要注意的是，并非所有风险因素都会影响主体的信任度，大部分风险因素仅在变化较大时才会影响主体。在实际部署之前，应通过大量的样本学习和测试提高评估的准确度，避免正式应用时出现误判。

信任评估模块进行智能分析和评估后会给出对当前设备的评估值，不同的评估值对应不同的权限等级，可通过合理的映射关系判断是否通过零信任控制器对设备发起二次认证、是否授权、是否禁用等。

3. 终端应用安全技术

恶意应用是终端安全所面临的重要威胁，由于病毒查杀技术依赖病毒库，存在误报率和漏报率高的问题，依靠病毒查杀技术保障应用安全难以实现。应用安全逐渐从被动转为主动防御，从源头保证应用的高度可信，因此，终端防病毒领域逐渐产生了新型应用运行控制技术，如应用身份校验、应用上线前评估、应用黑白名单技术等。

应用唯一性校验：零信任黑白名单不仅存在于准入控制阶段，应用的访问流量、应用的下载及权限划分，均可通过黑白名单控制。技术实现上，应用黑白名单控制一般通过对终端运行软件的 MD5 哈希值进行比对，对需要运行的软件身份进行验证。

应用签名校验：应用数字签名校验技术是微软为了验证应用程序的来源，在程序执行前，对应用中的可信数字签名进行校验，可信数字签名可源于不用的证书发布机构，这些机构通常是权威、可信和安全的。数字签名可保证软件源于某个确定的软件发布者，软件的内容从未经过修改。签名的内容可包含文件哈希值、签名时间戳、发布者描述等信息。如果应用没有数字认证签名，用户则会收到警告或是禁止用户执行。

应用上线前评估：应用上线前评估是在应用系统正式投入生产运行之前，利用大量安全技术和先进自动化技术结合对其进行综合分析和评价的一种手段。应用上架前，应用商店或产品运营负责机构需对应用进行安全评估，从应用合规性、应用安全性等角度进行扫描或自动化审计，找到应用代码中可能存在的漏洞及违规配置、检测其可能存在的后门文件，保证应用上架后符合国家相关法律法规，应用自身稳定且安全。

应用白名单技术：应用白名单是应用商店评估安全性或管理员批准的应用简清单。当应用尝试执行时，终端保护程序自动检查该名单，如果发现在其中就允许运行。如果检测失败，终端保护程序将终止程序的运行，并上报应用商店或管理人员。

4. 端检测与响应技术

端检测与响应技术（endpoint detection & response，EDR）是零信任框架的端安全常用技术之一，为终端安全提供了一种主动的安全防御方法，基于收集来的事件行为，发现与攻击相关的详细信息，再通过联动分析，找到并处置网络中可能存在的威胁。

EDR 能够有效防范无文件攻击、用户凭证攻击等新兴技术手段，这些攻击方式在常规的终端基线、终端应用检测中都很难察觉。EDR 可以跟踪攻击者的策略及过程，梳理出活动路径，通过算法检测和打击威胁，同时结合行为审计，在不影响终端的情况下处理潜在威胁，并生成分析事件。

零信任场景中 EDR 的效用有：

增强零信任框架的安全性：零信任网络内的终端并非不受病毒影响，只是在零信任架构下，病毒的传播可被有效阻止。EDR 保护机制可赋予专网内终端一定的免疫能力，防止零信任终端被远程控制或本地破坏。

提高零信任控制组件的效率：安全事件的分析与处置需要一定的时间，而 EDR 主要针对病毒行为，在病毒执行前先行发现并处理，无须等待零信任控制组件的决策。

行为分析技术

行为分析技术（user and entity behavior analytics，UEBA）提供画像及基于各种分析方法的异常检测，通常是基本分析方法（利用签名的规则、模式匹配、简单统计、阈值等）和高级分析方法（有监督和无监督的机器学习等），用打包分析来评估用户和其他实体（主机、应用程序、网络、数据库等），发现与用户或实体标准画像或行为相异常的活动相关的潜在事件。这些活动包括受信内部或第三方人员对系统的异常访问（用户异常），或外部攻击者绕过安全控制措施的入侵（异常用户）。

UEBA 在全时空的上下文中聚焦用户和实体，利用机器学习驱动方法对行为进行分析，从而发现异常。具体而言，UEBA 具有以下技术特征：

行为分析导向：身份权限可能被窃取，但是行为模式难以模仿。内部威胁、外部攻击难以在基于行为的分析中完全隐藏、绕过或逃逸，行为异常成为首要的威胁信号。采集充分的数据和适当的分析，可发现横向移动、数据传输等异常行为。

聚焦用户与实体：通过聚焦用户与实体，持续跟踪用户和实体的行为，持续进行风险评估，可以全面地了解内部威胁风险，将日志、告警、事件、异常与用户和实体关联，构建完整的时间线，聚焦业务最关注的风险，提升安全运营绩效，大幅降低误报告警数量。

全时空分析：行为分析采用全时空分析方法，连接起过去（历史基线）、现在（正在发生的事件）、未来（预测的趋势），也连接起个体、群组、部门相似职能的行为模式。通过结合丰富的上下文，安全团队可以从多源异构数据中以多视角、多维度对用户和实体的行为进行全方位分析，发现异常。

机器学习驱动：行为分析大量采用统计分析、时序分析等基本数据分析技术，以及无监督学习、有监督学习、深度学习等高级分析技术。通过机器学习技术，从行为数据中捕捉人类无法感知、无法认知的细微之处，找到潜藏在表象之下的异常之处。同时，由机器学习驱动的行为分析，避免了人工设置阈值的困难和无效。

异常检测：行为分析的目的是发现异常，包括从正常用户中发现异常的恶意用户，从用户的正常行为中发现异常的恶意行为。

流量分析技术

1. 流量分析技术概述

网络流量分析（network traffic analysis，NTA）是指捕捉网络中流动的数据包，并通过查看包内数据，进行相关流量协议的分析、统计来发现网络运行过程中出现的问题。NTA 通常部署在关键的网络区域对东西向和南北向的流量进行分析，既是流量监测与分析技术的落地产品，也可以理解为一种功能和能力。目前，很多 NTA 产品都集流量收集、分析、报告于一体，解决谁在什么时间、什么地方、执行什么行为等问题，帮助企业全面了解网络活动。

2. 零信任流量分析技术应用

流量分析技术是零信任体系的重要组成部分，通过对终端风险、用户行为异常、流量威胁、应用鉴权行为等进行多方面流量分析，发现可疑行为并对发现的恶意行为实施溯源和审计分析。流量分析结果作为零信任持续评估与动态授权的重要输入参数，也是 UEBA 模块的重要数据来源之一。

3. 基于流量分析的攻击检测

黑客进行网络攻击，往往会造成网络阻塞或系统故障等问题，导致整个企业的业务运行混乱，造成无法挽回的财产损失。攻击发生时，需及时阻断网络攻击请求包，在保证当前网络的可用性后，对攻击目标进一步溯源，找到幕后攻击者，从而进行取证与封禁，并结合流量检测分析方法，发现网络中存在的漏洞并修复，保障业务运行稳定。

常见异常流量检测分析方法有：

针对 DDOS 流量的检测，可以根据异常流量监控设备产生的 DDOS 告警日志进行安全分析，以及通过对流量行为特征参数进行分析，找出

DDOS 被攻击的 IP，以及对发起 DDOS 攻击源头 IP 进行定位和分类分析。

对用户日常流量的分析：对产生的流量大小、门限按不同岗位分类，去分析并发现异常流量的事件点与用户。

全流量的检测分析：采用网络原始流量包采样分析方法，充分还原网络流量包，利用大数据分析技术及异常度检测算法，通过网络流量变化的特征来确定流量异常行为，找出异常流量攻击行为。

外置安全与内生安全

数字经济新时代，传统边界安全架构已难以应对，新型关键信息基础设施需要内生安全和外置安全相结合，来构建完整的端到端保护能力。一方面边缘接入将全面零信任化，另一方面相关信息基础设施将普遍引入内生安全架构，内生安全相关的技术和系统将获得快速发展。

1. 边缘接入全面零信任化

万物互联和人工智能等技术的发展已将数据和计算的重心从核心转移到边缘。在边缘侧进行数据分析，可以改善企业整体的敏捷性以及战略和运营决策。由于海量数据是在传统的数据中心之外创建，因此云将延伸至边缘。基于零信任理念的边缘安全解决方案能够很好地适应计算边缘化发展趋势。

基于零信任的边缘安全需要关注以下核心问题：

身份驱动：不仅仅是 IP 地址，用户和资源身份决定网络互连体验和访问权限级别。服务质量、路由选择、应用的风险及安全控制——所有这些都由与每个网络连接相关联的身份所驱动。

云原生架构：边缘安全应利用云的主要功能，包括弹性、自适应性、自恢复能力和自维护功能，提供一个可以分摊客户开销以提供最大效率的平台，从而适应新兴业务需求。

对各类边缘的支持：业务场景中往往存在多种接入边缘，如何适配不同边缘以保障各类边缘的安全，是零信任边缘安全必须要关注的点。

2. 关键信息基础设施全面内生安全化

内生安全是网络的一种综合能力，这个能力由一系列安全能力构成，这些安全能力共同协作构成自感知、自适应、自生长的网络免疫体系。基于内生安全的先进性，内生安全体系未来将应用于算力网络等关键信息基础设施建设的各个层面。

内生安全网络：网络内生安全将是网络安全大势所趋，零信任理念能够很好地助力内生安全网络系统的建设，零信任机制主要体现在“先认证再连接”，也即初始状态两者之间是断开的。设备 / 用户必须被认证为合法后才能建立访问连接，连接进行中仍然实行动态监测，发现问题则立即断开。一次访问结束后，下一次访问必须再次认证。零信任的这种功能特性融入到内生安全网络系统中，可很好地保障网络的接入安全。

原生云安全：原生云安全作为一种新兴的安全理念，采用内嵌安全能力的方式而无须外挂部署，能够充分利用云平台原生的资源和数据优势，与用户云资源有效联动，并且能够解决云计算面临的特有安全问题。依托原生云安全思路，企业级客户能够构建全面完善的云上安全体系。在云网一体化逐渐加深的现在，原生云安全将是未来在建设云网时必须采用的安全体系之一。

应用安全：应用系统的零信任内生安全旨在将零信任理念融入应用系统，使应用系统天然具备安全防护能力，避免黑客利用应用系统自身的漏洞对应用系统发起攻击，因此能够有效增强应用系统的安全，假以时日，内生安全的某某系统将成为主流应用系统的标准用语，如内生安全的邮件系统、内生安全的支付系统、内生安全的 5G 消息平台等。

零信任内生安全典型应用

基于对新型安全技术的发展与展望，结合算力网络现状分析，本节将重点介绍算力网络零信任内生安全的典型应用场景。

算力网络用户接入零信任场景

1. 算力网络用户接入零信任 SDP 场景

本场景通过以身份认证为核心的零信任 SDP 网络架构，给 SDP 网关后面的算力网络穿上一层隐身衣，外部用户 / 终端接入算力网络均需通过认证和授权，只有获得授权的用户 / 终端才能接入算力网络，实现对算力网络的隐藏与保护（如图 8–2 所示）。

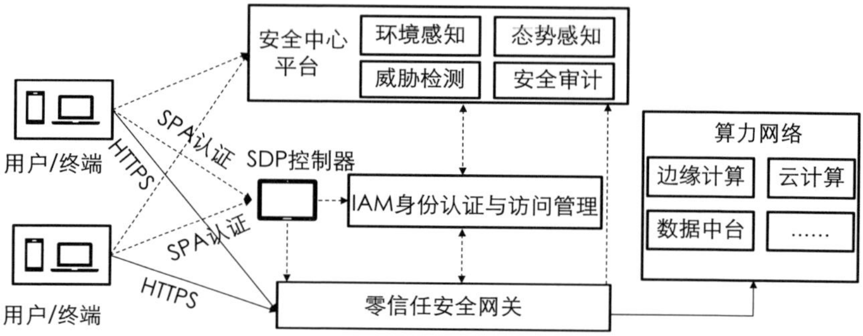

图 8–2　算力网络用户接入零信任 SDP 场景

算力网络用户接入零信任 SDP 场景说明如下：

部署安全中心平台（安全管理平台），通过多维环境感知、威胁检测、态势感知、合规审计，实现对接入算力网络用户 / 终端风险多维度评估。

部署身份认证与访问管理系统 IAM，实现对接入算力网络用户 / 终端的认证和授权，IAM 基于安全中心平台反馈用户 / 终端评分信息，对用户 / 终端进行认证和授权，只有通过认证和授权的用户才能接入算力网络。

企业用户 / 终端通过零信任安全网关统一接入算力网络，零信任安全网关作为零信任策略执行器，通过访问控制策略控制用户 / 终端接入算力网络。

2. 算力网络用户接入零信任内生安全场景

零信任内生安全网络系统适用于云边端协同的分布式多级算力网络架构。通过为接入用户提供按需调用的零信任安全接入服务，实现用户接入算力网络的安全可信。算力网络用户接入零信任内生安全场景有两种部署模式：

（1）基于零信任网关的高可信算力网络组网模式

如图 8–3 所示，基于零信任网关的高可信算力网络组网模式，将零信任网关以轻量化方式下沉部署，零信任网关之间建立安全加密隧道并接受安全大脑的管控。企业用户统一通过零信任网关接入算力网络。算力网络部署安全大脑，企业用户受安全大脑统一监控和持续评估，并通过安全大脑进行用户身份认证和授权，只有通过认证并获得授权的用户方可接入算力网络，未经授权的用户终端和应用流量无法进出算力网络。

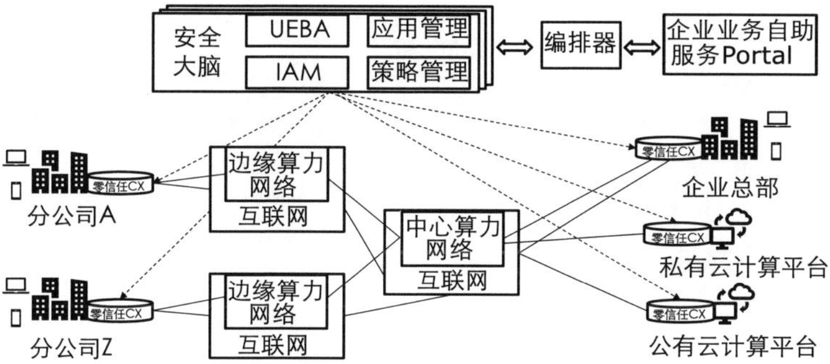

图 8-3　基于零信任网关的高可信算力网络组网模式

基于零信任网关的高可信算力网络组网方案，为企业用户接入算力网络提供完整的端到端内生安全防护能力。

（2）基于云化安全网关的高可信算力网络组网模式

如图 8-4 所示，基于云化安全网关的高可信算力网络组网模式，通过将网络和安全能力整合到云交付服务模型中，将不同的安全能力灵活弹性地部署到算力网络靠近接入终端的节点，从而以一种相对集中又分布式的方式为用户提供网络即服务 + 安全即服务能力。此方案为企业用户接入算力网络提供完整的端到端内生安全防护能力，满足算力网络零信任内生安全需求。基于云化安全网关的高可信算力网络组网模式说明如下：

第一，在算力网络部署云化安全网关，提供网络互联、隐身、WAF（Web application firewall，网络应用防火墙）、IDS 等能力，企业用户统一通过云化安全网关接入算力网络。

第二，在算力网络部署安全大脑，安全大脑提供 IAM、UEBA、应用管理、设备管理、EDR、态势感知、策略管理等功能，实现对企业用户的持续检测和动态授权。

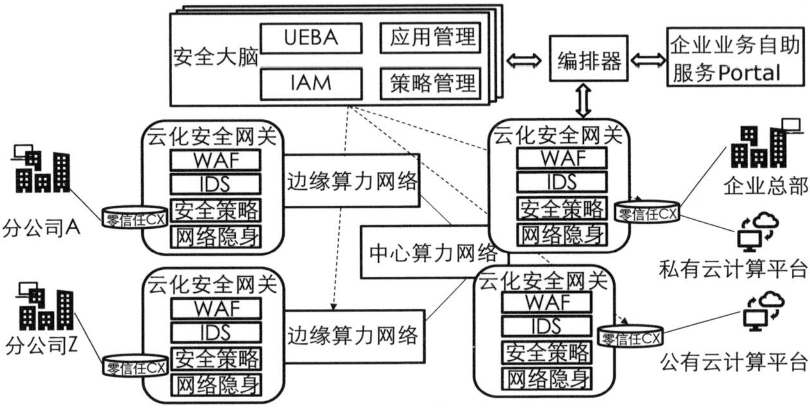

图 8-4 基于云化安全网关的高可信算力网络组网模式

企业用户可自定义安全能力，在就近接入点的算力网络资源池启用相应的云化安全网关及其安全能力。业务申请成功后，企业用户方能进行认证授权，接入算力网络。

算力网络内部节点间协同的零信任安全防护场景

基于原生安全的网络架构和底层通信协议，通过在传统算力网络架构之上构建一个具备安全检测和管控能力的虚拟层，为算力网络内部节点间协同提供零信任内生安全防护能力。

如图 8-5 所示，在算力网络部署安全大脑，安全大脑通过对算力网络节点进行持续的环境感知与威胁检测，实现对整个算力网络业务视图的掌握。在算力网络部署云化安全网关，云化安全网关之间建立加密隧道并接受零信任安全大脑的管控。算力网络内部节点在建立连接之前，需要通过安全大脑进行认证。安全大脑基于掌握的业务视图，对内部节点的连接建立进行认证授权，只有通过认证并获得授权的内部节点，才能通过云化安全网关进行连接建立。

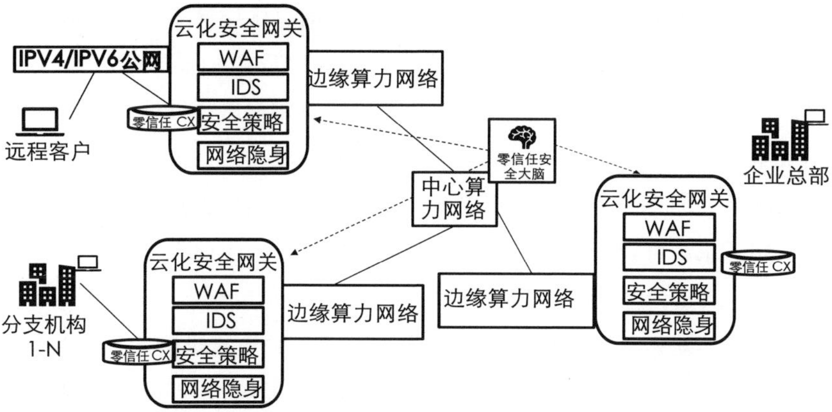

图 8-5 算力网络内部节点间协同的零信任安全防护场景

算力平台可信化

传统互联网以中心化云计算以及 CDN 的方式解决实时性敏感数据业务需求，但互联网的潜能不会止于数据传输和访问，对实时性要求不高的数据计算和存储业务是一片待开发的蓝海。传统算力中心的架构无法适应日益增长的算力需求，在移动时代，大量闲置的算力分布在全球网络的许多节点，将闲置的云算力资源组织起来参与市场运行，并产生市场价值，将成为一个新的商业模式和新一代互联网基础设施。

借助区块链技术搭建算力共享平台，通过区块链智能合约技术对算力进行量化，通过网络中的泛在用户进行协作计算与交易。使得分布式的云计算和算法、数据实现市场分离成为可能。在此之上，进一步构建区块链算力共享网络将闲置的、分散的算力资源进行归集和有效利用将成为现实。本节将从区块链基础设施和区块链算力共享网络两方面分别进行阐述。

区块链基础设施

国内区块链基础设施建设情况

作为新型基础设施的重要组成部分，区块链为实现数据信息确权和交易提供技术支持，提升价值流转效率。同时，区块链驱动的数据资产化和资产数字化，又将进一步丰富数据要素，形成正向循环。可以说，区块链已成为支撑数字经济发展的重要价值基础设施。数据在区块链上是安全可信的，区块链不仅是数字经济的重要驱动力，也是推动未来建设数字社会的重要力量，而打造核心技术过硬、运行模式清晰、满足实际应用需求、可管可控的区块链基础设施，将进一步促进相关行业数字化转型，真正为行业赋能。

国内区块链基础设施建设呼声渐起，主流企业积极响应国家政策，积极构建国家级区块链基础设施。具有代表性的区块链基础设施主要有以下几个。

星火·链网：是由工信部信通院主导，为持续推进产业数字化转型，进一步提升区块链自主创新能力而谋划布局的、面向数字经济的、区块链与工业互联网协同创新的“国家级新型基础设施”。该基础设施将以工业互联网为切入点，在数字金融、物联网、智能制造、供应链管理、数字资产交易等多个领域提供基于区块链技术的一体化解决方案，重塑经济金融组织和社会治理模式。星火·链网发展迅猛，以“超级节点＋骨干节点”双层模式构建覆盖全国的区块链基础设施网络，在全国对接了10多个省、30余个城市，已在北京、武汉、济南、广州、成都、重庆、厦门、沈阳建设了8个超级节点，在营口、胶州、昆山、重庆等地建设骨干节点10余个，为构建覆盖全国的区块链基础设施网络打下了坚实的基础。

区块链服务网络（block-chain-based service network，BSN）：由国家信息中心主导，是基于区块链技术和共识机制的全球性基础设施网络，是面向工业、企业、政府应用的可信、可控、可扩展的联盟链，通过引导行业优秀区块链技术接入BSN，并通过云化部署方式为开发者提供公共区块链资源环境解决目前联盟链应用的局域网架构高成本问题。BSN是目前国内布局范围最广的区块链基础设施，已在全国57个城市建设了相应节点，帮助企业级客户依托BSN构建自己的区块链应用，来降低区块链应用的开发、部署、运维等成本。

区块链服务基础设施（blockchain service infrastructure，BSI）是中国

网安主导的，定位为大型联盟链基础设施的平台产品。BSI 不需要应用开发者购买物理服务器或者云服务器来搭建自己的区块链运行环境，通过 BSI 平台提供的一键式部署功能直接在基础设施平台获取由城市节点及重要企业节点提供的稳定、安全、可靠的区块链运行所需要的资源。目前 BSI 首先面向四川、重庆区块链新基建提供服务，未来将延展到全国，打造全国性的区块链产业创新生态。

中央企业区块链合作创新平台：该平台由国务院国资委科创局指导、中国产学研合作促进会支持，由 20 多家央企共同发起建设，是目前参与央企数量最多的区块链基础设施。该基础设施主要为接应国家区块链发展战略，立足区块链核心技术自主创新，依托中央企业资源优势和强大影响力，加速我国区块链产业化、规模化进程。目前该基础设施建设稳步推进，已承载部分示范应用，后续将面向国家重大发展需求，立足中央企业区块链协同创新发展，推动区块链基础设施典型业务支撑能力及生态发展。

作为引领未来价值网络生态的核心基础设施，区块链技术的集成应用在新的技术革新和产业变革中发挥着越来越重要的作用，区块链正在推动信息互联网向价值互联网变迁。随着区块链被列为我国核心技术自主创新的重要突破口，并成为新基建不可或缺的使能技术之一，区块链的核心价值得到了普遍认同，区块链产业发展长期向好。

区块链基础设施建设在当前存在的问题

第一，安全自主可控问题。

在区块链领域，我国在基础设施建设、产业公司、专利申请等方面与美国比目前是处在同一起跑线上的。西方国家以公有链技术为驱动，在金融和数字资产领域率先创新，而我国以联盟链技术为依托，尝试构建区块链基础设施高速公路，在区块链赋能经济社会、民生政务和社会治理领域稳步推进。不可否认，面对区块链新型基础设施建设，我国在区块链基础理论和技术研究方面仍然落后：公有链领域的创新源头仍然在国外，中国大部分区块链技术平台是基于国外的开源技术和项目而衍生的，我们鲜有在 Github 活跃度高的区块链项目，虽然中国区块链专利申请数量较多，但高质量的底层核心创新仍然不足，等等。因此，在国家科技创新的时代背景下，强化区块链基础设施领域的基础研究，提升原始创新能力，突出区块链底层硬件、基础设施核心技术和应用研发的安全自主可控显得尤为重要。

第二，监管合规问题。

监管合规是区块链基础设施建设的基础保障。近年来，一方面区块链在赋能实体经济、创建数字经济新形态、服务政府民生和社会治理等方面发挥着重要作用，但另一方面监管的缺位和标准的滞后也带来了严重的问题。以“北大岳昕”“代币融资”“丝绸之路”等为代表的典型事件，分别为区块链行业的内容监管、金融监管、行业监管带来了严峻的挑战。毋庸置疑，监管合规是区块链赋能数字经济持续健康发展的基础保障，但如何开展合规监管依然有诸多问题亟待解决，包括但不限于：如何在准确界定监管责任的基础上突破单一监管主体进行有效协同；如何最大程度避免经济社会多行业产业协同下的监管空白、监管重叠以及监管套利；如何提高风险识别的准确率和风险防范的有效性；如何以典型的标杆行业应用为样板而制定切实可行、可规模推广的监管标准；监管科技手段如何既能针对性解决现有联盟链行业应用中的多主体分散、智能合约自动执行、内容合规等问题，又能迭代跟上全球公链产业在跨链、开放金融等最新技术方面的发展；区块链作为下一代信任互联网和价值互联网的基石，其监管要求自然要比现有信息互联网高，需要监管合规的协同体系、技术抓手和基础设施。

第三，基础应用难以有效开展。

区块链技术可以说是 21 世纪最伟大的技术创新之一，必然颠覆一些巨大的产业及底层价值链条，但是目前仍处于发展初期，区块链系统主要是以各行业单独组件服务于自身的区块链系统和网络，区块链是一种定制化的、局域网式的服务，导致区块链搭建门槛高、技术架构各不相同、互操作难度高、存在重复造轮子的问题。当前业内出现的各类应用落地场景仍主要局限在小范围的试点，难以形成规模化的示范应用，社会各界对于区块链产业落地成效的质疑从未消失，归根结底缺少一个统一架构、技术上可契合各类产业的区块链基础设施，从而导致业界种种美妙构想难以真正落地。

第四，安全可信的价值交换与联盟链缺乏互联互通。

当前由区块链所构筑的价值互联网是一个遍布全球的庞大网络集群，各条区块链、各个子网产生相同或不同的业务、提供不同的服务，不同链网之间同样存在大量的跨链请求。而在智能化数据服务中，来自多方所有者的数据、算法、算力等资源确权难，缺乏公平高效的价值分配方案，资源协同缺乏价值驱动，不同区块链网络之间无法进行信息交换和资产共享等问题变得越来越突出。尽管随着技术的发展，多链/跨链结构被提出，主要形态有多条平行链、主侧链、基于 Cosmos 的跨链方案等，部分满足了业务多样化的需求，但在灵活性和定制化上还存在不足。多条平行链，各条链的功能通常是预先设定好的，难以满足快速变化和多样化的业务需求，同时如何在多条链上共享计算和数据资源这一问题也没有得到很好解决，而各个行业联盟链之间更是缺乏有效的互联互通手段，存在严重的数据孤岛，制约着数据价值的释放。

构建区块链基础设施需要的关键技术

构建区块链基础设施可以从三个角度考虑。

第一，区块链选型。

当前比较成熟的技术有公有链、私有链及联盟链。

公有链是对世界上的任何人都开放的区块链，所有人都可以读取链上存储的数据记录、参与共识机制（通过挖矿或质押权益等）。公有链完全去中心化且不受任何个人和机构控制，上链信息达成共识便无法篡改，但同时公有链也具有交易性能差、难以监管等缺点。

私有链是仅对通过认证的用户开放的区块链，链上的读写权限、记账权限完全由管理员控制。私有链的交易处理速度快、交易成本低，并且易于监管，但其本质上是一种中心化架构，也不具备公有链的匿名特性，不适合搭建区块链基础设施。

联盟链是对参与方有准入要求的区块链，仅限联盟成员参与，链上的读写权限、参与记账权限按联盟规则来制定。联盟链在有准入权限的联盟成员之间共同维护、达成共识和生成区块。区块链基础设施具备多方建设维护的特点，需要国家机构、企业组织等共同参与，联盟链的组织管理机制符合基础设施建设的要求。

第二，区块链的技术架构。

区块链技术架构主要包括物理层、数据层、网络层、共识层、应用层。

物理层的重点是网络资源、存储资源和算力资源。区块链节点需要使用大量的算力资源，其通常由服务器、边缘节点以及物联网设备等组成，而服务器的调度、网络和存储资源的分配是区块链底层必不可少的要素。云计算是一项众所周知的技术，已经发展研究了很多年，其可以和区块链基础设施完美结合，带来可用性、信任、安全性、可扩展性、数据管理等多方面的优势。云计算底层建设可以很好地为区块链物理层提供网络资源、存储资源和算力资源，两者的结合或将成为一种按需服务，可用来确保企业的安全架构。依托云计算平台实现的区块链即服务（blockchain as a service，BaaS）是区块链基础设施必不可少的一部分。BaaS 旨在提供创建、管理和维护区块链即应用的综合平台，其为减轻企业采纳新技术产生的阻碍发挥了很大作用。BaaS 运营商的责任是保持区块链基础设施的运行，主要承担合理分配资源、管理带宽和托管要求等活动。使用 BaaS 模式，客户可以更专注于他们的核心领域和区块链的功能，而不必担心性能和基础设施等相关问题。IBM、微软 Azure 等各大云服务公司已经开发和布局了 BaaS 平台，提供使用基于云计算服务来开发、使用和托管其区块链应用程序、功能和智能合约。BaaS 平台能够为区块链的大规模部署，应用程序的开发提供简单便捷的能力，是基础设施搭建的重要平台技术。

数据层的技术关键在于在账户模型以及区块链数据结构。当前区块链广泛采用 UTXO（unspent transaction output，未使用的交易输出）模型和 Account 模型。UTXO 是按照交易记录中花费的输入和输出进行记录，优点是无状态、并发性能好、可以减轻计算资源的消耗，缺点是状态空间利用率差。Account 模型和现实生活中类似，每个地址都是一个账户，每个交易都会更新账户余额状态等信息，优点是可编程性高，适合提供智能合约等复杂服务。因此，Account 模型更适合基础设施的账户模型技术。

区块链存储的数据结构主要有两种成熟的方案。块链式结构和有向无环图（direct acyclic graph，DAG）。块链式数据结构是广泛采用的数据结构方案，区块之间通过互相连接形成“区块链”，每个区块中包含了交易数据、随机数、时间戳等。DAG 数据结构的优点是交易可以并发执行，没有交易吞吐量瓶颈，可以通过增加节点数水平扩展，交易确认速度快，但是未被广泛采用，没有经过实践的检验，目前使用此技术的区块链主要是 Hedera Hashgraph 和 Fantom。

网络层主要关注的是分布式网络机制，包括 P2P（peer to peer，用户群对用户群）组网，数据传播和消息验证。网络层也被称为 P2P 层、传播层，负责节点间通信与世界状态的传播。网络层确保节点能发现对方，并能相互通信、传播和同步，以保持区块链网络的有效当前状态。P2P 网络是一种计算机网络，其中计算机（节点）是分布式的，并分担网络的工作量以达到最终目标。在区块链上执行交易的节点分为两种——全节点和轻节点。全节点确保交易的验证和确认、采矿，以及共识规则的执行，它们负责维护网络中的信任。轻节点则只保留区块链的头，并可以发送交易。区块链利用了分布式网络，每个人都可以下载区块链上的所有信息并与之互动。区块链平台利用的网络主要是去中心化网络、分布式网络，在分布式网络中，节点在地理上分布，完全规避了中心化网络的弊端，保障了网络的健壮性和稳定性，分布式网络的主要思想在于每个节点都能访问，而且每个节点都能得到平等的访问权，更适合作为基础设施构建的底层网络技术。

共识层的核心是共识机制。共识机制是区块链的核心，而共识层是任何区块链最关键、最重要的一层。共识负责验证区块、对区块进行排序，并确保每个节点之间达成一致。当前比较成熟的技术有 PoW（proof of work，工作量证明）、PoS（proof of stake，权益证明）、DPoS（delegated proof of stake，委托权益证明）、PBFT（practical Byzantine fault tolerance，实用拜占庭容错算法）以及 RAFT（replicatied and fault tolerant，复制和容错算法）等。PoW 作为最经典的共识算法，通过计算区块哈希的方式使节点间达成一致，优点是简单高效，任何人都能参与，缺点是浪费算力资源，不适合作为基础设施的技术选型。PoS 权益证明共识通过抵押区块链中的通证技术来获取区块写入的权益，优点是能耗低、共识速度快，缺点是区块链需要具备通证系统。DPoS 代理权益证明是一种基于股东选举的共识算法，相比 PoS 可以大幅缩小参与共识的节点数量，达到快速共识验证，缺点也是要依赖区块链网络的通证激励。PBFT 共识协议是一种拜占庭容错复制算法，适用于对强一致性有要求的私有链和联盟链场景，而 RAFT 是一个基于投票的共识方案，旨在让 Paxos 算法在实际场景中更容易实现和理解，RAFT 实现了低延迟和高吞吐量，然而，这种共识方案的整体绩效取决于 leader 节点的工作状态，容错率低。混合型共识，通过结合以上共识机制的优点，形成分层共识机制，兼顾去中心化和效率，可以达到建设区块链基础设施所需要的效率要求。

应用层依托区块链提供智能合约的能力，区块链基础设施赋能多样化的业务能力。合约层的重点是利用智能合约、算法和各种脚本在区块链中实现复杂的可编程事务。一组被称为智能合约的状态响应规则用于表达业务逻辑、控制数字资产，并确定参与者的权利和义务。如果两个或两个以上的参与者同意智能合约中的所有条款，该合约将被加密签署并广播到整个网络。一旦满足条件，智能合约将根据预定义的规则自动独立执行。类似于区块链中的交易，智能合约是一个自执行的程序，其输入、输出和状态由网络中的每个节点验证。为了实现事务逻辑，每个区块链系统都使用自己的编程语言。应用层是客户端或最终用户所在的层。客户端应用程序启动事务以启动业务工作流。这一层构成了提供产品和服务的分布式账本技术的中心用户界面，它包括数字身份、市场安全、知识产权、物联网等各种业务应用。应用程序可以使用特定语言的软件开发工具包（SDK）或区块链实现提供命令行接口工具与网络节点通信。这些应用程序有助于优化业务管理和提供新的服务。应用层包含框架、用户界面、API和脚本，最终用户可以利用它们与区块链网络进行交互。它有一个名为执行层的子层，执行层具有实际执行的代码和规则。

3. 构建区块链基础设施的监管措施

区块链具有分布式、多中心化的特性，这导致区块链的监管相较于传统信息系统而言更为困难，同时给安全技术带来了全新的挑战，“如何在区块链运作的全环节提高监管的感知力”成为区块链基础设施建设中面临的重要问题。

大规模区块链基础设施的监管可以从以下四个技术角度入手：

第一，面向监管网络的高效共识与海量存储。

利用复杂监管网络下的高性能高鲁棒性共识机制、监管友好的大规模分层组网模型与锚定监管链数据的高效混合存储模型三大关键技术，解决当前区块链监管背景下监管架构标准未统一，复杂监管网络环境下监管节点共识效率低、稳定性差，以及区块链监管网络模型缺失、海量监管数据存储性能差和成本高等问题。

第二，监管链与接入链的数据协同和监管。

当前，在区块链监管背景下，区块链平台的安全测试和统一接入方法缺失，对接入数据的风险发现识别和实时巡查技术运用上存在挑战，难以保证监管链和接入链数据协同一致，测试体系不完善，区块链系统接入技术指标缺乏行业共识和统一方法。根据上述现状，利用区块链平台接入和测评、监管链与接入链数据协同、智能合约自动化监管等技术方法，保障监管链与接入链的数据一致性，进一步规范区块链监管服务，满足区块链安全合规监管需求。

第三，多层级跨链监管网络中的分布式监管与协同监管。

现有的中心化监管方案无法有效保护用户数据隐私和安全性，同时也存在监管难以下探、跨机构监管难以协同等问题。根据上述现状，基于跨链技术的多层级监管体系、基于安全多方计算的多中心化、边缘自动监管和基于智能合约的跨机构数据共享与监管协同等技术，在明确划分监管机构监管范围和监管权限、保障用户隐私安全性的同时，提高多层级监管网络中内容传输的准确性和性能。

第四，支持隐私保护的区块链身份追踪、内容审查及治理。

通过利用密态数据审计架构与关键技术、受控隐私保护的身份管理体系和受控可删改区块链数据层架构等技术方法，融合国产密码标准体系，在保证用户身份隐私和链上数据安全性的条件下，实施对目标区块链用户行为和链上内容的审计和监管，并实现对违规用户的追溯和对链上违规内容的修改、撤销和删除。

基于区块链的算力共享交易

算力资源通常是指由网络、CPU、GPU、存储等关键因素组合而成的计算资源的集合。随着全球网络终端节点的指数级爆发增长，网络算力变得无处不在。而GPU计算性能的快速发展也使得每个设备都可以成为不可忽视的算力资源，由此形成了算力被分散在网络不同节点间的现状。网络节点数量的快速增长让算力成为一种重要的资源，如果能够将分散的算力、海量的数据以及优质的算法模型结合起来，无疑将创造出庞大、极具价值的数据市场。

在当前的算力网络格局中，大型数据中心在建设和维护算力设备方面具有绝对的成本优势，中小型企业无法具备大型互联网公司一样的云平台基础设施，市场亟须去中心化的算力网络。然而分布式算力网络又存在用户隐私保护方面的担忧、服务质量无法保证、市场资源缺少激励无法充分发挥价值等问题。借助区块链技术可以解决这些问题，区块链在保证数据隐私的同时还可以通过特有的经济模式来激励市场，以此组成分布式算力网络。

算力是元宇宙重要的基础设施，云游戏将推动传统算力架构升级，终端算力向云端和边端转移将是元宇宙低门槛、高体验的保障。而区块链所带来的去中心化算力网络将深刻影响元宇宙的算力重构。

下面将从区块链算力计算网络和区块链算力存储网络分别做详细讲述。

区块链算力计算网络

1. 算力计算网络现状

移动时代，由于全球网络节点分布导致大量分散的算力闲置。如何将闲置的算力资源有效地组织起来参与到市场整体运行中，从而使得闲置资源产生市场价值，成了一种需要探索的新实践模式。利用区块链技术可以将闲置的算力资源整合，并且搭配适当的经济激励机制从市场中获取经济回报。区块链除了作为数据隐私保护的基础，更重要的是还能够为分布式算力提供基础的安全支撑。

分布在全球的个人算力节点资源由于网络和算法的性能瓶颈，其潜能未被充分发掘。根据 IDC 和希捷（Seagate）联合发布的白皮书，到 2025 年全球连接数将达到 1000 亿，为 2015 年的 10 倍。过去由于单个节点资源存在网络延时和算法效率的瓶颈，互联网巨头建立集中的、具有网络出口优势的数据中心来提供互联网服务。而如今在云计算日益发展的情况下，分散的个人节点算力资源有极大的待挖掘的潜能。影响分布式的云算力形成一个独立市场的瓶颈，除了数据隐私市场，经济激励也是一个重要的问题。无论是个人还是公司，在把闲置的算力资源出租以获取回报之前需要具备云计算服务输出能力。而很多公司基于成本的考虑，无法成立一个专业的部门来组织发展云计算服务，但是大型互联网公司云计算平台则具备这种规模优势。本质上来说，无效的市场经济激励模式是分布式算力资源无法被大规模投入的根本困难。

2. 区块链助力算力计算网络

区块链技术能够解决数据隐私问题对用户产生的困扰，同时分布式账本技术也为云算力市场提供了天然的经济激励措施，由此可以使建设一个完善的分布式算力市场成为可能。区块链在数据隐私保护和经济激励方面为云计算市场提供了有效的安全支撑和激励模式。

利用区块链搭建算力计算网络能够实现一个去中心化的算力租赁平台。通过区块链算力计算平台，任何用户都可以成为算力的出租方和租用方。无论用户提供的是一台闲置的家用电脑还是几台大型的数据中心，都可以加入算力计算平台。区块链算力计算平台是由运行算力计算的节点组成的，以完全点对点的方式运行，应用于大数据分析、股票市场分析、医学研究等。通过区块链算力计算网络可以创建一个全球的、开源的、分布式的超级计算机，任何连接网络的人都可以使用。区块链算力计算网络实体间的关系如图 8-6 所示。

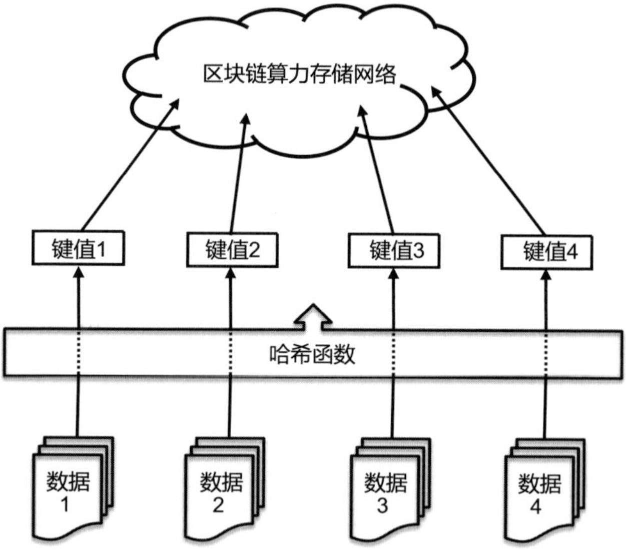

图 8-6　区块链算力计算网络实体间关系图

区块链算力计算网络是一种去中心化的分布式超级计算机，意在建设成为一个针对算力租赁的全球市场。区块链算力网络意在改变计算任务的组织和执行方式，通过助力去中心化的微服务和发布任务的方式来成为未来互联网服务提供商和软件开发的一个关键组成部分。与此同时，由于这种网络下的计算，GPU 渲染、科学计算和机器学习等复杂的应用门槛大幅度降低使得需要大量算力的应用服务也可以变得人人可用。

3. 基于区块链的算力计算网络

区块链算力计算网络将个体计算机连接至一个点对点的网络中，使得应用程序所有者和个人用户（服务请求者）能够租用其他用户（服务提供者）的设备资源。这些资源可以用来完成任何不同计算时间和计算能力的任务。时至今日，这种计算资源通常是由集中式的云服务供应商提供的。这样的方式无疑会受到封闭网络、专有支付系统和硬编码供应的限制。区块链算力计算网络内置的交易功能是一个基于区块链的专用交易系统，它可以在算力计算资源请求者、提供者和软件服务开发者之间进行算力交易的清结算。

区块链算力计算网络作为一个分布式的计算能力交易市场，其服务方式既可以被视为基础设施即服务（IaaS），也可以被视为平台即服务（PaaS）。进一步地，区块链算力计算网络通过在架构中集成软件服务，增加了其服务范围。任何感兴趣的用户都可以通过将软件发布到应用注册中心，自由地将任务创建并部署到区块链算力计算网络中。结合交易框架，开发人员还可以扩展和定制支付方法，从而形成独特的算力计算激励机制。

现有的计算资源的市场被亚马逊、谷歌、微软和 IBM 等重量级企业所主导，它们利用其市场力量和资产来获得高额的利润，这种主导无疑会阻碍算力计算市场的充分发展，导致无法满足用户日益增长的计算资源需求。而有了区块链算力计算网络，计算资源的供应将会变成基于个人和专业供应商，并通过区块链算力计算网络与一系列专门的软件解决方案相结合。这样一来，区块链算力计算网络完全可以作为一个独立的、有竞争力的、供需关系完整的系统运行。

在区块链算力计算网络中，具有三个实体：计算资源的供应商、提交网络计算任务的请求者和软件服务开发者。这三个实体组成了区块链算力计算网络独特的、相互依赖的生态系统，并以独特的经济激励方式为算力计算网络赋能。算力计算网络中不同参与方的网络功能如下：第一，请求者为算力计算网络提供算力订单，以合理的价格寻求可扩展的算力；第二，提供者合并算力计算网络中所有的计算硬件，为网络提供算力并获取回报；第三，服务开发者为算力计算网络提供一个灵活部署软件的平台，充分利用算力为用户服务，为用户提供软件服务。

4. 区块链算力计算网络的实施方案

在网络基础设施方面，区块链算力计算网络中的计算能力由供应商提供。供应商可以是任何实体，从个人出租个人电脑的闲置资源到大型数据中心提供的大型算力。供应商完成计算任务之后会得到相应的经济激励，这种激励方式将成为供应商加入区块链算力计算网络的动力。另外，用户界面的简洁易用在算力计算网络的建设中至关重要，一个良好的交互页面需要为供应商提供一个设定价格的方式，并可以让他们对自己出租的闲置资源进行选择。

对于计算资源的需求，区块链算力计算网络的设计需要使请求与服务相互之间的匹配相对便利，从而吸引请求者。同时创建一个具有竞争性的市场，让在任何硬件上部署算力的计算任务都变得方便快捷。相比于现有的云计算平台，区块链算力计算网络所提供的服务更加全面并且有利于定价。

软件和微服务是连接用户与算力资源的载体。最初的一些通用的算力应用可由算力计算网络的开发人员来提供并以此作为启动方式。在网络启动后，更多的软件服务将由网络中的软件开发者自行承担，这是导致算力计算网络发展存在瓶颈的一个至关重要的部分。这些软件和微服务的数量和质量是决定区块链算力计算网络未来能否成功的关键因素之一，也是整个算力网络中最重要的功能之一。区块链算力计算网络需要为开发者提供灵活有效的工具，用以将软件和微服务部署在算力计算网络中。

具体来讲，用户加入区块链算力计算网络首先需要进行应用注册。应用程序的注册基于一个区块链智能合约。任何人都可以发布他们的应用程序，并部署在区块链算力计算网络上。运行应用程序注册的目的在于：为开发者提供一个发布他们应用服务的方式，并分布式地连接到用户；为请求者提供一个匹配所需服务的平台；使供应商安全、完整地控制他们所需运行的代码。

区块链算力计算网络允许请求者在他人电脑上执行一段程序代码。这段代码需要经过沙盒处理，并以最小的权限执行。为了解决安全问题，区块链算力计算网络通过将应用注册中心的用户分为三类来解决：创建者、验证者和提供商。创建者发布应用程序，验证者通过将应用程序添加到自己的白名单中来审查其安全性和可信性。同时，验证者也可以通过将应用程序添加到自己的黑名单中，将其标记成恶意程序。供应商有权通过选择验证者来选择所信任的对象。除此之外，供应商需要维护自己的白名单或者黑名单。

区块链算力计算网络同样具有良好的可扩展性。基于区块链的算力计算网络是一个完全去中心化的、开源的 P2P 网络，对审查制度具有弹性，没有单点故障。区块链算力计算网络在任务部署、任务执行、验证和交易服务方面依赖于完整性和共识机制。随着网络的发展，区块链算力计算网络需要不断优化、降低成本、提高吞吐量、提高弹性。

实现算力计算网络弹性的手段有如下几种：区块链算力计算网络内的签名和加密信息保证了真实性，可以防止中间人供给和数据被动收集；计算在孤立的环境中进行，所需权限最小化，减少与外部网络连接；白名单与黑名单机制允许供应商建立信任网络，只运行受信任的开发者发布的应用程序；信誉系统有助于检测恶意节点并减轻所受的影响，此外还能够评估指标以协助安全、高效和准确的路由任务。

长远来看，区块链算力计算网络将作为 Web3.0 的一个组成部分。未来的互联网将是一个真正的去中心化的网络，用户能够安全、直接地交换内容，而不是需要与企业或者第三方进行交互。因此，区块链算力计算网络不仅可以用来计算特定的任务，还可以批量租用机器，以便于在一个自组织的网络中进行相关操作。

更好的数据共享技术同样必不可少。配合去中心化算力存储网络的不断发展，相对完善的解决措施也会逐渐出现。区块链算力网络最终会变得更加高效、可扩展，并且具备功能多样的小额支付通道。一旦这些区块链基础设施完善，区块链算力计算网络将作为一个微服务的平台，允许用户以完全去中心化的方式兼容运行小型和大型的应用程序。

区块链算力存储网络

在信息爆炸的时代，人们会觉得信息和数据会永远存在于互联网上，永远不会消失，这是一种错觉。互联网虽然已经具有庞大的分布式信息系统，但依旧缺少一个永久的信息存储系统。历史上有很多重要信息被破坏和丢失的案例。当今网络用户所使用的互联网依赖数据的相对集中存储，当这些数据的运营方、所有方出现资金问题时，数据就会消失。

去中心化存储网络（decentralized storage network，DSN）是一种通过分布式存储技术将文件或文件集分片存储在供应方提供的存储空间上的模式。去中心化存储网络强调隐私保护、低存储成本、数据冗余备份存储、高速等特点以及开源的应用程序和算法，只有全部实现以上特点才会真正替代中心化存储。

1. 算力存储网络问题现状

在数据安全方面，对企业来讲，数据的安全和隐私保护显得尤为重要。企业云端的数据一般是公司的机密，数据一旦泄露很可能使公司在市场上处于极其不利的地位。传统的数据资源存储方法已经不足以支撑企业海量数据存储的需求；而在数据价值共享方面，大家都希望共享资源的同时获得相应的交换价值。譬如喜马拉雅等平台在共享知识学习和文件的时候需要通过积分换取，而百度网盘等大多数则是以免费的形式进行价值传递，然而它们仅仅是对下载速度等性能收取会员费，而共享内容的“种子方”并没有因共享文件而获得价值。

在推特的早期，有一个蓬勃发展的家庭作坊式应用程序和开发人员的生态系统，它们建立在“FireHost”API之上，向任何愿意付费访问的人发送推文。但现在情况不同了，在脸书“剑桥分析”（Cambridge Analytica）的惨败之后，许多为客户提供数据分析服务的“值得信赖的合作伙伴”都被关闭了。

近几年来，全球和国内云存储市场发展迅速，从GB级别到TB级别再上升到PB级别，文件存储的种类越来越多，文件的数据量也越来越大。

2012—2017年，全球云存储市场维持20%以上的高复合增速，而国内云存储市场的增速维持在85%~110%。根据多家机构的预测结果，2022年全球云存储市场规模将超过1000亿美元。虽然云存储市场的规模和用户在飞速增长，但是中心化存储市场也具有四大缺陷：无法保障版权、无法保障数据安全、随时面临服务商停止运营的风险、数据缺乏价值化。

Web 3.0 时代，倡导“以数据为中心，数据价值化和隐私保护”，而去中心化存储在其中将扮演至关重要的角色，其中数据安全和隐私保护对应解决数据冗余存储和备份功能，而数据价值化对应解决的是文件共享的价值传递。

2. 区块链助力算力存储网络

利用区块链分布式存储技术，打造相互融合的底层应用，抢占新基建领域先机。储备 PB 级别分布式存储算力，助力国家“东数西算”，建立适用于供应链管理、金融科技和数字新媒体等领域的新一代价值流通网络，以去中心化信任为核心，提高信任传递效率，帮助客户提升效能、控制风险，增强数字资产的流动性，助力 Web 3.0 发展建设。区块链算力存储网络的工作原理如图 8-7 所示。

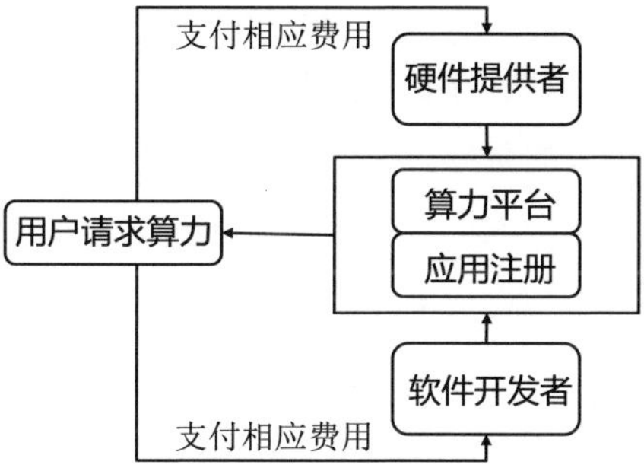

图 8-7　区块链算力存储网络工作原理

区块链算力存储网络有如下几个特点：

分布式存储将充分激发个人存储资源和内容贡献的市场价值，创新互联网商业模式。全球数据量的爆发式增长推动云存储市场的快速发展，边缘云计算和小型数据中心成为行业趋势，分布式存储有望率先打开个人云存储市场空间。个人可以将闲置的存储资源投入分布式存储系统进行市场交换，可以在互联网上安全地进行内容发布、交换和价值共享，而这在传统互联网巨头控制中心云模式下是无法实现的。

区块链算力存储网络将成为下一代互联网基础设施。区块链算力存储网络协议是一种文件存储和内容分发网络协议，整合了分布式系统与区块链技术，为用户提供统一的可寻址数据存储。其本质是一个 P2P 的分布式存储系统，人人都可以作为存储文件的服务器，通过基于文件内容生成的唯一编码去访问网络中的文件资源。分布式存储系统可以与去中心化的区块链技术相结合，解决中心化互联网架构下数据存储的安全性、用户协作的时效性和存储与带宽成本的问题，这将带来互联网基础架构的变革。

现有的存储解决方案通常将分布式技术与传统存储方案相结合：一方面，对数据进行分布式备份保存，使数据更接近边缘侧，同时避免数据的物理损坏和人为篡改；另一方面，通过一定程度的集中存储和集中管理来降低系统运维成本，提高服务质量。现有的分布式存储仍面临若干技术瓶颈：第一，目前的分布式存储暂时无法实现数据价值分层，难以实现有效激励，可以考虑将底层构架和应用层策略相结合；第二，分布式存储从代码实现到协议层都有很大的优化空间，还会受到网络规模限制，存在I/O性能问题；第三，存储数据价值较高的用户需要承担更大的服务质量风险，付费意愿较弱，需要应用层解决方案。因此，系统运维成本、服务质量和宏观监管等都是重要的影响因素。

作为一个分散的公共数据网络，区块链算力存储网络永远不会审查数据访问或数据本身，除非是有监管需求的内容。这意味着开发人员可以自由地在网络之上构建，并且可以使用REST API监听传入的数据。当事件被触发时，侦听器将触发订阅这些事件的客户端的适当函数调用。开发人员不必担心被限制或者关闭，因为网络有动力为他们提供可靠的数据访问。

3. 基于区块链的算力存储网络

BitTorrent是去中心化存储项目的雏形。BitTorrent协议（简称BT，俗称比特洪流、BT下载）是用在对等网络中分享文件的网络协议程序。和点对点（point-to-point）的协议程序不同，它是用户群对用户群（peer-to-peer），用户越多、下载同一文件的人越多，下载该文件的速度越快。且下载后，若继续维持上传的状态，就可以“分享”，成为其用户端节点下载的种子文件（.torrent），同时上传及下载。

区块链算力存储网络需要借鉴BitTorrent协议的优点，并进行创新，以打造持久且分布式存储和共享文件的网络传输协议。在中心化存储的FTP、HTTP协议中，每个用户下载所需文件，各个用户之间没有交互。如HTTP，每当同时访问和下载文件的用户过多时，由于服务器处理能力和带宽的限制，下载速度会急剧下降，部分用户甚至会无法访问服务器。

而BT协议下，分配器或文件持有者将文件发送给一名用户，再由这名用户转发给其他用户，用户之间相互转发自己所拥有的文件部分，直到每个用户的下载全部完成。这种方法可以使下载服务器同时处理多个大“体积”文件的下载请求，而无须占用大量带宽，因此常用于大型文档和自由软件的发布以降低服务器负担。

区块链算力存储网络中的协议可以作为HTTP的补充，打造面向全球、点对点的分布式版本文件系统，能将所有具有相同文件系统的计算设备连接在一起。在网络中，用户寻找的是存储在某地方的内容（这些内容分散在不同的服务器节点），而不是某地址，就只需确认验证内容的哈希，这样就能获得速度更快、更安全、更健壮、更持久的网页。

4. 区块链算力存储网络的实施方案

区块链算力存储网络中的协议需要设计成为一个将分布式系统思路与区块链相结合的文件存储和内容分发网络协议，为用户提供统一的可寻址数据存储。区块链算力存储网络的本质是一个P2P的分布式存储系统，将所有具有相同文件系统的计算设备连接在一起，目标是补充甚至替代超文本传输协议HTTP。它与现有Web协议不同的是，对于一个存放在存储网络的文件资源，不是用基于域名的地址去访问，而是通过基于文件内容生成的唯一编码去访问，不需要验证发送者的身份，只需要验证内容的哈希，可以让网页的速度更快、更安全。网络上运行着一条区块链，即用来存储互联网文件的哈希值表，每次有网络访问，即要在链上查询该内容（文件）的地址。网络的最大特色是系统的耦合及设计的综合性，其整合的分布式技术包括BitTorrent协议、版本控制系统Git、MerkelDAG、分布式哈希表DHT和自认证文件系统SFS。因此在区块链算力存储网络中，每个人都可以作为存储文件的服务器。

区块链算力存储网络本质上讲是BitTorren进行的创新，增加了信用和账单体系来激励每个节点分享数据，用户分享数据会增加信用分，从其他节点接收数据则会降低信用分。如果用户只去检索数据而不分享数据，信用分就会越来越低，从而被其他节点忽略。

区块链算力存储网络作为分布式存储协议，核心功能包括：文件内容多人协调和版本可回溯、不可篡改，DHT 管理带来的离散性、伸缩性和良好的容错性，以及基于 IPNS 的文件域名系统。内容版本方面，使用分布式版本控制系统 Git，支持多人协同工作，记录每次更新并标记不同的版本号，一旦发生问题，可以将文件回溯到之前的任何一个版本。本地版本控制系统和集中化的版本控制系统都是由单一服务器保存所有文件的修订版本，一旦服务器发生故障，则面临丢失所有数据的风险。Git 是分布式版本控制系统（distributed version control system，DVCS）的一种，客户端除了保存最新版本的文件，还把代码仓库和历史记录都完整地镜像下来。这样，任何一处协同工作的服务器发生故障，都可以用任何一个本地仓库进行恢复。Git 还可以比较文件变化细节，查出谁进行了什么修改，从而可以在发生问题时快速准确地找出原因。更进一步，许多 DVCS 系统都可以指定和若干不同的远端代码仓库进行交互，用户可以在同一个项目中和不同工作小组的人相互协作，根据需要设定不同的协作流程，而这在以前的系统中是无法实现的。

区块链算力存储网络将文件划分成单个大小不超过某一数值的数据块，每个数据块拥有唯一的哈希值，并构造一个 Merkel DAG 将所有文件碎片组织起来。Merkel DAG 是实现版本化文件系统的一种核心数据结构，比 Merkle Tree 的限制更少，但是保留了两点：一是父节点哈希由子节点哈希决定，即父节点哈希由子节点哈希拼接的字符串再次哈希而成；二是父节点中包含指向子节点的信息。任何一个下层节点的改动都将导致上层节点哈希值的变动，最终根节点的哈希值也将变动，因此 Merkle DAG 的三大功能得以实现。

第一，内容寻址：使用多重哈希来唯一识别一个数据块的内容。

第二，防篡改：数据接受方只需一段 Merkle 路径上的哈希值，就可以检查数据是否被篡改。

第三，去重：内容相同的数据块的哈希是相同的，可据此删除重复数据，节省存储空间。

路由功能采用分布式哈希列表（DHT），能够帮助客户节点快速找到所需数据所在的节点，具有离散性、伸缩性和良好的容错性。DHT 是一种分布式哈希表，通过存储的键值对提供查询服务：键值对存储在 DHT 中，节点可以检索给定键对应的值，键值对的映射由网络中所有的节点维护。在不需要服务器的情况下，每个节点负责一小部分路由和数据存储，从而实现整个 DHT 网络的寻址和存储。即使有节点加入或离开，对整个网络的影响也很小，因此 DHT 可以扩展到非常庞大的节点（上千万）。DHT 具有以下性质。

第一，离散性：构成系统的节点之间都是对等的，没有中央控制机制进行协调。

第二，伸缩性：不论系统有多少节点，都要求高效工作。

第三，容错性：不断有节点加入和离开，不影响整个系统的工作。

区块链算力存储网络的文件域名系统和 HTTP 系统的域名（网址）一样，这样用户搜索文件时只需查询文件名，而不受文件内容变更的影响。文件的哈希值完全取决于文件内容，不仅难以记忆，而且文件内容一旦修改其哈希值也会发生改变，每次更新文件后都需更新引用的哈希值，十分不便。为了能够在不破坏其链接的情况下更改文件内容，使用了一种去中心化的命名系统，使用类似哈希的地址安全地指向可变内容，每个文件都可以被协作命名为易读的名字，通过搜索就可以找到文件。这很好地解决了当前用户不习惯输入哈希值访问文件的问题，在现有的互联网系统和去中心化存储网络间搭建了一个桥梁。

简单地说，区块链算力存储网络的文件是打散成许多可验证的碎片文件（数据通过哈希值编码进行唯一标记），分布在网络中，访问者通过内容编码找到这些文件的位置后进行下载，由于是分散存储（同一个内容可能由多台服务器存储），不要求所有节点服务器都必须在线，以此希望达到创建持久且分布式存储和共享文件的网络传输协议的目标。而以 HTTP 为代表的传统中心化存储差别十分明显——HTTP 的文件是中心化的方式存储，通过文件的域名进行访问，且域名文件服务器需要保持在线，否则将无法访问。

区块链的本质是一个去中心化的账本，其开发瓶颈之一是如何在链上存储大量数据。以区块链算力存储网络为代表的分布式存储系统可能会解决这个问题，成为未来区块链领域的基础架构、构建区块链基础设施需要的关键技术。

算力内容可信化

为了实现算力承载内容的可信化，本节对数据中台、数据确权以及隐私保护计算展开研究和论述。首先，论述各技术的内涵、发展历史及解决的问题，包括对目前一些应用案例的剖析等。其次，解析构建技术方案、系统架构及软件框架等。最后，总结算力内容可信化技术的现状并展望未来发展方向。

数据中台

数据中台的内涵

数据中台不仅是一个技术的概念，更是企业管理的概念。数据中台的出现，就是为了弥补数据开发和应用开发之间，由于开发速度不匹配出现的响应力跟不上的问题。

前台即由各类前台系统组成的前端平台，即企业的用户直接使用或交互的系统，是企业与用户沟通的界面。例如用户直接使用的网站、手机 App、微信公众号等都属于前台范畴。后台即由多个后台系统组成的后端平台。基本每个后台系统都会管理一类企业资产，例如财务系统、产品系统、客户管理系统、仓库物流管理系统等。

一般情况下企业的后台系统主要是为了实现后端资源的电子化管理，解决企业管理的效率问题。因为基础数据的格式是基本固定的，因此这类系统一般版本老旧、年久失修、变更困难。前台的主要目标是快速响应前端用户的需求，因此需要快速创新、迭代。而后台由于面对的是相对稳定的后端资源，所以往往是稳定至上，这就导致前后台迭代速度不一致。

随着企业业务的不断发展，后台修改的成本和风险较高，所以我们为了响应持续不断的客户需求，一般会将大量的业务逻辑直接塞到前台系统中，从而保证系统后台的稳定性。

对于这样的问题，高德纳在 2016 年提出的一份《分层架构应用策略》（Pace-Layered Application Strategy）报告中，给出了一种解决方案，即按照“步速”将企业的应用系统划分为三个层次（正好契合前、中、后台的三个层次），不同的层次采用完全不同的策略。高德纳提出，企业构建的系统从分层架构的角度来看可以划分为三类：记录系统（systems of record，SOR），分化系统（systems of differentiation，SOD）和创新系统（systems of innovation，SOI）（如表 8-1 所示）。处于不同分层架构的系统因为目的不同，关注点不同、要求不同，变化的速率自然也不同，也需要采用不同的技术架构、管理流程、治理架构甚至投资策略。《分层架构应用策略》也为“中台”产生的必然性提供了理论上的支撑。

表 8-1　分层架构应用策略

属性	记录系统	分化系统	创新系统
变化层次	慢，不频繁并且增量。基本每 6~12 个月改进一次	适度且频繁，基本 3~6 个月改进一次	快速且频繁，几乎每周都有修改，有时甚至天天修改
生存周期	超过 10 年	1~3 年	0~12 月
计划周期	超过 7 年	1~2 年	最多 6 个月
治理模式	全局总览	实时应对，业务驱动	灵活的 Ad Hoc
权益所有权	业务与 IT 战略之间的高级业务主管参与协调；从业务到 IT 的正式对接	业务线高级业务主管参与协调，适度的业务主管参与	适度的业务主管参与。上层用户参与，通常通过业务用户，甚至绕过业务用户
资金支持	资本支出，以及相应的运营支出，来自公司或部门资金年度预算	资本支出和运营支出的组合，来自公司 IT 预算或部门支出预算。可自由支配	主要来自运营支出、部门费用预算、创新基金
架构	各个模块，有正式的前期蓝图设计	面向服务的体系结构和基于云的体系结构，通过组装新的和现有的打包应用程序和定制应用程序来增加复合应用	轻量级和紧急的，主要是服务消费者。移动和云占主导地位

续表

属性	记录系统	分化系统	创新系统
应用生命周期管理方法	瀑布模型设计占比70%，增量开发大约占30%	瀑布模型设计占比40%，增量开发占比50%，敏捷开发占比10%	瀑布模型设计占比10%，增量开发占比30%，敏捷开发占比60%

中台是在前台和后台间增加一个中间层，通过对后台数据的二次整理封装，将前台与后台的迭代速率进行同步。它既能适应前台的快速变化，又能在特定的后台资源流向相应用户时保证后台系统的稳定性。就像分层架构中描述的SOD，在稳定与灵活之间找到一种平衡。

中台是为满足前台创新而生的平台，它能够更好地服务前台的规模化创新，服务引领用户，实现企业自身能力和用户需求的对接。

数据中台提供了数据分析能力，帮助我们从数据中学习改进，调整方向。如图8-8所示，其发展分为四个阶段，分别是数据库阶段、数据仓库阶段、数据平台阶段、数据中台阶段。

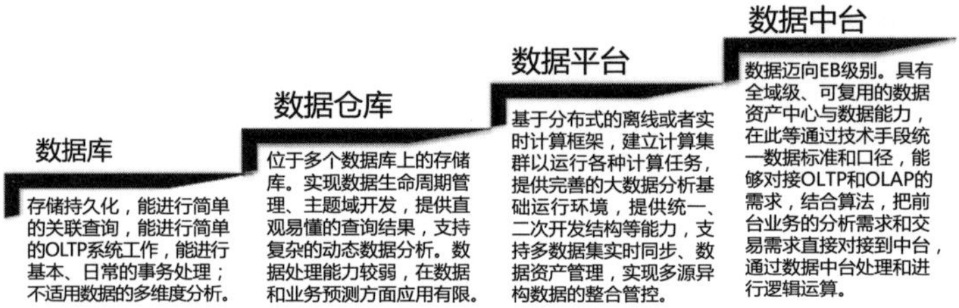

图 8-8　数据中台的发展历史

数据中台实现方案

脸书、推特、领英、EA、优步、爱彼迎等互联网公司都采用了非常近似的数据中台架构，下面我们以爱彼迎和优步的数据平台架构为例，看看它们之间的共同点。

图8-9展示了爱彼迎的数据平台架构。

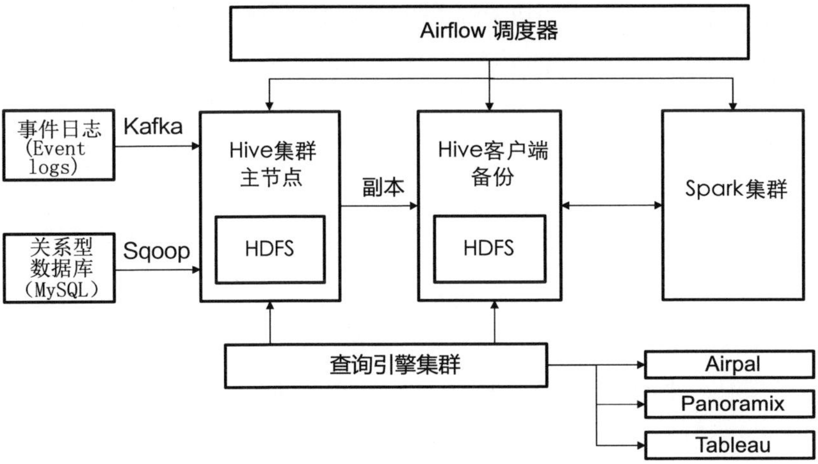

图 8-9　爱彼迎的数据中台架构

爱彼迎采用可扩展的大数据平台以确保产品能满足业务的增长，并对 Hive 集群单独区分金集群和银集群，对数据存储和计算进行分离以保证灾难恢复。

2015 年前后，优步开始围绕 Hadoop 生态系统重新构建新的大数据平台。优步引入了一个 Hadoop 数据湖，其中所有原始数据仅从不同的在线数据存储中摄取一次，并且在摄取期间不进行转换。这种设计降低了在线数据存储的压力，使优步能够从临时摄取作业过渡到可扩展的摄取平台。优步的数据平台架构如图 8-10 所示。

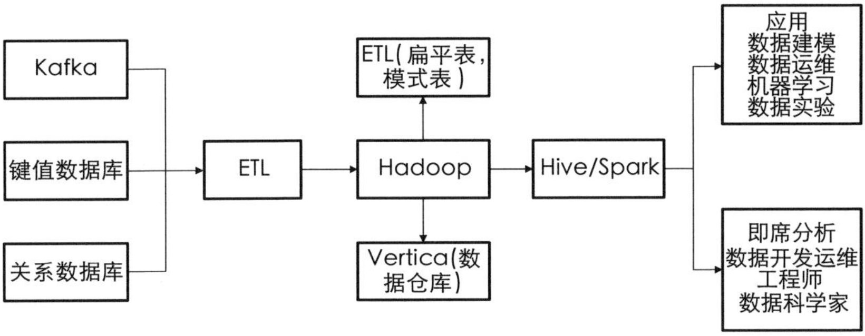

图 8-10　优步数据中台架构

除了整合 Hadoop，优步还使该生态系统中的所有数据服务都可以横向扩展，从而提高了大数据平台的效率和稳定性，可以快速满足新业务需求。

绝大部分互联网高科技公司的大数据平台是建立在一个底层云平台架构之上的。K8s（Kubernets）是一个经过生产环境验证的分布式集群管理系统，提供了高效、跨分布式的资源隔离和共享以及分布式计算的管理和调度，该系统目前被业界领先公司广泛应用到生产环境和大数据系统中。作为一个数据中心管理系统，K8s 最重要的功能实际上就是基于混合技术做二层调度和资源管理。K8s 不仅支持容器技术，还支持非容器化的应用，实现整个资源池的混合架构、资源的抽象、扁平化管理，最终实现对上层分布式应用的支持。K8s 最大的特征及优势是对海量集群的商业和企业提供支持。

从以上大数据平台的架构范例中，我们可以看出以下几个共性。

第一，统一的平台支持端到端的数据工具体系，尤其强调体现数据价值的应用。

第二，强调数据能力的闭环，从数据的产生、使用到最后反馈给产品。

第三，数据的采集、治理、分析、使用由所有部门在统一体系中完成。

第四，主要的基础组件大部分采用成熟系统，如 Hadoop、Hive、Kafka、Spark。

第五，自己开发一些侧重用户交互的组件，如 ETL 开发调度平台、数据门户、建模 / 数据治理。

互联网企业在数据平台的建设上一般会采取敏捷开发的思路，从现有的比较合理的开源架构起步，搭建好自己的基础平台，解决基础问题之后再来迭代。

数据中台在算力网络架构中的设计和实现

数据中台是对公共数据能力的抽象，即以数据为核心，以平台为支撑，驱动前线业务的变革，在业务和数据技术之间建立了一个沟通的桥梁，为业务赋能。它主要解决数据集中入湖存储和管理、分布式的计算分析、数据服务开放和价值共享的问题。在具体技术上，数据中台应重点关注三个方面。一是数据存储，需要对数据进行良好的存储和管理。二是数据分析能力，包括对批处理、流处理、非关系型数据库、图等多种数据库的联合分析能力，支持交互式大数据分析、大规模图数据关联挖掘等，其中最为核心的是分布式的调度能力。三是数据服务开放和价值共享。

1. 数据存储

随着我国大数据产业和技术的发展，各行业的数据资源采集、应用能力不断提升，越来越多种类的数据被纳入企业管理，数据量增长也非常迅速，从而产生海量数据。为了对这些数据进行高效管理和利用，构建高效的数据存储体系是必要的。首先，要构建统一元数据管理体系，以帮助企业管理和研发人员在海量数据中快速定位他们目前所关心的数据及数据详情；其次，需要解决数据的更新和维护问题；最后，要考虑如何将数据友好地提供给上层应用的分析引擎。

先来看数据架构简介。

在数据存储架构方面，传统的“数据仓库”和“数据湖”方案已经为人们熟知。本书推荐采用“湖仓一体”新型存储架构，图 8–11 是数据存储架构的一个演变过程，“湖仓一体”的架构在传统的“数据湖”+“数据仓库”的架构上做了改进，它在“数据湖”存储上构建新的夹层，提供元数据管理、数据缓存、数据索引等操作，从而统一了对 BI（商业智能）、报表、数据科学、机器学习的访问，把“数据仓库”的能力下沉和统一到下层，从而解决了传统数据湖和数据仓库架构的局限性，详细如下。

性能和可靠性问题：传统架构中保持数据湖和数据仓库数据一致的代价很高，它需要持续维护两个系统之间的 ETL 作业，每个 ETL 作业还有发生故障或引入错误的风险，例如，数据湖和仓库引擎之间的细微差别导致数据质量降低的风险，从而造成系统的性能下降和可靠性降低等问题。“湖仓一体”架构中，基于标准的存储格式，多个数据管道可以同时读取和写入数据，并提供开源的组件把文件存储转换为二维表格，并保证数据操作的 ACID 事务性。因此，可以更加简便地完成对原始数据的分析，提升了性能和可靠性。

对 AI 支持有限：企业希望使用数据进行预测，但 TensorFlow、PyTorch 和 XGBoost 等机器学习系统都无法在数仓之上工作，而通过 ODBC/JDBC 读取此数据效率很低，并且无法直接访问仓库内部专有格式。而“湖仓一体”技术架构使用的存储格式是开放式和标准化的，例如 Parquat，并且它提供了多种 API，不仅支持 SQL 访问，还支持 Python/R 库，因此各种工具和引擎都可以直接有效地访问数据，可以用来支持各种 BI 的工作场景，例如数据科学、机器学习和 SQL 分析等。

数据过时和成本问题：与“数据湖”的数据相比，数据仓库中的数据是陈旧的，新数据的加载通常需要几天的时间。而且，用户除了支付 ETL 作业费用，还要为复制到仓库的数据支付两倍的存储成本。“湖仓一体”架构可以直接在源数据上使用 BI 工具。这样可以减少数据陈旧度和数据处理的等待时间，并且降低了在数据湖和数据仓库同时存储两个数据副本的成本。它可以使用性价比较高的对象存储，例如 Amazon S3 或 Azure Blob 存储等。

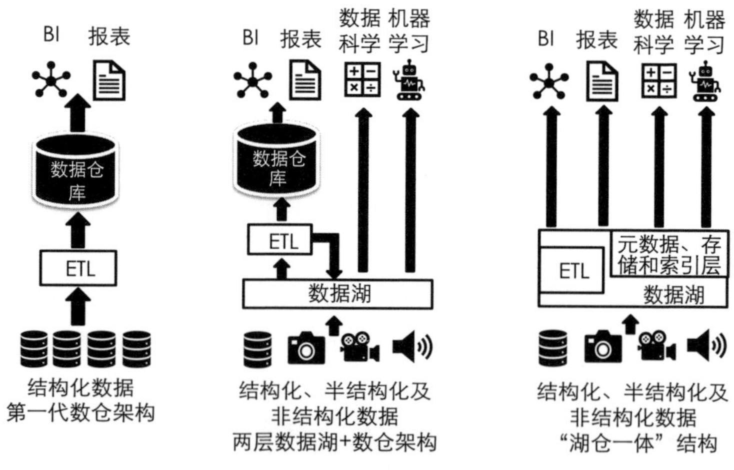

图 8-11　数据存储架构的演变

下面再看数据架构的实现。

“湖仓一体”架构实现的第一个关键点是让系统使用标准高效的文件格式（如 Apache Parquet），并将数据存储在低成本存储中。其次，在对象存储上实现事务元数据层，将数据定义为表的格式，该层定义哪些对象是表的一部分。这允许系统在元数据层中实现管理功能，如 ACID 事务或版本控制，同时将大量数据保留在低成本对象存储中，并允许客户端使用标准文件格式直接从该存储中读取对象。这些功能已经在一些开源系统中得到体现，如 Delta Lake 和 Apache Iceberg 等。

尽管元数据层增加了管理功能，但它不足以实现良好的 SQL 性能。基于现有存储格式的“湖仓一体”架构不可能更改存储格式，但可以采用包括缓存、索引和维护基于统计的辅助数据结构以及数据布局优化等手段实现数据的高效访问。

最后，通过开放声明式 DataFrame API 提供易用性，它既能加快高级分析工作的效率，又能为其提供更好的数据管理功能。大多数机器学习的框架都支持用于数据处理的 DataFrame API。如 DataFrame 被 R 和 Pandas 广泛使用，并为用户提供了一个表抽象，可以使用各种转换运算符，如做关系代数映射等。Spark SQL 框架通过惰性转换实现 DataFrame API 接口，并将生成的运算符计划传递给优化器，以实现任务的优化。

2. 分布式的计算分析

当前大规模计算能力的发展正在向超规模数据中心时代演变，引入大规模的计算基础设施已成必然。怎么对大规模的基础设施进行高效调度，以完成业务所需的批处理、流处理、交互式大数据分析、大规模图数据关联挖掘等分布式计算，成为非常关键的问题。其中最为核心的是分布式的调度能力，即做计算资源与数据资源的最佳匹配，完成联合场景下的数据计算与分析调度，其关系到任务执行的自动化程度和运行效率的高低。分布式资源调度的核心是作业调度器，它决定了在哪些资源上执行哪些任务，以及当多个用户提交各种计算作业时，怎样高效利用 CPU、内存、存储池系统资源，等等。此外，每个用户的作业将遵循特定的并行执行范例和执行要求。作业调度器是现代计算基础设施的重要组成部分，如果调度程序不能有效地管理资源和作业，那么计算功能将无法正常和高效地运行。

（1）调度器模型

作业调度程序有多种名称，如调度程序、资源管理器、资源管理系统和分布式资源管理系统等。其中，调度器和资源管理器承担了这类分布式软件的主要职责。在最简单的级别上，作业调度器匹配并执行来自多个计算资源上的多个用户的计算作业。用户及其工作通常具有不同的资源需求和优先级。计算资源具有不同的功能和可用性，并且这些功能和可用性随着不同作业的执行而动态变化。此外，考虑到需要执行的作业组合，还必须以最佳的利用方式管理资源。

调度器的功能模型包括四个关键功能部件：作业生命周期管理、资源管理、作业调度和作业执行，如图 8-12 所示。

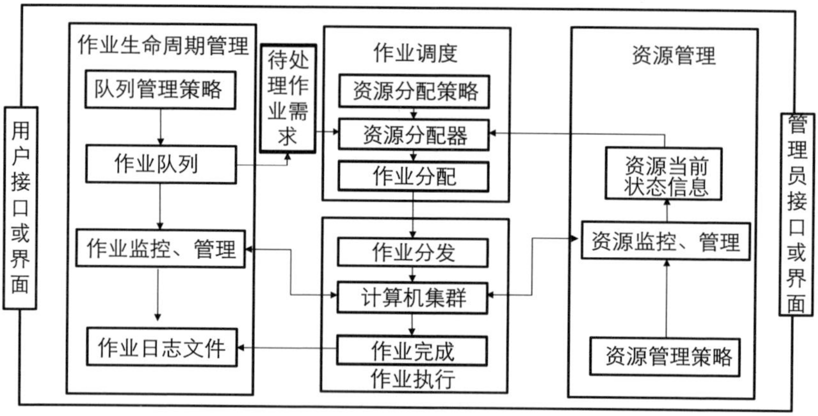

图 8-12　调度器功能模型架构

作业生命周期管理：通过用户界面接收来自用户的作业，并将其放置在作业队列中等待执行。用户通过用户界面或接口请求作业的各种资源，包括 CPU、GPU 和内存等。作业生命周期管理任务还负责使用队列管理策略对候选作业进行优先级排序。

资源管理：从计算节点接收可用性和资源状态信息，对其进行聚合，并使其可供调度器使用，它还收集作业状态信息以供用户使用并记录在日志中。

作业调度：分配资源，包括计算节点上的一个或多个作业插槽、计算节点本地 CPU、GPU 和内存等，并在资源可用的情况下将作业分配给资源。

作业执行：负责调度 / 启动资源上的作业。在每个作业完成后，作业执行功能管理关闭作业并将作业统计信息发送到作业生命周期管理功能中，记录系统日志。

（2）调度器分类

在大数据现行的体系架构中，从计算资源和存储资源位置关系上可分为计算存储绑定和计算存储分离两种架构。计算存储绑定架构即计算资源和存储资源绑定在一起（或数据本地化），计算资源会优先使用本地的数据进行计算，从而减少数据的移动，如传统的 Hadoop、Spark 集群等。计算存储分离架构即计算资源和存储资源不在一起，分别进行管理，从而增强了扩展的灵活性，符合云计算的特性，但增加了数据传输的开销。

以调度的层次划分可分为工作流调度和任务调度，其中工作流调度比任务调度层级要高。

工作流调度：以工作流或 Pipeline 的方式编排任务的执行序列，并调度执行。

任务调度：以分布式计算引擎为基础，按照一定规则分配 CPU、GPU 和内存等资源，对单个任务依据分布式计算原理或算子进行任务拆分和结果汇聚的计算过程。

（3）调度器开源架构

下面将列举三种典型的实现架构，作为实践的案例。首先，对任务调度框架 YARN 进行分析。它属于计算存储绑定架构，是大数据生态中最为常用的任务调度组件。其次，对工作流调度框架 Apache Oozie 进行分析。它最大的特点是内嵌一个工作流引擎，来定义和管控任务的执行。最后，对计算存储分离的调度框架进行分析。它是基于 Kubernetes 调度器实现的，也是未来的趋势。在算力网络的数据中台调度框架中，这三种情况我们都会涉及。

第一，Apache YARN 调度器。

Apache YARN（Yet Another Resource Negotiator 的缩写）是 hadoop 的集群资源管理器系统，YARN 从 hadoop 2 引入，最初是为了改善 MapReduce 的实现，但是它具有通用性，同样执行其他分布式计算模式。YARN 基本设计思想是将原 Map Reduce 架构中 Job Tracker 的两个主要功能，资源管理和作业调度 / 监控，分成两个独立组件，全局的资源管理器（resource manager）和与每个应用相关的应用程序主控节点（application master）。

YARN 总体上仍然是一个 Master/Slave 结构，在整个 YARN 资源管理框架中，资源管理器为 Master，节点管理器（node manager）为 Slave，资源管理器负责对各个节点管理器上的资源进行统一管理和调度。用户提交应用程序时，需要提供一个跟踪和管理这个程序的应用程序主控节点，由它向资源管理器申请资源，并要求节点管理器按其申请到的 Container 资源信息来启动任务。

第二，Apache Oozie 调度器。

Oozie 是一个基于工作流引擎的开源框架，由 Cloudera 公司贡献给 Apache，它能够提供对大数据生态的任务调度与协调。Oozie 工作流的定义同 JBoss jBPM 提供的 jPDL 一样，也提供了类似的流程定义语言 hPDL，通过 XML 文件格式来实现流程的定义。对于工作流系统，一般都会有很多不同功能的节点，比如分支、并发、汇合等。

第三，基于 Kubernetes 的存算分离的大数据调度。

Kubernetes 容器编排系统具有强大的容器管理功能，其调度器的性能对整个集群的负载均衡和服务质量起到关键的作用。

在 Kubernetes 集群中，Pod 是容器的载体，需要通过 Deployment、

DaemonSet、Job、RC 等实体来驱动 Pod 的控制与调度。Kubernetes 中负责调度的模块是 Kube-Scheduler，它所做的工作就是为 Pod 选择一个合适的 node 启动并运行。

Scheduler 从等待调度的 Pod 队列中取出一个 Pod，检查集群中的所有节点，查找是否有符合条件的节点满足 Pod 的运行。如果有多个满足条件的节点，则选择得分最高的那个节点。如果无法找到满足条件的节点，则输出 Pod 调度失败的事件信息。如果调度成功，则会生成一个 Binding 对象，Binding 对象里包括 Pod 的命名空间、Pod 名、目标节点等属性。然后进行绑定，绑定就是 Scheduler 返回一个 Binding 对象，API Server 接收 Binding 对象后会将它存储到 etcd 键值对存储中并更新 BoundPounds 对象。Kubelet 接收到 BoundPounds 对象信息被更新后，会解析 BoundPounds 对象里存储的该节点上应该运行的 Pod 信息，然后作为客户端向本地 Docker 服务进程发送启动容器的命令。

计算存储分离是大数据架构演进的必然趋势，也是解决行业用户数据痛点的一大利器。在 Hadoop1.0 时代，计算和存储是高度融合的，仅能处理单一的 MapReduce 分析业务；到了 Hadoop2.0 时代，计算层与数据开始解耦，通过 YARN 实现了独立的资源管理，并开始支持 Spark 等更多的计算引擎；而如今已经到了 Hadoop3.0 时代，计算存储走向分离，它可以实现资源云化和灵活扩展，能够让用户享受更专业的存储和计算、更佳的计算可靠性和资源利用率。

基于 Kubernetes 的调度是其典型的实现之一。图 8-13 描述了其架构概貌。存储集群：保持现有的架构模式，即采用 HDFS 和 Ozone，部署在云主机上，其上架设了 Ranger 做数据权限管理，Atlas 做元数据管理，通过 CM（cloudera manager）进行集群运维监控管理。计算集群：以容器的方式跑在 K8s 之上，并根据计算特点划分为多个集群，起到很好的隔离效果，并且可以进行弹性扩缩容，使得构建一个计算集群由原先的至少 30 分钟缩短到 1~2 分钟。

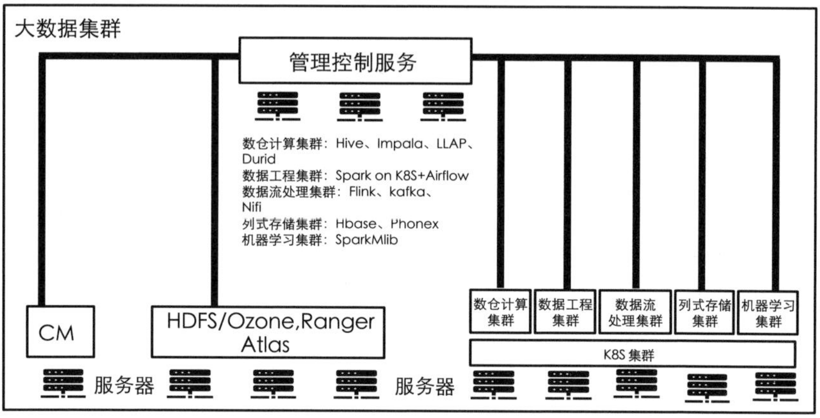

图 8-13　基于 K8s 的存算分离架构说明

3. 数据服务开放和价值共享

数据开放共享是数据中台最重要的目的。经过数据中台处理形成的数据资产和数据服务能力，还需要按业务领域和主题进一步划分为模块化的数据服务组件，并形成主题共享单元，以提供标准数据服务。数据服务主要包括主题数据检索服务、标准数据接口服务和标准数据报表服务等类别。主题数据检索服务提供针对各领域数据资产实施全文检索；标准数据接口服务面向专业开发人员，是企业内部信息系统集成和企业对外产品开发的标准数据接口，并通过细粒度权限配置管控用户的数据获取范围；标准数据报表服务面向管理领导层或市场人员，提供基于分领域和主题的数据展现的标准报表库，用于统一数据可视化快速展现。

数据开放包含以下几个方面。

数据目录：以数据商店的形式，直观展现大数据平台加工的数据及能力内容，统一数据服务门户；设计友好的交互界面，以业务语言解释说明数据及能力的内容、使用方法和场景；让用户“了解”数据及能力。

开放方式：以多种技术手段开放数据及能力，包装成完整的产品及服务，以支持各种不同场景的数据开放。

交互场景：面向不同层级的用户，提供多种场景的数据服务，让用户“会用”数据及能力。目前数据服务主要分为自助式服务和主动式服务，前者面向技术人员以交互式探索形式提供服务，面向非技术人员提供可视化自助分析工具，如拖拉拽配置组合各类数据标签指标等；后者有专人对接不同业务部门，了解业务后深度服务业务分析，如建模、分析报告等。

开放运营：展示产品质量和使用情况，让用户“敢用”数据；做好平台运维，保证使用稳定性、及时性；统计分析使用效果，反向促进能力提升；建立并维护问题反馈渠道，提升使用感知。

数据中台展望

在传统的烟囱式 IT 架构中，各系统从后端到前端相互独立，紧耦合开发，导致系统臃肿、建设效率低、无法快速响应业务，且存在大量重复建设工作。数据中台的思想和方案的提出是为了解决上述问题，它整合出一个中间组织，为所有的项目提供一些公共资源，汇聚数据资源，统一提供数据及相关服务。

数据中台是企业级公共的、可复用的数据及其衍生能力的组合，相比数据仓库或数据平台，数据中台更强调面向业务的赋能，其良性结果是平台化、生态化企业的构建，以数据为核心、平台为支撑，来驱动前线业务变革。

通过对数据中台的探索和研究，在其构建和规划过程中应该遵循以下规律和特点：

形成过程：数据中台并不是一个新型产品或概念，而是在业务发展过程中逐步演进出来的，是重复建维、系统壁垒、数据多份等问题解决的沉淀过程。

团队组织：数据中台都是由一个独立的团队统一建设，上层应用可由不同的业务支撑团队搭建。团队成员首先要熟悉业务，需要技术与业务专家从业务视角建设数据中台，保证中台对业务的赋能。

建设模式：企业级公共数据在源头统一，确保大家使用同一份公共数据；公共数据统一加工，以业务需求为导向，遵循同一套标准规范；上层数据应用依赖公共数据可以百花齐放。

服务机制：数据中台的所有数据服务必须通过统一的出口提供，并保证服务的一致性、可靠性，供上层应用一点调用。数据中台建设过程中，尽量不对现有业务服务造成影响，建设完毕后对业务前台赋能效果有很大提升。

高效运营：中台团队必须要找到高效的业务运营模式，以主动服务为导向提升自身重要性。

数据确权

20 世纪 80 年代，学术界开始关注信息或信息资源的所有权。虽然我国出台了《民法典》、《网络安全法》、《数据安全法》和《个人信息保护法》等一系列法律法规，对数据权利进行了规范，但相关内容侧重于个人信息所有权和个人隐私安全等方面，而对于数据确权和数据垄断治理等方面需要进一步规范。

数据确权的技术手段

数据资源作为一种新的生产要素，广泛应用于社会经济活动，涉及多个专业领域。数据确权的内容将更加丰富复杂，无法使用传统生产要素确权方式对数据资源进行确权建设。

从国内外的学术界来看，通过对以往研究成果的分析，赵海军等学者认为数据产权确认的技术手段大致可以归纳为：数据引证技术、数据追溯技术、可逆信息隐藏技术、电子数据取证技术和区块链技术，以及辅助工具——数据产权管理信息系统。

数据引证分析可作为一种基本的信息确权技术与方法。迈卡·奥尔特曼（Micah Altman）、加里·金（Gary King）及托比·格林（Toby Green）是较早关注数据标引标准与规范的学者，他们在数据标引标准方面的研究工作对经合组织（OECD）和数据引用组织（Data Cite）等机构发布的数据引用格式标准产生了重要影响；奥尔特曼还提出了“将通用数字指纹（universal numeric fingerprints，UNF）添加为一个数据引用元素”的方法来解决动态更新状态下数据集的细粒度标引问题。王卫华等在科学数据引用规范的研制方面做了专题研究。这些研究成果为数据态信息资源的溯源确权提供了很好的理论指导，从 Mayernik 的报告可以看出，加州大学洛杉矶分校图书馆还以“通过数据引证分析进行数据溯源”为主题组织了专题研讨会。

数据追溯技术是一组用于回溯数据质量检查、跟踪数据所有者和记录数据变化的方法和手段的集合。各种数据溯源模型如 3W 模型、7W 模型相继产生，并形成标准系统，如 OAIS（open archival information system，开放档案信息系统）。

可逆信息隐藏技术是一种基于无损数据压缩的方法，它以可逆的方式将标签信息嵌入载体媒体，以保护其知识产权和版权。其技术及应用研究的主流方向是隐写术和数字水印，尤其以数字水印在各类信息资源产权保护方面的研究最为突出，如相关学者对数字水印技术在关系数据库产权保护的应用研究、数字水印技术在多媒体认证与版权保护方面的研究、数字水印技术在地理信息资源产权保护中的应用研究，以及对 Word、PDF 及面向 Web 应用格式的 HTML、XML、XSL 等不同格式文本载体的数字水印信息隐藏技术的专门研究等。

电子数据取证起源于司法鉴定，以行为人电子信息痕迹的取证与定位技术为基础，目前广泛应用于信息产权保护和知识产权保护领域。有研究者将情报与信息资源管理中的数据标引技术融合在电子取证工作过程中，利用工作流的特点建立了基于可信工作流的数字取证模型，对每个取证步骤中输出的数据和元数据进行语义标注，并将时间戳技术用于电子取证中元数据和电子数据的安全存储与管理环节，既实现了对证据数据及其元数据的计算机辅助提取、分析和索引，又加强了电子数据的可信保证，同时时间戳还赋予了证据获取的时间序列，为取证后的数据溯源提供了技术支持，大大提高了取证流程的可靠性和取证工作的便捷性。

数据确权技术方案

数据确权技术的发展还处于早期探索阶段，目前还没有一个很成熟的技术方案。传统的数据确权手段是采用权属证明和专家评审结合的模式，数据确权过程主要分为两个步骤：（1）大数据拥有者提交权属证明；（2）大数据交易组织专家进行评审，公布确权结果。这种模式存在明显的缺点：（1）专家主观性强。由于领域或技术限制，专家在评审过程中会有主观情感甚至偏见，破坏公平性。（2）中心化强。所有评审工作都在大数据交易所内部进行，由于涉及利益关系，极容易出现内部人员对数据进行篡改等行为。（3）缺乏永久保存机制。当前交易所一般采用纸质文档和电子文档的保存方式，存在丢失和篡改等问题。如何采用技术的手段解决数据确权核心问题，是现在的关键。为了解决上述问题，主流的数据确权方案结合了不同的加密技术和新型的可信技术。

1. 数字水印

数字水印是指将标识信息嵌入数据载体内部，以达到版本保护、保密通信、文件真伪鉴别和产品标识等目的。数字水印概念的提出最早可追溯到 1954 年 Muzak 公司为其带水印音乐作品申请的一项专利。第一批关于数字水印的论文出现在 20 世纪 80 年代末至 20 世纪 90 年代初，但很快该领域有了巨大的进展，论文发表数量有了爆炸式的增长，这主要是因为在那个阶段人们相信水印可能是打击数字媒体盗版的重要武器。在早期，研究人员主要关注有限范围的主机数据，即数字图像、视频和音频数据。后来，适用于其他媒体类型的水印技术出现在相应的文献研究中。水印技术经过多年的发展，以图像和视频为载体的研究成果较为丰硕。由于文本存在的冗余信息相对较少，使得文本水印技术发展缓慢。

数字水印有隐蔽性、安全性、鲁棒性等特点。数字水印嵌入的信息不影响数据载体的使用，难以察觉且不易被提取或修改，这些数据可以包括所有权信息、联系方式、使用权和我们选择的任何内容。数字水印可以确保我们的所有权和联系信息附加在数据载体中，并且可以添加自动许可以增加收入，在使用未经授权时，能自动提醒或通知。一旦发生所有权纠纷，可以将水印提取出来进行检测，从而证明版权的归属。

2. 可信计算

可信计算（trusted computing，TC）是由可信计算组织（TCG）推动和开发的技术。其本质是在计算和通信系统中使用基于硬件安全模块支持下的可信计算平台，由此提升整个系统的安全性。具体来看，可信计算平台分为四个组成部分，分别为信任根、硬件平台、操作系统和应用系统，自下而上形成一条完整链路。其中，硬件安全模块扮演信任根的角色，是整个可信计算平台的基石。在信任根之上为可信任的硬件平台，同理，操作系统经过硬件平台的信任，应用经过操作系统的认证。由于整个链条环环相扣，每个部分都由上一部分可信验证，所以由可信计算组成的 IT 系统的安全性大大提高。

从 20 世纪 80 年代至今，可信计算的发展已历经三个阶段。第一阶段，可信计算 1.0，主要防护对象是主机，其以容错技术为标志，主要保证主机的可靠性，所以具有冗余备份、故障排除等功能。第二阶段，可信计算 2.0，主要防护对象是个人计算机，由可信计算组织 TCG 推动，代表技术为可信平台模块（trusted platform module，TPM），通过硬件被动挂接、软件被动调用等形式，为个人计算机提供静态保护。在结构上，可信计算 2.0 为外挂式体系结构。第三阶段，可信计算 3.0 是当下的热门，其防护对象扩大到整个网络。不同于 1.0 和 2.0，可信计算 3.0 采用双系统体系架构实现可信，即在保证原有计算体系架构不变的基础上，单独建立一个逻辑独立的可信计算架构。

3. 数据沿袭

数据沿袭也叫数据血缘，是源自数据治理的一个概念，表述了数据在产生过程中经过了哪些过程和阶段，可以用一个链路图谱标识。数据沿袭揭示了数据的生命周期——旨在展示从开始到结束的完整数据流。数据沿袭是数据从数据源流向消费时理解、记录和可视化数据的过程。这包括数据在此过程中经历的所有转换——数据如何转换、发生了什么变化以及为什么。数据沿袭可帮助用户确保他们的数据来自可信来源、已正确转换并加载到指定位置。当战略决策依赖于准确的信息时，数据沿袭起着重要的作用。如果没有正确跟踪数据过程，则几乎不可能验证数据，或者至少非常昂贵和耗时。

数据沿袭技术可以对数据集的组成进行追踪，以进行所有权的精确推导和计算。数据确权中的数据形式一般分为结构化数据和非结构化数据。数据库、表和字段，是数据的存储结构。不同类型的数据，有不同的存储结构。存储结构决定了数据关系的层次结构。所以不同类型的数据关系层次结构有些差别。相比之下，结构化数据关系的层次结构比较简单，对于非结构化数据，如以文件服务器存储的数据，血缘关系的层次结构会略有不同。数据关系可视化是数据沿袭技术中一个重要环节，一般可以用桑基图表示，通过桑基图可以对数据确权中的数据关系进行可视化分析。

数据确权的未来发展

1. 完善个人数据权利法律保护立法及监管制度

当前，世界各国都非常重视对个人数据权利的保护，并以法律的形式予以保护。目前有两大主流立法模式。以欧盟为基本代表的统一模式，通过制定统一的相关标准对数据权利进行保护；以美国为代表的分散模式，以重点问题为颗粒度进行专项立法。我国应该学习各国的立法经验，学习不同立法模式的优势，根据国情创造出特色的立法模式。

此外，关于个人数据权利的单独立法更为重要。在以往的个人数据权利保护中，往往以个人信息或隐私的形式在法律中加以规定，但个人信息和隐私不足以充分代表个人数据权利的内容，有必要尽快制定单独的法律。另外，面对整个互联网行业、数据交易等行业的发展，仅以个人信息和政府为基础来保护数据安全是不够的，要及时对相关内容制定更详细的规定，适应目前社会数据发展趋势。

2. 加强数据确权相关技术的研究

第一，数据沿袭技术。

毫无疑问，未来会产生越来越多的数据，每天都会有更多的技术和设备产生更多的数据点，企业也越来越依赖基于云服务和相关技术来生成、处理、存储、访问和分析大量数据。成功将属于那些能迅速找到分析数据的方法并加以充分利用的机构，那就更加需要机构和企业充分地了解数据沿袭。

随着企业越来越多地利用云服务，新的应用功能出现了，很多企业和机构正在学习如何使用云服务来拓宽数据治理和管理工作。机器学习、自动化和人工智能带来了机遇，这些技术可以用来自动化处理和更新数据。但是，它们还可以以数据沿袭的形式记录每一次转换，从而使数据和数据沿袭变得更加重要和有价值。

第二，区块链技术。

由于区块链本身性能的限制，现在的方案大多还是将计算过程放到链下处理，然后将计算步骤和结果发送到链上存证。这种方案解决了部分可信问题，但是涉及数据汇集、多方数据处理的时候，还是要在中心化服务上进行，这样还存在数据隐私、数据安全的问题。随着区块链技术的发展，区块链的计算性能不断提高，我们可以将整个数据确权的计算过程全部放到链上进行。由于区块链本身就是一个分布式的系统，因此不存在中心化的个体，整个数据流转计算的过程可以在完全分布式的环境中进行，提高可信度。

第三，智能确权技术。

人工智能在数据开发利用方面一直是不可缺席的“一员大将”，未来数据确权技术也将结合人工智能。由于数据确权的复杂性，数据的归属权往往要从多个维度考虑进行确定，如法律政策方面、数据所属权证明、多方数据集合、相似数据抄袭等。人工智能技术是处理这种复杂场景的最佳选择，可以使用人工智能改进数据确权的方案和方法。数据确权首先要对数据的多维信息进行分析，数据确权要经过收集数据、分析数据的过程，在各个过程都需要让人工智能技术发挥作用，以提升有效性。数据可为 AI 提供基础要素，可帮助 AI 做出判断，以便 AI 进行学习。AI 之所以拥有人的思维、人的智慧，其核心在于 AI 可以通过海量的数据进行机器学习和深度学习。拥有的数据越多，神经网络就变得越有效率，这就意味着随着数据量的增长，机器语言可以解决的问题的数量也在增长。整个过程是相辅相成的。

隐私保护计算

算力网络涉及多源、泛在算力节点，但无法保证数据在每个节点间流通时的安全可靠。一方面，数据分散到多方算力节点进行传输和计算的模式，会使算网服务面临数据隐私泄露等严重安全风险；另一方面，日趋严格的隐私保护监管虽然促进了数据权利主体和数据处理行为组织者的隐私保护意识的觉醒，但也加重了对数据流通与协作合法合规的担忧。借助隐私保护计算技术，可以有助于保障算力网络节点间的数据安全传输和计算，达到“数据可用不可见”的安全保护效果，实现数据价值挖掘和隐私保护的正和博弈，推动算网数据流通安全的可信可用。

隐私保护计算（privacy-preserving computing，PPC）是指在保护隐私信息的前提下，实现数据价值的分析和挖掘的技术体系，面对数据计算参与方或其他意图窃取信息的攻击者，隐私保护计算技术能够实现数据处于加密状态或非透明状态下的计算，以保护计算各参与方的隐私信息安全。隐私计算的参与方，既可以是同一机构的不同部门，也可以是不同的机构。在隐私计算框架下，参与方的明文数据不出本地，在保护数据安全的同时实现多源数据跨域合作，可以破解数据保护与融合应用难题，达到各参与方隐私保护的目的，做到“数据可用不可见”。

在通用的隐私保护计算的基本架构中，主要有数据方、计算方和使用方三类角色。通用的隐私保护计算的基本架构可抽象为图 8–14，其中数据方是指为执行隐私保护计算过程提供数据的边缘计算节点、算力网络节点、企业组织或个人；计算方是指为执行隐私保护计算过程提供算力的节点；使用方是指接收隐私保护计算结果的边缘计算节点、算力网络节点、企业组织或个人。为实现数据资源的丰富、升维以及模型的智能化应用，在实际部署中参与实体至少为 2 个，每个参与实体可以担任数据方、计算方和使用方中的一个或多个角色。

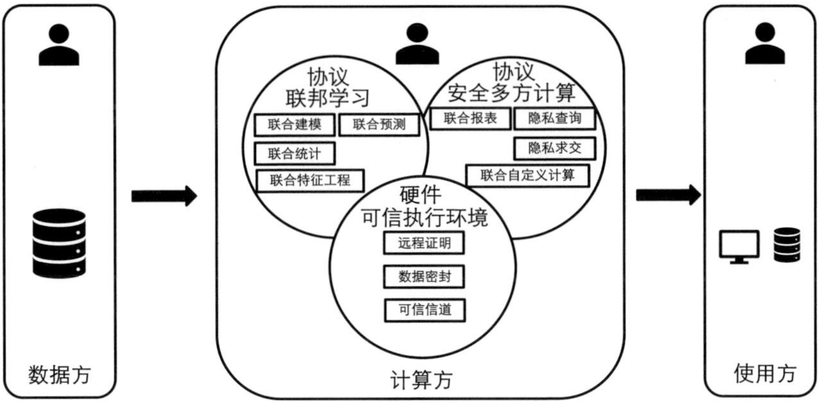

图 8-14　隐私保护计算的基本架构

在算力网络中的数据安全生命周期（如图 8-15 所示）中，对于数据的生产要素化和保障隐私合规来说，存在着很多关键技术能力。例如在收集阶段可能存在通过区块链技术进行算力网络节点中的数据确权；而对于隐私数据的全生命周期防护过程，数据静态存储和数据传输的安全防护技术已经比较成熟，比如访问控制、存储加密、传输加密、内容审计等。而隐私计算保护，则专注于数据计算过程和计算结果的隐私保护，补齐隐私数据保护技术栈的短板。数据计算过程的隐私保护指参与方在整个计算的过程中难以得到计算结果之外的额外信息。数据计算结果的隐私保护指参与方难以基于计算结果逆推原始输入数据和隐私信息。

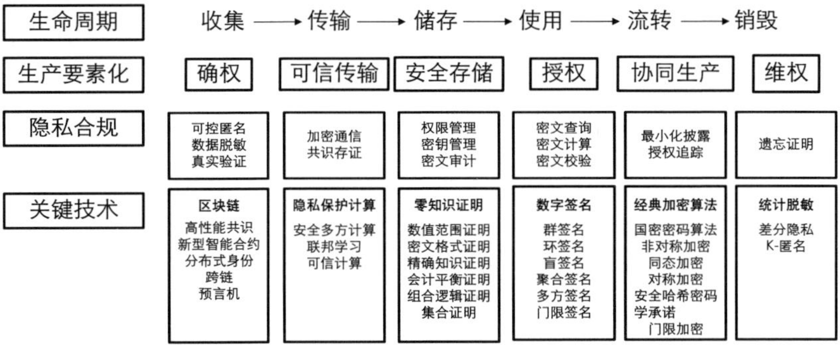

图 8-15　涵盖数据安全生命周期的隐私计算能力矩阵

隐私保护计算关键技术

隐私保护计算作为涉及多领域交叉融合的跨学科技术体系，重点提供了数据计算过程和数据结果的隐私安全保护能力，而伴随着密码技术、硬件技术的发展，技术路径也处于高速的演进和变化状态，常见的实现隐私计算的技术路径包括基于协议的安全多方计算和联邦学习，以及从硬件角度考虑的可信计算。此外区块链与隐私计算的融合应用也成为业界的共识，两者相辅相成。

1. 安全多方计算

安全多方计算（secure multi-party computation，SMPC）最初由图灵奖获得者、中国科学院院士姚期智教授在1982年通过百万富翁问题提出。安全多方计算的研究主要针对在无可信第三方的情况下，安全地进行多方协同计算问题，即在一个分布式网络中，多个参与实体各自持有秘密输入，各方希望共同完成对某函数的计算，而要求每个参与实体除计算结果外均不能得到其他用户的任何输入信息，从技术层面真正实现数据可用不可见的安全目标。在整个计算过程中，参与方拥有对自身数据的绝对控制权。

如图8-16所示，在安全多方计算的框架中，从数据的采集到应用主要有数据节点层、SMPC层、联合计算层、业务应用层以及管理功能层。数据节点层主要是数据的提供方。SMPC层主要是对数据节点层提供的数据进行计算，是由一系列技术组成的协议栈，分为基础算法协议层和密码支撑技术层：基础算法协议层是算法层面的具体实现，包括隐匿查询、隐私求交、安全多方统计算法，支持四则运算、比较运算、矩阵运算；密码支撑技术层提供构建SMPC的基础技术实现，包含常用的秘密分享、混淆电路、不经意传输、同态加密、加密解密、密钥协商。联合计算层对SMPC层的计算结果进行多方联合建模以及数据处理，支持联邦线性模型、联邦树模型、联合统计、联合数据处理等。业务应用层主要是最终的应用场景，可以应用于联合金融风控、联合精准营销、广告投放、会员促活等场景中。管理功能层主要是对整个SMPC的数据、计算、项目以及模型等任务流程的管理。

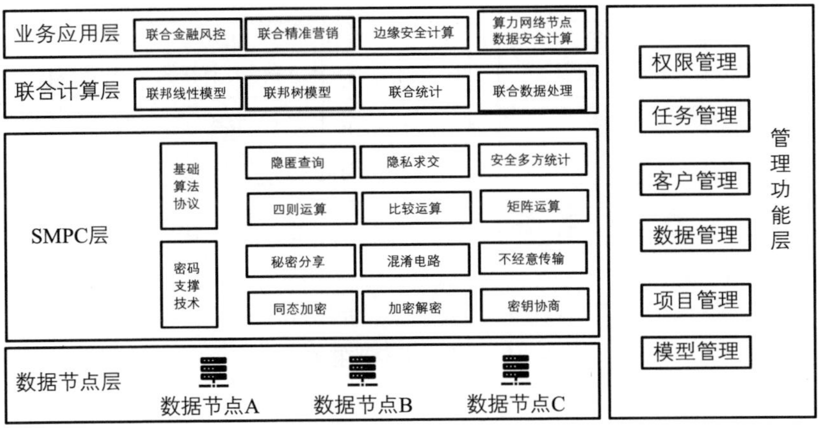

图 8-16　SMPC 技术框架

在实际的 SMPC 技术方案工程部署中，主要有两种方式：一种是中心化管理（如图 8-17 所示），即多个数据节点同时接入同一个管理平台，由平台统一调度管理；另一种是去中心化管理（如图 8-18 所示），即没有同一平台调度和管理的部署方式，多个数据节点分别自行管理自己的项目，只在需要的时候和其他数据节点发生交互。

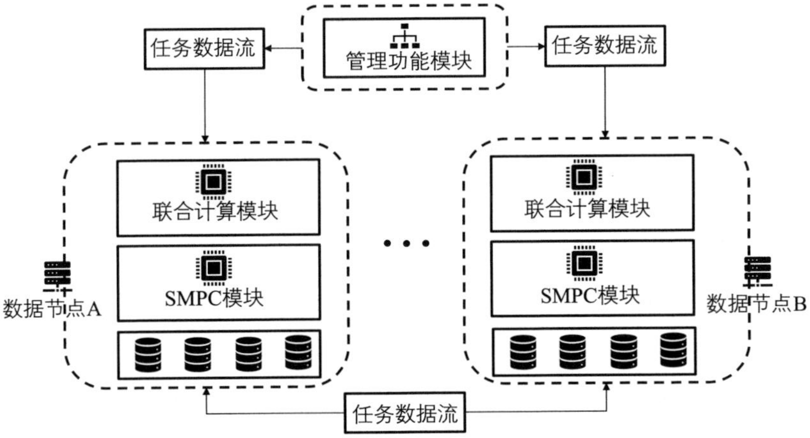

图 8-17　中心化管理部署示意图

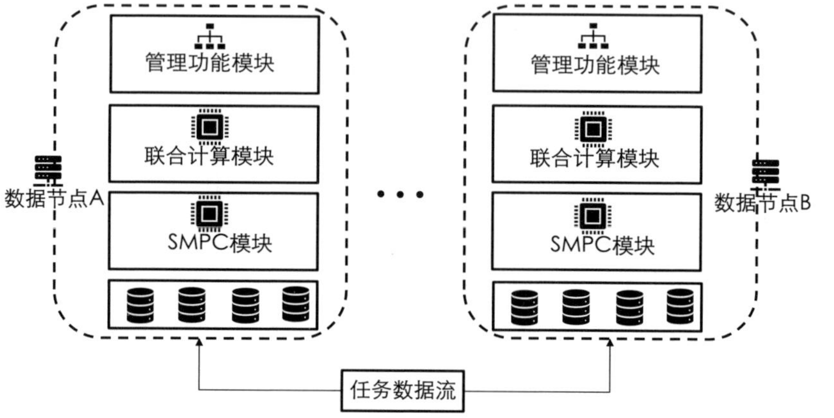

图 8-18　去中心化管理部署示意图

当前 SMPC 在研究和实际应用中主要分成两个方向。一类是通用 SMPC，包括基于秘密分享的安全多方计算解决方案、基于不经意传输的安全多方计算解决方案以及基于全同态加密的安全多方计算解决方案；另一类是针对特定问题的 SMPC，比如隐私集合求交集（private set intersection，PSI）、隐私信息检索（private information retrieval，PIR）及隐私统计分析（privacy-preserving statistical analysis，PPSA）等。

第一，基于秘密分享的安全多方计算解决方案。

秘密分享（secret sharing，SS）将秘密信息分割成若干个秘密分片并分发给多人，当有充足的秘密分片时就可以重新恢复秘密信息；秘密分享方案由秘密分割算法和秘密重组算法构成。秘密分享是现代密码学领域的一个重要分支，是信息安全和数据保密中的重要手段，也是多方安全计算和联邦学习等领域的一个基础应用技术。实际应用中，在密钥管理、数字签名、身份认证、多方安全计算、纠错码、银行网络管理以及数据安全等方面都有重要作用。

秘密分享通过把秘密进行分割，并把秘密在 n 个参与者中分享，使得只有多于特定 t 个参与者合作时才可以计算出或是恢复秘密，而少于 t 个参与者则不可以得到有关秘密。在秘密共享系统中，攻击者必须同时获得一定数量的秘密碎片才能获得密钥，这样能提高系统的安全性。另一方面，当某些秘密碎片丢失或被毁时，利用其他的秘密份额仍然能够获得秘密，这样可提高系统的可靠性。秘密分享的特性使得它在实践中得到广泛的应用，包括通信密钥的管理、数据安全管理、银行网络管理、导弹控制发射、图像加密等。

第二，基于不经意传输的安全多方计算解决方案。

不经意传输（oblivious transfer，OT）协议是 1981 年被迈克尔·拉宾（Michael O. Rabin）提出的一种两方计算协议，之后被广泛应用于多方安全计算等领域。在拉宾的 OT 协议中，发送者艾丽斯发送一个信息 m 给接收者鲍勃，接收者鲍勃接受信息 m 的概率为 1/2。所以在协议交互结束的时候，发送者艾丽斯并不知道鲍勃是否接受了消息，而接收者鲍勃能确定自己是否得到了信息 m，从而保护了接收者的隐私性，同时保证了数据传输过程的正确性。该方法主要基于 RSA 加密体系构造出来。

1985 年希蒙·埃文（Shimon Even）等提出了新的使用公钥密码体制的 1-out-2 OT 协议，给出了 OT 公理化的定义和实现。相比于拉宾等人提出的一方只有 1/2 的概率获得秘密，埃文等人将其进行了改进，即艾丽斯拥有两个秘密（m_0，m_1），而鲍勃想要知道其中一个。在 OT 协议执行完成之后，鲍勃获得了其中一个秘密，但是不知道另外一个秘密，并且艾丽斯也不知道鲍勃选择的是 m_0 还是 m_1。如图 8-19 所示，1-out-of-2 OT 是一个具有实际应用意义的不经意传输协议，也是目前较为常用的一种。

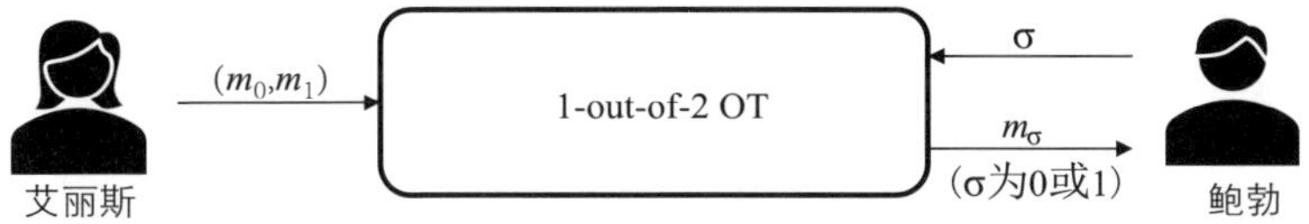

图 8-19　1-out-of-2 OT 协议

第三，基于同态加密的安全多方计算解决方案。

同态加密（homomorphic encryption，HE）是指对加密数据进行处理得到一个输出，将此输出进行解密，其结果与用同一方法处理未加密原始数据得到的结果一致。数学定义为：如果我们有一个加密函数F，把明文A变成密文A^'，把明文B变成密文B^'，也就是说F（A）=A^'，F（B）=B^'。另外我们还有一个解密函数F^（-1）能够将F加密后的密文解密成加密前的明文。

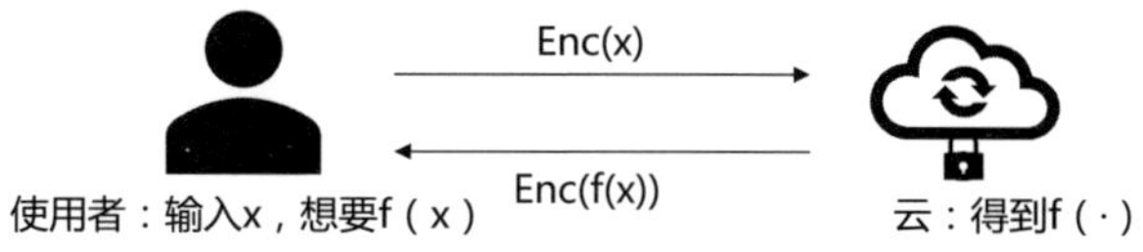

图 8-20　同态加密

对于一般的加密函数，如果我们将A^'和B^'相加，得到C^'。我们用F^（-1）对C^'进行解密得到的结果一般是毫无意义的乱码。但是，如果F是个可以进行同态加密的加密函数，我们对C^'使用F^（-1）进行解密得到结果C，这时候的C=A+B。这样，数据处理权与数据所有权可以分离，企业就可以防止自身数据泄露。

利用同态加密，可以委托不信任的第三方对数据进行处理，而不泄露信息。因此，同态加密在各领域的数据流通中有重要应用。

第四，特定问题的安全多方计算解决方案：隐私集合求交集。

隐私集合求交集是指参与双方在不泄露任何额外信息的情况下，得到双方持有数据的交集。在这里，额外的信息指的是除双方的数据交集以外的任何信息。

PSI通常具有以下三个特点：

半可信场景：数据双方不愿意暴露所有数据，仅希望求得数据集合交集；

数据最小化：数据集合交集以外的数据不能泄露给任意一方。

安全双方计算：参与计算的双方需要共同实现一套安全的计算协议，以保证数据的安全性。

下面，我们给出了一种基于朴素哈希的方法来进行PSI。假设有参与双方 A、B，分别有 X、Y 数据 id 集合。使用同一个哈希函数 H（·）计算他们数据的哈希值，确保两方 PSI 计算数据等长。B 方使用伪随机函数生成的随机因子 r，乘以自己的 H（Y），并发给 A 方，A 方使用伪随机函数生成的密钥 k，分别乘以自己的 H（X）和 B 方发送过来的 B_1 得到 A 和 B_2，再把两个计算结果都发送给 B 方；B 方在使用随机因子 r 的逆 r−1 乘以 B_2，消去随机因子 r，得到 B；A 和 B 使用相同的密钥 k 加密，即可进行密文比较计算交集。

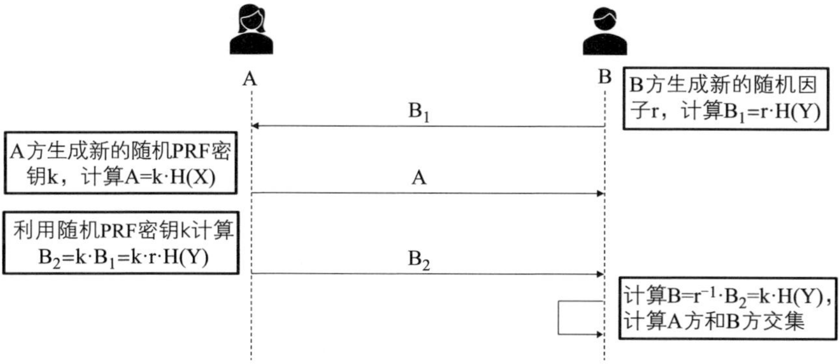

图 8-21　基于朴素哈希的隐私集合求交集

第五，特定问题的安全多方计算解决方案：隐私信息检索。

隐私信息检索（private information retrieval，PIR）技术是由 Chor B 等提出的解决保护用户查询隐私的方案。主要目的是保证查询用户在向服务器上的数据库提交查询请求时，在用户查询隐私信息不被泄漏的条件下完成查询，即在过程中服务器不知道用户具体的查询信息及检索出的数据项。

下面是一个 PIR 案例。假定数据库是一个由 n 位二进制数组成的字符串 S，如图 8-22 所示。当用户对字符串 S 中的第 i 位查询字符 S_i 进行查询时，如果直接进行查询，肯定会将 S_i 值的相关信息泄露，造成隐私泄露的严重后果。为了保护数据隐私，用户不能直接发起查询，而在查询之前，先使用加密机制对想要查询的 i 进行加密得到 E（i），而后将加密的 E（i）发送给位置服务器进行查询。服务器收到查询请求 E（i）后，进行查询数据库操作，并将查询得到的结果 q（S，E（i））返回给用户。当用户收到查询结果 q（S，E（i））后，应用解密操作进行解密，得到最终的查询结果。

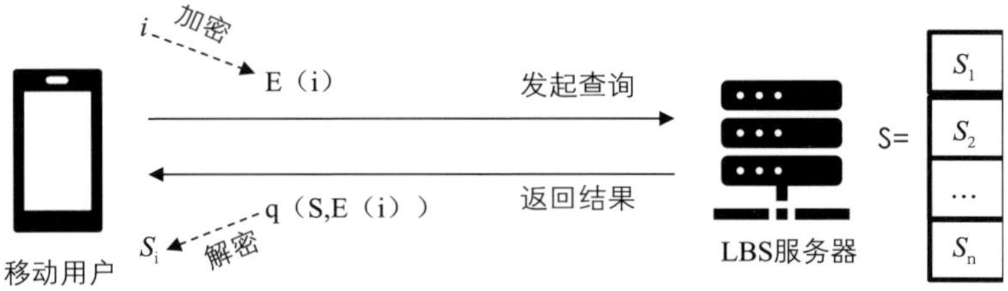

图 8-22 隐私信息检索案例

2. 联邦学习

联邦学习（federated learning，FL）最早由谷歌提出，最初用于解决安卓手机终端用户在本地更新模型的问题，其设计目标是在保障大数据交换时的信息安全、保护终端数据和个人数据隐私、保证合法合规的前提下，在参与多方或多计算结点之间开展高效率的机器学习。

联邦学习定义了机器学习框架，在此框架下通过设计虚拟模型解决不同数据拥有方在不交换数据的情况下进行协作的问题。虚拟模型是各方将数据聚合在一起的最优模型，各自区域依据模型为本地目标服务。联邦学习要求此建模结果应当无限接近传统模式，即将多个数据拥有方的数据汇聚到一处进行建模的结果。在联邦机制下，由于数据不发生转移，因此不会泄露用户隐私或影响数据规范。为了保护数据隐私、满足合法合规的要求，可运用联邦学习方法解决“数据孤岛”问题。

典型的联邦学习中，主要包含“协调方”、“数据方”和“结果方”三种角色（如图 8-23 所示）。“数据方”提供联邦建模训练所需的私有数据；“协调方”协调各参与方进行协作训练；“结果方”使用最终联邦训练模型，同一个参与方可以同时承担三种角色。

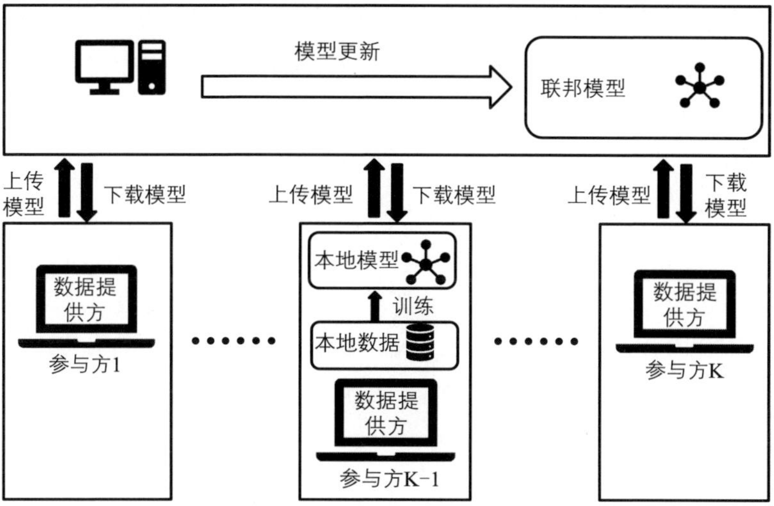

图 8-23　联邦学习通用架构

假设参与联邦学习的每个数据拥有方可以用一个矩阵表示，矩阵的每一行代表一个用户样本，每一列代表一种用户特征，同时，某些数据集可能还包括标签数据。如果要对用户行为建立预测模型，就必须要有标签数据。我们把用户特征设为 X，标签特征设为 Y，用户特征 X 加标签 Y 构成了完整的训练数据（X，Y）。但是，在现实中，往往会遇到这样的情况：各个数据集的用户不完全相同，或用户特征不完全相同。以包含两个数据拥有方的联邦学习为例，数据分布可以分为以下三种情况：

两个数据集的用户特征重叠部分较大，而用户重叠部分较小。

两个数据集的用户重叠部分较大，而用户特征重叠部分较小。

两个数据集的用户与用户特征重叠部分都比较小。

根据以上三种数据分布情况，目前联邦学习分为横向联邦学习（Horizontal Federated Learning，HFL）、纵向联邦学习（Vertical Federated Learning，VFL）与联邦迁移学习（Federated Transfer Learning，FTL）。

第一，横向联邦学习。

例如两家业务相同但是分布在不同地区的银行，它们的用户群体分别来自各自所在的地区，相互的交集很小。但是，银行的业务很相似，因此，记录的用户特征是相同的。在这种情况下，就可以使用横向联邦学习来构建联合模型。

第二，纵向联邦学习。

假设有两个不同机构，一家是某地的银行，另一家是该地区的电商。它们的用户群体很有可能包含该地的大部分居民，因此用户的交集较大。但是，由于银行记录的都是用户的收支行为与信用评级，而电商则保有用户的浏览与购买历史，因此它们的用户特征交集较小。纵向联邦学习就是将这些不同特征在加密的状态下加以聚合，以增强模型训练的能力。

第三，迁移联邦学习。

假设有两个不同机构，一家是位于某地区的银行，另一家是位于其他地区的电商。由于受到地域限制，这两家机构的用户群体交集很小。同时，由于机构类型的不同，二者的数据特征也只有小部分重合。在这种情况下，要想进行有效的联邦学习，就需要用到迁移学习，来解决单边数据规模小和标签样本少的问题。

3. 可信计算

可信计算是基于硬件可信执行环境（trust execution environment，TEE）实现数据和应用保护的技术，高德纳也将其称为 Enclave（借助政治上的“飞地”概念）。其核心思想是以可信硬件为载体，提供硬件级强安全隔离和通用计算环境，在完善的密码服务的加持下形成“密室”，数据只有在“密室”内才进行解密并计算，除此之外任何其他方法都无法接触数据明文内容。TEE 是 GP（Global Platform，全球平台）提出的概念，是 CPU 内的一个安全区域。它运行在一个独立的环境中且与操作系统并行运行。CPU 确保 TEE 中代码和数据的机密性和完整性都得到保护。通过同时使用硬件和软件来保护数据和代码，TEE 比操作系统更加安全。如图 8–24 所示，在 TEE 中运行的受信任应用程序可以访问设备主处理器和内存的全部功能，而硬件隔离保护这些组件不受主操作系统中运行的用户安装应用程序的影响。TEE 作为一种通过隔离的方法保护数据和程序的技术，与传统安全技术相比，能够主动防御来自外部的安全威胁，更有效地保障自身安全。可信计算是基于硬件和密码学原理的隐私计算方案，相比于纯软件解决方案，具有较高的通用性、易用性和较优的性能。其缺点是需要引入可信方，即信任芯片厂商。此外，由于 CPU 相关实现属于 TCB，侧信道攻击也成为不可忽视的攻击向量，需要关注相关漏洞和研究进展。

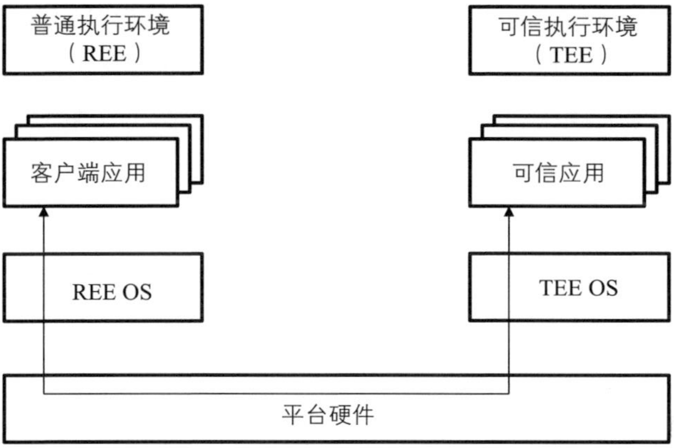

图 8-24　TEE 体系结构

在可信计算过程中，TEE 保证的可信功能主要包括以下几种。

远程证明：使用 TEE 进行隐私计算的必备步骤——当一项计算任务存在多方协作时，比如参与方 A 需要将数据（一般是加密的中间态数值）传递给参与方 B，那么就需要检验 B 的程序的确是在 TEE 中运行的。在这一情况下，B 需要能够提供“证明”，来证实自己的确符合参与方 A 预期的运行状态，这一运行状态除 TEE 环境信息外，也进一步包括对于所运行程序代码相关信息的核验。

可信信道：在 A 成功验证 B 传递过来的证明之后，A 也验证了 B 的身份和计算环境，便可以建立一条安全的可信信道（如基于 B 的证书建立加密信道），用于后续的数据传输会话。

数据密封：TEE 本身支持的一种密钥映射机制，以 Intel SGX 技术为例，在使用数据密封功能时，由 CPU 指令对既定的入参进行计算，生成相应的密封密钥。数据密封机制保证了 Enclave 对数据的密封（加密）和解封（解密）过程，只能于同一 Enclave 内进行，而密封数据的存放可以落盘于 Enclave 外，从而实现可信存储。

目前引入可信执行环境较为成熟的技术有 ARM 的 TrustZone、AMD 下的 SEV 等，但在隐私计算领域，以 Intel SGX 的应用较为成熟。

Intel SGX 本质上是 CPU 维度的 TEE 机制。将 CPU 划分出一些被保护的 Enclave 区域（对应应用程序的地址空间），称为 Enclave 容器。如图 8-25 所示，当应用程序和数据加载到 Enclave 容器中时，Intel SGX 能够保证只有 Enclave 容器内的代码才能访问 Enclave 容器内的数据，操作系统级别的特权和非特权用户都不能访问，这是 CPU 层面实现的机制。

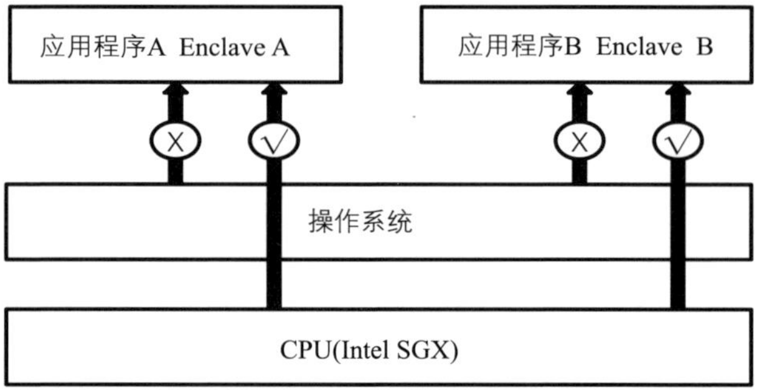

图 8-25 Intel SGX

TrustZone 将系统的硬件和软件资源划分为两个执行环境——安全环境（secure world）和普通环境（normal world），安全环境拥有更高的执行权限，普通环境无法对其进行访问，实现隔离的执行环境。当不安全的用户模式需要获取安全域的服务时，一个程序想要进入安全环境中，操作系统需要检查其安全性，只有通过检验的程序才能进入安全环境，以此来确保 TrustZone 的安全性，这也意味着整个系统的安全性由底层操作系统来负责。

4. 关键技术对比

安全多方计算、联邦学习以及可信计算的对比描述见表 8–2。

表 8-2 SMPC、FL、TEE 关键技术对比

	安全多方计算	联邦学习	可信计算
原理概述	在一个分布式网络中，多个参与实体各自持有秘密输入，各方希望共同完成对某函数的计算，而要求每个参与实体除计算结果外均不能得到其他用户的任何输入信息	一种机器学习设置，在中央服务器或服务提供商的协调下，多个实体协作建立共享的机器学习模型，而不让数据“出岛”	设备主处理器上一个安全区域，提供一个隔离的执行环境，保证隔离执行、可信应用的完整性、可信数据的机密性、安全存储等
技术特点	输入隐私性、计算正确性、去中心化性	几乎无损，需第三方参与、建立虚拟的共享模型	硬件级别的安全、芯片级别的隔离
关键技术	加密电路、不经意传输、同态加密	加密技术	硬件隔离技术、内部的软件 / 密码隔离技术
应用场景	联合数据分析、数据安全查询、数据可信交换等	联合数据统计、联合机器学习建模等	移动金融支付、指纹验证、面部识别、声纹识别
应用优势	既能充分实现数据持有节点间互联合作，又可保证秘密的安全性	既能在不违反数据隐私保护法律法规的前提下联合建立模型，又能保障个人隐私信息及数据安全	在用户连接更加频繁、数据交换更多的情况下提供更智能、更快捷的用户安全通道
技术劣势	密码运算复杂造成计算性能、通信性能问题，不同实现技术造成无法互通	仅适用于机器学习算法，不同实现之间依然存在互联互通问题	依赖硬件环境，必须确保芯片厂商可信，需由独立第三方运行维护

三种隐私计算技术都有自己的优缺点。安全多方计算能让多方数据共同参与计算，并获得准确的结果，具有较高的安全性，而且可构建通用的计算模块；但是缺点也很明显，那就是安全多方计算需要用到相对复杂的密码学运算，其计算和通信开销会超过实际应用能承受的范围，导致无法实现在大规模数据上的应用。联邦学习的优点就是数据不出平台，解决了针对传统集中化模型训练存在的泄露训练数据隐私的问题，而且训练出来的模型性能接近或几乎无损；缺点是仅适用于机器学习算法，不同实现平台之间依然存在互联互通问题。可信计算是基于硬件和密码学原理的隐私计算方案，相比于纯软件解决方

案，具有较高的通用性、易用性和较优的性能；其缺点是需要引入可信方，即信任芯片厂商。

综合来看，单一的隐私保护技术不能满足对安全性、效率、性能的要求，以及应对多样化的应用场景，多个技术进行深入融合可以提高隐私计算系统的安全性和交付效率，因此隐私计算产品将会向通用型平台化发展，丰富服务模式，满足多样化的用户需求。

云网

第九章

算力进行时，深化云网融合

融合

当前产学研各界正在积极探索，共同推动算力新布局，力争形成“区域协同、政企合作、产研融合”的算力产业创新体系。产业联盟和标准组织均在推进算网融合技术研究和标准化进程，并取得了丰硕的成果；云服务厂商利用自身优势资源，基于分布式云战略，将云计算服务逐步向网络边缘侧进行分布式部署；三大运营商与设备厂商也在积极推进算力网络相关战略和应用落地，建设算力生态圈，其中，中国电信以算力网络作为重要技术方向，加快推动“云网融合”战略纵深发展。

算力产业生态进展

产业生态参与方

在万物智联时代，数据就是生产要素，算力就是生产力。面对行业数字化转型的巨大市场，结合未来算力“云-边-端”泛在分布的趋势，我国明确提出布局全国一体化大数据中心算力枢纽节点，实施“东数西算”工程，打造全国算力一张网；工信部印发的《新型数据中心发展三年行动计划（2021—2023 年）》，明确提出用 3 年时间，基本形成布局合理、技术先进、绿色低碳、算力规模与数字经济增长相适应的新型数据中心发展格局。据 IDC 预测，到 2023 年，数字经济产值将占到我国 GDP

的 67%，超过全球平均水平。伴随着我国数字经济的蓬勃发展，算力产业将成为推动我国数字经济持续发展的重要引擎。

在国家密集布局、ICT 技术不断应用、数字经济快速发展等因素的联合推动下，CT 技术和 IT 技术快速融合，有力推动云和网从独立发展逐步走向全面深度融合，给信息基础设施的技术架构、业务形态和运营模式带来深刻变革，以“云网融合”为代表的“连接”+“算力”融合成为未来信息网络技术发展的新领域和新锚点，其中分布式云、算力网络、算网融合等概念在业界得到广泛关注，各产业生态参与方积极开展相关技术研究，推动其产品和方案在行业中落地部署。这其中主要包括国际国内标准化组织（ITU-T、IETF、BBF、CCSA 等）、产业联盟 [边缘计算产业联盟（ECC）、网络 5.0 产业和技术创新联盟等]、云服务提供商（浪潮、阿里、腾讯、华为等）、电信运营商（电信、移动、联通等）。此外，作为算力产业生态的重要成员，包括芯片生产厂商、基础设施设备厂商、智能终端设备厂商等在内的算力设备生产商为算力提供重要的物理载体。算力产业生态圈如图 9-1 所示。

按照当前业界对计算能力的理解，芯片成为生产算力的最核心的物理载体。按照芯片设计架构的不同，可以分为 CPU、GPU、NPU、DPU、FPGA、ASIC 等。其中 CPU 是通用处理器，适用于更好地响应人机交互的应用和处理复杂的条件和分支，以及任务之间的同步协调。因为 CPU 架构被证明不满足需要处理大量并行计算的深度学习算法，GPU、NPU、DPU、FPGA、ASIC 等各种芯片应运而生。芯片生产厂商主要包括英特尔、英伟达、IBM、高通、华为海思、清华紫光、赛灵思、寒武纪、兆芯、中芯国际等。

作为构成数据中心、智算中心等各类算力基础设施的服务器设备，也是算力输出最直接、最基础的物理载体。这些算力服务器设备包括：算力网络网关设备、存储设备、计算设备、网络设备以及算力网络一体化设备。算力基础设施设备构成算力产业生态中的传输网络、算力网络、存储网络，支撑算力系统和服务平台。基础设施设备厂商包括：华为、中兴、思科、浪潮、戴尔、Juniper、贝尔、H3C、锐捷、烽火、迈普等。

随着物联网、车联网以及智能家居技术的不断发展，智能终端因为

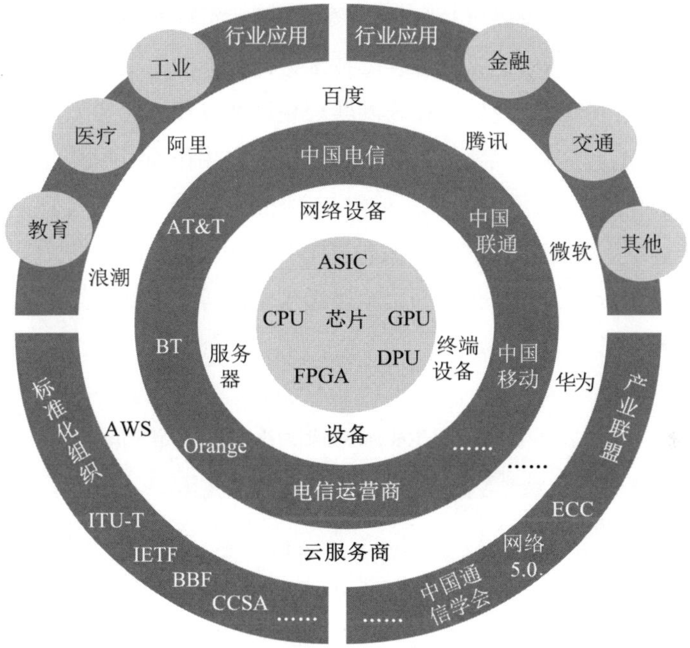

图 9-1　算力产业生态圈

数量巨大、移动性强、靠近算力用户侧等特点，也将成为未来端侧算力的重要来源，这部分主要包括：智能联网车辆、智能佩戴设备、智能联网家居设备等。主要的智能终端设备厂商包括：谷歌、亚马逊、华为、小米、苹果、联想、海尔、美的、百度、京东、阿里等。

随着技术不断演进和算力服务模式不断创新，算力产业生态各方在助力垂直行业数字化升级过程中，不断探索各行各业应用场景需求，形成可落地的行业成熟解决方案，当前已在工业、能源、医疗、教育、交通、金融等垂直行业领域得到广泛应用。

标准化组织进展

近年来，云网融合领域已成为国际国内主流标准组织的重点布局和立项新趋势，成为产业和技术发展的主要牵引之一，在新兴领域标准化呈现出“前沿化、跨界化、国际化”的特征。目前面向云网融合领域中分布式云、算力网络、算网融合等技术方向，标准化工作还处于起步阶段。为了促进算力产业生态在云网融合领域的发展目标和能力达成等方面形成共识，需要以成熟的创新实践、技术应用作为引导，推动云网融合的标准化进程。

当前，国际相关标准化组织包括 ITU-T、IETF、BBF 等，国内标准组织包括中国通信标准化协会，中国通信学会等，表 9-1 给出了部分标准的进展情况。

表 9-1　国内外主要标准组织的算力相关标准进展

标准组织	标准名称	牵头单位	主要内容
ITU-T	算力网络（CPN）的框架与架构	中国电信	定义算力网络的顶层架构，包括算力网络的典型应用场景、框架架构以及重要功能模块等
	算力网络的信令需求	中国联通	研究执行算力网络相关的信令需求和相关流程
	算力网络边界网关的信令要求	中国联通	研究算力网络中边界网络网关智能控制的要求和信令
	基于网络演进的云网协同编排器增强支持算力网络的需求与框架	中国电信	研究基于网络演进的云网协同编排器增强支持算力网络的需求与框架
	算力网络认证调度架构	中国联通、中国电信	研究和制定算力网络相关的认证及调度体系架构
	算力感知网络的需求及应用场景	中国移动	对算力感知网络的感知、控制和管理的关键技术体系进行研究
IETF	计算优先网络的场景和需求	中国移动、华为	研究制定计算优先网络的典型场景和业务需求
	计算优先网络框架	中国移动、华为	引入了一个 CFN 框架，使服务请求发送到最佳边缘以改进整个系统，使之负载均衡
	计算优先网络现场试验报告	中国移动、华为	CFN 集成测试验证，主要是 CFN 组件与现有 MEC 软硬件环境及业务系统的集成能力
BBF	城域算力网络：用例和高级需求（TR-466）	华为、中国电信	专门研究算力网络在城域网中的应用

续表

标准组织	标准名称	牵头单位	主要内容
CCSA	算力网络 控制器技术要求	中国电信	算力网络控制器的业务需求、能力需求、算力网络控制器功能模块、算力网络控制器技术需求、控制器与算力网络资源层接口建议、算力网络控制器与其他模块接口建议
	算力网络 交易平台技术要求	中国电信	算力网络交易业务需求、算力网络交易功能需求、算力网络交易平台功能架构、算力网络交易要求
	算力网络 标识解析技术要求	中国联通	面向算力网络的异构算力标识解析技术、通过算力标识解析技术来实现算力标识和网络标识映射关系等要求
	算力网络 算力路由协议技术要求	中国移动	制定研究算力感知网络的协议要求，内容主要包括算力感知网络的协议架构、算力感知网络的协议功能描述、算力感知网络的协议要求等
	算力感知网络的架构和技术要求	中国移动	制定研究算力感知网络的功能技术要求，内容主要包括算力管理层、算力应用层、算力路由层等功能，制定控制面、转发面、管理面三个平面的功能和协议栈等
	算力网络 开放能力研究	中国联通	围绕算网一体化服务的 Devops 相关的前沿技术进行跟踪研究和发展趋势进行梳理，围绕面向算网一体化的能力开放发展进度、网络测试服务化、网络开发集成以及算网智能化运营等方面进行研究
CIC	算网融合 总技术要求	中国信息通信研究院、中国联通、中国电信、中国移动	围绕算网融合的总体架构和运行逻辑，研究算网融合架构、功能、性能、安全、运维和可靠性等方面的要求
	算网融合——基于电信级区块链的算力交易系统技术要求	中国信息通信研究院	针对算网融合算力交易的特殊性，制定关于基于电信级区块链的算力交易系统的系统架构、功能逻辑、交易流程等技术规范

产业联盟进展

聚焦算力相关研究的产业联盟和组织以国内为主，包括边缘计算产业联盟、网络 5.0 产业和技术创新联盟、中国通信学会等在内的多个产业联盟和组织正在积极推进算力网络等技术研究和标准化进程。

2016 年 11 月 30 日，由华为技术有限公司、中国科学院沈阳自动化研究所、中国信息通信研究院、英特尔公司、ARM 和软通动力信息技术（集团）有限公司联合倡议发起的边缘计算产业联盟正式成立。该联盟定位于搭建边缘计算产业合作平台，推动 OT 和 ICT 产业开放协作，孵化行业应用最佳实践，促进边缘计算产业健康与可持续发展，其愿景为引领边缘计算产业蓬勃发展，深化行业数字化转型。边缘计算产业联盟已与工业互联网产业联盟（AII）、工业互联网联盟（IIC）、SDN/NFV 产业联盟、中国自动化学会（CAA）、Avnu Alliance 等组织建立正式合作关系，在标准制定、联合创新、商业推广等方面开展全方位合作。在垂直行业方面，边缘计算产业联盟采用水平工作组与垂直行业委员会并行的运作方式，其中一个核心的工作方向是通过共建联合测试床打造边缘计算的创新解决方案，挖掘产业价值，推动应用落地，帮助联盟成员取得商业成功。截至目前，边缘计算产业联盟已发布了包括《运营商边缘计算网络技术白皮书》在内的 10 多个白皮书和覆盖工业制造、智慧城市、电力能源、交通四大行业的 20 多个测试床方案。

网络 5.0 产业和技术创新联盟（以下简称网络 5.0 产业联盟）成立于 2018 年 6 月，致力于打造一个由中国主导的、面向国际的、开放的、有影响力的下一代数据通信网络技术标准组织，探讨数据通信网络领域的中长期愿景需求，凝聚共识，采用顶层设计，提出面向未来的网络 5.0 创新架构，有节奏地推进技术创新，为政府网络产业政策提供产业参考，牵引产业发展方向，推进数据网络产业健康可持续发展。2020 年网络 5.0 产业联盟专门成立了“算力网络特别工作组”，依托联盟的平台和资源，聚集联合多方力量，共推共创算力网络产业影响力，构建算力网络生态圈。该工作组前期工作围绕算力网络开展架构、技术规范等方向的研究和制定，并在国内外相关组织形成标准，以及面向实践的落地推进，中长期将致力于通过算力网络构建全新的网络基础设施，帮助海量的计算、存储等资源，海量的应用以及功能函数构成一个开放的生态，将未来大量碎片化、分散化的算力和存储等 IT 资源拉通整合到算力网络平台，以统一服务的方式为业务提供便捷的按需使用，孵化和催生全新的算力变现商业模式。

中国通信学会（CIC）于 2021 年 7 月成立了“算网融合标准工作组”，由中国信息通信研究院牵头，联合产、学、研、用生态各方，成员包括北京航空航天大学、中国电信、中国移动、中国联通、华为技术有限公司、中国科学院声学研究所、广州宽带主干网络有限公司、国家超级计算济南中心、中国科学院计算技术研究所、云深互联、天翼云科技有限公司等 10 余家企事业单位。该工作组计划立足国内行业发展的实际需求，聚焦算网融合技术演进领域，从“计算网络化”和“网络计算化”两个方向入手，联合 ICT 领域各方，共同发起一系列标准研制工作，构建规范化和标准化的标准体系，提高国内企业的竞争力和国际影响力，引导算力产业生态的健康发展。

云服务商进展

在云计算生态发展的大趋势下，单纯的云基础服务设施已不具备前沿竞争力，提供分布式云服务以及贴合下游垂直应用场景的行业级解决方案成为云服务厂商突破重围的核心策略之一。高德纳连续在 2020 年和 2021 年将分布式云列为战略技术趋势，据预测，到 2025 年有超过 50% 的组织会选用分布式云。分布式云是未来计算形态的发展趋势，是整个计算产业未来决胜的关键方向之一，分布式云的出现让云服务商可以结合云原生技术统一管理相关资源，将公有云的产品“延伸”到任何用户需要的环境中，真正做到“一朵云、无差异、无障碍、无处不在”。

目前包括 AWS、阿里、微软、浪潮、华为、腾讯等在内的云服务商纷纷进行相关尝试，利用自身优势资源，将云计算服务逐步向网络边缘侧进行分布式部署。

AWS 提供两种版本的边缘基础架构。中小型的 AWS Snow 和中型的 AWS Outposts。AWS Snow 系列属于中小规模产品线，AWS Snowcone 是规格最小的设备，搭载两个 vCPU 和 4GB 存储，主要用于边缘数据存储和传输。与之相比，针对存储和计算优化的规模稍大的产品是 AWS Snowball Edge，用于部署到边缘的内存密集型数据处理和机器学习应用，最多配备 52 个 vCPU 和 208GB 存储。对于企业，AWS 边缘设施可进行定制私有化的 AWS Outposts，相当于中型数据中心的 42U 机架，可用于运行不同的 EC2 实例类型、容器（Amazon ECS）、Kubernetes（Amazon EKS）、数据库（Amazon RDS）、数据分析（Amazon EMR）及其他 AWS 服务。

早在 2011 年，浪潮就确定了云计算战略，截至 2018 年，浪潮云已形成包括云中心、云平台和云服务在内的系统基础架构，通过全国的 50 个云数据中心，已为 150 多个省市政府及 74 万企业提供云计算服务。2021 年 5 月，浪潮宣布完成了中国最大规模的一次分布式云迁移，涵盖 169 个分布式云节点，基于统一的 OpsCenter 实现持续性迭代升级，历时半年超过 20000+ 业务应用系统迁移至浪潮分布式云，建成了全国最大的分布式云骨干体系。基于分布式云的能力，浪潮还推出“分布式云 +”行动计划——“1+2+N+ 生态”，即打造一朵分布式云，聚焦数字政府和工业互联网两大重点领域，对多个业务场景进行云数智一体化的标准化输出，助力政企客户快速转型，联合合作伙伴共建生态。

2017 年，华为确定将云计算作为战略方向，成立了专门负责公有云的 CloudBU，并表示将“强力投入公有云业务”。2019 年，华为推出 KubeEdge1.0 实现端边云全面协同，性能、可靠性和稳定性得到提升且支持服务网格，将计算能力“推”至边缘，支持以 GPU、FPGA 和 ARM 为代表的异构计算，为云上和边缘提供计算资源。2020 年年初，华为成立云与计算 BG，成为继运营商 BG、消费者 BG 和企业 BG 之后的第四大 BG。2021 年 9 月，华为推出了业界首个分布式云原生产品：华为云 UCS，目标是把云原生能力带入企业的每一个业务场景。经过几年发展，华为已上线 220 多个云服务、210 多个解决方案，发展 20000+ 合作伙伴，汇聚 180 万开发者，云市场上架应用 4500+ 个，通过 90+ 个全球安全合规认证。

2021 年 11 月，腾讯云首次正式对外公布分布式云战略，同时发布行业首家全域治理的云原生操作系统遨驰 Orca。腾讯分布式云是腾讯云为多云、混合云场景提供系列产品能力的总称，旨在为用户在多云、混合云场景下提供一致的产品服务和体验，并且通过集中管控，统一管理位于不同位置的云资源和业务应用，帮助用户在任意位置获取需要的云资源与云服务。云原生操作系统遨驰 Orca 单集群支持 10 万级服务器、百万级容器规模，管理的 CPU 核数超过 1 亿，能够统一调度腾讯云内外的服务器、Kubernetes 集群等资源，为其提供简单统一的管理体验和极致的资源利用率。

另外，云服务商还与基础电信运营商紧密合作，扩大边缘节点规模。根据阿里云披露，目前阿里云将基于 2800+CDN 运营商侧边缘节点转换为边缘云节点（ENS）模式，为 IoT 设备提供 300 多种协议驱动程序，管理多达 10 万个边缘节点。客户可以在几分钟内创建边缘资源，从终端到节点的响应时间可缩短到 5 毫秒，并为中心节省 30% 以上的带宽成本。微软也已与 AT&T 合作，在包括亚特兰大、达拉斯和洛杉矶在内的许多地方为运营商提供嵌入 Azure Stack Edge 的 Azure Edge Zones。Azure Stack Edge 是一种 1U、2 × 10 核心英特尔至强、128GB 设备，可以为其配置容器或虚拟机，可作为 Kubernetes 设备集群加以管理。这些方案提供了位置选择和网络灵活性，将云计算中心的计算和服务带到了边缘。

电信运营商进展

电信运营商包括基础电信服务商和增值电信服务商，如中国电信、中国移动、中国联通、AT&T、Orange、BT 等。现阶段，以国内三大电信运营商为主，将第 5 代移动通信（5G）以及多接入边缘计算作为网络服务升级的重要抓手，依托自有的骨干网络技术，将算力服务快速下沉到用户侧，为用户提供优质的算力服务，并提出“算力网络 + 算力平台 + 算力交易”的服务新模式，推进实施云网融合、算网一体等战略。

中国联通于 2020 年 10 月发布《算力网络架构与技术体系白皮书》，主要从网络架构和技术体系方面探讨算力网络；2021 年 3 月，发布《中国联通 CUBE-Net3.0 网络创新体系白皮书》。CUBE-Net3.0 以实现“算网一体”为重要目标，在基于 SDN/NFV 的 CUBE-Net2.0 基础上，融合云原生、边缘计算、人工智能、内生安全等新的技术元素，强化要素深度融合，构建支撑经济社会数字化转型的新一代数字基础设施。在 CUBE-Net3.0 新一代网络架构的指引下，2021 年 12 月发布的《中国联通算力网络实践案例》，详细介绍了中国联通算力网络的应用实践成果，并结合若干场景对算力网络的创新应用和部署方式进行了展望。

《中国联通算力网络实践案例》提出，算力网络是电信运营商为应对云网融合向算网一体转变而提出的新型网络架构，是实现算网一体的重要技术抓手。图 9-2 是中国联通算力网络组网架构图，将算力网络按照功能区分为四个域，分别为接入网络域、算网网关域、算网承载域和数据中心域。

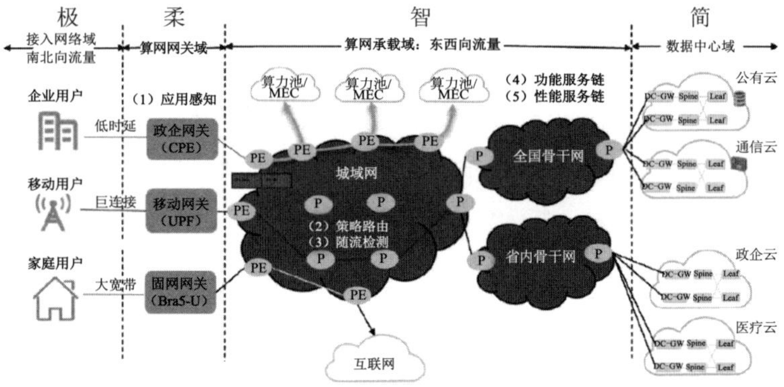

图 9-2 中国联通算力网络组网架构

接入网络域：以“极”为核心特征，针对各种用户接入网络的南北向流量，实现极致化的大带宽、低延时、广连接等通信指标。

算网网关域：以“柔”为核心特征，结合各种接入业务的具体特征，面向固移网络融合承载、控制转发面分离、转发面下沉的演进需求，实现算网网关柔性、弹性、低成本部署。

算网承载域：以“智”为核心特征，是算力网络的核心，需要承载网结合 SRv6、切片、APN6、ROADM 等新技术满足东西向流量的承载需求，实现业务在多云之间的智能调度，通过引入算力感知、业务感知、确定性服务等能力，结合运营商城域、骨干等多级架构实现。

数据中心域：以“简”为核心特征，面向数据中心内云服务的承载需求，实现数据中心内部网络架构的简化和高效、无损传输。

中国移动于 2021 年 11 月发布《算力网络白皮书》，对算力网络的产生背景、核心理念、应用场景、发展路径以及技术创新进行了系统阐释，希望联合产业各方从产业推进、技术攻关、服务创新与生态构建等多方面共同推动算力网络的发展，并最终实现“网络无所不达、算力无所不在、智能无所不及”的愿景。

中国移动在《算力网络白皮书》中给出算力网络体系架构，其从逻辑功能上分为算网基础设施层、编排管理层和运营服务层，如图 9–3 所示。

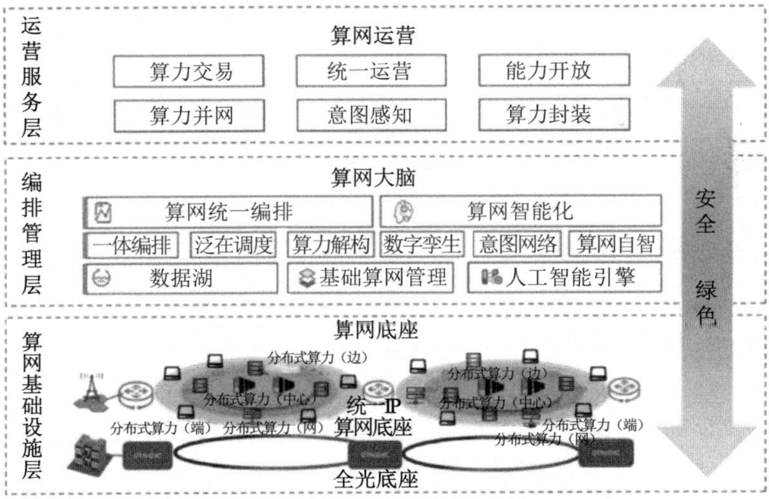

图 9-3　中国移动算力网络体系架构

其中，算网基础设施层是算力网络的坚实底座，以高效能、集约化、绿色安全的新型一体化基础设施为基础，形成云边端多层次、立体泛在的分布式算力体系，满足中心级、边缘级和现场级的算力需求。网络基于全光底座和统一 IP 承载技术，实现云边端算力高速互联，满足数据高效、无损传输需求。用户可随时、随地、随需地通过无所不在的网络接入、无处不在的算力，享受算力网络的极致服务。

编排管理层是算力网络的调度中枢，智慧内生的算网大脑是编排管理层的核心。通过将算网原子能力灵活组合，结合人工智能与大数据等技术，向下实现对算网资源的统一管理、统一编排、智能调度和全局优化，提升算力网络效能，向上提供算网调度能力接口，支撑算力网络多元化服务。

运营服务层是算力网络的服务和能力提供平台，通过将算网原子化能力封装并融合多种要素，实现算网产品的一体化服务供给，使客户享受便捷的一站式服务和智能无感的体验。同时通过吸纳社会多方算力，结合区块链等技术构建可信算网服务统一交易和售卖平台，提供“算力电商”等新模式，打造新型算网服务及业务能力体系。

中国电信于 2020 年 11 月发布《云网融合 2030 技术白皮书》，主要从技术角度切入，对云网融合未来演进的重点技术领域进行了深入剖析，将算力网络视作“云网融合”重点技术创新领域进行了探讨。具体内容将在下面进行详细介绍。

基于连接 + 算力，深化“云网融合”

云网融合的内涵

为促进从传统电信企业向智能综合信息服务提供商转型，中国电信在 2016 年发布了《CTNet2025 网络架构重构白皮书》，实施了网络重构计划，经过几年的努力，促使传统上比较僵化封闭的网络架构逐步向简洁、敏捷、开放、集约的新型网络转变，基本上达到了阶段性的预期目标。

随着云网融合新时代的来临，为进一步贯彻落实网络强国、网信立国的战略，履行在社会经济数字化升级和新基建工作中的责任和担当，中国电信与时俱进，提出和发布《云网融合 2030 技术白皮书》，全面阐述了云网融合的内涵、意义、需求、特征、愿景、原则等，在此基础上，还系统介绍了中国电信云网融合的技术架构、三阶段发展路径和目标，对云网融合未来演进的重点技术领域进行了深入剖析，并结合中国电信的实践需求，提出了近期将开展的关键举措及六大技术创新方向。

云网融合是一个新兴的、不断发展的新概念，在技术、战略层面有着丰富的内涵。

从技术层面来看，云计算的特性在于 IT 资源的服务化提供，网络的特征在于提供更加智能、灵活的连接，而云网融合的关键在于“融”，其技术内涵是面向云和网的基础资源层，通过实施虚拟化 / 云化乃至一体化的技术架构，最终实现简洁、敏捷、开放、融合、安全、智能的新型信息基础设施的资源供给。

从战略层面来看，云网融合是新型信息基础设施的深刻变革，其内涵在于通过云网技术和生产组织方式的全面深入融合与创新，使运营商在业务形态、商业模式、运维体系、服务模式、人员队伍等多方面进行调整，从传统的通信服务提供商转型为智能化数字服务提供商，为社会数字化转型奠定坚实、安全的基石。

云网融合的需求

云网融合既是技术发展的必然趋势，也是客户需求变化的必然结果。对企业客户而言，需要通过多云部署、高性能云边协同、一体化开通服务等帮助其提升竞争优势；对政府客户而言，数字城市、数字社区等对云的能力和安全性有越来越高的要求；对个人客户而言，基于云的 XR 等应用成为新的娱乐、生活方式；对家庭客户而言，基于云的智慧家庭服务越来越不可或缺。所有这些场景，都对云网融合提出了新的要求。

网随云动

随着架构在网络基础上的云计算及其应用的快速发展，云计算对于网络的要求正从简单的提供专线接入向网络能力敏捷易用的方向演进，两者之间的关系也正从“云被动适应网”向“网主动适配云”的方向演变，网络需要全面升级改造才能适应云计算的发展。

云对网络的需求主要从网络性能、网络可用性、网络智能性、适配能力和网络安全等 5 个维度来考量。

第一个维度是网络性能：指网络支撑云业务的基本性能要求，包括网络覆盖、网络带宽等指标。其中：网络覆盖为有线 / 无线网络的覆盖程度，能满足云向边缘的延伸和扩展，确保“云到哪儿，网到哪儿”；网络带宽为灵活的网络带宽适配和充足的网络带宽保证，使得云能够随时调用且得到满足。

第二个维度是网络可用性：指网络面向云业务持续提供可靠连接服务的能力，主要包括 SLA 保障和差异化保障等。

SLA 保障：提供与业务匹配的确定性质量，尤其是对于高等级业务提供高质量保证，从而满足客户对网络质量的特定要求。

差异化保障：网络面向云业务提供差异化的连接服务质量，通过多层冗余备用、多路由、QoS 机制、资源动态调度等技术实现多种等级的服务。

第三个维度是网络智能性：指传统网络为满足云的灵活多变需求，在智能化方面需要提升的能力，包括弹性伸缩、闭环自动化、网络可编程、故障快速发现和流量自动切换、全局网络资源动态优化等。

弹性伸缩：网络的覆盖、带宽等性能可以随着客户和业务的要求按需进行调整和扩容、缩容。

闭环自动化：网络操作整体闭环，实现自动化的开通、故障定位和排除等功能，减少人工干预，提高网络性能。

网络可编程：网络服务在协议、性能、功能、覆盖等方面可以被程序化描述和实现。

故障快速发现和流量自动切换：故障出现时可快速定位，并实现负载的自动切换，从而保证网络性能的稳定，避免影响客户体验。

全局网络资源动态优化：网络资源可以根据云业务的需求量、用户访问量等因素实现动态的实时优化。

第四个维度是适配能力：指网络能力服务可以一站式开通、终止，且服务的种类、功能、性能等可以便捷修改和变更，包括快速开通、原子能力服务化和整体化网络供给等。

快速开通：从云的需求出发，自动化实现网络资源的调配和开通，实现云网资源的一体化开通，最大幅度节省业务上线时间。

原子能力服务化：网络能力可拆解为原子能力，并可通过统一封装，将这些原子服务能力进行组合和编排，被云业务所调用。

整体化网络供给：给云呈现的是一个可配置、可调整、有质量保证的整体网络，而不是零散的网元和连接。

第五个维度是网络安全：指网络为云业务提供的网络本身的安全保障，包括地址与标识安全、协议安全、身份安全等。

地址与标识安全：具备访问控制等措施，识别并阻止恶意地址，确保地址与标识的真实、可信。

协议安全：采用密码技术保证通信分组中数据的完整性、合法性和机密性，保证通信数据和网络协议的安全性。

身份安全：采用网络准入控制等措施，实现用户身份识别、追溯及行为审计，确保用户身份的真实、可信。

云对网的需求及现有匹配度如图 9-4 所示，为缩小以及消除上述能力的差距，尤其需要对网络可用性中的 SLA 保障、柔性适配中的原子能力服务化、网络智能性中的弹性伸缩和网络可编程等方面提出更高的要求。

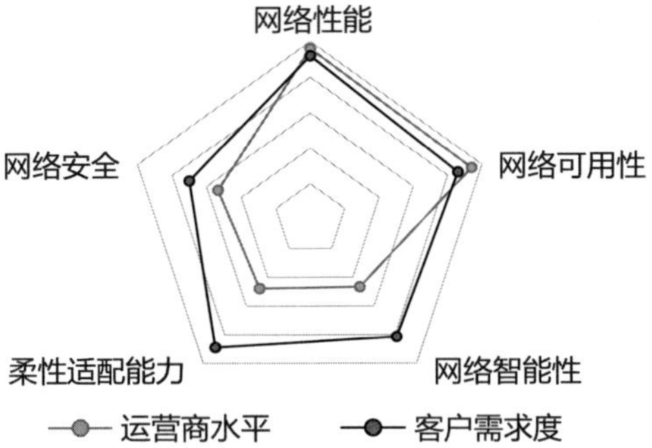

图 9-4　云对网络的需求及现有匹配度

网络云化

为了灵活适应互联网和云业务的发展，传统封闭刚性的网络开始从以硬件为主体的架构向虚拟化、云化、服务化的方向发展，以期实现弹性资源分配、敏捷灵活组网、自动智能运行等目标。在云网融合的过程中，网络云（即电信云 /CT 云）作为一种面向网络服务功能的云化承载平台，是传统网络功能的云化延伸。也需要看到，基于专用设备构建的传统网络，在实时性、安全性、大容量、低时延等方面具有比传统 IT 系统更高、更严苛的要求。

网络云化对网络云提出的技术要求主要体现在以下几方面。

第一，统一承载与集约运营能力。多专业虚拟网元在网络云上的统一承载，需在通用计算能力之外引入异构计算能力，用于满足电信级虚拟网元的高性能与高可靠性承载要求。网络云资源池需实现涵盖省、地市以及边缘等多级集约管理与协同运营，为高性能、安全、敏捷、可靠的网络服务能力开放提供基础。

第二，虚拟网元能力开放与增强。网络云服务能力需要能够开放，以构建差异化、弹性的网络服务。重点是发挥虚拟网元的快捷部署、弹性伸缩和灵活编排的特性，满足上层业务系统对网络能力的按需定制、快速开通等要求。

第三，电信级安全性。需建立自主、可控、可信的网络云安全防护体系，为网络云上的多类型电信级虚拟网元提供与传统物理网元等效，甚至更高的安全运行环境。

网对云的需求及现有匹配度如图 9-5 所示，为缩小以及消除上述能力的差距，需要在现有主要面向 IT 应用的云计算技术之上，对通用 IT 服务器、虚拟化平台以及云资源池管理平台等技术提出更严苛的要求。

云数联动

随着云计算自身的发展和客户数字化转型的需要，有望提供以网是基础、云为关键的综合信息服务，以实现能力的聚合和输出的数字化平台，这也正成为数字经济时代电信业转型的战略方向，云网能力将根据

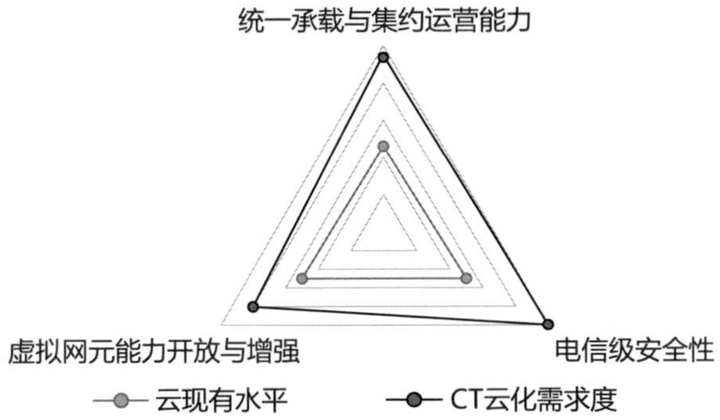

图 9-5　网对云的需求及现有匹配度

数字化平台的需要进行转型升级。

数字化平台对云网提出的相关需求，具体至少包括以下五个维度。

云资源备份和多线接入：指数字化平台可灵活配置、使用多云服务和多线接入的能力，为用户提供更全面和可靠的云网服务。

云网能力服务化提供：指将云网资源及能力通过服务的方式提供给数字化平台，并支持多种服务模式和灵活的商业模式。

云能力和数据协同：指云服务能力满足数字化平台对于数据本地化存储、数据分布式处理、数据跨云调度和多云备份的需求。

云原生开发：指数字化平台可以通过云网基础设施提供的云原生开发能力，灵活构建更高层次的数字化能力及面向行业的数字化解决方案。

云网内生安全：指数字化平台使用的云服务具备内生安全属性，同时，云平台也对数字化平台开放安全服务能力，以进一步提供数字化平台的安全能力。

数字化平台对云网的需求及现有匹配度如图 9-6 所示，目前来看，这五个维度都需要做出极大改进才能缩小以及消除上述能力的差距。

云网融合的意义和愿景架构

云网融合是通信技术和信息技术深度融合所带来的信息基础设施的深刻变革，在发展历程上要经过协同、融合、一体三个阶段，最终使传

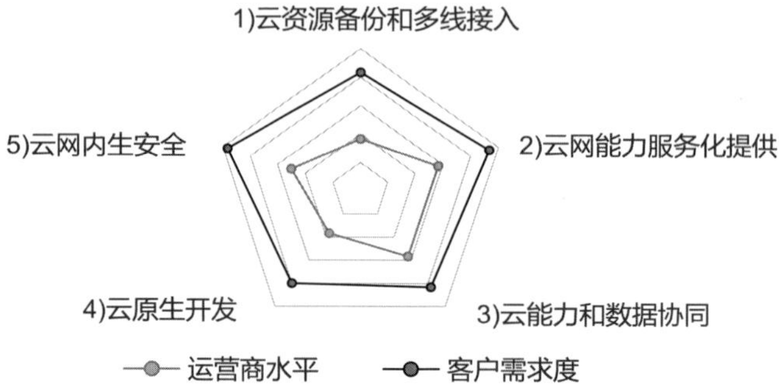

图 9-6　数字化平台对云网的需求及现有匹配度

统上相对独立的云计算资源和网络设施融合形成一体化供给、一体化运营、一体化服务的体系。

“新基建”作为国家的重要发展战略，把网络、云、算力等视为重要的基础设施，特别是对网络和云的结合提出了更高的要求，云网融合已成为通信基础设施、新技术基础设施和算力基础设施之间的黏合剂，是新基建中新型信息基础设施的底座。在这一趋势下，云网融合以及架构于其上的数字化平台成为未来技术发展的重要目标。

云网融合已成为电信运营商的共识，但各自存在不同的发展模式。

连接模式：专注网络本身，提供高质量的网络和云连接的通道。在竞争高度激烈、高度水平分工的欧美云服务市场，运营商虽然拥有数据中心、网络等资源，但在市场竞争中仍缺乏立身之地，不少欧美运营商逐渐退出云服务市场，并在云服务领域更多扮演渠道销售和网络通道的角色。

一体模式：利用在网络、云和客户等方面的综合优势，提供自身云网统一的解决方案。如日本运营商 NTT 利用全球的 DC 资源、VPN 网络和强大的 IT 服务能力，提供完整的云计算解决方案，在本土云服务市场占据了重要位置。

生态模式：在自主掌控云网核心能力的基础上，联合多个云服务提供商和应用能力开发者，构建多形态的云网融合生态。该模式聚焦于基础能力的快速整合、应用能力的快速开发和个性化提供，实现对千行百业的赋能。基于自身的资源禀赋和云改数转战略，在兼顾前二种模式的基础上，中国电信将生态模式作为主要发展方向。

中国电信云网融合的愿景目标是通过实施虚拟化、云化和服务化，形成一体化的融合技术架构，最终实现简洁、敏捷、开放、融合、安全、智能的新型信息基础设施的资源供给。（如图 9-7 所示）

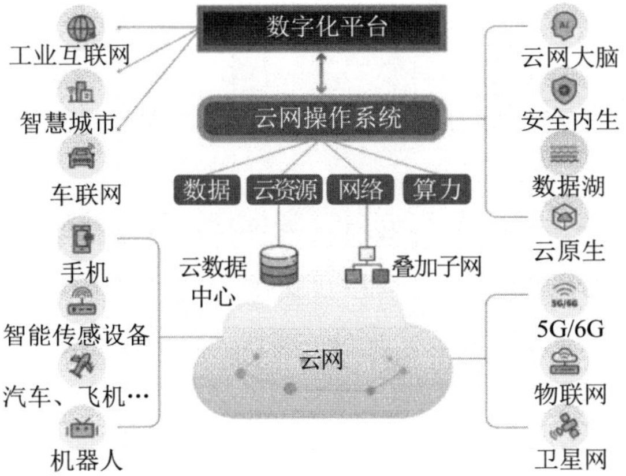

图 9-7　中国电信云网融合愿景架构

该愿景架构主要分为三个部分：最基础的部分是统一的云网基础设施，一方面连接了空、天、地、海各种网络，如移动通信网络（5G/6G）、物联网、卫星网；另一方面接入各种泛在的终端，包括移动通信终端（如手机等）、各种智能传感设备、各种智能交通设备、机器人等智能设备等。

云网基础设施之上是资源部分，除了包括云资源（计算、存储和 DC 内网）和网络资源（主要指广域网），还纳入了数据资源和算力资源（主要指面向 AI 的计算资源，如 GPU），形成多源异构的资源体系。

在资源设施之上是统一的云网操作系统，该系统对各种资源进行统一抽象、统一管理和统一编排，并支持云原生的开发环境和面向业务的云网切面能力。在云网操作系统中，还引入了云网大脑和安全内生能力。其中，云网大脑主要利用大数据和人工智能技术对于复杂的云网资源进行智能化的规划、仿真、预测、调度、优化等，实现云网管理的自运行、自适应、自优化。安全内生主要引入主动防疫和自动免疫等技术，对于云网资源实现端到端的安全保障，并面向业务提供安全服务。

云网操作系统可以全面支撑数字化平台。数字化平台的内涵是面向数字经济打造一个生态化、数据化、开放化的能力平台，主要提供云网能力开放、数字化开发运行环境、数据多方共享和生态化价值共享机制等，服务于各种行业的数字化解决方案，例如工业互联网、智慧城市、车联网。

云网融合的发展及创新

云网融合是新型信息基础设施的核心驱动和基本内涵，是新型信息基础设施发展的必然选择。云网融合发展过程中需要遵循以下原则。

网是基础：简洁、敏捷、融合、开放、安全、智能的网络为云和数字化转型提供高容量、高性能、高可靠的泛在智能承载，是新型信息基础设施的基础。

云为核心：云是数字化平台的载体，为面向数字化转型的大数据、物联网、人工智能、5G/6G 和全光网络等技术演进提供资源和能力，是新型信息基础设施的核心。

网随云动：网络需要根据云的需求自动进行弹性适配、按需部署和敏捷开通，形成“网主动适配云”的模式，促成云网端到端能力服务化。

云网一体：突破传统云和网的物理边界，构筑统一的云网资源和服务能力，形成一体化的融合技术架构。

云网融合无法一蹴而就，而是需要从资源和数据、运营管理和业务服务、能力开放等四个维度出发，历经三个发展阶段。

第一阶段：云网协同阶段。云和网在资源形态、技术手段、承载方式等方面彼此相对独立，但可以通过两者在云网基础设施层的“对接”，实现业务的自动化开通和加载，向客户提供“一站式”云网订购服务。本阶段重点工作包括协同优化云网资源布局、推进云网能力开放，实现云网资源统一数据视图和云网业务自动化开通等功能，这一过程预计需要 1~2 年时间。

第二阶段：云网融合阶段。云和网在逻辑架构和通用组件方面逐步趋同，在物理层打通的基础上实现资源管理和服务调度的深度嵌入，云和网在资源和能力方面产生“物理反应”，可在云网功能层、云网操作系统实现云网能力的统一发放和调度。该阶段的重点工作包括网络微服务化改造、部分网络云化改造、规模使用自主定制硬件、IaaS 核心组件替换为自研组件、云网运营系统实现资源和业务的统一调度和编排，估计需要 3~5 年时间。

第三阶段：云网一体阶段。云网的真正深度融合不仅涉及基础设施和平台，应用架构、开发方式、部署和维护也都要进行根本改变，云和网将彻底打破界限融为一体，产生“化学反应”。使之从客户角度不再看到计算、存储和网络三大资源的隔离和差异，实现统一的云网运营管理平台和统一的服务能力。该阶段重点工作在于全面实现网络的云化、全面实现云网一体化运营和流程贯通、核心技术自主可控，这一过程预计需要 5~10 年时间才能逐步实现。

云网融合的重点技术创新领域包括以下 6 个方面。

云网边端智能协同：随着计算、存储和网络技术的持续演进，面向客户和业务的个性化需求需要灵活高效地支持计算、存储和带宽等不同资源，在不同终端形态、不同组网模式下在云网边端有效分布和智能协同。

数据和算力等新型资源融合：在传统的计算、存储和网络的云资源基础之上，增加数据资源维度，实现云网和全局统一数据视图；增加算力资源维度，特别是面向 AI 的超算资源，实现云网的全局算力共享和智能调度。通过各种资源的融合和调度，最终可为客户提供智能的云网切片。

云网资源一体化管控的云网操作系统：通过云网操作系统可实现各种云网资源的统一抽象、统一管理、统一编排、统一优化，支持云网融合应用的云原生开发。云网操作系统可为数字化平台提供云网基础设施的底座，是数字化平台为行业提供数字化解决方案的基础。在该系统中，云网大脑是实现云网智能的核心组件。

一体化智能内生机制：在云网统一的数据视图基础上，构建云网运营的数字孪生体系，通过深度学习、强化学习等人工智能算法，实现云网融合端到端系统的自适应、自学习、自纠错、自优化。

端到端安全内生机制：基于自适应的安全框架和安全原子能力，构建内生安全体系，通过智能安全防御、检测、响应、预测，实现具有自免疫性、自主性、自成长性的云网端到端安全。

空天地海一体化的泛在连接：借助无线网络（5G/6G）、物联网和卫星网络，与光纤固定网络结合，实现空天地海一体化覆盖，多种连接方式可端到端协同。空天地海一体化的泛在连接构成了高可信度、高灵活性、高安全性、高确定性的云网基础设施。

未来展望

云网融合是一个长期的、不断演进的过程。以云网融合为核心的信息通信技术创新，将强有力地推动信息基础设施向算力时代的转型。随着人工智能、大数据、区块链等技术的演进，智慧城市、智能制造、智慧生活、AR/VR、自动驾驶等新业务的发展，以算力智能化、算力绿色化和算力可信化等为代表的关键核心技术将为云网融合目标的实现，注入更加丰富的强大动力，提供智能算力服务、绿色算力服务和可信算力服务等新能力。

云网融合的发展和6G的发展在技术内涵和时间进程上也是相辅相成的。与5G网络相比，6G网络有望提供更高的频谱/能量/成本效率、更多的功能和更高的性能，具有全频段、全场景、全覆盖、全融合的特点，呈现出“泛在、智简、数算、确信”的特征，“泛在”体现在将构建端边云协同的空天地海一体化的柔性网络架构，支持增强的固移融合宽带接入，如采用超级小区与微微小区融合、地面网络与空天网络融合、5G/5G-A与6G融合等技术；“智简”体现在绿色自智组网，采用自行规划、管理和优化的自治网络技术，网络结构、功能和业务的智能生成技术，智能可修改、扩展的网络自主进化技术和意图驱动的无线网络一体化智能编排技术等；“数算”体现了以数据为中心的ICDT深度融合，支持以数据服务为中心的新型确定性网络技术和基于服务化架构的云原生无线接入网架构、去蜂窝化组网技术等；“确信”就是实现随用户之愿，采用区块链分片、共识的高容量可扩展的可信网络技术，提供安全可靠的确定性服务。

目前，全球 6G 研究仍处于起步阶段，需要关注的技术点多且分散，整体技术路线尚不明确。中国电信提出了 6G 网络架构愿景，即形成以“三层三扇”为主的泛在超融合网络体系架构。“三层”是指基于 SDN / NFV 架构的网络分为基础设施层、网络功能层和网络操作系统层三个层次，“三扇”则代表了云网融合、智能柔性和安全可信，这些内生能力将跨越三层，同时云网融合又是智能柔性和可信安全形成的基础。2021 年 9 月，IMT–2030（6G）发布《6G 网络架构愿景与关键技术展望》白皮书，明确指出算力网络是 6G 网络的潜在技术和关键能力，在网络和计算深度融合发展的大趋势下，网络演进的核心需求是网络和计算高度协同。一方面，6G 网络要实现泛在计算互联，实现云、网、边高效协同，提高网络资源、计算资源利用效率；另一方面，要通过 6G 网络进行算力服务的高质量泛在提供，提高算力发现准确性、服务调度灵活性和用户体验确定性。

展望未来，云网融合的一体化运营不仅是通信技术的产业升级，更代表了新生态、新机遇。中国电信将持续深耕云网融合领域，与设备厂商、终端厂商、平台提供商、应用开发商、科研院所和高等院校等产业界各方持续共同努力，形成云网融合的共识和新生态，开创发展新局面，引领行业迈向算力新时代，共创数字社会的美好未来。

参考文献

第一章　算力时代正在到来

［1］　华为 . 泛在算力：智能社会的基石［R］. 北京：华为，2020.

［2］　IDC. 2020 全球计算力指数评估报告［R］. 北京：IDC，2020.

［3］　中国信息通信研究院 . 中国算力发展指数白皮书［R］. 北京：中国信息通信研究院，2021.

［4］　黄奇帆 . 数字经济时代，算力是国家与国家之间竞争的核心竞争力［J］. 中国经济周刊，2020,（21）.

［5］　中国如何赢得新一轮超算竞赛？关键在向数据密集型超算转变［OL］.［2021-10-26］.https://www.aminer.org/research_report/6177661f5c28d1a4d4336f10.

［6］　华为 . 计算 2030［R］. 北京：华为，2021.

第二章　算力改变世界

［1］　新华网 . 中华人民共和国国民经济和社会发展第十四个五年规划和 2035 年远景目标纲要［OL］.www.xinhuanet.com/2021-03/13/c_1127205564.htm，2021.

［2］　李正茂 . 通信 4.0：重新发明通信网［M］. 北京：中信出版社，2016.

[3] 中华人民共和国统计局 . 医疗卫生机构的数量 [DB/OL].https://data.stats.gov.cn/，2020.
[4] 中国电信股份有限公司 .5G+ 远程诊断白皮书 [R].2021.
[5] 中投产业研究院 .2020 年中国智慧医疗行业发展研究报告 [R].2021.
[6] 百度百科 . 智慧医疗 [OL].https://baike.baidu.com/item/ 智慧医疗 /9875074?fr=aladdin.
[7] 中国电信股份有限公司 .5G+ 急诊救治白皮书 [R].2021.
[8] 中国信息通信研究院 .2020 智慧医疗发展研究报告 . 重庆：中国信息通信研究院西部分院，2021.
[9] 北京交通发展研究院 . 北京市通勤出行特征与典型区域分析 [R].2019.
[10] 中国电信股份有限公司研究院 . 智慧城市 10 大细分场景方案级应用研究报告 [R].
[11] 雷波，陈运清等 . 边缘计算与算力网络 [M]. 北京：电子工业出版社，2020.
[12] 住房和城乡建设部，中央网信办等 . 关于加快推进新型城市基础设施设的指导意见 [Z].2020.
[13] 百度百科 . 数值天气预报 [OL].https://baike.baidu.com/item/ 数值天气预报 /725802?fr=aladdin.
[14] 中国气象局 . 国产超算 × 国产模式 × 国产数据我们的天气预报会更准吗？ [OL]. [2019-03-27].https://www.cma.gov.cn/2011xwzx/2011xqxkj/2011xkjdt/201903/t20190327_518911.html.
[15] 中研产业研究院 .2020-2025 年中国智能制造行业市场前瞻与未来投资战略分析报告 [R].2020.
[16] 张睿 . 大数据时代的智能家居产品设计研究 [D]. 安徽工程大学，2017.
[17] 国家邮政局 .2020 年中国快递发展指数报告 [R].
www.- spb.gov.cn/xw/dtxx_15079/202105/t20210508_3898077.html.
[18] [美]Thomas S. Kuhn. 科学革命的结构 [M]. 金吾伦，胡新和，译 . 北京：北京大学出版社 .2012.
[19] 潘教峰、张晓林 . 第四范式：数据密集型科学发现 [M]. 北京：科学出版社，2012.
[20] 美 Viktor Mayer Schnberger, Kemneth Cukier. 大数据时代 [M]. 周涛译 . 杭州：浙江人民出版社，2012.

第三章　算力与元宇宙

[1]　维基百科 . Metaverse [EB/OL]. [2021]. https://en.wikipedia.org/wiki/Metaverse.

[2]　陈永伟 . 元宇宙的经济逻辑 [N]. 经济观察报 , 2021-11-15 (033) .

[3]　Lehdonvirta V, Castronova E. Virtual Economies: Design and Analysis [M]. 1. MIT Press, 2014.

[4]　王保魁 , 刘海陆 . "元宇宙" 来了，勿忘风险与挑战 [N]. 解放军报 , 2021-12-17 (011) .

[5]　朱嘉明 . "元宇宙" 和 "后人类社会" [EB/OL]. [2021.6]. https://mp.weixin.qq.com/s/Q66sfvTL1MWI3vKha4PifA.

[6]　IEEE 802.15.6.

[7]　Kumar, Koushal, and Gour Sundar Mitra Thakur. "Advanced applications of neural networks and artificial intelligence: A review." International journal of information technology and computer science 4.6 (2012) .

[8]　A. Bogdanovych, J. A. Rodriguez-Aguilar, S. Simoff & A. Cohen (2010) AUTHENTIC INTERACTIVE REENACTMENT OF CULTURAL HERITAGE WITH 3D VIRTUAL WORLDS AND ARTIFICIAL INTELLIGENCE, Applied Artificial Intelligence, 24:6, 617-647, DOI: 10.1080/08839514.2010.492172.

[9]　DeFi 七点钟社区 . 为何 RNDR 渲染技术对元宇宙至关重要？[EB/OL]. [2021]. https://zhuanlan.zhihu.com/p/432430445.

[10]　崔春风 , 王森 , 李可 , 等 . 6G 愿景 , 业务及网络关键性能指标 [J]. 北京邮电大学学报 , 2020, 43 (6) : 10.

[11]　华为：面向 VR 业务的承载网络需求白皮书

[12]　赵国栋 , 易欢欢 , 徐远重 . 元宇宙 [M]. 北京：中译出版社 , 2021.

[13]　量子位 . 训练史上最佳 GAN 用了 512 块 TPU，一作自述：这不是算法进步，是算力进步 [EB/OL]. https://cloud.tencent.com/developer/article/1359040, 2018.

[14]　Samsung. 6G - The Next Hyper-Connected Experience for All [R]. 2020.

第四章 算力基础设施

[1] IDC. 未来算力推动企业迈向数字化 2.0：未来算力十大趋势［R］，2021.

[2] 中国信息通信研究院 . 中国算力发展指数白皮书［R］.2021.

[3] 王忠华 . 计算工具发展简史［J］. 华中师范大学学报（自然科学版）,1995.

[4] 吴文琪 . 计算机中央处理器的研究［J］. 电子技术与软件工程，2019.

[5] 中国电子信息产业发展研究院赛迪智库电子信息产业研究所 . 先进计算产业发展白皮书［R］.2021.

[6] 胡伟武 . 我国手机 CPU 自给率是 0%，自主 CPU 和国外先进水平主要差距在哪里？［OL］.EETOP（半导体社区），2021.

[7] 韩俊刚 , 刘有耀 , 张晓 . 图形处理器的历史现状和发展趋势［J］. 西安邮电学院学报，2011,16（03）:61-64.

[8] 刘焰强 , FPGA 加速系统开发工具设计 : 综述与实践［J］，软件学报，2020.

[9] 杨海钢 , 孙嘉斌 , 王慰 .FPGA 器件设计技术发展综述［J］. 电子与信息学报，2010.

[10] Wahlstrom S E. Programmable logic arrays—cheaper by the millions［J］. *Electronics*, 1967, 40（25）: 90-95.

[11] 中国科学院计算技术研究所等 . 专用数据处理器（DPU）技术白皮书［R］.2021.

[12] 陈寒冰 . 数字经济时代算力网络建构的国际比较与镜鉴［J］. 新疆社会科学，2021.

[13] 国务院发展研究中心国际技术经济研究所 . 中国云计算产业发展与应用白皮书［R］.2019.

[14] 叶连杰 . 计算机编程语言的发展与应用［J］. 信息与电脑（理论版）, 2014（22）: 191-192.

[15] 申屠永强 . 对计算机语言编程思想的构建分析［J］. 电脑编程技巧与维护 ,2021（04）.

[16] 王爽. 汇编语言（第二版）［M］. 北京：清华大学出版社，2013-09-01：2-100.

[17] 刘前 , 李博等 . 计算机网络技术［M］. 北京：国防工业出版社，2012.01.

[18] 邢文娟 , 基于 Android 的手机蜜罐研究与设计［D］. 青岛：中国石油大学（华东），2016.

[19] statcounter.Operating System Market Share［OL］.2021.10. https://

gs.statcounter.com/os-market-share/.

[20] datanyze.Operating Systems Software Market Share [OL].2021.11.https://www.datanyze.com.

[21] 任艳艳，翟高寿，张俊红 .Linux 设备驱动程序自动更新及辅助工具 [J]. 计算机系统应用，2018，27（7）:211–218.

[22] 覃雄派，王会举，李芙蓉等 . 数据管理技术的新格局 [J]. 软件学报，2013.

[23] 谷立静等 . 我国数据中心能耗及能效水平研究 [J]. 中国能源，2010.

[24] 中国电子产业发展研究院 . 中国战略性新兴产业发展蓝皮书 [R].2020.

[25] IDC 圈 . 算力西移下数据中心发展新格局 [OL].2021.

[26] OpenAI. AI 与计算 [R].2018.

[27] 王月，柯芊，智能计算中心：人工智能时代的算力基石 [J]，中国电信业，2021.

[28] Wikipedia. John Mc Carthy [EB/OL]. http://en.wikipedia.org/wiki/John_Mclarthy_（comptur_scientist）, 2008-10-07.

[29] 雷波，陈运清 . 边缘计算与算力网络——5G+AI 时代的新型算力平台与网络连接 [M]. 北京：电子工业出版社，2020.

[30] 董晓霞，吕廷杰，云计算研究综述及未来发展 [J]. 北京邮电大学学报（社会科学版），2010.

[31] 周文粲，尹培培 . 虚拟化技术研究综述 [J]. 有线电视技术，2019 年 5 期 .

[32] 修长虹等 . 虚拟化技术综述 [J]. 网络安全技术与应用，2016.

[33] 中国信息通信研究院 . 云计算白皮书 [R].2021 年 7 月 .

[34] Worthington S.Chinese data centers use enough electricity for two countries [EB/OL].（2016-12-03）[2019-09-22].https://datacent-ernews.asia/story/Chnese-data-centers-use-enoughelectricity-two-countries/.

[35] 施巍松，张星洲，王一帆，等 . 边缘计算：现状与展望 [J]. 计算机研究与发展，2019,56（1）,69-89.

[36] Gartner. Top 10 strategic technology trends for 2020 [EB/OL].（2019-10-12）[2021-04-22]. https://www.gartner.com/smarterwithgartner/gartner-top-10-strategic-technology-trends-for-2020/.

[37] ETSI. Mobile-Edge Computing – Introductory Technical White Paper [S/OL].（2014-09）. https://max.book118.com/html/2018/1006/8013022103001125.shtm.

[38] ETSI. Mobile edge computing: a key technology towards 5G [R]. 2015.

[39] ETSI.ETSI-GS MEC 003 Multi-access Edge Computing (MEC) ;Framework and Reference Architecture [S/OL]. (2016-03) . https://www.etsi.org/deliver/etsi_gs/MEC/001_099/003/01.01.01_60/gs_MEC003v010101p.pdf.

[40] 边缘计算产业联盟 . 边缘计算产业联盟白皮书 [R]. 2016.

[41] ETSI. ETSI Multi-access Edge Computing starts second phase and renews leadership team [Z]. (2017-03) . https://www.etsi.org/newsroom/news/1180-2017-03-news-etsi-multi-access-edge-computing-starts-second-phase-and-renews-leadership-team.

[42] ISO. ISO/IEC TR 23188:2020 (en) : Information technology—Cloud computing—Edge computing landscape [S/OL]. (2020-02) . https://www.iso.org/obp/ui/#iso:std:iso-iec:tr:23188:ed-1:v1:en.

[43] 广东省新一代通信与网络创新研究院等 .6G 无线热点技术研究白皮书 [R]. 2020.

[44] 彭晓晖 , 张星洲 , 王一帆 , 朝鲁 .Web 使能的物端计算系统 [J]. 计算机研究与发展 ,2018,55 (03) :572-584.

[45] 吴楠，宋方敏 . 通用量子计算机：理论、组成与实现 [J]. 计算机学报，2016.

[46] 龙桂鲁 . 量子计算机的研发进展与未来展望 [J]. 人民论坛学术前沿，2021.

[47] 付震宇 , 刘凌旗 , 陈羽臻 , 董博为 . 量子计算技术发展路线与趋势分析 [J]. 中国电子科学研究院学报，2021，16 (08) :813-819.

第五章　算力网络化

[1] 中国政府网，全国一体化大数据中心协同创新体系算力枢纽实施方案，2021.5, http://www.gov.cn/zhengce/zhengceku/2021-05/26/content_5612405.htm.

[2] 中国信息通信研究院 , 中国算力发展指数白皮书 [OL], 北京，2021.

[3] 雷波，陈运清 . 边缘计算与算力网络——5G+AI 时代的新型算力平台与网络连接 [M]. 北京 : 电子工业出版社，2020.

[4] ITU, Y.2501 Computing Power Network-framework and architecture [S/OL], https://www.itu.int/ITU-T/recommendations/rec.aspx?rec=14768.

[5] 雷波，赵倩颖．算力网络实现一体化服务的探索与实践［J］. 中兴通讯，2021, 27（3）: 12-17.

[6] Bo Lei, et al, “Computing Power Network: An Interworking Architecture of Computing and Network Based on IP Extension”, 2021 IEEE 22nd International Conference on High Performance Switching and Routing（HPSR）, 2021.

[7] Willian D. Nordhaus, The Progress of Computing［C］, Yale University and the NBER, 2001. http://papers.ssrn.com/abstract=285168.

[8] CCSA，面向业务体验的算力需求量化与建模研究［R］，北京，2020.

[9] Pang L, Yang C, Chen D, et al. A Survey on Intent-Driven Networks［J］. IEEE Access, 2020, 8:1-1.

[10] E. Zeydan and Y. Turk, "Recent Advances in Intent-Based Networking: A Survey," 2020 IEEE 91st Vehicular Technology Conference（VTC2020-Spring）, 2020, pp. 1-5, doi: 10.1109/VTC2020-Spring48590.2020.9128422.

[11] D. Comer and A. Rastegatnia, "OSDF: An Intent-based Software Defined Network Programming Framework," 2018 IEEE 43rd Conference on Local Computer Networks（LCN）, 2018, pp. 527-535, doi: 10.1109/LCN.2018.8638149.

[12] B. Lewis, L. Fawcett, M. Broadbent and N. Race, “sing P4 to Enable Scalable Intents in Software Defined Networks,” 2018 IEEE 26th International Conference on Network Protocols（ICNP）, 2018, pp. 442-443, doi: 10.1109/ICNP.2018.00064.

[13] F. Callegati, W. Cerroni, C. Contoli and F. Foresta, “Performance of intent-based virtualized network infrastructure management,” 2017 IEEE International Conference on Communications（ICC）, 2017, pp. 1-6, doi: 10.1109/ICC.2017.7997431.

[14] A. Singh, G. S. Aujla and R. S. Bali, “Intent-Based Network for Data Dissemination in Software-Defined Vehicular Edge Computing,” in IEEE Transactions on Intelligent Transportation Systems, vol. 22, no. 8, pp. 5310-5318, Aug. 2021, doi: 10.1109/TITS.2020.3002349.

[15] S. Safavat and D. B. Rawat, “On the Elliptic Curve Cryptography for Privacy-Aware Secure ACO-AODV Routing in Intent-Based Internet of Vehicles for

Smart Cities," in IEEE Transactions on Intelligent Transportation Systems, vol. 22, no. 8, pp. 5050-5059, Aug. 2021, doi: 10.1109/TITS.2020.3008361.

[16] R. A. Addad, D. L. C. Dutra, M. Bagaa, T. Taleb, H. Flinck and M. Namane, "Benchmarking the ONOS Intent Interfaces to Ease 5G Service Management," 2018 IEEE Global Communications Conference (GLOBECOM), 2018, pp. 1-6, doi: 10.1109/GLOCOM.2018.8648078.

第六章　算力智能化

[1] 孙建，张梅琴，张顺颐，王攀，一种 IP 网络下基于业务流 QoS 监测的故障定位方法 [P]. 江苏: CN102404137A

[2] Manuel LM, Belen C, Antonio SE, Neural network architecture based on gradient boosting for IoT traffic prediction, *Future Generation Computer Systems*, Volume 100,2019,Pages 656-673,ISSN 0167-739X.

[3] Michal A, Traffic prediction based on machine learning for elastic optical networks, *Optical Switching and Networking*, Volume 30,2018, Pages 33-39, ISSN 1573-4277.

[4] 张迪, 黄琛灿, 肖冬. 一种流量预测方法和装置 [P]. CN107171848B,2020-07-07.

[5] 蒋文栋. 一种段路由策略的路径选择方法及装置 [P]. 浙江省: CN112532518A, 2021-03-19.

[6] 陈思光, 窦浩铭, 王堃, 孙雁飞. 基于负载均衡与 QoE 度量值的 SDN 网络路径选择方法 [P]. 江苏省: CN110290065A,2019-09-27.

[7] 河东晴子. 网络路径选择方法以及通信系统 [P]. 日本: CN101588618,2009-11-25.

第七章　算力绿色化

[1] 叶伟. 数据中心绿色发展要看算力算效评价. [2021-07-19]. [EB/OL].paper.

chinahightech.com/pc/content/202107/19/content_43340.html.
[2] 经济日报 . 碳中和驶入快车道 , 绿色算力助推新基建 [EB/OL]. [2021-01]. http://stock.10jqka.com.cn/20210124/c626456292.shtml.
[3] 郭亮 , 吴美希 , 王峰等 . 数据中心算力评估 : 现状与机遇 [J]. 信息通信技术与政策 , 2021,47.
[4] 陈岚 , 高山渊 . "减碳三环" 驱动绿色数智业务 "绿色算力" 打造超级数据中心——专访阿里云基础设施数据中心研发事业部总经理高山渊 [J]. 广东科技 , 2021, 30 (10) :6.
[5] 新浪科技 . 围观阿里 "煮蛋减史" "绿色算力" 需求暴增 [EB/OL]. [2021-06].https://baijiahao.baidu.com/s?id=1703203621055185719&wfr=spider&for=pc.
[6] 华为官网 . 绿色算力新引擎, 更低算力成本 [EB/OL]. [2020-09].https://www.huawei.com/cn/news/2020/9/odcc-summit-huawei-dc
[7] 闪讯边缘云 . 绿色算力助力 "双碳" 目标 . 发展清洁能源节能减碳 [2021-09-07]. [EB/OL].https://zhuanlan.zhihu.com/p/407906544
[8] 半月谈 . 算力耗能比提升 60%, 京东云推进绿色算力基础设施建设 [EB/OL]. [2021 年 7 月]. http://www.banyuetan.org/qyzx/detail/20210716/1000200033137541626399421144629576_1.html.

第八章 算力可信化

[1] 赵海军 . 大数据环境下的信息确权方法探究 [J]. 图书情报导刊 ,2017,2 (09) :40-47.
[2] 李丹丹, 吴振新 . 研究数据引用研究 [J]. 图书馆杂志 ,2013 (5) :5-71.
[3] Altman M.A Fingerprint Method for Scientific Data Verification [M]// Advances in Computer and Information Sciences and Engineering. Berlin : Springer.
[4] 王卫华, 胡良霖, 沈志宏 . 科学数据引用规范的研制 [J]. 中国科技资源导刊, 2013 (1) :36-40.
[5] Mayernik M.Bridging Data Lifecycles : Tracking Data Use via Data Citations

Workshop Report [R/OL]. [2017-02-08].

[6] Green T J , Karvounarakis G , Tannen V . traceability Semirings [C] // Proceedings of the Twenty-Sixth ACM SIGACT-SIGMOD-SIGART Symposium on Principles of Database Systems, June 11-13, 2007, Beijing, China. ACM, 2007.

[7] Ya-zi li. Data traceability annotation pattern and description model [J]. Modern library and information technology, 2007 (7): 10-13.

[8] Ram S , Liu J .A New Perspective on Semantics of Data traceability [C]// First International Workshop on the Role of Semantic Web in traceability Management. CEUR-WS.org, 2009.

[9] CCSDS Secretariat, Program Integration Division (Code M-) , National Aeronautics and Space Administration. Reference Model for an Open Archival Information System (OAIS) [M]. Washington, DC, USA. CCSDS Secretariat. 2002.

[10] Agrawal R，Kiernan J.Watermarking Relational Database [J].Journal of Pla University of Science &Technology，2002，3（1）：71-79.

[11] 喻志强 . 对多媒体认证与版权保护的数字水印技术研究 [D]. 西安：西北工业大学，2008.

[12] 何建邦，闾国年，吴平生 . 地理信息资源产权研究 [M]. 北京：科学出版社，2010：337-418.

[13] 蒋斌 . 文本载体信息隐藏及相关技术研究 [D]. 郑州：中国人民解放军信息工程大学，2008.

第九章 算力进行时，深化云网融合

[1] 云计算发展白皮书（2020 年），中国信息通信研究院，2020 年 7 月.

[2] 中国云计算产业发展白皮书，国务院发展研究中心，2019 年 10 月.

[3] 中国电信云网融合 2030 技术白皮书，中国电信，2020 年 11 月.

[4] 中国移动算力网络白皮书，中国移动，2021 年 11 月.

[5] 中国联通 CUBE-Net3.0 网络创新体系白皮书，中国联通，2021 年 3 月.

[6] 中国联通算力网络实践案例（2021 年版），中国联通，2021 年 12 月.